**新课标高中历史教学设计丛书**

总主编　何成刚

# 新课标高中历史教学设计

# 中国古代史

主　编　赵剑峰　李广元　梁　松

复旦大學出版社

# 内容提要

本书是"新课标高中历史教学设计丛书"中的一册。"新课标高中历史教学设计丛书"（共7册）是依据《普通高中历史课程标准》（2017年版），基于教育部统编历史教材而编写的高中历史教学设计参考用书。

本丛书以培养学生的历史学科核心素养为目标，遵循从"单元教学设计"到"课时教学设计"的基本思路，兼顾各单元间的逻辑联系；大多采用同课异构的方式，编写了适应合格性考试和选择性考试要求的两套教学设计；以史学阅读为前提，注重将史学研究成果转化为教师"教"与学生"学"的有效资源。

本丛书可与"历史课标解析与史料研习丛书"（共7册）配套使用，初中或中职的历史教学均可参考。

# 序

编写高中历史新教材,不容易;用好高中历史新教材,更不容易。

用好高中历史新教材,导向在于培养学生历史学科核心素养,关键在于历史教师要以深度史学阅读为前提。当然,历史教学不等于历史研究,但不可否认的事实是,历史学科核心素养的提出,进一步推动历史教学越来越依赖历史研究,这已成为越来越多的历史教师的"基本共识"。可以说,如果没有深度的史学阅读,深入理解高中历史新教材,创造性地使用高中历史新教材,培养学生历史学科核心素养很有可能流于形式、陷入空谈。可喜的是,重视史学阅读,重视将史学成果和史料资源转化为有价值的教学资源,使之更好地服务于情境创设和问题设计,已成为越来越多的历史教师进行教学设计和教学实践的"基本常识"。"无阅读,不教学""无史料,不教学"的教学理念越来越深入人心。实践证明,在开展史学阅读和史料教学方面进行积极探索的历史教师,专业发展往往会更显著一些。

考虑到高中历史教师日常工作繁忙、无暇进行深度史学阅读的实际情况,我们在复旦大学出版社的支持下,编写出版了"历史课标解析与史料研习丛书"(7册),分别是:《历史课标解析与史料研习·中国古代史》《历史课标解析与史料研习·中国近现代史》《历史课标解析与史料研习·世界古代近代史》《历史课标解析与史料研习·世界现代史》《历史课标解析与史料研习·国家制度与社会治理》《历史课标解析与史料研习·经济与社会生活》《历史课标解析与史料研习·文化交流与传播》。编写这套丛书的目的就在于为广大高中历史教师深入理解课程标准,深入理解高中历史新教材、创造性地使用高中历史新教材,培养学生历史学科核心素养,提供史学支撑。

为进一步提高高中历史教师创造性使用高中历史新教材的能力,我们基于《普通高中历史课程标准》(2017年版),依托史学阅读,遵循史料研习理念,坚持培养学生历史学科核心素养的初心,又编写了"新课标高中历史教学设计丛书"(7册),分别是:《新课标高中历史教学设计·中国古代史》《新课标高中历史教学设计·中国近现代史》《新课标高中历史教学设计·世界古代近代史》《新课标高中历史教学设计·世界现代史》《新课标高中历史教学设计·国家制度与社会治理》《新课标高中历史教学设计·经济与社会生活》《新课标高中历史教学设计·文化交流与传播》。在进行教学设计过程中,我们遵循从"单元教学设计"到"课时教学设计"的基本思路,同时兼顾各单元内容之间的逻辑联系。考虑到历史学业水平的不同要求,我们针对高中历史新教材中的每一课,基于同课异构设计思路,分别编写了适应合格性考试和选择性考试要求的教学设计,希望能为高中历史教师进行教学设计和教学实践提供参考和借鉴,以节约备课时间,提高备课质量,达成教学效果。

　　大家普遍反映,既要在一个课时内完成高中历史新教材一课的教学任务,又要培养学生的历史学科核心素养,对很多高中历史教师而言,是一个难以解决的矛盾。我们编写的每一个教学设计,出发点和落脚点都在于培养学生的历史学科核心素养。但实事求是地说,对一些高中历史教师而言,并不是所有的教学设计都能在一个课时内有效实施。在此,我们想强调的是,我们编写本套教学设计丛书,希望在教材分析、教学目标制定、教学过程设计,特别是史料选取和问题设计等方面,给高中历史教师提供备课和教学的有益参考和借鉴,不希望高中历史教师不考虑学情地运用"拿来主义",反对"全盘照搬"和"复制粘贴",因为我们都知道,并不存在可以"放之四海而皆准"的教学设计。

　　本教学设计丛书亦可供初中历史教师借鉴和参考。

何成刚

教育部课程教材研究所研究员

# 目　录

## 第一单元　从中华文明起源到秦汉统一多民族
### 封建国家的建立与巩固

## 第二单元　三国两晋南北朝的民族交融
### 与隋唐统一多民族封建国家的发展

# 第一单元

## 从中华文明起源到秦汉统一多民族封建国家的建立与巩固

# 第 1 课

# 中华文明的起源与早期国家

## 教学设计1

广东省深圳外国语学校龙华学校　赵剑峰

### 一、教材分析

本课是部编本《中外历史纲要(上)》第一单元《从中华文明起源到秦汉统一多民族封建国家的建立与巩固》第1课,主要讲述了从中国人类起源到中华文明诞生、早期国家形成的过程。本课教材共三个子目:"石器时代的古人类和文化遗存",从元谋人到山顶洞人、从仰韶文化到良渚文化,分别介绍了我国从旧石器时代到新石器时代的古人类和文化遗存。"从部落到国家",从神话到历史、从传说到史实,主要介绍了三皇五帝和夏朝建立。"商和西周"主要介绍了商朝的甲骨文、青铜铭文、内外服制和西周的分封制、宗法制,同时简要介绍了商周奴隶制经济的发展。

《普通高中历史课程标准(2017年版)》对本课的要求是:"通过了解石器时代中国境内有代表性的文化遗存,认识它们与中华文明起源以及私有制、阶级和国家产生的关系;通过甲骨文、青铜铭文及其他文献记载,了解私有制、阶级和早期国家的起源特征。"本课时间跨度极大,内容极为丰富,初中教材用五课的篇幅加以介绍。高中如何用一课时完成教学任务? 必须删繁就简,取精用弘,紧扣课标,重构教材。本教学设计对教材内容进行了整合,分为两个子目:"中华文明起源",主要介绍新石器时代从"满天星斗"到"月明星稀"的多元一体的中华文明起源过程及特点;"早期国家形成",主要介绍夏商周三代以内外服制、分封制、宗法制为代表的早期国家的起源特征。

### 二、学情分析

久远而未知的历史有着神秘的色彩,更激发了学生们探究的欲望。随着年龄的增长、心智的成熟,高一年级的学生渐渐萌发出"什么是文明? 界定文明的标准是什么?"这样的思辨性问题,从小学、初中时的"十万个为什么"式的提问逐渐转向有一定理论思考的连环追问。权威、严谨但稍有些抽象、粗略的教材已经无法完全满足学生求知的欲望,必须适度拓展、深入挖掘。

　　屈原有一首博古通今的诗歌《天问》，被著名历史学家郭沫若称为"千古万古至奇之作"。在《天问》中，屈原一口气提出了一百多个问题，涉及天地万物、神话故事、历史传说等，展现了屈原对宇宙和人类起源的探索精神，非常值得我们学习本课时借鉴。本教学设计围绕"中华文明起源与早期国家"这个主题，从"什么是文明？界定文明的标准是什么？"到"中华文明起源的标志是什么？"，从"什么是国家？什么是早期国家？"到"为什么说二里头代表的是一个国家，而不是部落呢？"，从"如何透过古文字追踪商代政治的蛛丝马迹？"到"怎样还原'烽火戏诸侯'遮蔽的制度根源？"，环环相扣，层层设疑，聚焦核心，不懈追问。"追问"是探究未知、认识世界的重要途径，也是培养学生发现问题、深挖问题、解决问题能力的重要方法。"追问"其实就是在教学中强调"问题化"学习，以学生学习为主线进行教学设计，以真实的问题形成问题链、问题串，以认知建构的方式重组教材内容，让学生真实的学习过程能够发生并且展开，让学生在学习和对问题的追寻中、在问题与问题的联系中进行知识的碰撞，建立起知识与知识之间的联系，从而形成知识结构，提升核心素养。

## 三、教学目标

　　1. 了解文明、国家的内涵，界定文明起源、国家形成的标志。通过地图、图片等，将"早期中华文明"置于时空背景中，理解中华文明"多元一体"的起源特点。

　　2. 了解二里头遗址的考古成果，探讨其与夏王朝起源的关系，培养史料实证意识。通过甲骨文、青铜铭文并结合文献史料，了解商周时期的社会状况，认识早期国家的起源特征，培养对祖国传统文化的认同感。

　　3. 学会运用"二重证据法"，以考古发现解读历史，让化石和出土文物说话，培养史料实证意识，进而认识中华文明起源和早期国家形成的特点。

## 四、教学重难点

　　重点：中华文明起源和早期国家形成的特点。
　　难点：文明和国家的概念及界定标准。

## 五、教学过程

【导入新课】

　　**材料一**　当地时间7月6日10点43分（北京时间7月6日14点43分），在阿塞拜疆首都巴库举行的第43届世界遗产大会上，随着大会主席的落锤，中国提交的"良渚古城遗址"项目经世界遗产委员会审议获准列入世界遗产名录。至此，我国世界遗产总数增至55处。

　　良渚申遗成功后，复旦大学文物与博物馆学系教授、曾两次主持良渚博物院策展的当事人高蒙河对澎湃新闻表示，"国际学术界曾长期认为中华文明只始于距今3 500年前后的殷商时期,良渚古城被列入世界遗产,这意味着中国文明起源和国家形成于距今五千年前,终于得到了国际承认"。

——陈若茜:《恭喜!良渚申遗成功》,载《澎湃新闻》(2019 年 7 月 6 日)

**教师设问:**良渚申遗成功让国人颇有一些扬眉吐气的感觉。良渚申遗成功,是怎样实证中华五千年文明的? 这要求我们首先必须了解:什么是文明? 什么是国家? 中华文明是怎样诞生的? 早期国家又是怎样形成的? 今天就让我们带着这些问题共同学习第 1 课"中华文明的起源与早期国家"。

**(设计意图)**课堂导入力求达到"凝神、起兴、点题、得法"的目的。本课从一则学生普遍关注、容易引发共鸣的新闻入手,就课题本身"中华文明的起源与早期国家"提出问题,创设悬疑,制造认知冲突,激发学生学习的兴趣,缩小学生与教学内容之间的心理距离,创设良好的教学情境。

**(过渡)**我们的祖先是何时迈入文明的门槛的? 要回答这个问题,首先必须搞清楚什么是文明? 界定文明的标准是什么?

### (一) 中华文明起源

#### 1. 什么是文明? 界定文明的标准是什么?

**材料二**　现代汉语中用"文明"来翻译英文中的 civilization 一词,通常是指人类社会的进步状态,与所谓"蒙昧"和"野蛮"相对而言。……现今史学界一般把"文明"一词用来指一个社会已由氏族制度解体而进入有了国家组织的阶级社会的阶段。[①]

　　——赵剑峰、苏峰、何成刚:《历史课标解析与史料研习·中国古代史》,上海:复旦大学出版社,2018 年,第 1—2 页

**教师设问:**根据材料并结合自己的理解,用最简洁的语言给"文明"下一个定义。(参考答案:文明是人类社会发展过程中处于高级阶段的社会状态,一般已进入国家阶段)

**教师引导学生分析:**文明、阶级社会、国家三者是从不同角度对同一社会阶段的不同概括。

**材料三**　长期以来,学者们对文明起源的要素问题,可谓仁者见仁、智者见智。代表性的观点主要有:文字、国家要素说;文字、城市、礼仪中心要素说;文字、城市、青铜礼器要素说;文字、城市、复杂的礼仪中心、青铜铸造要素说;金属器、文字、脱离社会的公共权力以及城市要素说;其他要素说。

　　——赵剑峰、苏峰、何成刚:《历史课标解析与史料研习·中国古代史》,上海:复旦大学出版社,2018 年,第 2—3 页

**教师设问:**根据材料,概括文明起源的三大要素。(参考答案:文字、金属、城市)

**(过渡)**当然,由于历史、地理、经济和文化等原因,世界上各个民族进入文明时代的标志并不完全一致。

北京大学教授李零指出:"什么叫'文明'? 通常有两套标准。一套是技术发明,如金属、城市、文字等。……另一套是社会组织,如私有制、贫富分化、社会分工、社会分层,形成复杂

---

① 夏鼐:《中国文明的起源》,《文物》1985 年第 8 期。

社会,特别是国家出现。"①

**材料四** 经过探源工程10年的工作,我们对文明形成的标志提出了自己的一套认识,修正了以前有关文明的三个标准,其主要内容是:农业的显著发展,要能够供养足够多的人口;手工业技术显著进步,并且出现了专业化的手工业群体和分工;高等级制品的手工业资源和技术被王权控制;人口集中,一般是5 000人以上规模的城市;强化的等级制度以及金字塔式的社会结构开始形成,最终导致王权出现和早期国家的形成,在考古学上的表现是出现了大型都邑等大规模的土木工程、高等级的宫殿、随葬品丰富的大型墓葬且出现表明权贵身份的"礼器"。

——李伟:《寻找中国之始》,载《三联生活周刊》2012年第40期

**教师设问:**我国对文明形成标志的新认识包含哪几大要素?对此你有何看法?(参考答案:要素——社会分工、阶级分化、中心城市和强制性权力。看法——言之成理即可)

**教师引导学生分析:**从根本上说,研究文明和国家起源,关键就是要深入了解这些作为文明标识的特征是如何出现、发展和逐渐形成的,并在何种程度上可以判定社会的发展进入了国家的层次。②

"中华文明探源工程"研究团队提出,社会分工、阶级分化、中心城市和强制性权力四个方面,是中国进入文明社会的突出特征。③ 这四条标准中并不包括我们经常所讲的、以地中海和两河流域为基础所总结的,西方学术界常用的两条非常重要的文明判断标准,就是文字、冶金技术。这种差别,恰好表达了人类历史的发展有其普遍性的一面,也有其特殊性的一面。这也是中国文明不同于其他文明的地方。

但也有学者提出不同意见,北京师范大学郭小凌教授指出,科学是允许在证据不足的情况下提出假说的,待日后发现有关证据再由假说上升为事实。修改文明形成的标准并不可取,也很难得到国外同行的认可。④

多数学者赞同恩格斯"国家是文明社会的概括"⑤的论断,如果一个社会已经产生国家,那么谁也不会否认它已经迈过文明的门槛。

**(过渡)**根据"中华文明探源工程"研究团队提出的文明起源标准,中华文明起源的标志是什么?

**2. 中华文明起源的标志是什么?**

**材料五** 探源工程研究团队认为,距今5 800年前后,黄河、长江中下游以及西辽河等区域出现了文明起源迹象。距今5 300年以来,中华大地各地区陆续进入了文明阶段。距今3 800年前后,中原地区形成了更为成熟的文明形态,并向四方辐射文化影响力,成为中华文明总进程的核心与引领者。

——《新闻办就中华文明起源与早期发展综合研究成果有关情况举行发布会》,中国网(2018年5月28日)

---

① 李零:《从"文明"二字想到的》,《了不起的文明现场——跟着一线考古队长穿越历史》音频课程,北京:三联中读,2019年。
② 陈淳:《文明与早期国家探源:中外理论、方法与研究之比较》,上海:上海书店出版社,2007年,第587页。
③ 《新闻办就中华文明起源与早期发展综合研究成果有关情况举行发布会》,中国网(2018年5月28日),http://www.gov.cn/xinwen/2018-05/28/content_5294241.htm#allContent。
④ 参考武寅主编:《简明世界历史读本》,北京:中国社会科学出版社,2014年,第14—19页。
⑤ [德]恩格斯:《家庭、私有制和国家的起源》,北京:人民出版社,1972年,第174页。

**教师设问**：探源工程研究团队认为,我国从何时开始进入文明阶段?(参考答案:距今5 300 年)

**材料六** 单以填充莫角山平台的工程为例,30 万平方米的平台,估计需用 200 万立方米的土方,至少要动员 60 万人日工。按照历史学家许倬云的分析,一般农业社会,劳动力如果投入到正常生产工作以外,每年超过了 3 个月,就会严重影响社会运行。那么假设 100 天完成这个工程,就需要动员 6 000 人连续工作,这 6 000 人的组织、管理和给养又需要大量的社会资源支持。如果以使用 1 万人计算,人口动员占可用劳动力的 1/10,那么莫角山工程即需有 10 万人为劳动力储备基础。

——李伟:《寻找中国之始》,载《三联生活周刊》2012 年第 40 期

**教师设问**：以良渚文化为例,说明其已经进入文明阶段的依据。(参考答案:通过大型的工程和充足的人口,可推测良渚城市规模较大,已出现社会分工、阶级分化,强制性权力在其中起到重要作用)

**教师引导学生分析**：浙江省文物考古研究所所长刘斌认为:"尽管未见成熟的文字,也尚未发明金属制品,但仅凭高大的宫殿台基、宏伟的城墙、古老而庞大的水利工程以及那数以千计象征着权力与信仰的玉器,就足以让人们相信,5 000 年前的良渚王国的社会发展高度已完全可与其他古老文明比肩。"[①]良渚文化已经进入了早期文明社会。相比之下,教材的表述相对更为科学和严谨:"特别是良渚文化内涵丰富,被视为具备了国家的初始形态。""新石器时代晚期的父系氏族社会……人类即将迈入文明的门槛。"严格意义上说,良渚以及同时期的其他同水平遗址可视为文明正在形成而非已经形成的实证。

**教师设问**：除了良渚,你还知道哪些新石器时代中国重要文化遗址?(参考答案:湖南道县玉蟾岩、江西万年仙人洞、河南舞阳贾湖、陕西临潼姜寨、山东泰安大汶口、辽西和内蒙古东部的红山、山西襄汾陶寺等遗址及其代表的文化)

**教师追问**：模仿良渚文化的论证过程,尝试探究这些遗址是否已经迈入文明阶段。(参考答案:略)

**(过渡)**通过对新石器时代中国重要文化遗址的了解,你能概括出中华文明起源的特点吗?

### 3. 中华文明起源的特点是什么?

**材料七** 著名考古学家苏秉琦先生提出了中华文明起源的"满天星斗说"。他将中国古代文化划分为六个区域:陕豫晋邻境地区、山东及邻省一部分地区、湖北和邻近地区、长江下游地区、以鄱阳湖—珠江三角洲为中轴的南方地区、以长城地带为重心的北方地区。……从中原经汾水通过山西全境到北方,再折返到中原这样一条文化连接带,在中国文化史上曾是一个最活跃的民族大熔炉,在距今六千年到四五千年间的诸文明火花中也是最早最光亮的地带,所以,它也是中国文化总根系中一个最重要的直根系。

——苏秉琦:《中国文明起源新探》,北京:生活·读书·新知三联书店,1999 年,第 104—127 页

**教师设问**：根据材料,概括中华文明起源的特点。(参考答案:多元一体、中原核心)

---

[①] 浙江省文物考古研究所:《良渚王国》,北京:文物出版社,2019 年,前言第 2 页。

　　**教师引导学生分析：**距今1万年以来，在中国辽阔版图的不同地理单元中，就开始演绎出各具特色的文化序列，考古学上形象地称之为"满天星斗"。……一直以来，我们都是以夏商为文明探源的出发点，以黄河文明作为中华文明的核心，无形中降低了周围地区那些高规格遗迹遗物的历史地位，比如辽西的红山文化、江汉地区的石家河文化、太湖流域的良渚文化、晋南的陶寺文化、陕北的石峁遗址……随着探源脚步的迈进，我们才渐渐发现"满天星斗"的文化中，有一些已然闪现出文明的火花。① 而这种诸多地方文明并立的现象有点像我们传说中所描述的，与那个时代是天下万国、天下万邦的情景相吻合，所以我们借用这个意境，把这个时代叫做"古国时代"。② 也就是进入王朝之前的古国文明的阶段。

　　在古国时代，没有哪一个地区始终占据领先地位。中原文化的核心地位，是在长期发展中形成的，在新石器时代后期才逐渐凸显出来，并最终奠定了夏商周三代文明的基础。而这恰恰与它长期处于这个文化区的中间地带有很大关系。从"满天星斗"到多元一体，这一中国文明的形成过程逐渐清晰了起来。③

　　**（设计意图）**做学问最讲究概念的准确，做教学设计也绝对绕不开概念的厘清问题。在学习本课的过程中，我们遇到的最大困惑是概念的模糊和标准的含混。如果连"什么是文明？界定文明的标准是什么？"都搞不清楚的话，那么我们将无法判定某一古文化是否进入文明阶段。这是一个无法逃避、绕不过去的根问题。实事求是地说，在文明与早期国家探源的理论与方法的研究方面，我们与学术界还是有差距的。文明探源是世界性的学术课题，不了解国外的研究状况，就难以开拓我们的思路，也难以取得国际学界认可的成果。④ 我们常常会听到这样的反应：西方人类学理论未必适用于中国，不能全盘照搬。然而问题是，如果我们对当代学界的理论和研究现状不了解，缺乏比较和实践，那么我们又如何判断哪些理论不能照搬？哪些又能够适用？何况，没有比较也就不知道自己的欠缺和需要提高的地方。⑤翻阅大量资料后，我们无法找到中外各方共同认可的关于文明起源的精准概念和清晰标准，只能在课标和教材的指导下进行有倾向性的选择。同时考虑到学生接受的可能性，尽量对概念和体系进行简化和梳理。这是目前我们能想到的最好的折中办法。教材对复杂概念的处理方式，更值得我们在备课时学习和借鉴。某些学术问题在学界尚有争论，教材对概念的表述相对更为科学和严谨，例如："特别是良渚文化和陶寺文化内涵丰富，被视为具备了国家的初始形态。""新石器时代晚期的父系氏族社会……人类即将迈入文明的门槛。"类似"被视为具备了国家的初始形态""人类即将迈入文明的门槛"的表述，更为精确严谨，给我们课堂教学时准确解读课标提供了很好的示例。本环节设计指向的是：（1）唯物史观素养水平3、4——能够将唯物史观运用于历史学习、探究中，并将其作为认识和解决现实问题的指导思想。（2）史料实证素养水平4——在对历史和现实问题进行独立探究的过程中，能够恰当地运用史料对所探究问题进行论述。

---

① 陈明辉：《良渚时代的中国与世界》，杭州：浙江大学出版社，2019年，总序第2页。
② 《新闻办就中华文明起源与早期发展综合研究成果有关情况举行发布会》，中国网（2018年5月28日），http://www.gov.cn/xinwen/2018-05/28/content_5294241.htm#allContent。
③ 李伟：《寻找中国之始》，《三联生活周刊》2012年第40期。
④ 陈淳：《文明与早期国家探源：中外理论、方法与研究之比较》，上海：上海书店出版社，2007年，前言第6—7页。
⑤ 陈淳：《文明与早期国家探源：中外理论、方法与研究之比较》，第586页。

**(过渡)**和良渚、陶寺、红山等文化相比,距今 3 800 年前后的中原二里头文化最大的不同是什么?

中国社科院考古所研究员许宏将中国上古史分为三大阶段:"第一大阶段:无中心的多元,即苏秉琦先生概括的'满天星斗'(邦国或古国时代)。第二大阶段为有中心的多元,可说是'月明星稀'。二里头文化产生后,其他的区域性的文化和文明要么消失了,要么暗淡了。但是二里头还仅仅是广域王权、国上之国,是所谓盟主性质的政体,还没有到一体一统化状态(王国时代)。第三个阶段是一体一统化,可以叫'皓月凌空'(帝国时代)。三大阶段之间的两大节点,第一是二里头,第二是秦王朝。"[1]

北京大学唐晓峰教授认为,"二里头文化代表中国最早的成熟国家,它的发展水准给了它在中国地理版图内一个核心的地位。正是因为这种核心的出现,中国文明的多元一体才开始形成"[2]。

那到底什么是国家? 为什么说二里头文化代表中国最早的成熟国家?

### (二)早期国家形成

#### 1. 什么是国家? 什么是早期国家?

**材料八**　恩格斯《家庭、私有制和国家的起源》中所提出的国家形成的两个标志——按地区来划分它的国民及凌驾于社会之上的公共权力的设立,对于古希腊罗马来说是适用的,而对于其他更为古老的许多文明民族则有一定的局限性。笔者认为,国家形成的标志应修正为:一是阶级的存在;二是凌驾于社会之上的公共权力的设立。阶级的出现是国家得以建立的社会基础,凌驾于全社会之上的公共权力的设立则是国家的社会职能,是国家机器的本质特征。

　　——王震中:《中国古代国家的起源与王权形成》,北京:中国社会科学出版社,2013 年,第 14—15 页

**材料九**　所谓早期国家,是指尚未发展到纯以地域组织为基础而体现为地缘与血缘特征相结合国家形态的初始国家。中国的早期国家时期,指夏、商、西周三代。这段历史,是中华民族的上古先民经过若干万年的发育成长、繁衍生息,终于突破族邦结构社会的桎梏并接近完成对今日中国疆域之内核心区域的开发与占领的历史。

　　——王和:《中国早期国家史话》,北京:社会科学文献出版社,2011 年,封底

**教师设问:**国家形成的标志是什么? 早期国家的特点是什么?(参考答案:标志——一是阶级的存在;二是强制性权力系统的设立。特点——早期国家是尚未发展到纯以地域组织为基础而体现为地缘与血缘特征相结合国家形态的初始国家)

**教师引导学生分析:**国家及其强制性的权力机构是阶级矛盾不可调和的产物,最初的统治与管理机构,是为了解决经济上的冲突而发展起来的,是统治阶级压制被统治阶级的机器。此外,早期国家中凌驾于全社会之上的公共权力,除了以阶层和阶级分化为前提外,它同时还是借助于一系列社会公众性极强的事务发展起来的,这些事务包括兴建种种公共工

---

[1] 《许宏眼中的二里头考古》,搜狐文化(2018 年 6 月 6 日),https://www.sohu.com/a/234294328_488371。
[2] 陈赛、蔡小川:《物中窥"夏"》,《三联生活周刊》2018 年第 23 期。

程、举行全社会范围的庞大的祭祀活动和宗教礼仪、进行战争防御和扩张,等等。尽管强制性公共权力的产生以社会的不平等为前提,但它依然是一个合理的运动过程,是应社会发展的需求而问世的。[①]

**2. 为什么说二里头代表的是一个国家,而不是部落呢?**

**材料十**

二里头的"中国之最"

最早的城市干道网

最早的宫城(后世宫城直至明清"紫禁城"的源头)

最早的中轴线布局的宫殿建筑群(都邑与建筑上的王权表征)

最早的青铜礼乐器群(华夏青铜文明之肇始)

最早的青铜近战兵器

最早的青铜器铸造作坊

最早的绿松石器作坊

最早的使用双轮车的证据

最早的具有明确城市规划的大型都邑

此外,大型"四合院"建筑、玉质礼器、各类龙形象文物、白陶和原始瓷的发现,以及骨卜的习俗、鼎鬲文化的合流等,都是"中国"元素的大汇聚。

——许宏:《最早的中国》,北京:科学出版社,2009 年,第 16 页

**教师设问:**为什么说二里头代表的是一个国家,而不是部落呢?(参考答案:二里头作为王朝都邑的高度发达与复杂程度,是中国历史上前所未有的,证明了国家这一强制性权力系统的存在)

**教师引导学生分析:**说二里头是一个国家,依据就在考古发现之中。证据一:城市和建筑规模极其庞大,只有国家才有能力完成。证据二:二里头不是一个普通城市,而是一个国家的都城。证据三:大量典型的中华文明的元素,都在这里被发现。……

二里头时代的二里头都邑,就是当时的"中央之邦";二里头文化所处的洛阳盆地乃至中原地区,就是最早的"中国"。作为世界几大原生文明发祥地之一的东亚大陆,只是到了二里头时代,才正式拥有了可以与其他文明古国相提并论的文明实体。二里头文化与后来的商周文明一道,构成华夏早期文明的主流,确立了以礼乐文化为根本的华夏文明的基本特质。因此可以说,二里头时代的出现在中华文明发展史上具有划时代的历史意义。[②]

**(过渡)**中国社科院考古研究所研究员王巍认为:距今 3 700—3 600 年这个阶段,在整个中国大地上形成了一个前所未有的、绝对的中心。这个现象发生的年代,是在商王朝之前,它的区域又是在伊洛河流域。中国历史上有很多文献,非常一致地记载夏人是主要活动在这个区域的,从时间、空间、规模,从它对全国的影响力来看,这些现象就是一个王朝的气象。和文献的记载对照,二里头文化最有可能就是夏王朝的遗存。[③]

---

① 王震中:《中国文明起源的比较研究》,北京:中国社会科学出版社,2013 年,第 2—8 页。

② 许宏:《最早的中国》,北京:科学出版社,2009 年,第 15 页。

③ 《新闻办就中华文明起源与早期发展综合研究成果有关情况举行发布会》,中国网(2018 年 5 月 28 日),http://www.gov.cn/xinwen/2018-05/28/content_5294241.htm#allContent。

**3. 你相信夏王朝存在过吗？为什么？**

**材料十一**　考古学家孙庆伟最近出版《鼏宅禹迹》，欲以 50 多万字"重构夏代信史"。孙庆伟认为，尽管现在未有甲骨文这样的出土文献能够直接证明夏朝信史，但从传世文献的角度考察夏代王系、积年、都邑、族氏等问题，用"文化比较法"对黄河中下游地区的龙山时代遗存和二里头文化进行梳理，能够论证夏代的"信史"地位。

——李刚：《到底有没有夏代？考古学家持续百年的辩论有了最新版》，一财网（2018 年 7 月 20 日）

**材料十二**　作为二里头考古队队长，许宏却是中国考古学界少数认为二里头的夏都地位乃至夏王朝的客观存在都还存疑的人。"二里头遗址现在还不能确证是夏都，因为缺少如甲骨文那样的内证性的文字证据出土。二里头有可能是夏，乃至极有可能是夏，但这仍是假说。"

——刘周岩：《寻找夏朝》，载《三联生活周刊》2018 年第 23 期

**小组讨论**：关于夏王朝是否存在，你赞成哪位考古学家的观点？为什么？（参考答案：言之成理即可）

**教师引导学生分析**：与文献记载的其他王朝不同，有关夏代历史的文献资料相对要简略一些。迄今为止，我们还未见到夏代的青铜铭文，更未出土像商代殷墟甲骨文那样内容较为丰富的文字系统，也未见到当时的竹书、木简、石刻等文字实物；而能够看到的出土文献材料则是西周以后的青铜铭文、竹书以及商代卜辞和青铜铭文中有关夏的少量记载，证据力度相对薄弱。[①] 尽管目前还没有内证性的文字材料可以确认，二里头文化就是夏王朝，但二里头却是中国文明进程中的一个关键节点，是一个强势的跨地域的文明中心。夏文化问题某种程度上像是中国考古学孜孜以求的"皇冠上的明珠"，作为一个缺乏直接文字证据的时代，夏王朝目前仍存在于后世文献的记载中、存在于人们的传颂中、存在于考古发掘出来的陶片中、存在于地下埋藏的遗迹中、存在于历代考古学家不断寻觅的梦想和脚步中。[②]

**（设计意图）**"史料实证"是做出合理"历史解释"的基础与前提，是"历史解释"不可缺少的一个重要环节，"史料实证"在本质上属于"历史解释"的范畴。[③] 并非所有的"历史解释"都能通过"史料实证"来实现，史料不足的情况下也可以对历史进行合理解释。很显然，目前将二里头文化遗址视为夏朝存在的标志，只是一种逻辑推理式的"历史解释"，而非"史料实证"式的"历史解释"。[④] 还是教材的表述更为科学和严谨："考古学家在河南偃师发现的二里头遗址，很有可能是夏文化的遗存。"本问题指向的是：（1）历史解释素养水平 3——能够分辨不同的历史解释；尝试从来源、性质和目的等多方面，说明导致这些不同解释的原因并加以评析。（2）史料实证素养水平 2——在对史事与现实问题进行论述的过程中，能够尝试运用史料作为证据论证自己的观点。

**（过渡）**相比较于"寻找夏朝"的困窘，依托甲骨文、青铜铭文并结合文献资料，对商朝的探究更有抓手、更有底气。

---

① 张国硕：《试析"夏王朝否定说"形成的原因》，载《华夏考古》2010 年第 4 期。
② 张光直：《"夏"问题：中国考古学的"哥德巴赫猜想"》，搜狐考古（2018 年 7 月 28 日）。
③ 何成刚、沈为慧：《"史料实证"与"历史解释"关系初探》，《历史教学》（上半月刊）2017 年第 9 期。
④ 何成刚、沈为慧：《"史料实证"与"历史解释"关系初探》，《历史教学》（上半月刊）2017 年第 9 期。

**4. 如何透过古文字追踪商代政治的蛛丝马迹?**

材料十三

字形及字义:王:甲骨文像斧头,用以专称拥有镇压、宰杀权的最高统治者。金文更像斧头形。小篆简化成一贯三。《说文》:"王,天下所归往也。""王"的本义为"古代最高统治者的称号"。

字形及字义:服:甲骨文旁边是一个面朝左跪着的人,右上部是一只手。连起来表示用手按住一个人头令其服从。……"服"的本义是"降服"。

——王朝忠:《汉字形义演释字典》,成都:四川辞书出版社,2006 年,第 71、673 页

**材料十四**

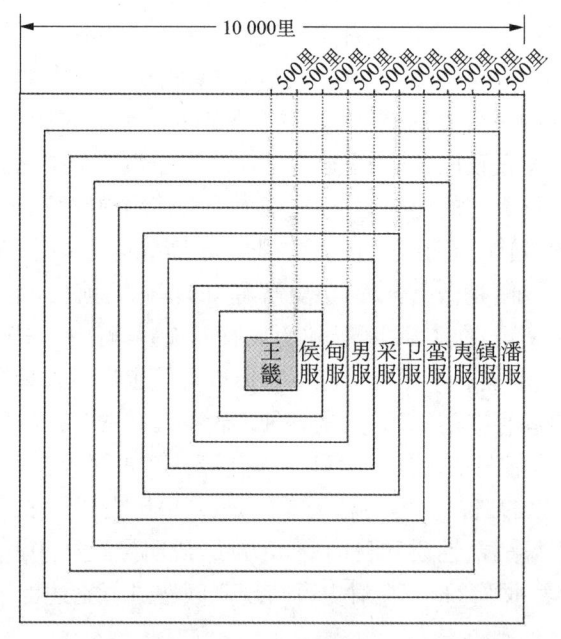

图 1　畿服图

——改编自李零:《什么是中国?》,爱思想网,http://www.aisixiang.com/data/112649.html

**教师设问**:透过古文字"王""服"的字形演变并结合"畿服图",概括商朝内外服制度的特点。(参考答案:商王实际上是内外服联盟的首领;臣服于商朝的部族,大都是迫于武力征服才承认商王的中心地位;中央政权与各附属国之间的联系较为松散,各附属国有很大的自主权)

**教师引导学生分析：**内外服制滥觞于夏，形成于商，影响至周，是独特的国家结构形式，有的学者称之为"方国联盟"。内服为王畿之地，系商朝直接控制的国家中心地区，又叫大邑商、天邑商。外服是指商王畿以外的土地，外服职官有侯、甸、男等。这些侯的担任者多为商周围方国的首领，他们一方面臣服于商，接受商王赐予的封号；另一方面是土著国家的首领。但是，各诸侯国、方国的官吏，不是由商王任免的。诸侯国要担负纳贡、服役、戍边或随王出征等义务。商王对周边地区的统治是相当松散的，周边诸侯对商王时叛时服。

另外，商朝的王权具有浓厚的宗教色彩，利用神权来强化王权。商王朝的建立和统治主要依靠两个手段：武功和神力，正所谓"国之大事，在祀与戎"①。

**（过渡）**王国维在《殷周制度论》中说："中国政治与文化之变革，莫剧于殷、周之际。"②相对于商朝，西周政治制度的巨大变化是什么？我们通过一个耳熟能详的故事管中窥豹。

### 5. 怎样还原"烽火戏诸侯"遮蔽的制度根源？

"烽火戏诸侯"的故事最初见于《吕氏春秋·慎行论》和《史记·周本纪》，后来明代小说家冯梦龙作《东周列国志》的时候又把它加以润色写进了小说，于是这个故事便大为流传，成了后人嘲笑周幽王好色昏庸的一大凭据。

**材料十五**　周幽王用褒姒废太子，立褒姒子为适（同"嫡"），数欺诸侯，诸侯叛之。

——〔汉〕司马迁：《史记》卷五《秦本纪》，北京：中华书局，2006 年，第 30 页

**教师设问：**如果《史记》所载的"烽火戏诸侯"并不存在，那周幽王之死的真实原因又是什么呢？（参考答案：违背宗法制）

**教师引导学生分析：**其实，烽火制度在战国时期才出现，周幽王拿什么戏诸侯？周幽王身死国灭跟"烽火戏诸侯"半点关系都没有，这个荒诞故事背后隐藏着什么秘密呢？

熟悉中国历史的人一眼便可以看出，这不过又是一出因继承人问题而引发的政治灾难。"嫡长子继承制"是"周礼"中一条根本礼法，是宗法制的核心。周幽王无故废黜申后及宜臼而另立褒姒、伯盘，是严重违反宗法制的行为，对周天子的威信造成了致命打击，故而自此以后，诸侯对王室日益冷淡，及至后来幽王遇难之际也无人营救。③

以"烽火戏诸侯"来解释西周的灭亡，不过是为了让褒姒来背锅罢了，用"红颜祸水"之说掩盖了违背宗法制招致的祸患。

**教师追问：**什么是宗法制？宗法制与分封制是什么关系？（参考答案：宗法制是按照血统远近以区别亲疏的制度。分封制和宗法制是互为表里的具有政治性质的制度）

"宗"字的本义是宗庙，又有动词祭祀的意思。法，就是法规、法则、条例。所谓宗法，是指一种以血缘关系为基础，标榜尊崇共同祖先，维系亲情，而在宗族内部区分尊卑长幼，并规定继承秩序以及不同地位的宗族成员各自不同的权利和义务的法则。西周宗法制度的主要特点是严格区分嫡庶、确立嫡长子的优先继承权的前提下，在宗族内部区分大宗、小宗，无论大宗、小宗都以正嫡为宗子。④

分封制和宗法制是互为表里的具有政治性质的制度。分封制是权力的分配，宗法制是

---

① 杨伯峻：《春秋左传注》（修订本），北京：中华书局，1981 年，第 861 页。
② 王国维：《观堂集林》，石家庄：河北教育出版社，2003 年，第 231 页。
③ 杨光耀：《被"烽火戏诸侯"掩盖的历史真相》，《中国国家历史》（2017 年 3 月 2 日）。
④ 阴法鲁、许树安、刘玉才：《中国古代文化史》（插图本），北京：北京大学出版社，2008 年，第 73—83 页。

分配的原则;分封制是宗法制在政治制度方面的体现,宗法制是分封制的内核和纽带,是分封制在家族内的体现。分封制和宗法制体现了家国一体,政权与族权的结合是西周政治制度的突出特点。

**教师设问**:根据以上所学夏商周三代历史,试总结中华早期国家的起源特征。(参考答案:王权有限、地方分权、贵族政治、神化王权)

**教师引导学生分析**:作为早期国家的夏商周三代有着许多不同于以后时期的历史特征,它的政治、法律和选官制度,都带有浓厚的部族色彩,以血缘关系为纽带形成国家政治结构,以宗法制为核心或纽带,以分封制为治理国家的基本形式,以世卿世禄制为选拔官吏的基本方式。神权与王权相结合,呈现出较为浓厚的鬼神迷信与原始宗教色彩。最高执政集团尚未实现权力的高度集中。

**(设计意图)**通过甲骨文、青铜铭文并结合文献史料,了解商周时期的社会状况,认识早期国家的起源特征,培养学生的史料实证能力。深度解读"烽火戏诸侯",引导学生剖析西周灭亡的原因并不仅仅是统治腐败,而是因为周幽王废掉原配夫人申后及嫡长子宜臼,另立褒姒为后、立其子伯盘为太子,破坏了宗法制,使诸侯反叛有了正当理由,培养学生的历史解释能力。本问题指向的是:(1)史料实证素养水平3、4——能够利用不同类型史料,对所探究的问题进行互证,形成对该问题更全面、丰富的解释;在对历史和现实问题进行独立探究的过程中,能够恰当地运用史料对所探究问题进行论述。(2)历史解释素养水平4——在独立探究历史问题时,能够在尽可能占有史料的基础上,尝试验证以往的说法或提出新的解释。

**(过渡)**在本课即将结束时,让我们再次回到导入新课时提到的问题:良渚古城实证中华五千年文明。

### 【尾声】

**材料十六** 良渚古城(中国)考古遗址位于中国东南沿海的长江流域,良渚考古遗址(约公元前3 300年至公元前2 300年)揭示了新石器时代后期基于水稻种植的统一信仰体系。该区由瑶山遗址区、河谷高坝区、平原低坝区和城址区四个区组成。这些废墟是早期的城市文明的一个杰出例子,在土遗址、城市规划、水资源保护系统和社会分层中表现出来,在墓地内有不同的墓葬。

——联合国教科文组织世界遗产中心:Seven cultural sites inscribed on UNESCO's World Heritage List,6 July 2019,http://whc. unesco. org/en/news/2003

**教师设问**:阅读材料十六,谈谈你对"良渚古城实证中华五千年文明"的认识。(参考答案:言之成理即可)

**(设计意图)**《普通高中历史课程标准(2017年版)》明确提出:通过历史学习,"要增强学生的历史使命感,不断增强学生对伟大祖国的认同,对中华民族的认同,对中华文化的认同"。

首尾呼应,画龙点睛。拉近历史与现实之间的距离,以史为鉴,重视历史学科作为人文学科的特有功能,关注学生情感教育,强调人文精神的培养。

### 【课堂小结】

**教师引导学生小结**:葛兆光先生说过:"历史是中国人的宗教。在一个宗教信仰淡薄的国度里,书写记忆、重塑历史的叙事,无疑与权力和大众的信仰紧紧相连。"[①]是的,中华文明起源的研究不仅对于中国历史的研究至关重要,而且对于认识人类文明和社会发展的过程和规律,对于增强中华民族的凝聚力,扩大中华文化的影响力,也具有重要意义。[②] 文化认同是维系一个民族的重要精神纽带,我们既要警惕历史虚无主义,保有民族情感和文化自信,也要警惕过于急切的心情,让文明探源染上民族主义的情绪!

# 教学设计 2

安徽省淮北市濉溪中学　邓　通

## 一、教材分析

本课是部编本《中外历史纲要(上)》第一单元《从中华文明起源到秦汉大一统封建国家的建立与巩固》第 1 课,主要讲述了中华文明的起源与发展的过程。《普通高中历史课程标准(2017 年版)》对本课的要求是:"通过了解石器时代中国境内有代表性的文化遗存,认识它们与中华文明起源以及私有制、阶级和国家产生的关系;通过甲骨文、青铜铭文及其他文献记载,了解私有制、阶级和早期国家的特征。"中国是远古人类起源的重要地区,中华文明是人类最古老的文明之一。中华文明多元一体,源远流长,生生不息,展现出自身起源与发展的特点与风格。中国原始文化星罗棋布,多姿多彩,先后经历了旧石器时代与新石器时代两个时期。夏、商、西周是中华文明诞生和早期国家的形成时期,也是奴隶制社会的形成与繁荣时期。本课时间跨度大,内容丰富,千头万绪,而且教材在叙述中逻辑不甚清晰,所以,本课的教学设计主要以"中华文明"为主题,通过对其起源和发展的梳理,形成相对完整的知识链条,以便于学生理解和掌握本课的内容。

## 二、学情分析

关于中华文明的起源与发展问题,由于年代久远,对于高一年级的学生来说理解起来有很大难度,但正因为如此,中华文明的起源问题也充满着神秘的色彩,从而激发学生强烈的探究欲望,所以关键是老师如何引导和讲解。教师在引导学生学习本课时,应选取图片、神话、传说以及考古发现等多种类型的史料,直观地引导学生理解中华文明起源的标志、中华文明诞生与发展的过程,并在此基础上引导学生分析早期国家产生的原因和特征。

---

① 葛兆光:《建构神话与记录史实之间的历史学》,搜狐网(2018 年 2 月 13 日),http://www.sohu.com/a/222474032_782639。
② 中华人民共和国科学技术部、国家文物局编:《早期中国——中华文明起源》,北京:文物出版社,2009 年,第 30 页。

## 三、教学目标

1. 通过对中国境内远古人类的空间分布、从旧石器到新石器时代的发展过程的梳理，加强时空观念，从历史发展的角度认识中华文明的起源。

2. 通过多种史料的呈现，提升历史理解和史料实证等核心素养，并认识早期中华文明起源的标志和早期国家形成的特征。

3. 通过对中国文明起源与发展过程的梳理和分析，认识中国是人类文明的发源地之一，从而培养对中华文明成就的认同感和自豪感，增强承担社会责任的动力与信心。

## 四、教学重难点

重点：中华文明起源和发展的过程。

难点：中国文明起源的标志、早期国家的形成原因和特征。

## 五、教学过程

【导入新课】

材料一

图1　伏羲女娲图[1]

---

[1] 龚书铎、刘德麟主编：《图说天下话说中国历史系列：传说时代夏商西周》，长春：吉林出版集团有限责任公司，2009年，第20页。

**教师设问：**图 1 中的神话人物是谁？你们知道与他们相关的神话故事吗？（参考答案：女娲造人）

**教师讲述：**女娲造人是远古时期最为经典的神话之一，女娲创造了人类，被称为人类的始祖——"女娲娘娘"。伏羲也是古代神话传说中的人类始祖之一。正如图 1 中所示，男女二人，均微侧身，面容相向，各一手抱对方腰部，另一手扬起，男手执矩而女执规；男女下半身均为蛇形，互相交绕，男女头之间上部绘日形，日中有三足鸟，蛇尾之下绘月形，月中有玉兔、桂树、蟾蜍。此图情态生动，线条粗犷，色泽单纯，幅面缀以日月星宿之像，不仅有空间辽阔之感，也显示了伏羲、女娲作为人类始祖的崇高意味。

当然，在西方也有上帝造人的神话，但是这些美丽的神话，随着科学的发展，一个个破灭了。根据目前的科学研究，我们的祖先来自古猿，有了人类才能创造人类的文明。

**（设计意图）**以神话故事的形式导入新课，贴近学生实际，有利于调动学生的学习兴趣和积极性，顺势切入本课的主题：中华人类文明起源的创造者——中华远古人类。

【学习新课】

## （一）中华文明的起源——从旧石器到新石器时代

**教师讲述：**据科学家推算，地球的形成至今已有 46 亿年的历史，最原始的生物出现在地球上，距今也已有 33 亿年之久。大约在 400 万年前，生活在非洲的南方古猿开始向人类转化，经过漫长的演化，人类终于诞生并走上历史舞台，演出了地球上最雄伟壮观的一幕。

### 1. 旧石器时代

材料二

**表 1　人类进化过程与人类文化分期表[1]**

| 距今年龄(万年) | 人类进化过程 | | 人类文化分期 | | |
|---|---|---|---|---|---|
| 0.4± | 现代人 | | 历史时期 | | |
| 1± | | | 新石器时代 | | |
| 5± | 智人 | 晚期智人 | 晚期 | | |
| 20± | | 早期智人 | 中期 | 旧石器时代 | 史前时期 |
| 100± | 直立人 | 晚期直立人 | 早期 | | |
| 300 或 200 | | 早期直立人 | 初期 | | |
| 500 | 南方古猿 | | 人类的祖先 | | |

**教师设问：**观察表 1，古人演化经历了哪几个阶段？按照使用工具又分为哪两个阶段？

---

[1] 张宏彦编著：《中国史前考古学导论》，北京：高等教育出版社，2011 年，第 51 页。

（参考答案：南方古猿、直立人、智人和现代人四大阶段；旧石器时代和新石器时代）

**教师讲述：**目前，根据考古发现，可以确定的最早的人科成员是南方古猿，从二三百万年前开始人类进入旧石器时代，生产工具以打击石器为标志。中国的旧石器时代大体可分为早中晚三期，分别与直立人、早期智人、晚期智人相对应。旧石器时代的文化遗存与绝灭动物共存，其地质时代属于更新世，绝对年代大约为距今 300 万年至 1.2 万年。

**教师设问：**旧石器时代中国境内有哪些你所熟悉的文化遗存？（参考答案：元谋人、北京人和山顶洞人）

**教师讲述：**在中国境内的远古人类遗存极其丰富，与人类进化相对应的直立人和智人时间序列完整。

材料三

**图 2　山顶洞人生活想象图①**

**教师设问：**结合图 2，想象山顶洞人生活的场景。（参考答案：采集和狩猎；使用打制石器；使用天然火）

**教师讲述：**山顶洞人穴居野外，能制造工具，会用火，又会采集和狩猎。尽管仍使用打

---

① 刘炜主编，赵春青、秦文生编著：《中华文明传真 1·原始社会：东方文明的曙光》，上海：上海辞书出版社，2001 年，第 31 页。

制石器,但已掌握磨光和钻孔技术,他们把石块、骨头等小东西用敲打或磨制的方法使其变薄,变成多边形,用东西串起来。山顶洞人时期,人类已具有用树叶或兽皮缝制衣服的能力。他们不像北京猿人那样遍体绒毛,无遮无掩,而是穿着用树叶或兽皮缝制的衣服进出洞穴,尽管这样的衣服只是缠在身上串起来的一圈树叶,或是围在腰胯间的几块连缀起来的兽皮,但比北京猿人时期已大大前进了一步。山顶洞人已能人工取火,烧制熟食。夜深了,大家睡在山洞里。洞口点着一堆火,猛兽看到火就吓跑了。

**教师设问:**概括火的用途。(参考答案:照明、取暖、驱赶野兽等)

**教师讲述:**火的作用不仅如此,还促进人类饮食习惯的改变,告别了"茹毛饮血"的时代,也减少了疾病,延长了寿命,加速了人口的增长,而且有助于人们吸收食物中的营养成分,促进了大脑的发育和思维的进化。有了人工取火的使用,人类加快了迈向文明的步伐。

**(过渡)**经过漫长的演化,人类跨入新石器时代。

## 2. 新石器时代

材料四

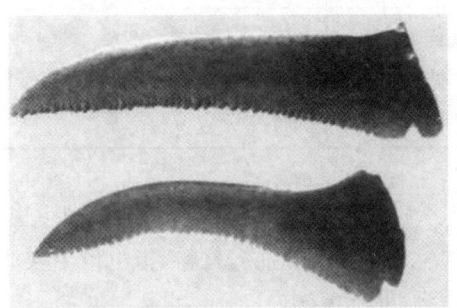

图 3　石刮削器和石镰[1]

**教师设问:**观察图片,对比两组生产工具,说出其中的变化。(参考答案:一个粗糙,一个光滑)

**教师讲述:**旧石器时代主要使用打制石器,比较粗糙;而新石器时代普遍使用磨制石器,表面光滑,生产效率提高。这也是新旧石器时代的主要区别。新石器时代大约从 1.2 万年前开始,结束于距今四五千年。

**(过渡)**新石器与旧石器时代的区别,不仅在使用工具上,还体现在农业的发展上。

**教师设问:**阅读教材第 3 页《中国新石器时代遗址分布图》,说说新石器时代的遗址在地域分布上有什么特点。(参考答案:集中分布在黄河中下游地区和长江中下游地区)

**教师讲述:**新石器时代的文化遗存分布广,数量多,遍布祖国大地,但主要集中在大江、大河流域。可见,黄河、长江同是我们中华民族的母亲河。

---

① 王月前、洪石编著:《图说中国文化·考古发现卷》,长春:吉林人民出版社,2007 年,第 18、24 页。

**材料五**

表2　四大农业起源中心区

| 四大中心区 | 地理分布 | 被栽培的作物 |
| --- | --- | --- |
| 西亚 | 以色列、巴勒斯坦、约旦、黎巴嫩和叙利亚，以及伊拉克、土耳其和伊朗的部分地区 | ① 谷物：小麦、大麦、黑麦、燕麦等；<br>② 豆类：蚕豆、豌豆、鹰嘴豆等；<br>③ 经济作物：亚麻、油菜、橄榄等；<br>④ 菜蔬：卷心菜、胡萝卜、葱头、茴香、香菜等 |
| 中国 | 中国境内 | ① 谷物：水稻、粟、黍、荞麦等；<br>② 豆类：大豆、红小豆等；<br>③ 块根茎类：山药、莲藕、茨菇等；<br>④ 经济作物：大麻、苎麻、油菜、茶叶等；<br>⑤ 菜蔬：白菜、萝卜等 |
| 中南美洲 | 中美洲和南美洲安第斯山区 | ① 谷物：玉米、藜麦等；<br>② 豆类：菜豆、刀豆、利马豆等；<br>③ 块根茎类：马铃薯、红薯、竹芋等；<br>④ 经济作物：棉花、剑麻、花生、烟草等；<br>⑤ 菜蔬：辣椒、西红柿、南瓜、西葫芦等 |
| 北部非洲 | 主要分布在撒哈拉大沙漠南缘沿线 | ① 谷物：高粱、非洲水稻、龙爪稷、珍珠粟等；<br>② 豆类：豇豆、扁豆等；<br>③ 经济作物：咖啡等；<br>④ 菜蔬：秋葵等 |

——赵志军：《中国农业起源概述》，载《遗产与保护研究》2019年第1期

**教师设问**：根据材料，指出世界农业的起源中心有哪些？（参考答案：西亚、中国和中南美洲、北部美洲）

**教师讲述**：中国是世界四大农业起源中心区之一。中国境内的原始农耕文明北以黄河中下游的半坡原始聚落为代表，南以长江下游的河姆渡原始聚落为代表。

**材料六**

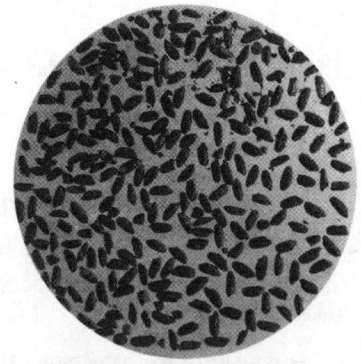

图4　河姆渡碳化的稻谷①

图5　半坡粟粒和贮粟陶罐②

---

① 冯天瑜、杨华、任放编著：《中国文化史》（彩色增订版），北京：高等教育出版社，2007年，第53页。

② 李根蟠：《中国古代农业》（增订版），北京：商务印书馆，1998年，插图页。

**教师设问**：结合材料思考，中国农业起源有何特点？（参考答案：北方以粟为主，南方以水稻为主）

**教师讲述**：我国是世界上培育出农作物最多的国家。据瓦维洛夫统计，在全世界 666 种主要栽培植物中，起源于中国的有 136 种，占 20.4%，位居第一。考古材料证明，中国是世界农业最早的起源地之一。粟类旱地作物起源于黄河流域，人工栽培的水稻起源于长江中下游地区。稻作农业与旱地农业南北并立。中国是"第一个最大的独立的世界农业发源地和栽培植物起源地"，中华民族为人类的生存与文明作出了重大贡献。①

**（过渡）** 原始农耕的出现（也叫作农业革命）标志着人类历史上第一次实现了伟大的经济变革，也是人类文明起源的基础。

**材料七**

图6　仰韶文化半坡类型的刻画符号②

图7　姜寨遗址原始聚落复原图③

图8　齐家文化铜镜④

**材料八**　现今史学界一般把"文明"一词用来指一个社会已由氏族制度解体而进入有了国家组织的阶级社会的阶段，这种社会中，除了政治组织上的国家以外，已有城市作为政治、

---

① 中国农业博物馆农史研究室编：《中国古代农业科技史图说》，北京：农业出版社，1989 年，第 16—17 页。
② 刘炜主编，赵春青、秦文生编著：《中华文明传真 1·原始社会：东方文明的曙光》，上海：上海辞书出版社，2001 年，第 83 页。
③ 国家文物局主编：《中国文物地图集陕西分册（上）》，西安：西安地图出版社，1998 年，第 371 页。
④ 国家文物局主编：《中国文物精华大辞典·青铜卷》，上海：上海辞书出版社，香港：商务印书馆（香港）有限公司，1995 年，第 2 页。

经济、文化各方面活动的中心,它们一般都已经发明文字和能够利用文字作记载,并都已知道冶炼金属,文明的这些标志中,以文字最为主要。

——夏鼐:《中国文明的起源》,载《文物》1985 年第 8 期

**教师设问:**根据材料,中国新石器时代是否具备文明起源的条件?(参考答案:具备)

**教师讲述:**通过考古印证,新石器时代的中国已出现了文字萌芽、早期城市及冶炼金属等,说明当时的社会已迈进文明时代的门槛。

**(设计意图)**通过多种类型的史料,从时间上梳理了早期文明起源的两个阶段;与此同时,展示大量的图片史料,形象直观,易于学生的理解和掌握。本环节指向的是:(1)时空观念素养水平 2——能够利用历史年表等方式对相关史事加以描述。(2)史料实证素养水平 2,3——能够区分史料的不同类型;能够认识不同类型的史料所具有的不同价值。(3)历史解释素养水平 2——能够选择、组织和运用相关材料并运用相关历史术语,对个别或系列史事提出自己的解释。

**(过渡)**中华文明源远流长,经过漫长的石器时代,中华文明诞生,而其诞生却与一场大水息息相关,可以毫不夸张地说"一场大水诞生一个国家"。

### (二)中华文明的诞生——从部落联盟到国家诞生

**材料九** 汤汤洪水方割,荡荡怀山襄陵,浩浩滔天。

——江灏、钱宗武译注:《今古文尚书全译》,贵阳:贵州人民出版社,1992 年,第 18 页

**教师设问:**在尧时期发生了什么重大的事情?(参考答案:洪水泛滥)

**教师讲述:**当时尧舜部族联合体的居民被围困在山陵之上,农田被淹,粮食无以为继,万民一片哀叹。因此,治理洪水已成为尧舜部族联合体所面临的最为紧迫的问题。

**教师设问:**当时有哪两种不同的治水方法?(参考答案:堵截和疏导)

**教师讲述:**大禹的父亲鲧采用堵截的方法来治水,结果九年都未治理好,最后被舜流放羽山而死;大禹吸取父亲的教训,实地勘察地形后,采用疏导的方法,用了十三年时间,终于治理了水患。

大禹为了治水,曾经"三过家门而不入",其敬业爱民行为,受到舜及部落联盟的认可和赞赏。大禹治水的功绩和后果,不只是解除了洪水泛滥的巨大灾害,还在于大禹治水所引发的一系列重大历史事件,把原始社会的军事民主制度推到了顶峰,从而为国家的出现创造了一些必备的条件。

#### 1. 征三苗

**材料十** 三苗之居,在彭蠡之波,右有洞庭之水,文山(今江西吉安东南)在其南,而衡山(今湖南衡山)在其北。

——王锡荣、韩峥嵘注译:《战国策译注》,长春:吉林文史出版社,1998 年,第 647 页

**教师设问:**根据材料,概括三苗的活动区域范围。(参考答案:苗族居住在现今长江中游的洞庭湖、鄱阳湖以及湖南、广西一带)

**教师讲述:**公元前 23 世纪至公元前 21 世纪,华夏族与江汉三苗是两个不同的族系,两族均处于军事民主制阶段,长期处于战争状态。尧舜时期,苗族与华夏族均有战争发生,华

夏族未能从根本上战胜苗族。

禹征三苗的直接原因是为了治水。而苗族因其势力强大,长期与华夏族处于敌对状态,因而不可能配合大禹的治水。这就是《尚书·皋陶谟》所说的"苗顽弗即工"。为了治水,征伐苗族的战争不可避免并最终取得了胜利。

尧舜部族联合体的真实基础是非血缘团体,禹对三苗战争的胜利,标志着部族联合体范围、规模的不断扩大,标志着中国从原始社会向国家的过渡。

### 2. 画九州

材料十一

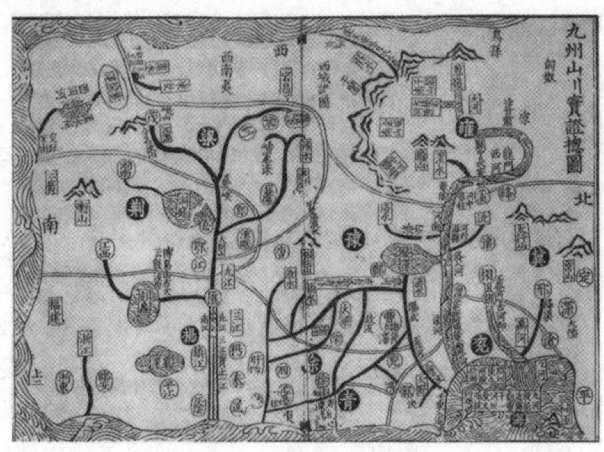

**图 9　九州山川实证总图①**

**教师设问:**读图 9,禹画九州的标准是什么?(参考答案:地域)

**教师讲解:**为了更好地治理洪水,造福百姓,大禹在治水的过程中将全国众多的邦国按照地域划为九州。据文献记载,尧、舜、禹时期的百官制度已经形成,划分了九州之后,大禹又任命了九个地方行政长官"州牧"进行管理。同时,大禹还把夏邑作为统治中心,按地区的不同部署原有部落,此时的部落联盟统治已经由氏族公社那种靠血缘纽带来维系,逐渐变为按居住地区组织居民,亦即血缘关系向地缘关系转变,而这正是国家形成的标志之一。

### 3. 会诸侯

材料十二　昔,禹致群神于会稽之山,防风氏后至,禹杀而戮之。
　　　　　　——黄永堂译注:《国语全译》,贵阳:贵州人民出版社,1995 年,第 226—227 页

**教师设问:**根据材料说说防风氏被杀的原因?(参考答案:迟到)

**教师讲述:**大禹在会稽山祭祀群神,召集各部族酋长前来与会,部族酋长防风氏仅仅由于迟到,就被大禹杀戮,足见禹的权势远远超越了其他部落首领。而且部落联盟首脑权力日益膨胀,已非普通意义上的部落首领,由此不难看出,大禹的确具有很强大的个人权威。以至于到夏禹以后禅让转为世袭,标志着原始公社的解体和国家的诞生。

### 4. 都阳城

**教师讲述:**禹的都城在哪里? 20 世纪后半叶与 21 世纪之初,在河南省登封市告成镇的

---

① 徐客编著:《图解山海经——中国的创世史诗》,海口:南海出版公司,2007 年,第 13 页。

王城岗遗址,先后发现了两座河南龙山文化晚期的小城与一座大城,根据碳十四测定的城址年代数据,结合历史文献记载,王城岗龙山文化晚期小城与大城均称"阳城",小城大约是鲧作之城和禹所避居的阳城,大城则应为夏建国后禹所都的阳城。登封阳城的出现,是国家政权形成的重要标志,是夏代建立的重要证据。

总之,国家是文明社会发展到一定阶段的产物。恩格斯曾指出"国家是文明社会的概括",而国家的形成有两大标志——按地域划分它的国民以及凌驾于社会之上的公共权力的设立。将国家的出现视为文明社会的开端已成为学界的共识。而这与大禹治水后的情形又十分吻合。大禹是中国古代最富传奇色彩的帝王,其丰功伟绩主要体现在两个方面:一是治理水患,赢得人们的赞誉;二是征伐三苗,稳固了社会和领导层的统治,奠定了中国最早的领土版图,而这两者,都直接产生了一个结果,即推动了中国国家的形成。两者中最为重要者当属治水,大禹在治水的过程中,逐步按照地域划分国民,形成了社会的组织管理机构,提高了组织管理能力;同时,合诸侯于涂山、杀防风氏等一系列事件表明,大禹本人的权力和威望大大增强,促进了国家的形成。

**(设计意图)**通过一系列事件的梳理,从唯物史观的角度,引导学生认识到国家的诞生是多种因素综合的结果。本环节指向的是:(1)唯物史观素养水平2——能够了解和掌握唯物史观的基本观点和方法,理解唯物史观是科学的历史观。(2)时空观念素养水平3——能够把握相关史事的时间、空间联系,并用特定的时间和空间术语对较长时段的史事加以概括和说明。(3)史料实证素养水平2——在对史事与现实问题进行论述的过程中,能够尝试运用史料作为证据论证自己的观点。(4)历史解释素养水平2——在独立探究历史问题时,能够在尽可能占有史料的基础上,尝试验证以往的假说或提出新的解释。

**(过渡)**大禹治水的成功,不仅推动了国家的形成,也为夏、商、周三代的文明奠定了基础。

### (三)中华文明的发展——从商甲骨文到西周典制

#### 1. 甲骨文——文字的成熟
材料十三

图10  大汶口文化的图画文字①

**教师设问**:根据材料,请判断这些象形符号是否属于文字?(参考答案:是,属于原始的象形文字)

**教师讲述**:关于这些图画文字,尽管存在不同的看法,但可以肯定的是,这些与后来汉

---

① 白寿彝总主编:《中国通史》(第二卷),上海:上海人民出版社,2007年,第277页。

字的形成有很大的关系,它是一种原始文字,即原始的象形文字。

**材料十四**

图 11 甲骨文中的十二生肖①

**教师设问:** 根据以上文字,你能按照顺序说出十二生肖吗? 你的依据又是什么? (参考答案:十二生肖——鼠、牛、虎、兔、龙、蛇、马、羊、猴、鸡、狗、猪。依据——象形)

**教师讲述:** 甲骨文以象形为基础,鼠以尖嘴、大耳、长尾为特征,并在鼠头的上方用三或四个点表示啮碎的物屑;牛和羊取其头部最有特点的角,孔子曰"牛羊之字以形举也";虎是大口、长足、文身的猛兽;兔子张着嘴巴、长耳短尾;马长脸、大眼、鬃毛飞扬、长尾有蹄;蛇匍匐于地、身形扭曲;狗和猪的区别,在王国维看来,"腹瘦尾拳者为犬,腹肥尾垂者为之豕",狗尾巴上翘,猪大肚是最明显的特征。

中国的文字萌芽较早,在新石器时代仰韶文化的陶器上,就发现了各种刻划符号,成为中国文字的雏形,经过二三千年的孕育、发展,到了商代,中国的文字达到基本成熟阶段。

在目前发现的 10 余万片有字甲骨中,含有 5 千多个不同的文字图形,从甲骨文已识别的约 1 500 个单字来看,它已具备了"象形、会意、形声、指事、转注、假借"的造字方法,展现了中国文字的独特魅力。从字体的数量和结构方式来看,甲骨文已经是发展到有较严密系统的文字了。

**(过渡)** 文明的发展不仅体现在文字的成熟上,还有制度的变革。

**材料十五** 中国政治与文化之变革,莫剧于殷周之际。……欲观周之所以定天下,必自其制度始矣。

——王国维:《观堂集林(外二种)》,石家庄:河北教育出版社,2001 年,第 231—232 页

**教师设问:** 根据材料并结合所学知识,指出殷周之际在制度上有什么变化。(参考答案:封建制和宗法制)

**2. 分封制——天下归周**

**材料十六** 周公……封建亲戚以藩屏周。

——李学勤主编,郑玄注,孔颖达疏:《十三经注疏·春秋左传正义》(标点本),北京:北京大学出版社,1999 年,第 418 页

**材料十七** 周公……兼制天下,立七十一国,姬姓独居五十三人焉,周之子孙苟不狂惑者,莫不为天下之显诸侯。

——〔战国〕荀况著,蒋南华、罗书勤、杨寒清注译:《荀子全译》,贵阳:贵州人民出版社,1995 年,第 124 页

---

① 石评月:《十二生肖文字形态特征浅议》,载《文教资料》2017 年第 35、36 期合刊。

**教师设问：**根据材料并结合教材,西周分封制的目的、对象以及内容是什么?(参考答案：目的——巩固统治。对象——王族、功臣和先代贵族。内容——土地和人口)

**教师讲述：**分封制即古汉语"封建"(封邦建国)的原始含义,商朝已有分封制的雏形。在周朝时期,周王在保证周王室强大的情况下,把一定的土地和人口划分给诸侯。面对商人遗族威胁,藩屏周室所需,以拱卫周王室,使权力分配由商向周转移,即天下归周。

对于分封对象,首先是王族,这是分封的主体,受封之地居于富庶之地或战略要地。如鲁、晋、卫、燕等,这使得封国宗亲化,以实现"选建明德(王室亲族),以藩屏周"。其次是功臣,这一方面显示王的恩德,另一方面用姻亲拉拢功臣以巩固统治。例如姜尚,"师尚父为首封,封尚父于营丘,曰齐"。第三类分封对象是"友邦冢君"与古帝王后代。如宋国,有自己的族属和部众,在其原统治地区的族群中有巨大的影响力和控制力,对其分封并与之联姻,有利于不同地区、不同族众的融合和对其进行统治,也有利于"天下共主"局面的形成。

通过分封,西周打破了夏商的部落国家和方国联盟状态,国家政权由松散走向紧密,这是一种制度创新。不仅稳定了统治秩序,开发了边远地区,扩大了统治区域,而且促进了经济、文化交流和民族融合,为华夏族的形成奠定了基础。

**(过渡)**分封制的实施巩固了统治秩序,但贵族之间在权力、财产和土地继承上仍然存在矛盾。

### 3. 宗法制——天下归宗

材料十八

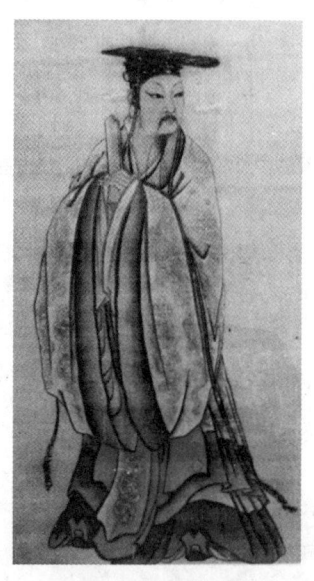

图 12　大禹像①

**教师设问：**观察图 12,冠冕是什么意思? 从夏禹的穿戴上可以看出他已经是怎样一位人物?(参考答案：冠是帽子,冕是古代大夫以上的官戴的礼帽,后专指帝王的礼帽;帝王)

**教师讲述：**大禹凭借在治水过程中树立的巨大威望,从治水英雄摇身一变而成为具有生杀予夺权力的帝王,并且把王位传给自己的儿子,开启了王位在一家一姓中传承的先河。

---

① 戴逸、龚书铎主编:《中国通史(少年彩图版)》第 1 册,郑州:海燕出版社,2001 年,第 61 页。

**材料十九**

表 3　商王世系传承表①

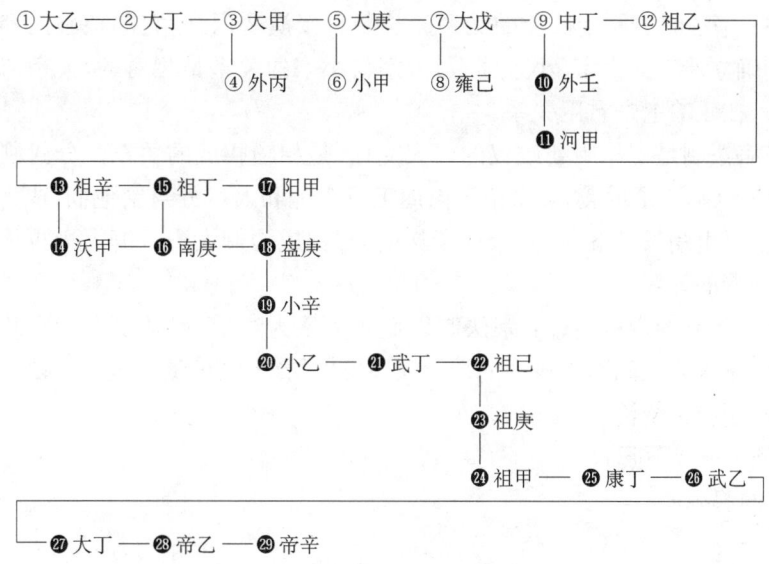

**教师设问**：表 3 中商王世系是如何传承的?(参考答案：父死子承或兄终弟及)

**教师讲述**：从这个新认定的商王世系表可以看出,商代 29 王中,由父传子的共计 10 位(包括大丁),由兄传弟(包括传与叔伯兄弟)的共计 12 位,此外尚有将王位传与兄之子(包括堂兄之子)的计 6 位。不难看出,商代王位继承制度中兄终弟及的色彩是相当浓厚的,此外,还有由最后一位弟弟将王位传与其兄之子的特色。

**(过渡)**但是这样存在很大的弊端,引发王位继承问题上的紊乱。为了解决这个问题周又采取了什么有效措施呢?

**材料二十**

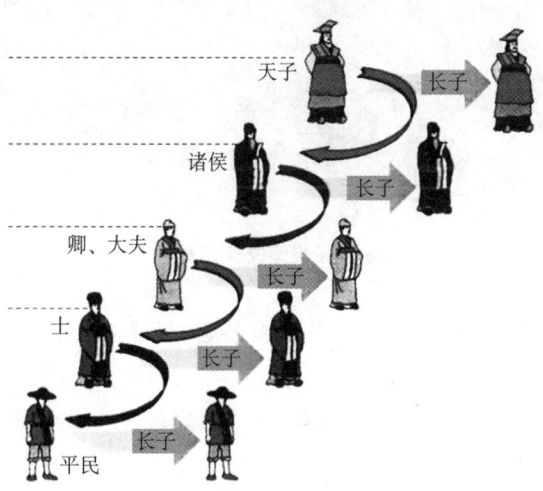

图 13　分封制与宗法制关系示意图②

① 沈长云：《论殷周之际的社会变革——为王国维诞辰 120 周年及逝世 70 周年而作》,载《历史研究》1997 年第 6 期。
② ［德］马克斯·韦伯：《儒教与道教》(全译彩图本),北京：人民日报出版社,2007 年,第 21 页。

**教师设问**：根据材料思考，宗法制的核心内容是什么？分析分封制与宗法制关系。（参考答案：嫡长子继承制；表里关系、相辅相成）

**教师讲述**：宗法制由原始社会的父系家长制直接演变而来，它的核心内容是嫡长子继承制。宗法制确立严格的大宗、小宗体系；大宗与小宗的关系是相对的，大宗与小宗在亲缘上是兄弟关系，在政治上是君臣关系。

分封制与宗法制是支撑周朝政权的两大支柱，是相辅相成的关系。分封制是宗法制的政治体现：周王以嫡长子世袭，其余诸子由周王将土地和人口分封给他们，成为诸侯。在诸侯领地内，诸侯仍由嫡长子继承，其余诸子接受分封，成为卿大夫。卿大夫再依次分封。以此类推，形成森严的等级。

宗法制是分封制的内核纽带：宗法制以血缘关系为纽带，保证了贵族在政治上的垄断和特权地位，防止贵族之间因为权力的继承问题发生纠纷，维护贵族统治集团内部的稳定和团结，从而有利于维护统治。

### 4. 礼乐制——天下归心

（1）礼制的起源

**材料二十一**

图 14　良渚文化玉琮①

**材料二十二**　夫礼之初，始诸饮食。其燔黍捭豚，污尊而抔饮，蒉桴而土鼓，犹若可以致其敬于鬼神。

——李学勤主编，郑玄注，孔颖达疏：《十三经注疏·礼记正义》（标点本），北京：北京大学出版社，1999 年，第 666 页

**教师设问**：根据材料，玉琮的作用是什么？礼的起源是什么？（参考答案：礼器；祭祀

---

① 李力：《中国文物》，北京：五洲传播出版社，2004 年，第 18 页。

鬼神）

　　**教师讲述：**1986年，浙江余杭反山良渚文化墓地出土的一件大玉琮引起了人们的高度注意。它高8.8厘米，射径17.6厘米，重达6.5千克，被称为"琮王"。这件玉器表面刻饰有多组兽面，其纹饰之复杂繁缛，超过以往。

　　祭地通天是良渚人宗教祭祀活动的中心，玉琮是最重要的礼器。琮外方内圆，表示天和地，中间的穿孔表示天地之间的沟通，从孔中穿过的绳子就是天地柱。

　　（2）礼制的发展

　　**材料二十三**

**图15　后母戊大方鼎**[①]

　　**教师设问：**商代的祭祀礼器有什么变化吗？（参考答案：青铜器）

　　**教师讲述：**夏商周是中国的青铜器时代，而到了商朝时，已经是青铜器发展的鼎盛时代了。

　　**教师设问：**从后母戊鼎上，能看出祭祀的对象有什么变化吗？（参考答案：由"神"到人）

　　**教师讲述：**后母戊鼎，原称司母戊鼎。原器1939年3月在河南安阳出土，是商王祖庚或祖甲为祭祀其母戊所制，是商周时期青铜文化的代表作。随着社会的发展，除了祭祀对象的变化外，礼的内涵也在不断丰富。

　　（3）礼制的完善

---

① 张国华、左玉河等编著：《图说中国文化·器物卷》，长春：吉林人民出版社，2007年，第42页。

材料二十四

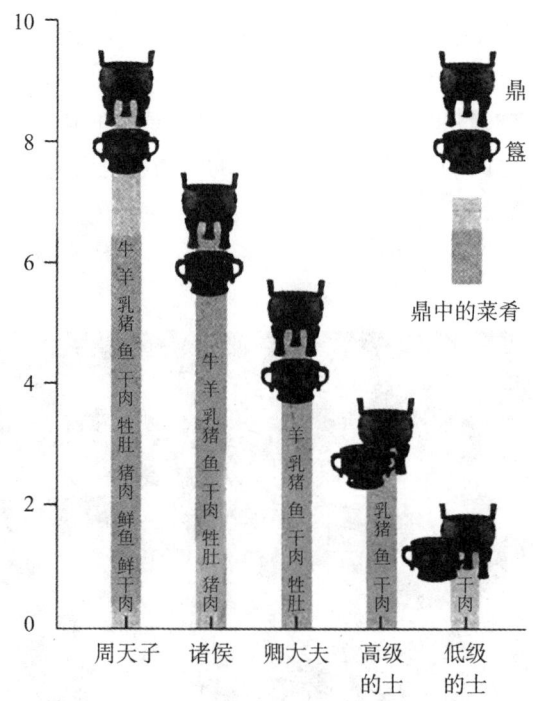

**图 16　天子与贵族的列鼎数量及肉食种类**①

**教师设问**：结合材料，礼是如何来巩固统治的？（参考答案：等级秩序）

**教师讲述**：列鼎制度形成，以礼仪强调社会政治的等级化秩序。如图 16 所列，天子九鼎八簋，诸侯七鼎六簋，大夫五鼎四簋，士三鼎二簋。很明显，礼把贵族分成若干等级，对各个等级在社会生活中的地位和行为作出严格而具体的区别和规范。所以说，礼的本质是"异"，即差异，用来显示社会中各等级之间的差异，也就是说，贵与贱、尊与卑、长与幼、亲与疏的各色人等之间，必须遵守各自的行为规范，用来显示贵贱、尊卑、长幼、亲疏之间的差异，绝对不可混淆，每个贵族从出生到死亡，从人事到祭祀，从日常生活到政治活动，都必须按照与其身份合适的礼行事，必须体现社会等级所制约的人际关系，社会的等级体现在"礼"中，使"礼"有了严格的等级差别如果违背了"礼"，就是"僭越"。

**材料二十五**　乐在宗庙之中，君臣上下同听之，则莫不和敬；乐在族长乡里之中，长幼同听之，则莫不和顺；乐在闺门之内，父子兄弟同听之，则莫不和亲。

——李学勤主编：《十三经注疏·乐记正义》，北京：北京大学出版社，1999 年，第 1145 页

**教师设问**：礼的本质是"异"，那么"乐"的作用又是什么？（参考答案：和谐）

**教师讲述**：一个社会不承认差异，就没有动力，但是一个社会只讲差异，不讲和同，就无法和谐，因此周公在"制礼"的同时又"作乐"，使"礼"和"乐"相辅相成，或者说相反相成，"礼"

---

① 冯天瑜、杨华、任放编著：《中国文化史》（彩色增订版），北京：高等教育出版社，2007 年，第 97 页。

讲究差异,"乐"则讲究和同;"乐"的功能就是使君臣之间、父子之间显得"和合",万民之间显得"附亲",增加凝聚力、亲和力,因此"礼"与"乐",亦即"异"与"同"两者缺一不可,否则社会就会失衡。

经过以上梳理,在夏商周时期,中华文明得到了进一步发展。在最高权力的继承上,夏朝已经确立了王位世袭制,在此基础上,到了西周进一步完善——确立了嫡长子继承制。在地方制度上,在商内外服制度的基础上,周朝建立后,大规模分封诸侯,并且与分封制同时进行的,还有宗法制、礼乐制等制度,这些制度的设立使得西周的国家机构更加严密。在文字上,由早期的图画文字到甲骨文,无论是字体的数量还是造字的方式,文字也在不断走向成熟。当然,这些也体现了早期国家政治制度的一些特征,包括神权与王权的结合、以血缘为纽带形成的国家政治结构以及最高统治集团尚未实现权力的高度集中等,尽管还存在很多不足,但这也为以后文明的发展奠定了坚实的基础。

**(设计意图)**通过文字、制度、礼制等方面的对比,展示文明的演变发展历程,并引导学生认识到中华文明也经历了一个不断发展上升的过程。本环节指向的是:(1)唯物史观素养水平3——能够将唯物史观运用于历史学习、探究中,并将其作为认识和解决现实问题的指导思想。(2)时空观念素养水平4——能够选择恰当的时空尺度对其进行分析、综合、比较,在此基础上作出合理的解释。(3)史料实证素养水平3——在探究特定历史问题时,能够对史料进行整理和辨析;能够利用不同类型史料,对所探究的问题进行互证,形成对该问题更全面、丰富的解释。(4)历史解释素养水平2——能够选择、组织和运用相关材料并使用相关历史术语,对个别或系列史事提出自己的解释。(5)家国情怀水平3——能够把握中华民族多元一体的发展趋势,以及世界历史发展的进步历程,形成正确的世界观、人生观、价值观和历史观。

**教师引导学生小结:**通过以上学习,我们可以得知中国是人类重要的发祥地之一,也是人类文明的起源地之一,同时也是迄今为止世界上持续时间最长的文明。中华文明在时间上源远流长,在空间上分布广泛,在内容上丰富多彩,对人类历史的发展作出了巨大贡献。

# 第 2 课

# 诸侯纷争与变法运动

## 教 学 设 计 1

安徽省淮北市实验高级中学　梁　松

### 一、教材分析

本课是部编本《中外历史纲要（上）》第一单元《从中华文明起源到秦汉统一多民族封建国家的建立与巩固》的第 2 课，包括"列国纷争与华夏认同""经济发展与变法运动""孔子和老子""百家争鸣"四个子目的内容。春秋战国时期是一个大动荡、大变革、大发展的时代，在中国历史的发展过程中具有十分重要的作用。在经济上，随着铁农具和牛耕的出现与推广，生产力取得巨大进步；在政治上，专制主义中央集权制度初步建立，传统的贵族政治逐渐向官僚政治转型；在思想上，这一时期是思想大解放的时代，出现了孔子、老子这样伟大的思想家和各种思潮，奠定了中华文化发展的基础；在民族关系上，随着战争的频繁、文化交流的扩大，华夏族与少数民族的交融不断加强，为后世统一多民族国家的发展奠定了基础。

《普通高中历史课程标准（2017 年版）》对本课的要求是：通过了解春秋战国时期的经济发展和政治变动，理解战国时期变法运动的必然性；了解老子、孔子学说；通过孟子、荀子、庄子等了解"百家争鸣"的局面及其意义。从课标要求来看，本课突出的主线是这一时期政治、经济、思想的变化以及各个诸侯国、各个阶层面对变化所作出的应对。但是，教材在个别章目之间内容的安排上没有突出内在的逻辑关系，显得平铺直叙，不利于课堂教学的展开。同时，本课时间跨度大，涉及内容多，不利于学生把握知识体系。因此，本课的教学设计主要以"社会各阶层的变化"为主题对教材进行有效整合，通过成语故事来梳理周王室、诸侯、商人、士人社会地位和政治地位的变化，进而理解这一时期政治、经济、思想的发展与各国变法运动的开展，以便于学生更好地学习和理解本课内容，认识春秋战国时期由分裂走向统一的历史趋势。

### 二、学情分析

学生通过初中三年对历史的学习，对一些概念如诸侯争霸、百家争鸣、变法运动等已经有所了解，对这一时期的史实也已经有了一定的掌握，这为学习本课提供了良好的基础。

但是,由于一些地区中考历史采用开卷考试,导致部分学生机械地学习历史,对概念和事件的理解停留在背诵阶段,缺乏历史思维能力和基本的核心素养。同时开卷考试使得很多学生的基础知识不牢,这为本课的学习增加了很大的难度。本课内容较多且相对枯燥,降低了学生的学习兴趣,因此教师在教学过程中,可以利用一些生动、有趣的史料创设历史情境,激发学生的学习兴趣,培养核心素养。

## 三、教学目标

1. 通过自主学习,知道春秋战国时期在政治、经济、文化等领域出现的新变化及主要表现;通过史料研习,理解这一时期新变化的特点和总体趋势,认识这一时期的变革对中国历史发展的重大影响,提升用唯物史观分析问题的能力。

2. 通过史料研习与合作探究,了解战国时期变法运动的主要内容,理解变法运动出现的历史必然性。

3. 通过史料研习,理解战国时期的社会变革与秦朝统一之间的历史联系,涵养家国情怀。

## 四、教学重难点

重点:诸侯纷争;战国时期的变法运动;百家争鸣。
难点:春秋战国时期社会大变革的特点和主要趋势。

## 五、教学过程

【导入新课】

**教师设问:**同学们,你们知道"食指大动"的故事吗?

**材料一** 楚人献鼋①于郑灵公。公子宋②与子家将见。子公之食指动,以示子家,曰:"他日我如此,必尝异味。"及入,宰夫将解鼋,相视而笑。公问之,子家以告,及食大夫鼋,召子公而弗与也。子公怒,染指於鼎,尝之而出。公怒,欲杀子公。子公与子家谋先。子家曰:"畜老犹惮杀之,而况君乎?"反谮③子家,子家惧而从之。夏,弑灵公。

——杨伯峻:《春秋左传注》,北京:中华书局,1990年,第677—678页

**教师讲述:**"食指大动"的故事发生在春秋时期的郑国,郑灵公元年,楚国给郑灵公送来一只大甲鱼,正巧大夫子家、子公前来朝见,子公食指大动,灵公问其原因,子公告诉灵公以往食指大动便是有奇特之物可食,今日亦如此,但是灵公唯独不给他甲鱼羹,子公便用指头蘸羹,最终子家与子公动手杀了郑灵公。这个看似荒唐的故事说明这一时期的政治已经发

---

① 鼋:一种大甲鱼。
② 公子宋:郑国大夫,姬姓,名宋,字子公。
③ 谮:诬陷。

生了深刻的变化,今天我们就来学习第一单元第2课"诸侯纷争与变法运动",寻找这种变化背后到底隐藏着什么样的历史真相。

**(设计意图)** 通过一个有趣的小故事引起学生对本课的学习兴趣,从而引导学生层层深入地揭开故事背后的历史真相,有利于本课教学的展开。

**(过渡)** 不仅是诸侯,甚至曾经高高在上的周天子,也因与郑国矛盾激化而与其刀兵相见,最后被郑国军队射伤。

## (一) 没落中的天子——从"射王中肩"到"债台高筑"

**材料二** 郑武公、庄公为平王卿士。王贰于虢,郑伯怨王。王曰:"无之。"故周郑交质。王子狐为质于郑,郑公子忽为质于周。四月,郑祭足帅师取温之麦。秋,又取成周之禾。周郑交恶。……祝聃射王中肩,王亦能军。

——杨伯峻:《春秋左传注》(第1册),北京:中华书局,1990年,第26—27页

**教师讲述并设问:** 这就是周王室东迁之后与郑国之间发生的从"交质"到"交恶"的事情。为什么会发生这样的事情?阅读材料二,指出春秋时期周天子与诸侯的关系怎样?(参考答案:原因:周天子依靠诸侯。关系:周天子与诸侯之间缺乏信任,关系逐渐恶化)

**学生回答,教师总结:** 从材料中可以看出,诸侯实力上升,开始不服从周天子的统治。周郑之间的关系逐渐恶化,终于因为矛盾的激化而引发了双方的战争。

**教师总结:** 经过与郑国的较量,证明周王室的实力已在诸侯之下。战争的失败也使周天子颜面无存,政治地位急剧下降。前面我们学到,在西周的分封制下,诸侯要服从周天子的统治,定期交纳贡物,服从周王调兵。但现在,原有的分封体系已经被破坏,从"周郑交质"到"射王中肩"这两个成语故事可以看出,曾经号称天下共主的周天子俨然已经没有了昔日的荣耀。到了战国时期,周天子的地位则更加窘迫。

**材料三** 周赧王负责(债);无以归之;主迫责急;乃逃于此台;后人因以名之。

——〔东汉〕班固撰,〔唐〕颜师古注:《汉书》卷十四《诸侯王表第二》,北京:中华书局,1962年,第391—392页

**教师讲述:** "债台高筑"是一则很有名的成语,形容负债很多,无法偿还。故事的主人公,就是周朝最后一位天子——周赧王。

公元前256年,秦国大举进攻韩国,逼近周王城。楚国派遣的使者向周赧王献计说:秦国强大,单独一个国家难以对抗,只有以周天子的名义,召集六国联合攻秦才有可能自救。于是,周赧王便起草诏令,分发六国,约定时间集中兵力攻秦。周赧王动员了六千人马,为筹集这批人马的军费,只好向国内的富商大贾借债,并答应灭秦后还清本钱和利息。秦国得知周天子要联合六国抗秦,便命令大军攻打周天子。秦军打到王城,周赧王降秦,被秦赶到伊阙南边的新城。众债主一齐赶到新城向赧王讨债,周赧王无法招架,就躲进一处建在高台上的驿馆内,这处高台就被称为"逃债台"。

从这个故事可以看出,周王室的地位和实力已经非常微弱,并最终在这一年被秦国吞并。

**(过渡)** 周王的地位越来越低,但一些诸侯国的实力却越来越强,开始主导春秋时期的政治发展,掀起了诸侯争霸的政治局面。

**（二）崛起中的诸侯——从"尊王攘夷"到"合纵连横"**

**教师讲述：** 随着周天子地位的下降，一些诸侯国打着维护周天子权威的旗号进行争霸战争，齐桓公最先提出了"尊王攘夷"的口号，号令诸侯，成为春秋时期第一位霸主。"尊王"，即尊崇周天子的权力，维护周王朝的宗法分封制度。"攘夷"，即抵御游牧于长城外的戎、狄和南方楚国对中原诸侯国的侵扰。

齐国将"尊王攘夷"付诸行动，公元前 656 年，齐桓公率领诸侯进入楚国，质问楚国为何不按时向周天子进贡祭祀所用的茅草而导致祭祀大典无法及时进行，迫使楚国承认自己的错误。公元前 651 年，齐桓公召集各路诸侯召开葵丘之盟，达到了霸业的顶点。在"攘夷"方面，齐国的管仲提出了新的主张。

**材料四**　戎狄豺狼，不可厌也；诸夏亲昵，不可弃也。
　　　　　　——杨伯峻：《春秋左传注》（第 1 册），北京：中华书局，1990 年，第 256 页

**教师设问：** 根据材料可知管仲的主张是什么？根本目的是什么？（参考答案：主张：加强华夏各国的联系，共同对抗少数民族的威胁。根本目的：借"尊王"名义扩张自己利益，实现齐国的霸权）

**学生回答，教师总结：** 虽然"尊王攘夷"在根本上是要寻求齐国的称霸，借"尊王"名义扩张自己利益，但这一主张保证了华夏诸国经济与文化的发展，有利于稳定秩序。公元前 663 年，齐桓公派兵帮助燕国，抵御山戎的进攻。公元前 661 年，山戎攻打邢国，齐桓公再次发兵攻打山戎以救邢国。在华夏诸国与夷狄的长期战争中，各民族的交流逐渐增多。

**材料五**　赤狄各部虽盛极一时，然由于它们彼此互不统属，力量很分散，后来实际处在中原各邦的包围之中，逐渐处于艰难的守势。终于，在鲁宣公十五年（前 594）至鲁成公三年（前 588）的六年时间里，赤狄被晋邦各个击破，其人口和地盘尽入晋邦。[①] 至此，古老的鬼方已完全被华夏族征服。大多数赤狄人应成为晋邦的治下之民，充实了晋邦的人口，也是日后形成的汉民族之一员。

　　　　　　——张海：《清华简〈系年〉四则春秋战国史事考》，载《邯郸学院学报》2018 年第 2 期

**教师设问：** 材料说明春秋时期民族关系方面出现了怎样的变化？（参考答案：战争加速民族交融）

**教师引导学生分析：** 赤狄与华夏族的融合是当时民族融合的典型案例。华夏在与四方诸族的关系中，以北方戎、狄之族和南方楚国的活动，对华夏产生的影响最大。经过春秋战国五百余年的斗争交融，今陕甘豫晋冀一带的戎狄族已无迹可寻。在南方，楚国灭越灭鲁，势力发展到云南滇池一带；秦国兼并了巴蜀，又夺取了楚的巴黔中郡。中原的诸夏和东南沿海的越族、西南方的西南夷的交融也加速了。到了战国以后，这种融合和交流的速度不断加快，进一步加强了华夏族的力量，促进了统一多民族国家的形成。

**（过渡）** 晋国最终的分裂就基本上标志了春秋时代的结束，国与国之间由于势均力敌难以再次形成持久的同盟与敌对的关系；"合纵连横"代替了"尊王攘夷"，成为这一时期国与国

---

① 杨伯峻编著：《春秋左传注》（第 2 版修订本），北京：中华书局，1990 年，第 763—814 页。

关系的主流。

**教师设问：**阅读教材第6页《西周分封示意图》、第9页《春秋列国形势图》和第10页《战国形势图》，思考：这三幅图的变化反映怎样的历史发展趋势？这背后的原因是什么？（参考答案：趋势——诸侯国的数量越来越少；部分诸侯国强大起来。原因——诸侯争霸，兼并战争频繁，大量国家被兼并）

**教师引导学生分析：**春秋时期，随着诸侯争霸的展开，大量诸侯国被兼并，形成了春秋五霸主导列国政治的局面。到了战国时期，随着战争的加剧，逐渐形成了秦、韩、赵、魏、楚、燕、齐这七国并列称雄的局面。战争所遵循的原则也逐渐由"义"转变为"利"；国与国之间的兼并战争预示着秦汉大一统时期的到来。[1]

**（设计意图）**本环节主要培养学生自主学习和阅读地图的能力，通过对地图的阅读，了解从西周到春秋、战国时期的巨大变革。本环节指向的是：（1）时空观念素养水平3——能够把握相关史事的时间、空间联系，并用特定的时间和空间术语对较长时段的史事加以概括和说明。（2）历史解释素养水平2——能够选择、组织和运用相关材料并使用相关历史术语，对个别或系列史事提出自己的解释。

**教师讲述：**战国中期，齐、秦两国最为强大，两国互相争取盟国，以图击败对方。大国间冲突加剧，外交活动也更为频繁，出现了合纵和连横的斗争。合纵连横的实质是战国时期的各大国为争霸而进行的外交、军事斗争。合纵就是南北纵列的国家联合起来，共同对付强国，阻止齐、秦两国兼并弱国；连横就是秦或齐拉拢一些国家，共同进攻另外一些国家。合纵的目的在于联合许多弱国抵抗一个强国，以防止强国的兼并。连横的目的在于侍奉一个强国以为靠山从而进攻另外一些弱国，以达到兼并和扩张土地的目的。后期合纵的对象主要针对秦国，但是并没有能够阻止秦国。

**材料六**　然而各国并非不制衡秦国，而是多次合纵不能有力遏制秦国，其关键原因在于各国的执政理念。在战国时期，礼崩乐坏，诸侯并不重德，而是重扩张领土。因此六国不能真正团结的关键原因在于六国之间也会相互争夺土地，在割土地给秦国以后，往往要从别的国家身上补回，而被秦国击败变弱的国家也可能成为其他国家的目标。

　　——漆海霞：《战国的终结与制衡的失效——对战国时期合纵连横的反思》，载《当代亚太》2015年第5期

**教师设问：**合纵抗秦失败的主要原因是什么？（参考答案：各国重视扩张领土）

**教师讲述：**合纵的失败恰恰能够体现所谓"战国"的本质特点，各国主要的目的就是军事扩张，争夺土地。在无休止的争霸战争中，人们处于水深火热之中，迫切希望和平稳定的环境。

**材料七**　荀况的统一国家的设想见于《荀子·强国》篇。……主张以秦国强盛的国力为基础建立理想的统一国家，通过讲诚信，使他国能够服从秦的命令，入朝秦国。

　　——张功：《战国后期统一国家设想探析》，载《秦汉研究》（第三辑），2009年

**教师设问：**材料体现荀子的主张是什么？（参考答案：主张秦国用实力和诚信实现统一，仍然保留各国）

**教师引导学生分析：**这一时期，统一逐渐成为一种历史潮流，一些思想家和政治家，如

---

[1]　王博从：《"尊王攘夷"到"合纵连横"——春秋霸政新探》，载《重庆师范大学学报（哲学社会科学版）》2015年第3期。

鲁仲连、吕不韦、孟子、黄歇等都有很多和荀子类似的观点。所以这一时期的变化,一方面是从原有的统一走向分裂,走向诸侯争霸,战争不断,社会动荡;另一方面,在争霸过程中,大量国家被兼并,实现了局部统一,又蕴含着走向最终统一的因素。

**(过渡)** 虽然春秋战国是一个分裂动荡的时期,但同时也是一个发展的时期,在无尽的战乱中,一些新的因素正在生长。

### (三) 发展中的商贾——从"分庭抗礼"到"奇货可居"

**材料八** 战国时期农业产量较前有了提高。据李悝分析百亩地(即今 31.2 亩)可生产粟今量 33 石 4 斗 4 升。这在两千多年以前是相当高的。

——高巍翔:《春秋战国经济、政治和思想的协进与我国封建社会形成的文化生态性》,载《兰州学刊》2008 年第 8 期

**教师设问:** 根据材料并结合教材第 10 页内容,指出材料中出现了什么现象? 并分析产生这种现象的原因。(参考答案:现象——农业产量提高,农业得到进一步发展。原因——铁犁牛耕的出现并逐渐推广;生产技术的进步;各国政府重视水利工程的修建)

**教师引导学生分析:** 铁犁牛耕的出现说明农业耕作工具和动力有了巨大的进步,这体现了生产力的巨大变革。唯物史观认为,生产力的进步必然导致生产关系的变化,从而推动历史的进步。农业的发展也推动了工商业的发展。

**材料九** (子贡)所至,国君无不分庭与之抗礼。

——〔西汉〕司马迁:《史记》卷一百二十九《货殖列传》,北京:中华书局,1982 年,第 3258 页

**教师讲述:** 在这一时期,随着社会经济的大发展,原有的社会关系发生了很大的变化,商人这一新的社会阶层开始崛起。商业的发展又促进这一时期农业、手工业的发展。面对工商业的发展,政府的政策也出现了新的变化。

**材料十** 公元前六五一年,齐桓公在葵丘会合了周、鲁、齐、宋、郑、许、曹诸国,订立了一个盟约,盟约有五条,其中两条是:"毋忘宾旅","毋遏籴"。其后,公元前五七九年,晋楚会盟,约定"凡晋楚无相加戎……交贽往来,道路无壅"。公元前五六二年,鲁、晋、宋、纪、曹、齐、营、邾、滕、薛、杞、小邾、郑等国在亳订立了一项盟约,其中两条是"毋蕴年","毋壅利"。

——黄启标:《试论春秋战国时期的商业对诸侯各国政治决策的影响》,载《广西教育学院学报》1999 年第 2 期

**教师设问:** 盟约中保商条款的订立说明了什么? 有何作用?(参考答案:说明——商品经济得到进一步发展。作用——有利于促进商业发展;提高了商人地位)

**教师引导学生分析并总结、过渡:** 商品经济的发展促使商人的地位越来越高,影响了各国统治者的统治政策。到了战国后期,很多商人甚至可以干预各国的朝政,有的就直接参与政治,比如大商人吕不韦后来就担任了秦国的丞相,成语"奇货可居"就来自吕不韦的这一段历史。

**材料十一** 子楚,秦诸庶孽孙,质于诸侯,车乘进用不饶,居处困,不得意。吕不韦贾邯郸,见(子楚)而怜之,曰:"此奇货可居。"

——〔西汉〕司马迁:《史记》卷八十五《吕不韦列传》,北京:中华书局,1982 年,第 2506 页

**教师讲述**：秦庄襄王子楚年轻的时候曾在赵国都城邯郸做质子，卫国大商人吕不韦在邯郸做生意，了解了子楚的情况后认为"奇货可居"，决定进行一次政治赌博。于是吕不韦就去见子楚，对其进行政治投资，后来子楚得以回国并继位为国君，也就是后来的秦庄襄王，吕不韦则被封为相。这个故事可以很好地说明这一时期商人的实力，也从侧面反映了这一时期商业的繁荣。

商业的发展也提高了各国的经济实力，各国政府都发行了铸币，在教材第 11 页，我们能看到当时各国铸造的货币图片。各国之间贸易的扩大也加强了各地的经济、文化联系，促进了春秋战国时期社会的转型。

**（过渡）**面对急剧变化的时代，面对政治形势的变化和经济的发展，早在春秋时期，各国统治者已经开始应对，如齐国和鲁国先后进行了税制改革，赵氏在晋国也进行了土地制度和政治制度的改革，这些改革客观上是适应和促进社会变革的有益尝试，为战国时期各国的变法运动提供了借鉴。战国时期，兼并战争日益激烈，战争的规模和惨烈程度空前提高，各国的变法带有更明显的指向性。

### （四）变革中的先驱——从"徙木立信"到"作法自毙"

**材料十二**　春秋战国间，用兵的数量还在十万左右。……到战国中期以后，参战的军队，数量既多，死伤也多。公元前二九三年秦将白起大破韩魏联军于伊阙，斩首二十四万。

——杨宽：《战国史》，上海：上海人民出版社，2016 年，第 335 页

**教师设问**：战争规模扩大的原因有哪些？（参考答案：各国人口增加；军队动员能力增强）

**教师引导学生分析并总结**：为了应对大规模的战争，国家必须要增强集权能力，提高国家的资源汲取能力和社会动员能力。围绕"耕战"目标，各国纷纷实施了改革，如李悝在魏国、吴起在楚国、商鞅在秦国都进行了变法运动。战国时期的变法都是自上而下地对社会进行的改良运动。魏文侯即位后，任用战国法家鼻祖李悝率先进行变法，其内容主要是废除世卿世禄制、挖掘土地潜力以增加粮食产量、实行平籴法以及制定《法经》等。李悝在魏国的变法收到了明显成效，使魏国在战国初期长期占据霸主地位。吴起在楚国掀起了一场更为激进的变法，其措施主要集中在政治领域，重点在打击旧贵族和整顿吏治。战国时期持续时间最长、涉及面最广、对社会触动最大的一次变法是秦国的商鞅变法。

**自主学习**：请同学们阅读教材第 11 页，概括商鞅变法的主要措施，并分析其作用。

表 1　商鞅变法的主要内容总结表

| 领域 | 具体措施 | 作用 |
| --- | --- | --- |
| 政治 | 推行郡县制、什伍连坐 | 强化统治，加强中央集权 |
| 经济 | 奖励耕织、抑制商业 | 促进经济发展 |
| 军事 | 奖励军功、废除贵族特权 | 打击贵族势力，瓦解旧制度 |
| 社会 | 变大家庭为小家庭 | 推动土地私有制发展，扩大兵员，增加税收 |

**教师引导学生分析并总结**：战国时期的各国变法，其基本内容可以分为三个部分：富

国、强兵与君主集权。富国是这时变法的重点,通过发展生产,奖励农民或保护农民的切身利益来调动和提高劳动者的生产积极性,从而实现国家富裕的目的。强兵是直接为战争服务的,各国都把重点放在军队的建设和改革上。加强君主的权力,强化中央集权是改革的第三项内容,也是这一时期改革的主题和高潮,它以打击旧贵族、抑制分裂势力为核心。为了确保法令的执行,商鞅先要设法取信于民,于是有了"徙木立信"的故事。

**材料十三**　令既具,未布,恐民之不信,已乃立三丈之木于国都市南门,募民有能徙置北门者予十金。民怪之,莫敢徙。复曰"能徙者予五十金"。有一人徙之,辄予五十金,以明不欺。卒下令。

——〔西汉〕司马迁:《史记》卷六十八《商君列传》,北京:中华书局,1982 年,第2231 页

**教师设问**:商鞅这样做的目的是什么? 结合自主学习的内容,简析商鞅变法成功的原因。(参考答案:目的——取信于民,便于推行法令;树立政府的权威。原因——顺应时代潮流;措施全面、合理;推行新法讲究策略)

**(过渡)** 除了这些措施,商鞅在度量衡和社会风俗方面也进行了改革。

**材料十四**　人们父子兄弟、亲戚朋友见了面,互相勉励的是"务之所知,存战而已矣","民闻战,父遗其子,兄遗其弟,妻遗其夫,皆曰:'不得无返',又曰'失法离令,若死我死'"。所以有学者说:这实质上是在提倡一种"乐战""重战"文化,具体表现为"经济上的利战,制度上的强战,政策上的倡战,风尚观念上的崇战尚战,心态价值上的乐战重战"。

——杨瑾:《移风易俗对秦文化变革的影响》,载《西安财经学院学报》2008 年第 1 期

**教师设问**:商鞅变法在移风易俗方面的改革有何作用?(参考答案:整饬社会风俗,形成好战之风,适应加强中央集权和争霸战争的需要)

**教师讲述**:由此可见,秦国商鞅变法的措施非常全面,适应了时代的发展,对秦国的发展产生了重大的历史意义。

**材料十五**　正如大一统是历史发展的必然一样,中央集权也是大一统历史潮流的必然要求。如果说,只有集中力量才能统一全国,那么也只有高度统一之后,才能集中力量。因此,首先要统一内部,就要依靠体制改革。这一变革过程就是君主集权、中央集权的过程,也是大一统的实现过程。

——萧平汉:《战国变法运动与大一统的中央集权》,载《学术交流》2001 年第 3 期

**教师设问**:材料反映了什么问题?(参考答案:变法运动是历史发展的必然;推动了大一统中央集权制度的建立)

**教师引导学生总结**:变法运动是战国时期历史发展的必然要求,能顺应这一潮流的国家才能实现富国强兵。商鞅变法做得最为彻底,使秦国迅速实现了富国强兵,专制主义的政治经济制度进一步完善,为日后的统一打下了坚实的基础。但是,商鞅变法也存在一些不足,比如法令过于严苛,对人民的控制过于严密,连商鞅本人最后也死于自己的法令之下。

**材料十六**　商君亡至关下,欲舍客舍。客人不知其是商君也,曰:"商君之法,舍人无验者坐之。"商君喟然叹曰:"嗟乎,为法之敝一至此哉!"

——〔西汉〕司马迁:《史记》卷六十八《商君列传》,北京:中华书局,1982 年,第2236—2237 页

**教师讲述**：这就是"作法自毙"的故事，商鞅被人告发谋反而逃亡，想住店却又没有身份证明，最后走投无路而被杀，死后受车裂之刑。秦惠文王杀了商鞅，却继续执行商鞅的政策，秦国日益强盛，为统一六国奠定了经济与军事基础。

**（过渡）**商鞅是法家思想的坚定实践者，但这一时期不仅仅只有法家这一种思想。面对春秋战国时期的巨大变化，社会关系也受到冲击，无数的思想家在对这个时代进行着思考并发表自己的看法，思考历史的发展以及个人的命运，因此在思想上也出现了巨大的变动，呈现出百花齐放的繁荣局面。最先出场的是老子和孔子。

### （五）思考中的哲人——从"诸子并起"到"百家归流"

**材料十七** 颜渊问仁。子曰："克己复礼为仁。一日克己复礼，天下归仁焉。为仁由己，而由人乎哉？"……

樊迟问仁。子曰："爱人。"

——黄怀信校释：《论语·颜渊第十二》，西安：三秦出版社，2006年，第280、301页

**教师设问**：孔子提出的"仁""礼"思想与当时的时代发展有何关系？（参考答案：春秋时期礼崩乐坏，社会混乱失序，孔子希望恢复礼乐制度，以构建和谐的人际关系）

**教师引导学生分析**：面对春秋时期政治和社会的变动，孔子提出了自己的反思。孔子思想的核心是仁学，"仁"是孔子思想的最高道德标准，主张实行"仁政"。孔子主张恢复周礼，但是他将"仁"的精神注入礼学，使"礼"成为"爱人"之"礼"，使"礼"更多地重视人的自我内省。这是对西周礼乐文化的继承，也为后来中国文化的发展奠定了重要基础。但是孔子还是希望复古，他的思想并不适应这一时期发展的需要，所以孔子周游列国，希望统治者能够接受他的思想，但都无功而返。孔子致力于教育，后来致力于整理文献，保留了文化典籍。

**（设计意图）**本环节主要培养学生分析问题的能力，通过对孔子思想的分析并结合唯物史观"社会存在与社会意识"原理，深入理解思想与时代的关系。本环节指向的是：(1)唯物史观素养水平3——能够将唯物史观运用于历史学习、探究中，并将其作为认识和解决现实问题的指导思想。(2)时空观念素养水平3——能够把握相关史事的时间、空间联系，并用特定的时间和空间术语对较长时段的史事加以概括和说明。(3)历史解释素养水平2——能够选择、组织和运用相关材料并使用相关历史术语，对个别或系列史事提出自己的解释。

**（过渡）**与孔子类似，老子也对当时的社会现实进行了反思。

**材料十八** 小国寡民，使有什伯之器而不用，使民重死而不远徙。虽有舟舆，无所乘之；虽有甲兵，无所陈之，使民复结绳而用之。甘其食，美其服，安其居，乐其俗。邻国相望，鸡犬之声相闻，民至老死，不相往来。

——陈鼓应：《老子注译及评介》，北京：中华书局，1984年，第357页

**教师设问**：材料反映了老子的什么思想？（参考答案：对现实不满，渴望无为而治，甚至回到小国寡民的时代）

**教师引导学生分析**：老子认为统治者以其权威推行各种禁忌，断绝人民的生活来源，忌讳愈多，人民愈贫；统治者法令越严峻，越导致更多的盗贼产生。所以他推崇无为而治，希望

回到小国寡民的理想时代。

(过渡)到了战国时期,孔子和老子的思想得到发扬光大,同时这一时期又产生了许多新的思想流派,出现了百家争鸣的思想文化繁荣局面。

**材料十九** 应该说,战国"百家争鸣"不是一时凭空出现的"风气",不仅是"当时社会变革和阶级斗争在意识形态上的反映",也不仅"对当时文化学术发展有极大的推动作用",而是中国古典文化的首次历史大展现,中国文化史上的伟大创举,其形成源远流长,成果丰硕,影响深远,对两千多年来中国文化的发展有极大的推动,堪称文化发展的光辉典范。战国时期,学术领域"百家争鸣"的出现,绝非偶然,夏商周三代,尤其在东周春秋时期,为之奠定了两个并重且不可分离的历史基础:人才和思想资源。

——薛国中:《论战国时期"百家争鸣"的历史条件》,载《武汉大学学报》2015年第3期

**教师设问**:材料反映百家争鸣产生的历史条件有哪些?(参考答案:社会变革和阶级关系的变化;西周以来礼乐文化的发展;春秋以来士人阶层的地位提高;各国渴望人才)

**教师引导学生分析**:百家争鸣局面的出现是多种因素共同作用的结果,是社会大变革在思想上的反映。

**自主学习**:请同学们阅读教材第12—13页,指出战国时期百家争鸣各家的代表人物和主要主张。

表2 战国时期各学派的代表、主张汇总表

| 学派 | 代表 | 主张 |
|---|---|---|
| 儒家 | 孔子、孟子、荀子 | 仁、礼、德治 |
| 墨家 | 墨子 | 兼爱、非攻 |
| 道家 | 老子、庄子 | 无为、退让 |
| 法家 | 韩非子 | 君主专制、中央集权、以法治国 |
| 阴阳家 | 邹衍 | 阴阳五行说 |
| 兵家 | 孙武 | 军事理论 |

**教师讲述**:战国时期,儒、墨、道、法等各家纷纷发表自己的见解,这是思想自由很好的体现。但是,不管各家出现怎样的分歧,其争论的核心都是围绕政治制度的构建。

**材料二十** 夫阴阳、儒、墨、名、法、道德,此务为治者也,直所从言之异路,有省不省耳。

——〔西汉〕司马迁:《史记》卷一百三十《太史公自序》,北京:中华书局,1982年,第3288—3289页

**教师设问**:材料反映百家争鸣中的"共鸣"是什么?(参考答案:各派思想本质上都是治国之道,都想让本派的思想成为官方认可的主流思想)

(过渡)战国后期,随着统一趋势的出现,诸子之学也出现了学术转移和学术整合的趋势,其中最有代表性的是齐国的稷下学宫和吕不韦召集门客编撰的《吕氏春秋》。

**材料二十一** 《吕氏春秋》融合吸收了诸子各家的思想,形成了自己的一套新的思想体系,以如何统一天下以及如何治理天下为核心,以"法天地"思想为根本,揆天、验地、审人,为即将统一的秦帝国提供了一整套的治国方略。

——林荣:《〈吕氏春秋〉与百家合流》,吉林大学 2010 年博士论文,第 161 页

**教师设问:**吕不韦编撰《吕氏春秋》的目的是什么?(参考答案:整合各家思想,适应国家统一的需要)

**教师讲述:**齐国的稷下学派,实质是各派学说争鸣辩论的产物。田齐政权以优厚待遇,吸引各国谈说之士,会聚于稷下学宫,史称"稷下学士"。稷下之学不以一家一派学说为主,而是由政府提供场所和待遇,让各派学说自由辩论,彼此争鸣。稷下学宫的开设,吸引了当时几乎所有的著名学派,诸家争辩的议题也非常广泛。在稷下学宫百家争鸣的学术环境中,各家学说一方面进行着激烈的争论,另一方面又在争鸣中互相启发、借鉴、吸取、融合,有利于各派思想的发展和思想文化的进一步交融,从而产生了一些新的理论、新的流派。例如,黄老之学、荀子之学、精气理论、阴阳五行学说等,都是学术思想综合创新的结果。与稷下学宫兴盛、衰亡相伴随的是齐国国力的消长。公元前 284 年,秦、赵、燕、韩、魏五国连横攻齐,燕将乐毅率军下齐七十余城并攻入齐都临淄。虽然五年后,齐国复国,但国力已大不如前。齐襄王复国后,重建稷下学宫,在失去了诸多学者之后,稷下学宫不可避免地走向了衰落。战国后期,秦国逐渐代替齐国成为学术中心,具有代表性的就是吕不韦著《吕氏春秋》。吕不韦采取了思想整合的策略,期望糅合诸家观点,整合成一种新的学说,以适应战国后期政治统一趋势强化的需要。

**(设计意图)**以上几个环节主要是为了培养学生分析、理解问题的能力,通过史料研读,了解百家争鸣的条件,认识到其与国家实力和政策之间的关系,认识到随着交流的增多,不同思想在碰撞过程中会出现思想的融合,同时也要认识到百家争鸣中存在的内在缺陷。本环节指向的是:(1)唯物史观素养水平 3——能够将唯物史观运用于历史学习、探究中,并将其作为认识和解决现实问题的指导思想。(2)史料实证素养水平 3——在探究特定历史问题时,能够对史料进行整理和辨析;能够利用不同类型史料,对所探究的问题进行互证,形成对该问题更全面、丰富的解释。(3)家国情怀水平 3——能够把握中华民族多元一体的发展趋势,以及世界历史发展的进步历程,形成正确的世界观、人生观、价值观和历史观。

**【课堂小结】**

**教师引导学生小结:**春秋战国时期是中国古代社会转型的关键阶段,它上承西周,下启秦汉。春秋战国时期是一个动乱的年代,战争不断,给人民带来了深重的灾难。春秋战国时期是一个混乱的年代,礼崩乐坏,原有的制度和社会格局逐步瓦解。但是,春秋战国时期也是一个发展的年代,生产力发展推动了农业、手工业和商业的发展。在思想上,因为原有体制的崩溃,思想有了大发展的机会,奠定了中国思想文化发展的基础。在战乱的社会背景下,各国积极实行变法,新的政治体制在酝酿、发展,这种变革也为中国从分裂割据再次走向统一提供了重要条件。

# 教学设计 2

安徽省淮北市实验高级中学　付　欣

## 一、教材分析

本课是部编本《中外历史纲要（上）》第一单元《从中华文明起源到秦汉统一多民族封建国家的建立与巩固》第 2 课。《普通高中历史课程标准（2017 年版）》对本课的要求是：通过了解春秋战国时期的经济发展和政治变动，理解战国时期变法运动的必然性；了解老子、孔子学说；通过孟子、荀子、庄子等了解"百家争鸣"的局面及其意义。本课共四个子目，即"列国纷争与华夏认同""经济发展与变法运动""孔子和老子"和"百家争鸣"，主要讲述了春秋战国时期政治、经济和思想文化发展的情况。政治上，周王室衰微，诸侯争霸，社会动荡不安；经济上，农业和工商业都有所发展。在政治和经济发展的基础上，社会发生了重大变化，商鞅变法等变法运动顺势而生。政治、经济的发展又引起了思想文化领域的变化，出现了百家争鸣的盛况，涌现出儒、道、法、墨等众多学派，纷纷提出自己改造社会的主张。

综合以上分析，春秋战国时期是一个除旧布新的大变革阶段，社会各方面都发生了重大变化。本教学设计主要围绕"变"这一主题，将本课分为"变之势""变之因""变之策""变之思"四个部分，通过"变之势""变之因"和"变之策"这三部分阐述春秋战国时期政治、经济发展和变法情况，以此理解战国时期变法运动的必然性，并结合"变之思"部分理解思想文化领域的变化。在此基础上，理解春秋战国大变革时代的盛况。

## 二、学情分析

通过初中阶段的学习，学生对本课相关基础知识已有基本的认知和掌握。因此，教师应把重心放在帮助学生理解战国时期变法运动的必然性和春秋战国时期大变革这一时代特征等方面。但是，因为这段历史中细小、琐碎的知识点很多，所以，学生很容易出现混淆现象。另外，学生很容易在文言文理解等方面出现问题。所以，教师应该将春秋战国时期的政治经济变动情况交待清楚，并注意区分易混淆处。通过史料研习，培养并锻炼学生阅读、理解史料并提取有效信息的能力。

## 三、教学目标

1. 通过史料研习，了解春秋五霸、战国七雄、农业和工商业的发展等史实以及孔子、老子、孟子、荀子、庄子、墨子和韩非等人的学说，涵养史料实证、唯物史观。

2. 通过学习春秋战国诸侯混战、兼并的史实，认识到局部统一有利于国家的整体统一，统一是历史发展的潮流,涵养家国情怀。

3. 通过政治、经济等方面的变化,理解战国时期变法运动的必然性,涵养史料实证、历史解释、时空观念和唯物史观。

## 四、教学重难点

重点:春秋战国时期政治、经济、思想文化等发展情况。

难点:战国时期变法运动的必然性。

## 五、教学过程

【导入新课】

**教师讲述:** 春秋时期的宋国发生了一件十分荒唐的事情。

**材料一** 宋国大臣南宫万与鲁征战,不幸被俘,宋人请求释放,南宫万得以回国,后来在与湣公下棋时发生争执,湣公发怒,侮辱他:"吾始敬若;今若,鲁虏也。"[1]南宫万痛恨这话,"遂以局杀湣公"[2]。

——宋秀秀:《司马迁笔下春秋时期诸侯国的弑君事件》,载《重庆第二师范学院学报》2014 年第 2 期

**教师设问:** 南宫万为什么要杀宋湣公?这种现象说明了什么?(参考答案:原因——因为下棋时出现争执,国君侮辱了南宫万。说明——春秋战国时期政治发生深刻变化)

**教师讲述:** 这种弑君现象在春秋时期并非个案,这些看似荒唐的事件说明这一时期的政治已经发生了深刻的变化,今天我们就来学习第一单元第 2 课《诸侯纷争与变法运动》,一起了解春秋战国时期发生了哪些变化以及面对这些变化当时的人们是如何应对的。

**(设计意图)** 通过一个春秋时期弑君的小故事导入,激疑提趣,生动地切入本课内容,从而有利于引导学生学习并活跃课堂气氛。

【学习新课】

### (一)变之势

#### 1. 周王室衰微

**教师讲述:** 周幽王被杀后,诸侯们立原太子宜臼为王,即周平王。公元前 770 年,在晋、郑、秦等国诸侯的支持下,周平王决定将都城迁到东都成周。平王东迁,标志着西周历史的结束,中国历史进入春秋战国时期。平王东迁后的形势如何?

**材料二** 郑伯怨王。王曰"无之"。故周、郑交质。王子狐为质于郑,郑公子忽为质于

---

[1]〔西汉〕司马迁:《史记》卷三十八《宋微子世家第八》,北京:中华书局,1982 年,第 1624 页。
[2]〔西汉〕司马迁:《史记》卷三十八《宋微子世家第八》,北京:中华书局,1982 年,第 1624 页。

周……四月,郑祭足帅师取温之麦。秋,又取成周之禾。周、郑交恶。

　　——杨伯峻:《春秋左传注》(第 1 册),北京:中华书局,1990 年,第 27 页

　　**教师设问:**根据材料,归纳平王东迁后,存在什么社会问题?(参考答案:周王室丧失了对诸侯国的约束能力)

　　**教师讲述:**平王东迁后,周王室地位日益衰落,在政治、经济上,周王都要依赖强大的诸侯,而这些强大的诸侯在当时社会上的地位日益重要。不仅如此,诸侯国内部和诸侯国之间篡杀、攻伐层出不穷,华夏族和少数民族矛盾激化。面对如此混乱的形势,周王已无力驾驭天下,而那些强大的诸侯又有何行动呢?

### 2. 诸侯争霸

　　**材料三**　管仲治国的首要举措,是对内政进行大规模的整顿,当时主要推行了三项重要的内政措施。一是整顿地税征收办法,实行"相地而衰征"……二是调整行政管理办法,实行"叁其国而伍其鄙"……三是加强对军队的建设,实行"作内政而寓军令"。

　　——赵毅、赵轶峰:《中国古代史》,北京:高等教育出版社,2002 年,第 196 页

　　**教师讲述:**齐桓公即位后,齐国国势衰微,经济困难,他任命管仲为相,在齐国推行了包括政治、经济和军事等方面的改革措施,促进了齐国的稳定和发展,齐国国力日益增强。在此基础上,齐桓公积极开展外交活动,尤其是对服从自己的诸侯都以隆重的礼节相待,而不对他们征收大量的贡物。扶危救患等策略产生了很大的政治影响力,逐渐树立了齐桓公的领袖地位。通过召陵之盟,齐桓公巩固了自己的地位;通过葵丘之盟,将自己的地位推向了顶峰。

　　**教师设问:**当时,齐桓公这些作为的终极目的是什么?(参考答案:争当霸主)

　　**教师引导学生分析:**当时,很多诸侯都有类似的想法,面对周王无力驾驭天下的局面,他们都想成为当时社会的主导力量,于是开始了诸侯争霸。春秋时期先后出现了宋襄公图霸、晋楚争霸、秦霸西戎、吴越争霸等现象,最终形成了春秋五霸。到了战国时期,随着战争的加剧,逐渐形成了秦、韩、赵、魏、楚、燕、齐这七国并列称雄的局面。这些现象说明,原有的分封体制已经逐步瓦解,周王室的权威已经逐步丧失,最终在公元前 256 年周被秦国吞并。

　　**(过渡)**在无休止的争霸战争中,人们处于水深火热之中,迫切希望和平稳定的环境。这一时期,统一逐渐成为一种历史潮流,原有各诸侯国之间、中原民族和四周蛮夷的融合趋势都在加强。除了历史发展的大方向在不断调整,各国内部的政治也在发生着变化。

　　**材料四**　《左传》昭公三十二年载赵简子与史墨探讨"季氏出其君,而民服焉"的原因,史墨的回答是:"鲁君世从其失,季氏世修其勤,民忘君矣。虽死于外,其谁矜之? 社稷无常奉,君臣无常位,自古以然……民不知君,何以得国?"史墨的话清楚地表明,春战之际世人对于君臣易位的评判标准在于得民与否,与晏子的观点是一致的,"社稷无常奉,君臣无常位,自古以然"道出了其中的残酷现实与客观规律。

　　——苏辉:《春秋战国之际的动荡格局与权力更迭》,载《中国史研究》2015 年第 1 期

　　**教师设问:**材料说明春秋时期诸侯国内部出现了什么现象?(参考答案:诸侯国内部权力下移,旧有等级制度被破坏)

　　**教师引导学生分析并总结:**春秋时期开始,各国内部的权力结构发生了下移,这就可以

解释为何在宋国会发生那么荒唐的弑君事件了。由此我们可以清楚地看到,春秋战国时期是一个大变革的时期,那么为什么会出现如此大的变化呢?

**(设计意图)** 春秋时期,周王室衰微,诸侯势力增强,诸侯争霸成为春秋时期政治形势的主要特征,也是战国时期变法浪潮的政治背景之一。本环节指向的是:(1)历史解释素养水平2——能够选择、组织和运用相关材料并使用相关历史术语,对个别或系列史事提出自己的解释。(2)时空观念素养水平4——能够选择恰当的时空尺度对其进行分析、综合、比较,在此基础上作出合理的论述。(3)历史解释素养水平1——能够对所学内容中的历史结论加以分析。

### (二) 变之因

#### 1. 农业发展

**材料五** 20世纪80年代以来,各地出土了相当数量的西周末至春秋早、中、晚期的铁制武器、工具和农具,证明中国的铁器生产由西向东、由北向南逐渐扩展,最终使春秋列国的生产力发生根本性的变化,由青铜时代逐步过渡到铁器时代。……战国时期,牛耕进一步推广并开始使用铁犁,耕作技术进一步提高,促进了深耕细作,加快了荒地开垦。同时,吴国邗沟、秦国岷江水利工程、郑国渠等水利工程的修建,灌溉技术、施肥技术的进步和一年两熟技术的推广,大大提高了农业产量。

——刘涛、齐秀生:《论春秋战国时期生产力发展对社会进步的促进》载《鲁东大学学报(哲学社会科学版)》2012年第4期

**教师设问:** 根据材料,说一说春秋战国时期的农业有何发展?(参考答案:铁犁牛耕的逐步推广、耕作技术的发展、水利工程的兴修等)

**教师引导学生分析:** 春秋以后,土地的转让活动越来越多,而且带有很强的私人性质。同时,诸侯、贵族之间劫掠土地现象十分普遍,增强了私有观念。随着铁农具和牛耕的推广使用,开垦荒田并从中获取利益成为可能,这些被开垦的荒田成为私田。面对这种新情况,为了保证政府的赋税收入,各国纷纷进行赋税改革。例如:齐国推行"相地而衰征",根据土地产量的高低征收土地税,打破了西周只对公田征税的制度;鲁国实行"初税亩",无论公田、私田,一律按亩纳税,承认了土地私有的合法性;楚国"书土田",根据土地面积和质量相应收税;郑国"作丘赋",按照百姓居住单位丘来征税。这些改革在客观上承认并促进了土地私有制的发展。

**(过渡)** 农业的发展进一步促进了工商业的发展。

#### 2. 工商业发展

**材料六** 春秋战国的丝织品实物则已有较多发现,安徽舒城凤凰嘴春秋中期墓中发现残绢,湖南长沙、河南信阳、湖北江陵许多战国墓中发现多种丝织品……北方出产的良种犬马,南方出产的鸟羽、象牙、皮革、丹砂和铜,东方出产的紫贝、鱼盐,西方出产的旄牛制品和特种皮革,在中原市场上都可以见到。

——张岂之:《中国历史·先秦卷》,北京:高等教育出版社,2001年,第207—211页

**教师设问:** 根据材料,归纳春秋战国时期经济发展出现了什么新情况?(参考答案:工

商业不断发展)

**(过渡)**工商业的发展也促使这一时期城市得到发展。

**材料七** 以至有的城市史研究专家估计说:"《春秋》《左传》《国语》共出现城邑地名1 016个,其中有'国'名为城邑之名者百余,这样推算春秋城市(邑)可达千余之论是有案可稽的。"……这么众多作为区域性政治或经济中心的城市(邑)群的兴起,标志着我国古代真正意义的"城市革命"的到来,即城市由过去城堡、都城的发展阶段而跨入了第三个真正"城市"的历史阶段。

——傅兆君:《论春秋战国时期城乡对立运动的发展与经济制度的创新》,载《中国史研究》1999年第4期

**教师设问:**根据材料,指出春秋时期中国城市发展的特点?(参考答案:数量大大增加;区域性政治或经济中心的城市群兴起)

**教师讲述:**城市的兴起反映了工商业的发展,同时在这一时期也出现了很多拥有强大的经济实力的商人,而且商人的政治地位也有了很大的提升。面对工商业的发展,这一时期政府采取了有利于促进商业发展、提高商人地位的政策。商品经济的发展促使商人的地位逐步提高,影响了各国统治者的统治政策。商业的发展也提高了各国的经济实力,各国政府都发行了铸币,促进各国之间贸易的扩大,也加强了各地的经济、文化联系,促进了春秋战国时期社会的转型。面对急剧变化的时代,各国统治者该如何应对呢?

### (三) 变之策

#### 1. 晋国:赵氏改革

**材料八** 其一,据《吴问》记载,赵简子进行了扩大亩制的改革,将周制的"步百为亩"变为"二百四十步"为亩,从而提高了属民的生产积极性。其二,赵简子时期,赵氏已实行田税与户税制度,往昔籍而不税的籍田制显然已被废除,此堪当赋税制度的一大进步。其三,春秋时期的郡县之设是后世中国地方行政建制的源头,铁之战[①]前赵简子誓师辞即表明赵氏领地在当时已有郡县之设。可见,在郡县制的形成过程中,也有赵氏之力。其四,铁之战时作为应急措施出台的各级军功赏,扩大了军功奖赏的范围,有利于调动全军上下的战斗积极性,实是后世军功爵赏制之滥觞。其五,赵襄子时期,新型的君臣关系逐渐确立,君主的绝对权威得到强化,文武分职的官僚体制也在初创之中,这些均是后世国家制度中不可或缺的组成部分。

——白国红:《世族的崛起与春秋政治格局的演变——以晋国赵氏为个案》,载《青海社会科学》2006年第1期

**教师设问:**春秋时期赵氏在晋国改革的主要内容有哪些? 说明了什么问题?(参考答案:内容——扩大亩制、实行田税和赋税制度、设郡县、奖励军功、初创官僚体制。说明——旧制度逐渐瓦解,开始尝试建立新制度以加强自身实力和适应社会发展)

**教师引导学生分析:**赵氏在晋国进行了诸多制度上的变革,其主观目的是为实现自身发展,客观上是适应和促进社会变革的有益尝试,其最终的成功,为战国时期各国的变法运

---

① 铁之战:公元前493年,晋国的范氏、中行氏联合郑国和齐国进攻赵氏,这就是铁(在今河南濮阳西北)之战。

动提供了借鉴。

(过渡)战国时期,兼并战争日益激烈,战争的规模和惨烈程度空前提高。兼并战争频繁,各种社会矛盾日益激化,社会经济的发展促进了阶级关系、社会关系的急剧变化。对此,各国争相进行变法改革,以适应社会各方面的巨大变化。比如魏国的李悝变法、楚国的吴起变法等。而战国时期最具代表性的变法是秦国的商鞅变法。

### 2. 秦国:商鞅变法

**材料九** 令民为什伍,而相牧司连坐……有军功者,各以率受上爵……僇力本业,耕织致粟帛多者复其身。事末利及怠而贫者,举以为收孥,宗室非有军功论,不得为属籍……有功者显荣,无功者虽富无所芬华……而集小乡邑聚为县,置令、丞,凡三十一县。为田开阡陌封疆,而赋税平。平斗桶权衡丈尺。

——〔西汉〕司马迁:《史记》卷六十八《商君列传》,北京:中华书局,1982 年,第
2230—2232 页

**教师设问**:根据材料并结合教材第 11 页相关内容,概括商鞅变法的主要内容,并分析"商鞅变法是当时最具代表性的变法"的原因。(参考答案:内容——重农抑商、奖励军功、推行土地私有制、实行什伍连坐、推行县制。原因——商鞅变法涉及政治、经济、军事等领域,具有范围广、内容多、时间长、力度强等特点,有利于秦国的社会转型)

**教师引导学生分析**:商鞅变法涉及政治、经济、军事、思想文化、社会组织及社会风尚等领域,在近十年前后两次变法中,对秦国进行了全面改革,收效巨大。尤其是废除井田制,以法律形式承认土地私有,允许土地买卖,确立了新的土地所有制,既维护了新兴地主阶级的利益,又激发了他们发展农业的积极性;奖励军功,废除"世卿世禄制",沉重打击了旧贵族特权,激发了士兵在战场奋勇杀敌的精神;推行县制,有利于加强对地方的统治。商鞅变法大大提升了秦国的整体实力,推动秦国实现了社会转型并为秦国统一六国奠定了坚实的基础。以商鞅变法为代表的战国时期的变法运动顺应了新旧社会更替的历史潮流,确立了封建土地私有制,建立了以王为首的中央集权的官僚体制、以普遍兵役制为基础的新型军事体制,颁行了新型的成文法典,建立了适应新的社会政治生活的爵秩制度,体现了除旧布新,具有划时代的重大意义。

(过渡)战国时期的变法改革推动了社会的转型。

**材料十** 从春秋开始使用的铁具、牛耕,解放了农业生产,又带动了手工业和商业的发达,从而导致农村公社的解体和封建生产方式的产生,这是造成战国文化繁荣的最终原因。……社会革命、阶级斗争是百家争鸣的直接动力。

——马啸风:《战国政治与百家争鸣》,载《北京师院学报(社会科学版)》1980 年第 4 期

**教师设问**:阅读材料十,指出春秋战国时期在哪些领域发生了变化?并分析这些变化之间的关系。(参考答案:变化——政治、经济、思想文化。关系——政治变化和经济变化为思想文化变化创造了条件)

**教师引导学生分析**:春秋战国时社会处于大变革时期,各诸侯国为富国强兵,特别注重招贤纳士。经济上,铁器牛耕推广,生产力提高,社会经济发展。科技上,也取得较大进步。文化上,私学兴起,出现许多学者和思想流派。在这个社会发生了急剧变化的时期,各学派热烈争辩,著书立说,阐述各自的思想和政治主张。

（**设计意图**）除了政治,社会经济也发生了巨大变化,为了适应新形势,商鞅变法等应运而生。本环节指向的是:(1)史料实证素养水平 1——能够从所获得的史料中提取有关的信息。(2)唯物史观素养水平 1、2——能够了解和掌握唯物史观的基本观点和方法。

（**过渡**）于是,春秋战国时期,随着政治、经济等方面的变化,思想文化领域也发生了显著变动。

## （四）变之思

**材料十一**　据《史记·田敬仲完世家》,齐威王曾与魏惠王会猎于郊,魏惠王以自己有可以"照车前后各十二乘"的"径寸之珠"十枚为宝,大事夸耀。齐威王答道:"寡人之所以为宝者与王异",接着就举了檀子、盼子、黔夫、种首等人在治理齐国过程中所发挥的重要作用,说:有了他们,"将以照千里,岂特十二乘哉!"梁惠王惭,不怿而去。

　　——赵世超、卫崇文:《论战国时期的百家争鸣运动》,载《陕西师范大学学报(哲学社会科学版)》2006 年第 4 期

**教师设问**:阅读材料十一思考,在战国特殊的环境下,士凭借什么被抬得很高,真正成为人所珍视的宝贝?(参考答案:秉持道义、博于学问、有治国强兵才能)

**教师讲述**:春秋以前,士是贵族中的最低阶层。战国时期,一些普通人家的子弟,通过学习文化,就可以上升为士。当时各国为了兼并战争的需要,都积极招揽人才。在战国时代的社会大变革中,这些思想家们从不同的角度出发,针对当时的社会现实,分别提出自己的见解和主张,并展开了激烈的论战,从而形成"百家争鸣"的学术局面。在此,我们重点研究儒、法、道、墨等学派。

### 1. 儒家

**材料十二**　道之以政,齐之以刑,民免而无耻;道之以德,齐之以礼,有耻且格。

　　——张燕婴译注:《中华经典藏书·论语》,北京:中华书局,2007 年,第 13 页

**教师设问**:孔子的政治主张有哪些?如何评价他的主张?在当时,是否会被重用?为什么?(参考答案:政治主张——仁、礼、为政以德。评价——进步性:尊重、关心、对人的爱。保守性:主张恢复西周时期的礼乐制度。原因——不会被重用,因为不符合各诸侯国实现富国强兵的要求)

**教师讲述**:孔子是儒家学派创始人,是一位著名的政治家,他的政治主张核心内容是仁和礼。仁就是爱人,孔子主张人与人之间要相互关心和爱护,要融洽相处,他强调自己不喜欢的不要强加给别人。仁对于协调人际关系有进步作用,并且对于今天构建和谐社会有一定的借鉴作用。仁有一定的亲疏关系。礼就是西周的礼乐制度,他强调每个人都应该克制自己的行为,使自己的行为符合礼的要求,但是礼乐制度在当时已经过时了。为政以德就是爱惜民力,反对苛政和任意刑杀,体现了对百姓的重视。孔子带着他的政治主张游说诸侯,但是没有成功。因为,当时处于社会转型时期,社会动荡不安,各诸侯国急需实现富国强兵以解决内部冲突、进行争霸战争、巩固政权等,而孔子的政治主张不符合他们的要求。孔子是第一个开创私人讲学、广收门徒的教育家,他提出了许多有价值的教育思想,如:有教无类,率先打破了教育由贵族阶层垄断的局面;启发式教学;因材施教;学思结合等。除此之外,孔子还对《诗》《书》《礼》《易》《乐》《春秋》等文献进行了整理。

（**过渡**）战国时期,儒家学派的孟子和荀子继承并发展了孔子学说,并提出了自己的主张。

**材料十三** 孟子对曰:"地方百里而可以王。王如施仁政于民,省刑罚,薄税敛,深耕易耨,壮者以暇日修其孝悌忠信,入以事其父兄,出以事其长上,可使制梃以挞秦、楚之坚甲利兵矣。"

人性之善也,犹水之就下也。人无有不善,水无有不下。

民为贵,社稷次之,君为轻。

————万丽华、蓝旭译注:《中华经典藏书·孟子》,北京:中华书局,2007年,第9、240、324页

**材料十四** 传曰:"君者,舟也;庶人者,水也。水则载舟,水则覆舟。"

人之性恶,其善者伪也。……故必将有师法之化,礼义之道,然后出于辞让,合于文理,而归于治。

————安小兰译注:《中华经典藏书·荀子》,北京:中华书局,2007年,第77、267页

**教师设问:**根据材料,总结孟子和荀子的思想主张?(参考答案:孟子思想主张——仁政,民贵君轻,性善论。荀子思想主张——君舟民水,性恶论)

**教师引导学生分析:**孟子继承并发展了孔子仁的思想,提出仁政,主张爱惜民力,爱护百姓,主张民贵君轻。荀子同样主张重视百姓,提出君舟民水。这些主张同孔子的仁、为政以德,都具有民本意识。在人性论上,孟子主张性善论,认为人的天性是善良的,要实行仁政来恢复和扩充人的善性;荀子主张性恶论,认为人生来本性是恶的,强调用礼乐来规范人的行为。无论性善论还是性恶论都是使人向善,所以,二者是殊途同归。孟子和荀子都对当时的社会发展提出了自己的看法,继承并发展了儒家学说,影响深远。

**(过渡)**与儒家不同,道家试图从另外一个角度来反思这个时代。

**2. 道家**

**教师讲述:**与儒、法、墨三家相比较,道家思想相对消极避世。道家学派创始人是老子。

**材料十五** 有无相生,难易相成,长短相形,高下相倾,音声相和,前后相随,恒也。

是以圣人之治,虚其心,实其腹,弱其志,强其骨。常使民无知无欲,使夫智者不敢为也。为无为,则无不治。

道生一,一生二,二生三,三生万物。

小国寡民……甘其食,美其服,安其居,乐其俗。邻国相望,鸡犬之声相闻,民至老死,不相往来。

————饶尚宽译注:《中华经典藏书·老子》,北京:中华书局,2007年,第5、8、105、190页

**教师设问:**根据材料,概括总结老子的思想主张有哪些?(参考答案:道是万物的本原;无为而治,小国寡民;辩证法思想)

**教师讲解:**这实际上是老子对原始社会的怀念和憧憬。老子认为道是世界万物的本原,道生万物,这是他哲学思想的核心。他的辩证法思想是他哲学思想中最精华的部分,他认为世界万事万物都是矛盾对立的统一体,矛盾对立的双方可以相互转化,对后世哲学有很大影响。老子认为治理好天下的办法就是用无为的方式处理事务,顺其自然,甚至可以退回到小国寡民的时代,这体现了老子清静无为,自然达到百姓安居乐业、和谐平静的理想境界。道家学派另外一位重要的人物是战国时期的庄子,他继承了老子"道"是世界本体的思想。

他一生都在追求精神自由和个性独立。

**3. 法家**

**教师讲述：**战国时期，法家学说在政治领域运用最成功。商鞅便是法家学派的杰出代表之一。而法家学派的集大成者是韩非。

**材料十六**　事在四方，要在中央。圣人执要，四方来效。

——陈秉才译注：《中华经典藏书·韩非子》，北京：中华书局，2007 年，第 25 页

**教师设问：**根据材料，概括韩非强调政权体制的特点是什么？（参考答案：加强君主专制和中央集权）

**教师讲述：**韩非顺应时代发展潮流，主张加强君主的专制权力，建立中央集权的统一国家；法、术、势三者相互弥补，以发挥最大作用；严刑峻法；与时俱进，变法革新。战国时期，法家学说符合各国富国强兵的要求，受到各国统治者的重视，为他们提供了强有力的思想武器。

**4. 墨家**

**教师讲述：**墨家学派是小生产者的代表，墨子是墨家学派创始人。他主张兼爱、非攻、节用、尚贤、尚同等。

**教师设问：**百家争鸣是顺应社会剧变而产生的，尽管各家思想主张不同，但是其中却有值得我们注意的相同点，是什么？（参考答案：通过本学派的主张实现治国平天下的理想）

**教师引导学生分析：**战国时期，各种社会理想、政治思想的提出，都是为了天下太平。他们都以天下为己任，为实现治国平天下的理想而奋斗。战国时期的百家争鸣，形成了文化空前繁荣的局面，影响深远。

**材料十七**　百家争鸣是社会发展的产物，具有经济和阶级基础。就当时而言，百家争鸣在经济上促进了农业生产的繁荣，同时封建经济的发展又反过来促进文化的进一步繁荣，推动了中国社会由奴隶制向封建制的过渡；在政治上，百家争鸣的局面也映射了各种力量的壮大崛起，动摇了周天子的地位，丰富繁荣的文化又影响着各个诸侯国的政治改革，逐步满足封建阶级的利益，促进封建社会的发展成熟；在文化上，百家争鸣使文化由原来的教育仅限于统治阶级内部进行的"学在官府"发展成为人人都能够通过不同渠道获取知识，对世界观和社会现象进行思考，使文化传播和文明进步都跨入了一个新的阶段。

——谭苏：《论春秋战国时期的百家争鸣》，载《兰台世界》2012 年第 30 期

**教师设问：**根据材料总结，百家争鸣有何影响？（参考答案：促进了经济、政治和思想文化的发展；百家争鸣当中形成的学术派别构成了中国传统文化的基础，为构建和谐社会提供借鉴）

**（设计意图）**春秋战国时期，随着政治、经济等方面的变化，思想文化领域出现了百家争鸣，影响深远。本环节指向的是：（1）史料实证素养水平 2——在对史事与现实问题进行论述的过程中，能够尝试运用史料作为论据论证自己的观点。（2）家国情怀素养水平 1、2——能够理解和尊重世界各国优秀文化传统。

**【课堂小结】**

**教师引导学生小结：**春秋战国时期，是中国古代一个大变革时期。政治上，周王室衰

微,诸侯争霸。经济上,农业、工商业都有所发展。面对社会的剧变,战国时期,各诸侯国纷纷进行变法运动,例如商鞅变法等,促进了社会转型。政治、经济的变化又引发了思想文化的变化,出现了百家争鸣,涌现出了儒家学派的孔子、孟子、荀子,道家学派的老子、庄子,法家学派的韩非子,墨家学派的墨子等诸多思想家,他们提出了许多思想主张,影响深远。

# 第 3 课

# 秦统一多民族封建国家的建立

## 教学设计 1

安徽省淮北市实验高级中学　邵中技

## 一、教材分析

　　本课是部编本《中外历史纲要(上)》第一单元《从中华文明起源到秦汉统一多民族封建国家的建立与巩固》第 3 课。《普通高中历史课程标准(2017 年版)》对本课的要求是：通过了解秦朝的统一业绩，认识统一多民族封建国家的建立及巩固在中国历史上的意义；通过了解秦时期的社会矛盾和农民起义，认识秦朝崩溃的原因。本课分为三个子目，即"秦的统一""秦朝的暴政""秦末农民起义与秦的速亡"，主要讲述了秦朝统一的背景、巩固统一的措施、秦朝的暴政及秦末农民起义。春秋战国时期长期战乱给社会带来巨大的灾难，只有统一才能结束战乱，统一逐渐成为当时人们的共识。公元前 221 年，秦灭六国，完成统一大业。为了进行有效治理，秦始皇建立了君主专制中央集权制度，包括皇帝制度、三公九卿制、郡县制度等，奠定了中国古代两千多年政治制度的基础。同时，秦始皇又开启了"大一统"工程，统一度量衡、车轨、文字、货币等，整合了天下的经济政治秩序，确立了"大一统"格局。由于秦朝暴政，社会阶级矛盾激化，导致农民起义，秦朝短暂而亡。但统一多民族封建国家的建立，顺应了历史发展趋势，在政治、经济、思想文化等方面都使中国出现了亘古未有的新局面，其历史影响十分深远。

## 二、学情分析

　　通过"预习问题清单"的汇总、整理与分析，学生对本课知识的疑惑主要有：第一，什么是"大一统"？第二，如何理解秦朝的"大一统"及其意义？第三，如何理解秦朝的短命而亡？如何吸取秦朝灭亡的教训？等等。经过初中阶段的学习，高一年级的学生虽然对秦朝历史有了一定的了解，但是初中阶段所学的内容较为简单，这就需要授课教师在学生原有知识的基础上进一步拓展知识、建构体系。通过补充史料、合作交流，突破重难点，发展学生的历史学科核心素养。

## 三、教学目标

1. 了解秦朝统一的背景，认识到统一是大势所趋；了解秦朝疆域以及统一文字、货币、度量衡等业绩，认识到秦朝统一多民族封建国家建立的意义。

2. 了解皇帝制度、三公九卿制度、郡县制度的建立，认识到秦朝中央集权制度奠定了中国古代两千多年政治制度的基础。

3. 了解秦朝的残暴统治给广大人民带来的沉重灾难，认识秦朝崩溃的原因。

## 四、教学重难点

重点：秦朝统一多民族封建国家建立的意义。

难点：秦朝崩溃的原因。

## 五、教学过程

【导入新课】

秦始皇陵及兵马俑

**材料一** 始皇初即位（前246），穿治郦山，及并天下（前221），天下徒送诣七十余万人。穿三泉，下铜而致椁，宫观百官奇器珍怪，徙臧满之。令匠作机弩矢，有所穿近者，辄射之。以水银为百川、江河、大海，机相灌输。上具天文，下具地理。以人鱼膏为烛，度不灭者久之。

——〔西汉〕司马迁：《史记》卷六《秦始皇本纪》，北京：中华书局，1959年，第265页

**教师讲述：** 1974年在秦始皇陵园外东侧发现规模、体量巨大、布阵严谨的兵马俑陪葬坑群，被誉为世界第八大奇迹。最近几十年来，随着有关秦始皇陵园考古发掘的持续深入展开，我们对该陵园的整体结构、陪葬坑在陵园内的空间布局、陪葬坑中所出土的陶俑等器物有了一个整体的认知。目前最新的发掘与研究结果表明：秦始皇陵园由地宫、封土、内外城垣、寝殿与便殿、园寺吏舍、陪葬坑等几个部分共同组成。这些在空间布局与视觉形式上表现各异的秦始皇陵陪葬坑系统，被看作是在秦始皇的政治理念推动下，主持修建的臣僚集团

借此展现帝王威严、建构皇权观念和"天下"观念的物质载体。地宫内"上具天文,下具地理"则是对"天下"的模拟与呈现。

(**设计意图**)通过考古实物与文献史料记载相结合,可以提高学生学习的兴趣,培养学生的史料实证意识,这也体现了"二重证据法"在历史研究中的重要性。通过世界第八大奇迹兵马俑,了解并认同中华优秀文化遗产,涵养家国情怀素养。

【学习新课】

### (一) 通"天下"之志——统一之愿

**教师讲述**:春秋战国时期,诸侯争霸,前后达550余年。群雄最重要的目的就是兼并其他诸侯,统一天下。让人奇怪的是,为什么群雄不是越打越远,而是越打越拢,最终统一? 当时,居然没有一个诸侯会这样想:我退出竞争,退出周王朝建立的天下秩序,自成一统,我不与别国争,不吞并别国,别国也不吞并我,大家相安无事,各自为政。而诸侯想的都是如何吞并别国而统一天下。历经时间长久、波及面广而严重的动乱,天下居然没有散,反而形成了更加稳固的秦汉大一统模式。是什么原因使诸侯国只思聚而不思散,最终统一为一个国家?

**材料二**　普天之下,莫非王土。率土之滨,莫非王臣。
　　　　　　——程俊英:《诗经译注》,上海:上海古籍出版社,1985年,第416页
**材料三**　何言乎"王正月"? 大一统也。
　　　——李学勤:《十三经注疏·春秋公羊传注疏》,北京:北京大学出版社,1999年,第9—10页
**材料四**　奄有四海,为天下君。
　　　　　——李学勤:《十三经注疏·尚书正义》,北京:北京大学出版社,1999年,第87页
**教师设问**:材料二、三、四体现了什么思想? (参考答案:"大一统"思想)
**教师讲述**:儒家经典中很早就有"大一统"理想的表述。《诗·小雅·北山》中写道:"普天之下,莫非王土。率土之滨,莫非王臣。"可以理解为长空之下,四海之内,山野都是"王"的土地,民众都是"王"的臣仆。这一诗句,后来被频繁引用,成为一种政治文化原则。"大一统"一语的明确提出,最早见于《公羊传·隐公元年》:"何言乎'王正月'? 大一统也。""大一统"的政治文化形态,是儒家的文化理想,但是,在春秋战国百家争鸣的时代,却并不仅仅是这一派政治文化学说的主张。早期法家的政治文化理论就是以君主权力的一元化为思想基点的。法家代表人物申不害曾经说,这种高度集中的君权,是以统治"天下"为政治责任的,开明的君主管理国家,以一人之机谋可以使"天下"安定。以"天下"作为政治管理的对象,表明"大一统"的政治要求事实上已经成为法家政治文化的基本内容之一。"天下"的说法,最早见于《尚书·大禹谟》,这就是所谓"奄有四海,为天下君"。可见"天下"的观念,一开始就是和"大一统"的观念相联系的。《荀子·王霸》曾经提出了"人主者,天下之利势也"的观点。《墨子·尚同中》也曾经提出过"一同天下"的说法。甚至《庄子》中也有类似涉及"天下"这一政治命题的讨论,如"一心定而王天下"[1]。可见,"大一统"思想已经成为战国时期儒家、法

---

[1] 张岂之主编,王子今、方光华本卷主编:《中国历史·秦汉魏晋南北朝卷》,北京:高等教育出版社,2002年,第5—6页。

家、墨家、道家等诸子百家的共同主张。

秦国政治建设的指南用书——《韩非子》,可能是先秦诸子中说到"天下"一词频率最高的。其中多见所谓"霸天下""强天下""制天下""有天下""取天下""治天下""王天下""一匡天下""强匡天下""进兼天下""谓天下王""为天下主""令行禁止于天下"等。很显然,谋求对"天下"的统治,谋求"大一统"政治体制的建立,已经成为当时十分明确的政治目的,成为许多政治家的最高志向。

**材料五** 长期惨烈的杀伐,造成大量财富的耗费以及生产建设的摧毁,贡赋徭役的负担,又全集聚在列国人民的肩上。从祸乱中,百姓逐渐获致一个历史教训,体会到唯有一个统一和平的大帝国,才能脱离终年分裂攻战的苦痛。

——邹纪万:《秦汉史》,北京:九州出版社,2010 年,第 1—2 页

**教师设问:** 长期战乱给百姓带来的历史教训是什么?(参考答案:唯有和平统一才能脱离战乱的苦痛)

**教师讲述:** 春秋战国以来,战争不断,给百姓带来了巨大的灾难,民不聊生。当时的人民反对分裂战争,渴望和平,渴望有一个统一的国家。

**(设计意图)** 通过了解春秋战国时期的长期战乱,认识到只有统一才能结束战乱;认识到"统一"已成为当时诸子百家、统治者、百姓的共识,成为历史发展的趋势;认识到社会存在决定社会意识,社会意识对社会存在具有反作用。本环节指向的是:(1)唯物史观素养水平 1——能够了解和掌握唯物史观的基本观点和方法。(2)时空观念素养水平 2——能够将某一史事定位在特定的空间框架下。(3)史料实证素养水平 1——能够从所获得的材料中提取有关的信息。

**(过渡)** 只有统一才能结束战乱,统一逐渐成为当时人们的共识。战国时期,七雄争霸天下,统一的历史重任,最终是由哪个诸侯国来完成呢? 为什么偏偏是秦国而不是其他诸侯国呢?

### (二) 成"天下"之务——统一之路

**教师讲述:** 在秦人漫长的发展历程中,它是如何由小到大、由弱到强,最后扫六合灭六国完成统一的? 它是如何在列国争霸和七雄兼并中后来居上的?

#### 1. 诸侯卑秦

**材料六** (秦)襄公以兵送周平王。平王封襄公为诸侯,赐之岐以西之地。曰:"戎无道,侵夺我岐、丰之地。秦能攻逐戎,即有其地。"与誓,封爵之。襄公于是始国。

——〔西汉〕司马迁:《史记》卷五《秦本纪》,北京:中华书局,1959 年,第 179 页

**材料七** 周室微,诸侯力政,争相并。秦僻在雍州,不与中国诸侯之会盟,夷狄遇之。

——〔西汉〕司马迁:《史记》卷五《秦本纪》,北京:中华书局,1959 年,第 202 页

**材料八** 秦与戎狄同俗,有虎狼之心,贪戾好利而无信,不识礼义德行。苟有利焉,不顾亲戚兄弟,若禽兽耳。

——何建章:《战国策注释》,北京:中华书局,1990 年,第 907 页

**教师设问:** 根据材料,说明东方诸侯对待秦国的态度,并分析其原因。(参考答案:态度——蔑视秦国。原因——一是秦国在众多诸侯国中立国较晚;二是秦偏处西陲,与戎狄同

俗,文化较为落后)

**教师讲述**：东方诸国之所以蔑视秦国,原因有二：一是秦国在众多诸侯国中立国较晚。公元前770年,周平王东迁洛邑,秦襄公曾派兵护送周王。因此,周平王册封秦襄公为"诸侯",这被认为是秦建国之始。如此短浅的资历当然不能与东方历史悠久的诸侯国匹敌。二是秦偏处西陲,民风民俗较为落后。建国之初,周天子便把"岐以西之地"赐给秦国,但是这片土地长期被戎、狄等少数民族侵占,为了争夺这本应属于秦国的土地,秦国与戎狄之间战争不断。在长期与戎狄战争的过程中,秦国受到了戎狄民风民俗的影响,以至于东方诸国看不起秦国。

**材料九**　(秦孝公)下令国中曰："……诸侯卑秦,丑莫大焉。……宾客群臣有能出奇计强秦者,吾且尊官,与之分土。"

　　　　——〔西汉〕司马迁：《史记》卷五《秦本纪》,北京：中华书局,1959年,第202页

**教师设问**：秦孝公准备如何改变这一不利地位?(参考答案：招揽人才"强秦")

**教师讲述**："不与中国会盟,夷狄视之",使秦不能立足于诸侯之间,更谈不上发展壮大。秦孝公认识到,诸侯卑秦是秦国君臣上下巨大的羞耻和伤痛,也是对祖先业绩的辱没。面对生存和发展的危机,秦国国君背负了巨大的心理压力。他所确立的改革目标是,不惜一切代价,寻找能把秦国带上富国强兵之路的能人。后来找到的这个能人就是商鞅。

### 2. 变法强秦

**教师讲述**：商鞅奖励军功,制定了二十等爵制度,根据军功大小授予爵位,并从具有军功、爵位的人中选拔和任用官吏。他还颁布了重农抑商的政策,引导个体家庭发展农业,生产出更多的粮食和布帛。这些改革提高了秦国军队的战斗力,达到了富国强兵的目的。商鞅变法为国家提供了更多的赋税和徭役,还移风易俗,提高了秦人的文化层次,使秦文化从戎狄文化圈中解脱出来,与华夏文明融合。商鞅变法为秦国开拓霸业、统一天下奠定了基础。叶自成先生指出："中国历史上多有时势造就的英雄,但少有造时势的英雄;中国历史上多模仿前人的英雄,但少有创新性的英雄;而商鞅就是中国历史上少有的造时势的英雄和创新性的英雄,这使得商鞅变法也成为中国历史上唯一获得成功的、最深刻最彻底的改革。从这个意义上说,商鞅不愧是中国历史上最伟大的政治家之一。"[①]

### 3. 六国归秦

**材料十**　东至海暨朝鲜,西至临洮、羌中,南至北向户,北据河为塞,并阴山至辽东。

　　　　——〔西汉〕司马迁：《史记》卷六《秦始皇本纪》,北京：中华书局,1959年,第239页

**材料十一**　……而全国大一统的局面能够为经济发展提供有利的政治环境,即可以避免一些纷争和割据,可以减少某些统治阶级内部的有害战争。……统一集权的政治环境还有利于全国范围内的经济交流和商品流通。……全国大一统的政治形势还有利于在非常广泛的范围内交流劳动人民的生产经验。

　　　　——胡如雷：《中国封建社会形态研究》,北京：生活·读书·新知三联书店,1979年,第156—158页

**教师设问**：根据材料十、十一并结合所学知识,分析秦统一的意义。(参考答案：有利于

---

① 叶自成：《商鞅的创新精神与秦国对大国的超越》,《人民论坛·学术前沿》2012年第9期。

社会和平稳定,促进社会经济发展;有利于文化交流和民族交融;奠定了此后两千多年中国版图的基础)

**教师讲述**：经过商鞅变法,到秦王嬴政时期,秦国的经济实力已经远远优于东方六国,秦国的军事实力也已经强锐无敌。秦王嬴政策划并且指挥了逐一剪灭六国的战争。公元前221年秦灭齐,实现了统一。后人称之为"六王毕,四海一""六王失国四海归"。其实,秦始皇实现的统一,并不仅仅限于对黄河流域和长江流域的控制,亦包括向西北方军事拓进以及征服岭南之后南海等郡的设置。秦帝国版图的规模,远远超越了秦本土与"六王"故地。

从整体上看,秦王嬴政奋六世之余烈,顺应"大一统"的历史潮流,在"东至海暨朝鲜,西至临洮、羌中,南至北向户,北据河为塞,并阴山至辽东"的辽阔疆域内实现了前所未有的统一。秦王朝虽短暂如流星,但其从一开始就将广为300多万平方千米的疆域和4 000多万人口置于有效的统治之下,建立了中国历史上第一个统一的多民族封建国家,奠定了此后两千多年中国版图的基础。

**(设计意图)**通过"诸侯卑秦""变法强秦""六国归秦"三个环节,了解秦由弱到强,最终完成统一的历史进程。并进一步深化对秦朝统一多民族封建国家建立及疆域拓展的认识。本环节指向的是：(1)时空观念素养水平2——能够将某一史事定位在特定的空间框架下。(2)史料实证素养水平3——能够利用不同类型史料的长处,对所探究的问题进行互证,形成对该问题更全面、丰富的解释。(3)历史解释素养水平2——能够选择、组织和运用相关材料并运用相关历史术语,对个别史事提出自己的解释。

**(过渡)**秦的统一,标志着中国进入了"大一统"政治的时代。从此以后,由高度集权的中央政府对各地实行有效的政治管理,揭开了此后两千多年专制主义中央集权制度的帷幕。

### (三)定"天下"之业——统一之策

#### 1. 中央集权

**教师讲述**：面对规模空前的疆域,秦始皇是如何巩固统一的呢?

(1)皇帝制度

**教师讲述**：秦王政二十六年(前221),一位不到四十岁的少壮国君在完成统一天下、"自上古以来未尝有"的大功业以后,下令群臣商议一个与如此功业相称的尊号。于是丞相、御史大夫和廷尉这一班重臣找来通晓古今的博士一起斟酌,决定建议秦王称"泰皇",因为泰皇是古代三皇中最尊贵的一个。可是这位天下的新主人不愿袭用旧号,乃自出心裁,删去"泰"字,在"皇"下加一"帝"字,合而为"皇帝"。

**材料十二** 命为"制",令为"诏",天子自称曰"朕"。……朕为始皇帝,后世以计数,二世三世至于万世,传之无穷。……天下之事无小大皆决于上。

——〔西汉〕司马迁：《史记》卷六《秦始皇本纪》,北京：中华书局,1959年,第236—258页

**教师设问**：皇帝制度有什么特点?(参考答案：皇帝独尊,皇位世袭,皇权至上)

**教师讲述**：皇帝名号的拟定是皇帝制度建立的重要一环。此名一立,两千年因袭不改。"皇"字原义从金文上看是煌煌、光辉、盛美、伟大的意思,用为名词,在天皇、地皇、泰皇中则是君主的尊称。"帝"字原指天帝或上帝,是宇宙万物至高的主宰神。用以称人君,显然是有

神格化人君的用意。皇帝二字连称意即"煌煌上帝"。历史上另有一说法,秦王嬴政用皇帝作为人间君主的称号,是合三皇之"皇"与五帝之"帝"而成。据说这是因为他自以为"德兼三皇,功过五帝"。

（2）三公九卿制

**材料十三** 秦统一后,见于记载的相应官员有丞相隗林、丞相王绾、左丞相李斯、右丞相冯去疾等。丞相是朝廷首席文官,总理全国政务。太尉原称尉、国尉,是朝廷首席武官,是负责全国军事事务的最高长官。御史大夫地位略次于丞相,是负责监察的大臣,位列上卿。"三公"之下又有"九卿",分工管理不同的政务部门。实际上所谓的"九卿",官职并不限于九。

——张岂之主编:《中国历史·秦汉魏晋南北朝》,北京:高等教育出版社,2001年,第10—11页

**教师设问:** 根据材料,分析秦朝中央官制的特点。（参考答案:三公九卿实行分权,互相牵制,权力最后集中到皇帝手中）

**教师讲述:** 秦朝的政治制度已经相当严整完备。后来有"汉承秦制"的说法,就是说秦代的这一制度为汉代统治集团大体继承沿袭。在中国古代政治史中,秦代的官制确实有着特殊的重要意义。《汉书·百官公卿表上》说,周政衰败,官制混乱,战国并争,各有变异。"秦兼天下,建皇帝之号,立百官之职。汉因循而不革。"秦以前的官制还有待进一步研究,然而一般都公认,秦"立百官之职",汉代"因循"又经进一步健全之后,确立了中国历代王朝官制的基本格局。

（3）郡县制

**材料十四** 丞相绾等言:"诸侯初破,燕、齐、荆地远,不为置王,毋以镇之。请立诸子,唯上幸许。"始皇下其议于群臣,群臣皆以为便。廷尉李斯议曰:"周文武所封子弟同姓甚众,然后属疏远,相攻击如仇雠,诸侯更相诛伐,周天子弗能禁止。今海内赖陛下神灵一统,皆为郡县,诸子功臣以公赋税重赏赐之,甚足易制。天下无异意,则安宁之术也。置诸侯不便。"始皇曰:"天下共苦战斗不休,以有侯王。赖宗庙,天下初定,又复立国,是树兵也,而求其宁息,岂不难哉! 廷尉议是。"

——〔西汉〕司马迁:《史记》卷六《秦始皇本纪》,北京:中华书局,1959年,第238—239页

**教师设问:** 王绾和李斯的观点有何不同? 双方各自的理由是什么?（参考答案:观点——王绾主张分封制,李斯主张郡县制。理由——王绾认为分封诸子可以镇守天下;李斯认为分封制导致周朝灭亡,郡县制有利于加强中央集权巩固统治）

**教师讲述:** 王绾认为应该沿袭西周的分封制,李斯认为应该实行郡县制。分封制和郡县制的区别在于:首先,分封制是与宗法制相联系的,是以血缘关系为基础的;郡县制是在大一统的条件下实行的,是按地域划分的。其次,分封的诸侯王位世袭,并拥有封地;郡县的官吏由皇帝或朝廷任免,官位不世袭,官吏只拥有俸禄,不拥有封地。第三,诸侯王拥有很强的地方独立性,容易发展为割据势力;郡县则是地方行政机构,绝对服从于中央,有利于中央集权的加强和国家的统一。两者的主要区别在于中央对地方的制约关系以及地方权力的大小。

**材料十五** 郡县之制,垂二千年而弗能改矣,合古今上下皆安之,势之所趋……分之为郡,分之为县,俾才可长民者皆居民上以尽其才,而治民之纪,亦何为而非天下之公乎?……故秦、汉以降,天子孤立无辅,祚不永于商、周……郡县者,非天子之利也,国祚所以不长也;而为天下计,则害不如封建之滋也多矣。

——〔清〕王夫之:《读通鉴论》卷一《秦始皇》,北京:中华书局,2013年,第1—2页

**教师设问:** 根据材料,分析王夫之对郡县制的看法。(参考答案:王夫之认为郡县制有利于人尽其才,有利于国家的安宁)

**教师讲述:** 王夫之认为郡县制的设立有利于任用有才能的人来管理国家,做到人尽其才。郡县制的设立克服了西周分封制的弊端,有利于国家的安宁。郡县制的设置是历史的必然,这种制度延续了两千多年。

2. 同文共轨

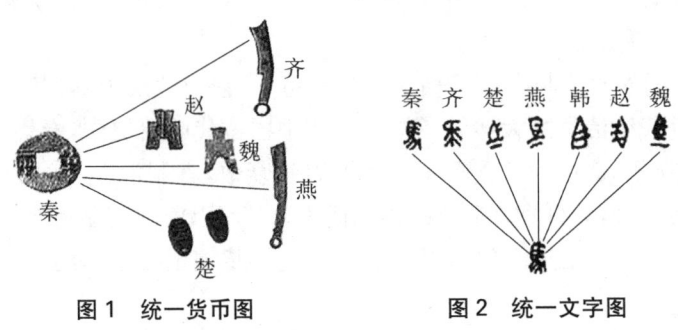

图1　统一货币图　　　　图2　统一文字图

**教师讲述:** 战国时期不仅各国各自铸造货币,而且在一个诸侯国内的各个地区也有自铸货币的情况。其形状、大小、轻重各不相同,计算单位也不一致,特别是价值不等,换算困难。秦灭六国后,统一规定:货币分二等,以黄金为上币,以镒为单位;圆形方孔的铜钱为下币,以半两为单位。关中及其他地方出土了很多的半两钱,其轻重、厚薄大略相等,证明统一货币的法令已付诸实施。这就克服了过去货币不统一的混乱状态,便利了各地商品交换和经济交流。

在秦统一之前,文字的形体非常混乱,同一个字所采用的声符、形符都有很大的差异。"文字异形"给政令的推行和文化的交流造成了严重的障碍。如秦统一之后,诏书至桂林,一般人都不认识。可见统一文字,已成为当务之急。因此,秦始皇命令丞相李斯、中车府令赵高、太史令胡毋敬等对文字进行整理,制定出小篆,作为标准文字,通用于公文法令。后来狱吏程邈又根据当时民间流行的字体,整理出更为简便的新书体——隶书,作为日用文字在全国范围推广。湖北云梦出土的秦简,证明秦朝的官方文书已经使用隶书。先秦古字经过这次整理后,字体结构得到简化和定形,这对推行法令、传播文化具有重要的促进作用。

秦始皇统一六国后,立即下令拆毁战国时期各国在边境修筑的关塞等障碍物。为了加强对全国的控制,秦始皇于公元前220年,命人修建了以首都咸阳为中心的驰道。主要干线有两条:一条向东直通燕齐,一条向南直达吴楚。公元前212年,秦始皇命令蒙恬修了一条由咸阳向北延伸的"直道",全长900千米,这条"直道"的遗迹现在尚可辨识。这样,一个以咸阳为中心的四通八达的交通网,把全国各地联系在一起了。同时,规定车轨的统一宽度为六尺,保证车辆畅通无阻,加强了各地之间的联系。

**（设计意图）**通过皇帝制度、三公九卿制、郡县制、同文共轨等知识的学习，认识到秦朝中央集权制建立及巩固的意义，培养学生从所获得材料中提取信息的能力，进一步提高史料实证意识，提高历史解释的能力。本环节指向的是：（1）史料实证素养水平 1——能够从所获得的材料中提取有关的信息。（2）历史解释素养水平 2——能够选择、组织和运用相关材料并使用相关历史术语，对个别或系列史事提出自己的解释。

**（过渡）**人们一般多强调秦王朝成就了许多有利于统一的事业，如定疆域、书同文、车同轨、统一货币度量衡等，而往往忽视事情的另一方面，即秦王朝的行政制度总的来说是以秦人对关东地区的征服、压迫和奴役为前提的。可以说，在秦帝国最初的基石上，就已经出现了不利于统一的深深裂痕。

### （四）失"天下"之殇——统一之思

**教师讲述：**秦二世元年（前 209）七月，被征发赴渔阳（郡治在今北京密云西南）戍边的 900 名士兵在大泽乡（今安徽宿州东南）遇大雨，道路不通，不能按时抵达指定地点。而秦法规定，失期要判处斩首之刑。农民出身、在戍卒中担任屯长的陈胜和吴广商议在"天下苦秦久矣"的社会背景下举兵反抗秦朝。

**材料十六**　三老、豪杰皆曰："将军身被坚执锐，伐无道，诛暴秦，复立楚国之社稷，功宜为王。"陈涉乃立为王，号为张楚。

　　——〔西汉〕司马迁：《史记》卷四十八《陈涉世家》，北京：中华书局，1959 年，第 1952 页

**材料十七**　楚虽三户，亡秦必楚。

　　——〔西汉〕司马迁：《史记》卷七《项羽本纪》，北京：中华书局，1959 年，第 300 页

**教师设问：**分析为什么陈胜建立的政权号称"张楚"。（参考答案：第一，楚原是南方大国，经济文化发达，影响深远；第二，楚人眷恋故国，有着强烈的反秦需要；第三，陈胜反秦的斗争策略与手段等）

**教师讲述：**"张"是动词"张大"之意。陈胜只有打着兴楚的旗号，才能从民望，顺民心，争得广大群众的响应与支持。陈胜、吴广成功地将楚人酝酿多年的反秦情绪变成"伐无道，诛暴秦"的实际斗争，揭开了中国历史上第一次农民大起义的序幕，虽然最终失败，但也激发了各地的反秦斗争。其中，项羽起义和刘邦起义影响最大，最终推翻了秦朝的统治。

**合作探究：**秦末爆发农民起义的原因及教训。

**材料十八**　云梦睡虎地秦墓竹简《法律答问》中，有关于关东人与秦人争斗使秦人致伤时要严厉处置的规定。法律条文中"邦客"与"主人"的不同专用称谓，成为关东人与秦人身份等级不同的标志。

　　——王子今：《秦汉史：帝国的成立》，北京：中信出版社，2017 年，第 61 页

**教师设问：**谁是"邦客"？ 谁是"主人"？ 法律地位有什么不同？（参考答案：秦人是主人，关东人是邦客。法律上秦人地位高于关东人）

**教师讲述：**秦统一以后，法律地位上的不平等造成的敌对情绪长期存在，但是作为秦王朝的最高统治者并没有努力消弭这种情绪，反而使这种敌对情绪不断激化。贾谊《过秦论》曾指出，战争时期谋求兼并与和平时期谋求安定，政治方针和政治策略应当有所不同。但秦

始皇并没有适时调整政策。从秦始皇陵兵马俑可以看出,秦始皇统一之后所经营的这一规模宏大的军阵是以东方武装集团作为假想敌的。这也说明秦始皇的统治思想尚未完成应有的时代转变,以这种思想为基础制定的政策自然表现为苛重的赋役和恐怖的虐杀。

**材料十九** 秦始皇曾经强行迁徙天下豪富十二万户至于咸阳,以削弱关东地区的经济力量,又曾经往琅邪移民三万户。又在北方经营"新秦",迁徙罪人充实之。还曾经向丽邑(今陕西临潼)移民三万户,向云阳(今陕西淳化西北)移民五万户,向北河(今内蒙古中部)、榆中(今陕西西北部)移民三万户。

——王子今:《秦汉史:帝国的成立》,北京:中信出版社,2017 年,第 61 页

**教师设问:**根据材料并结合所学,分析秦始皇强行移民对关东地区的影响。(参考答案:秦始皇强行移民一方面严重削弱了关东地区的经济实力,另一方面激化了社会矛盾,坚定了关东地区人民的反秦立场)

**教师讲述:**关东地区经济上受到政府的盘剥和扼制,实力大受削弱。关东人民在政治上的反秦立场自然日益坚定。可见,秦始皇在关东地区强行移民的政策是失败的。据历史记载,修建阿房宫、骊山陵动用刑徒及奴隶 70 万人。学者认为,70 万人的粮食供应,需要动用 350 万人作后勤运转。秦朝时期,一个家庭大致有五口人,阿房宫、骊山陵的 70 万人,又关联到全国各地 280 万人的生活生计。350 万专职运输的劳工,又影响到 1 400 万人的生活生计。北方防备匈奴的有 30 万,南方戍守五岭的有 50 万。80 万军队,后勤供应至少需要 400 万人专门负责运输。80 万军人,涉及 400 万家属;400 万运输劳工又涉及 2 000 万家属,这是何等巨大的数字! 当时全国约有 4 000 万人口,根据上述的计算,仅阿房宫、骊山陵以及帝国南北两边的人力动员,数量已在 900 万,连累家属,已超过 4 000 万,几乎牵动帝国的全部人口。在这种无休止无归期的征发之下,人民的力役比以往多几十倍,出现了"丁男披甲,丁女转输,苦不聊生,自经于道树,死者相望"的悲惨景象。大量劳动力脱离生产,人民负担又如此沉重,这就加速了农民破产,使社会经济遭到严重的破坏。此外,秦王朝大量任用军人担任地方行政长官,也使其行政风格具有明显的军事化色彩。秦统一后,关东地区行政人员的成分发生了变化,相当一部分地方官可能是军人出身。军人主持地方行政,致使战争的惯性作用于日常管理与民间生活,形成了严酷的社会压迫。国之兴亡,必有前兆。

**(设计意图)**通过了解陈胜、吴广起义,引导学生探究历史现象背后的原因,思考单个历史事件和历史发展趋势之间的联系,提高学生分析问题、解决问题的能力。本环节指向的是:(1)史料实证素养水平 4——在对历史和现实问题进行独立探究的过程中,能够恰当地运用史料对所探究的问题进行论述。(2)历史解释素养水平 4——在独立探究历史问题时,能够在尽可能占有史料的基础上,尝试验证以往的说法或提出新的解释。(3)家国情怀素养水平 4——能够表现出对历史的反思,从历史中汲取经验教训。

**【课堂小结】**

**教师引导学生小结:**秦国顺应历史发展的潮流,完成了统一大业,标志着中国进入了"大一统"政治时代。从此以后,由高度集权的中央政府对各地施行有效的管理政治,成为历史的定式。但由于统一之后,秦始皇并没有适时作出政策的调整,社会对立严重,矛盾激化,导致秦王朝迅速崩溃。秦亡的历史教训,不可谓不深刻而现实。

# 教 学 设 计 2

安徽省淮北市实验高级中学　张晓静

## 一、教材分析

　　本课是部编本《中外历史纲要(上)》第一单元《从中华文明起源到秦汉统一多民族封建国家的建立与巩固》第 3 课,包括秦的统一、秦朝的暴政、秦末农民起义与秦的速亡三部分内容。本课主要讲述了我国第一个统一多民族封建国家——秦朝的兴衰。战国中后期,统一天下成为各家思想流派的共同追求,秦国能够实现天下统一是其长期奉行法家思想、以富国强兵为治国理政目标的结果。"大一统"国家的表现,不是仅限于地域的统一,更在于国家治理制度的建立、健全和政权组织结构更加紧密,更加强化行政的运行管理,思想文化更趋统一。秦朝是中国统一多民族封建国家的初步形成时期,秦始皇开创的专制主义中央集权制度历经沿革,对中国古代政治制度的影响长达两千多年。以法家思想为指导的专制主义中央集权制度,由皇帝制度、三公九卿的中央官制和地方推行的郡县制度组成,郡县制下还有更基层的乡里组织。这样,皇帝的旨意、法令可以通过甄选的大批官吏传达到每家每户,方便了国家治理,当然这种制度也容易滋生暴政。秦朝的暴政导致了秦末农民起义的爆发,秦至二世即亡。秦始皇准备把秦帝国的统治由其子孙后代延续至千秋万代的希望落空了,秦的速亡给后世也留下了很多的思考空间。它的速亡不仅使大行其道的法家思想作为单纯的治国指导思想退出了历史舞台,而且对后世的统治者——帝王将相在重民、仁政方面有警示作用。

　　《普通高中历史课程标准(2017 年版)》对本课的要求是:通过了解秦朝的统一业绩,认识统一多民族封建国家的建立及巩固在中国历史上的意义;通过了解秦末的社会矛盾和农民起义,认识秦朝崩溃的原因。本课要讲清两个问题:一是深刻领会秦朝的历史功绩是结束了长期的分裂,创建了统一的多民族封建国家,开创了影响后世的政治制度,认识秦朝的建立把我国历史推进到一个新阶段;二是通过秦兴亡的具体史实,认识秦朝的兴起和灭亡均与贯彻执行法家思想密切相关。对于秦的兴亡,教材只介绍了秦王嬴政和亡国之君秦二世的一些事迹,在教学时需要进一步拓展,通过材料探究秦朝兴起与它重用法家思想有关,秦朝的速亡和它一味执着于法家思想也有一定的联系。本课内容相对庞杂,对教学内容进行重新构建,有助于更好地实现教学目标。

## 二、学情分析

　　通过初中的学习,高一学生对本课的一些内容有所了解,如皇帝制度、三公九卿制和郡县制度。但是绝大多数学生对秦朝开创统一多民族封建国家等问题缺乏深入的探究和思考。需要通过史料创设情境,引导学生分析材料,掌握秦朝对大一统局面的开创和封建国家政治制度创新方面的历史伟业,并进一步理解秦朝开创统一多民族封建国家建设的新局面。

充分利用教材的教学资源、补充部分史料,多角度分析秦朝速亡的原因,培养学生的史料实证和历史解释素养,涵养学生的家国情怀。

## 三、教学目标

1. 通过史料阅读,理解"大一统"和"多民族"的含义,并能运用具体史实加以说明。知道秦朝是我国历史上第一个统一的多民族封建国家,理解秦朝统一的历史意义。

2. 通过两次朝议材料的展示,再现秦朝创立皇帝制度和郡县制度的情景,了解秦朝在国家治理上的制度创新及其重要作用。

3. 通过史料阅读,探析秦朝兴亡的原因。说明秦朝的败亡与秦朝的暴政、阶级矛盾的激化有关,培养多角度分析、阐释历史问题的能力。

4. 感悟秦朝兴衰和法家思想的关系,揭示指导思想的选择对治国理政的重要影响。

## 四、教学重难点

重点:秦朝统一的历史意义;秦朝的专制主义中央集权制度。

难点:理解秦朝开创了我国历史的大一统局面;秦朝速亡的教训。

## 五、教学过程

【导入新课】

屏幕显示"秦"字。

**教师设问:**同学们认识这个字吗? 这是"秦"的小篆字体,中国古代汉字的构造大多都有特定的寓意。说文解字对"秦"字是这样解读的:伯益之后所封国;陇西谷名,地宜禾。从禾,春省。一曰秦,禾名。

**教师引导学生分析:**这就是秦国国号的来历,秦不仅是我国第一个统一多民族封建国家的称谓,而且也和中国国名"China"的来历有着一定的渊源。我们这节课就来探讨中国历史上第一个封建王朝——秦朝的兴亡。

**(设计意图)**解读篆体的"秦"字,激发学生兴趣,便于学生直观地认识秦族的起源,为进一步理解"秦族、秦国和秦朝"做铺垫。

**(过渡)**篆体的"秦"字形象地表达了秦的族名及其来历。秦帝国是怎样一步步发展起来的呢?

【学习新课】

### (一)东方起源,西方崛起

**材料一** 嬴秦族是甘肃历史上重要的民族。她起源于东方,夏末归商,成为商朝诸侯。

商周之际她开始西迁关陇,并在这里为周王朝和辑西戎。在与西戎的斗争中,她逐渐强大起来,受到周王朝重视,其政治地位由附庸而大夫而西垂大夫。在骊山之乱中,它因平戎救周有功又被封为诸侯,建立了秦国。

——刘光华:《嬴秦族及其西迁、建国》,载《天水师范学院学报》2003 年第 3 期

**教师设问:** 根据材料一,简述秦族的起源和发展历程。(参考答案:秦族起源于东方,历史悠久;商周之际西迁;成为周王室防御西戎的主要力量;因平戎救周而被封为诸侯)

**材料二**　春秋初年,秦襄公率秦兵护卫平王东迁;据《左传》记载,秦穆公十一年,"秦、晋伐戎以救周";秦穆公二十五年,"秦伯师于河上,将纳王"。秦国的这些行为,得到了来自周王室的封赏和认可,而这正是秦立国的政治基础。

——刘原:《秦族源、早期秦文化与秦文学的萌芽》,载《文艺评论》2014 年第 6 期

**教师设问:** 依据材料二,指出秦能够得到周王室的封赏和认可的原因是什么。(参考答案:遵循周礼,维护周王室天下共主的地位)

**教师引导学生分析:** 嬴秦是东夷九族之一,最初生活在东方。伯益因辅佐舜调驯鸟兽有功被"赐姓嬴氏"。夏商时期,嬴秦一族地位显赫,商朝末年,曾有一部分嬴秦人西迁至陇山;随着商朝的败亡和周的兴起,秦族人成为周王朝的顺民,地位卑微。西周中期,西戎对周王朝构成严重威胁,为对付戎族骑兵的惊扰,周孝王在汧河和渭河之间划了一片水草丰茂之地给嬴秦先祖非子,让他养马驯马。此地盛产秦草,可以酿酒,故曰秦。非子不孚众望,为西周驯养了大批良马,得到周孝王的嘉奖,把这块封地取名为"秦",赏给育马有功的非子。襄公七年(前771),骊山之乱发生,幽王被杀,攻入镐京的犬戎大肆抢掠烧杀。秦襄公得知幽王被杀消息,便率军顺汧水而下赶走占据镐京的西戎。接着又护送周平王东迁,因此,周平王封襄公为诸侯。这样秦族先人经过数百年的奋斗,才受封为秦国。但秦国毕竟偏居关中,秦人长期与戎狄杂处,文化上比较落后,一直被东方各国视为"戎狄"。

**(设计意图)** 引用史料说明秦族的起源与发展,破除学生对秦一直都是西部大国的偏颇认识,知道秦起源于东方,而且历史悠久;理解秦立国的基础是秦人的忠勇及遵循周礼。通过本环节的教学引导学生对史料进行整理和辨析,涵养学生史料实证的历史学科素养。同时对秦族的起源和秦国的发展形成全面、丰富的解释。本环节指向的是:(1)史料实证水平2——在对史事与现实问题进行论述的过程中,能够尝试运用史料作为证据论证自己的观点。(2)历史解释水平2——能够在历史叙述中将史实描述与历史解释结合起来。

**(过渡)** 公元前361年,秦孝公继位。各诸侯国会盟,拒绝邀请秦国参加,秦孝公认为这是莫大的耻辱,坚定了其振兴秦国的信念。

### (二)变法图强,称雄中原

**材料三**　公元前361年,秦孝公即位担任国君……当时正值东方列强争雄,秦国面临内忧外患,内有"君臣废法而服私,是以国乱,兵弱,主卑",外有三晋攻夺河西地,"诸侯卑秦,丑莫大焉"。

——张俊英、邹璇等:《商鞅变法与秦王朝之兴衰研究》,载《六盘水师范学院学报》2017 年第 6 期

**教师设问:** 依据材料三,说明秦孝公继位之初面临的内忧外患是什么。(参考答案:内

忧——法度不立、国政混乱、兵力羸弱、君主地位低下。外患——外敌进犯)

**材料四** 孝公下令国中曰:"……会往者厉、躁、简公、出子之不宁,国家内忧,未遑外事。三晋攻夺我先君河西地,丑莫大焉……宾客群臣有能出奇计强秦者,吾且尊官,与之分土。"于是卫公孙鞅闻是令下,乃西入秦。

———张国刚选注:《〈资治通鉴〉选读——商鞅变法(上)》,载《月读》2014 年第 6 期

**教师设问:** 依据材料四思考,面对内忧外患,秦孝公采取了什么行动?其意图是什么?(参考答案:行动——发布《求贤令》。意图——改变秦国落后面貌,富国强兵,以图霸业)

**教师追问:** 卫鞅奔赴秦国的目的是什么?反映了怎样的时代风貌?(参考答案:目的——加官进爵。时代风貌——战国时期,士阶层的活跃;变法图强成为时代最强音)

**教师引导学生分析:** 秦孝公发布《求贤令》彰显了秦孝公求贤若渴,积极招揽人才,反映了秦孝公的雄心壮志和家国担当,同时也深深打动了卫国贵族公孙鞅。[①] 在秦孝公的鼎力支持下,商鞅对秦国进行了大刀阔斧的改革。经过一二十年的励精图治之后,秦国一跃成为西部边陲的强国。商鞅变法的成功少不了秦孝公的支持,但更为重要的是商鞅变法顺应了时代潮流。从春秋到战国,社会经历了政治、经济、文化等全方位的巨大变革,在这样一个动荡不安的时代该如何达到"治世"呢?商鞅给出的答案是:以法家的方式实现"治",使秦国一跃成为战国七雄之首,更为 130 多年后秦王嬴政开创一统天下的帝国大业打下了基础。秦国崛起于春秋战国这个风云变幻的时代,得益于秦能够顺势而为,由原来的崇尚信义的周礼立国变为"以法治国",并取得了很大的成功。

**(设计意图)** 商鞅变法是秦国崛起的起点,也使秦国社会发生巨变。秦孝公的求贤令,说明商鞅变法的必要性;借助商鞅变法的影响,说明秦能够顺应历史潮流,因法而强。引导学生解读史料、理解秦国指导思想转变是顺势而为。本环节指向的是:唯物史观水平 2——把唯物史观运用于秦国变革的必要性和可能性的学习、探究中,逐步引导学生将唯物史观作为认识和解决现实问题的指导思想。

**(过渡)** 由法而强的秦国,在图谋和实现其霸业的路径上,其后继者更是乐此不疲。在此后的 100 多年间,秦的疆土在不断拓展,最终由秦王嬴政完成了吞并六国、一统天下的大业,在此过程中秦国仍旧贯彻着法家的治国理念,启用具有法家思想的人才,运用着法家的统一策略。

### (三)秦扫六合,一统天下

#### 1. 远交近攻,吞并六国

**材料五** 范雎为秦统一六国贡献的第一个嘉谋是建议秦昭王改"近交远攻"为"远交近攻"……李斯凭其才智为秦统一六国作出的第一个贡献是对六国"离其君臣之计",加快了秦统一的速度;第二个贡献是令世人感到振聋发聩的《谏逐客书》,使得秦国"逐客以资敌国,损民以益仇"的错误之举得到了及时的纠正,给秦国留住了所有曾为秦富强和统一作出贡献的人才,并且保护了人才入秦的通道;第三个贡献是他复职后立即建议秦王政先攻取离秦最近的比较弱小的韩国,从而在心理上给其他诸侯国以重压。

———孙斌来:《秦统一六国原因的再探讨》,载《人文杂志》2003 年第 1 期

---

① 公孙鞅:姬姓,公孙氏,名鞅,卫国人。因封地在商,史称为商鞅。

**教师设问：** 根据材料五和教材第 18—19 页的荀子到秦国访问后的观感，分析秦良好的吏治在秦崛起与统一中起到了怎样的作用。（参考答案：提供并践行了统一的策略——远交近攻、离间计；及时劝谏秦王，积极吸纳人才，为秦的崛起和统一做出重大贡献）

**材料六** （商鞅）在秦国建立了二十级军功爵，只根据杀敌的多少确定爵位的高低、俸禄的多少、官职的大小……这个人才法对秦国强兵黩武起了重要作用，一大批军功显赫的人进入政权机构，秦国的政权掌握在这些人手中，很快在战国七雄中称霸……（韩非子建议）以执行法律的实效和对国君的忠诚等为标准，制定了"上计"制度考察各级官吏，改变了选拔官吏的政策……从以功授官到以能授官，这是法家人才选拔制度上的进步。

　　　　——汪浩：《先秦人才谋略思想述评》，载《天津外国语大学学报》1995 年第 4 期

**教师设问：** 根据材料六进一步分析秦良好吏治形成的原因。（参考答案：秦国的选官标准从按军功授爵到按能授官，以适应秦国不断发展的需要）

**教师引导学生分析：** 秦王嬴政从公元前 230 年开始，历经十年，先后征讨六国，使六国臣服于曾被他们鄙视的、兴起于鄙陋之土的西陲之国——秦。秦王嬴政和其先祖一样，重视法家思想的运用。他读过韩非子的著作后，对韩非子倾慕有加，曾发出"寡人得见此人与之游，死不恨矣"的感叹！

### 2. 治国指导思想——法家

**材料七** 秦朝的重大政治实践大都与韩非子之学说有关。其缘由，既有秦王嬴政服膺韩非子学说的因素，亦有对韩非子学说更为熟悉的李斯从旁推波助澜的因素。

　　　　——宋洪兵：《韩学极盛与秦二世而亡》，载《求是学刊》2017 年第 4 期

**教师设问：** 根据材料七，指出影响秦朝制度建设的学说和历史人物。（参考答案：学说——法家思想；人物——嬴政、李斯）

**教师引导学生小结：** 韩非子出使秦国的目的是为了韩国利益，再加上李斯对其才能的妒忌，最后是同样信奉法家的李斯当道。嬴政在秦朝建立后，仍以法家思想为治国理政的指导思想。

**（过渡）** 秦帝国创立以后，作为法家思想的践行者——李斯对于秦朝新制度的创制有重要的推动作用。

### 3. 两次朝议，创新制度

**材料八** 他们（丞相、御史大夫和廷尉李斯等，编者注）与博士们商讨后，向嬴政建议："古有天皇，有地皇，有泰皇，泰皇最贵，臣等昧死上尊号，王为泰皇，命为制，令为诏，天子自称曰朕。"嬴政最后决定："去泰，著皇，采上古帝位号，号曰皇帝。他如议。"这样，新的称号——皇帝产生了。

　　　　——夏遇南：《始于秦王嬴政的称号——皇帝》，载《咸阳师范学院学报》2003 年第 5 期

**教师设问：** 材料八反映了秦朝哪项制度的创立过程？对此有何规定？意图是什么？（参考答案：制度——皇帝制度。规定——命为制，令为诏，天子自称曰朕。意图——确立皇帝的独尊地位）

**教师引导学生小结：** 公元前 221 年，秦初并天下，嬴政下的第一道命令，和群臣讨论的第一件事，就是让大臣为他更改名号。他认为自己的功业超过了三皇五帝，使六王咸服，今

名号不更，无以称成功，传后世。这是秦朝初创时期的第一次朝议，他的话得到了大臣们的一致赞同。这次朝议诞生了中国古代历史上的"皇帝"称谓，并赋予其丰富的内涵。秦王嬴政也由此被誉为"千古一帝"。他随即以皇帝的身份宣布，废除谥号，并自称为"始皇帝"，后世以计数，二世三世至于万世，传之无穷。

**(过渡)**另一次重要的朝议和秦朝的哪项制度相关呢？

**材料九** 廷尉李斯议曰："周文武所封子弟同姓甚众，然后属疏远，相攻击如仇雠，诸侯更相诛伐，周天子弗能禁止。今海内赖陛下神灵一统，皆为郡县，诸子功臣以公赋税重赏赐之，甚足易制。天下无异意，则安宁之术也。置诸侯不便。"

——宋洪兵：《韩学极盛与秦二世而亡》，载《求是学刊》2017 年第 4 期

**教师设问：**根据材料九，概括李斯的主要观点。（参考答案：反对分封制，主张实行郡县制）

**材料十** 正是因为得益于这个郡县制，中国的国家形态才具备了逐步脱离"三代"时期多元化的联邦治理模式而向单一制中央集权模式转型的客观条件。到了秦始皇消灭六国、建立起统一的秦王朝之时，功不可没的郡县制更是全面取代了分封制而成为了进一步巩固和强化中央集权的坚实根基。

——宋亚平：《郡县制度：君主专制与中央集权的坚实基石》，载《浙江学刊》2012 年第 6 期

**教师设问：**根据材料十，简述推行郡县制的积极影响。（参考答案：改变了中国的国家形态，强化了中央集权的根基）

**教师引导学生小结：**丞相王绾主张继续推行周朝的分封制，把新扩张的地方，分封给王室子弟，让他们去镇守。此观点得到其他大臣赞同，独有廷尉李斯反对，而李斯的主张却得到秦始皇的认可。秦始皇也认为诸侯国的存在是天下动乱的根源，现今天下刚刚恢复安宁，如果再推行分封制，那就是自己再树敌，天下再难安宁！这次朝议的最终结果是促成了秦朝中央集权制度的出台。为配合这个制度的推行，官僚制度取代了贵族政治。郡县制及更基层的乡里组织的设置，实现了中央对地方的直接领导，使皇帝的权威能深入每家每户。这次朝议不仅确立了郡县制度，而且李斯也再次得到秦始皇的赏识，被提拔为正丞相。

**(设计意图)**通过两次朝议材料的展示，再现秦朝创立皇帝制度和郡县制度的情景，引导学生理解专制主义中央集权制度的历史进步性。本环节指向是：历史解释水平 2——促使学生能够选择、组织和运用相关材料并使用相关历史术语，对个别或系列史事提出自己的解释，能够在历史叙述中将史实描述与历史解释结合起来，能够尝试从历史的角度解释现实问题。

**(过渡)**秦始皇通过创立皇帝制度和三公九卿制度，实现皇帝一统，天下一主。郡县制实现了皇帝、中央对地方进行直接的管理，实现了从中央到地方的全方位"大一统"。

**4. 统一多民族国家的初创**

**材料十一** "大一统"观念萌生于三代，丰富于春秋战国，至秦汉进一步系统化、理论化。"大一统"思想核心是疆土一统和以治权及法令制度为中心的政治一统，同时也涉及思想一统和文化认同。

——张子侠：《"大一统"思想的萌生及其发展》，载《学习与探索》2007 年第 4 期

**材料十二** 古代中国的大一统理念和夏夷之辨思想，不仅体现在意识形态层面，而且是依靠一系列制度进行支撑。其中核心的就是专制的中央集权制度，通过中央集权体制支撑

着王朝国家内部在政治、经济、文化等方面的统一。

　　　　——张健、万钰莹：《中国古代统一多民族国家的一体化机制分析》，载《贵州民族
　　研究》2016 年第 11 期

　　**教师设问**：根据材料十一、十二并结合所学知识指出秦朝对"大一统"的实践。（参考答案：疆土一统——灭六国而统一天下；政治一统——创立皇帝制度和在全国推行郡县制；思想一统——以法为教，以吏为师；文化认同——书同文，行同伦）

　　**材料十三**　秦朝为华夏与四夷的交流提供两大基础：其一谓物质基础，包括建设首都，设立郡县和修治驰道。秦吞并诸侯便将诸侯宫室仿造于咸阳，成为国家象征，起到多民族国家统一精神之作用……秦始皇五次巡狩全国，修筑驰道，将四夷生活的区域与中原联系起来。其二谓制度基础，包括创立法制和设置机构。云梦秦简有属邦律专门调整归属秦朝的少数民族社会关系……在机构设置上，中央设典客官职，位列九卿，掌管异族归附事务，民族地方设道，"县有蛮夷曰道"。中国多民族国家发展进入崭新时期，"春秋时代华夷杂处之局，逐渐消融，而成一车同轨、书同文、行同伦之社会"。

　　　　——唐勇：《论中国"多民族国家"的历史传统》，载《民族论坛》2017 年第 4 期

　　**教师设问**：根据材料十三，概括秦朝促进民族交融的举措及意义。（参考答案：举措——秦朝为民族交融提供两大基础：一是物质基础，如建设首都，设立郡县和修筑驰道；二是制度基础，包括创立法制和设置机构。意义——促进了统一多民族国家和中华民族的初步形成）

　　**教师追问**：根据以上材料和所学知识，简析秦朝中央集权制度和"大一统"局面的关系。（参考答案：大一统是秦朝中央集权制度创立的前提，同时中央集权制度又促进大一统局面的深化）

　　**（设计意图）**通过史料的阅读，理解"大一统"和"多民族"的含义，而且能够运用具体史实加以说明。通过学习，知道秦朝是封建大一统王朝，是我国统一多民族国家形成的关键时期。本环节指向的是：（1）史料实证水平 2——能够认识不同类型的史料所具有的不同价值，明了史料在历史叙述中的基础作用，在对史事与现实问题进行论述的过程中，能够尝试运用史料作为证据论证自己的观点，增强学生的史料实证能力。（2）家国情怀水平 2——能够具有对家乡、民族、国家的认同感，理解并认同社会主义核心价值观和中华优秀传统文化，具有对祖国和人民的深情大爱。

　　**（过渡）**秦朝创立的专制主义中央集权制度成为中国封建社会最基本的政治制度，以后历代王朝遵循沿革，影响中国二千多年。秦朝也是中国历史上第一个大一统的封建王朝，秦始皇认为皇帝会在其子孙后代中一直传承下去，可是秦帝国的统治仅仅维系了十五年，历经二世就灭亡了，千百年来，秦的兴起与速亡也引起了人们的深思。

### （四）楚人一炬，可怜焦土

#### 1. 秦的急政和暴政

　　**材料十四**　秦一统天下，为了严格地控制民众，打击犯罪，实行广泛的连坐，主要包括：血缘连坐、邻伍连坐、职务连坐等……职务连坐指官吏犯罪，相关同僚受到处罚的一种原则。

　　　　——裴永亮：《〈云梦睡虎地秦简〉见秦地方官职务连坐》，载《青海师范大学学报

（哲学社会科学版）》2016 年第 1 期

**教师设问：**根据材料十四，说明秦朝统治的特点。（参考答案：秦朝法律严苛，打击面广，严加控制民众和官吏）

**材料十五** 李斯被赵高陷害入狱，仰天长叹："凡古圣王，饮食有节，车器有数，宫室有度，出令造事，加费而无益于民利者禁，故能长久治安……今反者已有天下之半矣，而心尚未寤也，而以赵高为佐，吾必见寇至咸阳，麋鹿游于朝也。"

——张雷平：《论李斯的历史意识》，载《安徽史学》2014 年第 4 期

**材料十六** 秦二世以非法手段取得了皇位，担心众臣不服，宗室篡权，就听信宦官赵高的计谋，先是迫使公子扶苏、大将蒙恬自杀，接着又将"公子十二人僇死咸阳市，十公主磔死于杜"，从而导致"宗师振恐"。然后又对功臣下手，处死蒙毅，逼冯去疾、冯劫自杀，将李斯收捕入狱，在秦二世二年七月，"具斯五刑，论腰斩咸阳市。……而夷三族"。

——王绍东、孙志敏：《秦亡于二世的历史文化因素考察》，载《内蒙古大学学报（人文社会科学版）》2003 年第 5 期

**教师设问：**根据材料十五、十六，分析李斯的叹息所折射的问题。（参考答案：秦二世的昏庸无道，使秦朝分崩离析，秦朝的败亡已经无法挽回）

**教师引导学生分析：**明代著名思想家李贽评论说："始皇出世，李斯相之，天崩地坼，掀翻一个世界。"李贽对李斯的这个评价并不过分。从分裂到统一，从分封制到郡县制，李斯辅佐秦始皇完成了划时代的历史伟业，不过到了后来他在赵高的恐吓下参与沙丘之变，使秦二世继位，而他却在政治上越来越被动，直至身陷牢狱之灾。此时，李斯的历史意识是比较清晰的，反思的内容是深刻的，见微知著的预判能力依然很强，仍然走在时代前列，可惜秦帝国的大势已去，再多的努力都已无法挽回其败亡的命运。

**（设计意图）**运用史料说明秦朝暴政的表现，多种角度分析秦末农民起义爆发的原因。本环节指向的是：史料实证水平 3——提升学生在探究特定历史问题时，能够对史料进行整理和辨析的能力；能够利用不同类型史料，对所探究的问题进行互证，形成对该问题更全面、丰富的解释。

**（过渡）**对于李斯而言，身陷牢狱之灾，才使他更加清醒和理智，能够较为客观地分析秦朝统治已经滥用了法家思想，并预言秦朝即将走到尽头。

**2. 斩木为兵，揭竿为旗**

**材料十七** 他们（陈胜、吴广——编者注）杀掉两名秦尉官，号召同行戍卒说，大家行途遇雨，都已经不能够在规定的日期抵达戍地，而失期当斩，即使免除斩首之刑，戍边而死的往往多达十分之六七，"且壮士不死则已，死即举大名耳，王侯将相宁有种乎！"

——张岂之主编：《中国历史·秦汉魏晋南北朝卷》，北京：高等教育出版社，2001年，第 32 页

**教师设问：**根据材料并结合所学知识，分析陈胜、吴广起义的原因。（参考答案：秦朝法律严苛，戍守边关，失期皆斩；戍守边疆的人死亡率非常高）

**教师引导学生分析：**陈胜、吴广等九百人因遇大雨失期，按秦律"失期皆斩"。于是这些戍卒铤而走险，在陈胜、吴广的领导下，发动了中国历史上第一次农民大起义，陈胜自立为王，号为"张楚"，其意思是"张大楚国"，陈胜、吴广起义历时六个月，兵败被杀。

### 3. 秦的速亡与教训

**材料十八**　项梁、项羽出身于楚国旧贵族，项氏世代为楚将……公元前209年九月，陈胜、吴广起义的消息传到吴县时，项梁、项羽二人杀死会稽郡守，响应起义，得精兵8000人，项梁做了会稽郡守，项羽为裨将。

——朱绍侯、张海鹏、齐涛主编：《中国古代史·上册（新版）》，福州：福建人民出版社，2000年，第242页

**材料十九**　秦末起义时，关东郡县民众苦于秦吏的残酷，纷纷奋起，"皆杀其守、尉、令、丞以反，以应陈涉"，甚至秦地方官如沛令、会稽守通等愿意发兵响应民众的抗秦斗争，也为起义军所不容。

——张岂之主编：《中国历史·秦汉魏晋南北朝卷》，北京：高等教育出版社，2001年，第17页

**教师设问**：综合以上材料，分析反秦力量的主要组成，说明了什么？（参考答案：组成——六国贵族、关东民众、秦朝基层官吏。说明——秦朝阶级矛盾激化，其统治的根基已经被动摇）

**教师引导学生分析**：陈胜、吴广虽然被杀，但是"反秦"的呼声仍很高涨，有更多群体加入到反秦的队伍之中。被秦灭掉的东方六国对秦的积怨很深，六国反秦势力在潜滋暗长。这样，秦末农民起义演变成六国贵族的复国运动，其中影响较大的有项羽和刘邦。巨鹿之战后，项羽成了各路反秦义军公认的首领，刘邦趁机带兵进入关中，并攻破咸阳，最后听从张良、樊哙建议，移军驻扎于灞上。这时，秦王子婴白马素车，向刘邦的起义军投降，秦朝灭亡，庞大的秦帝国被农民起义推翻了。由于秦朝在帝国创建以后，仍然力行法家政治，严刑而少恩，不仅引发人民的反抗，而且对秦朝官吏也以法律严加督责，尤其是秦二世大肆屠杀功臣战将，使统治阶级内部也众叛亲离，丧失了最后一点凝聚力。

**（设计意图）**运用史料说明秦朝的败亡与秦朝的暴政、阶级矛盾的激化有关，培养学生多角度分析、阐释历史问题的能力。本环节指向的是：（1）唯物史观水平2——能够将唯物史观运用于历史学习、探究中，并将其作为认识和解决现实问题的指导思想。（2）史料实证水平2——在对历史和现实问题进行独立探究的过程中，能够恰当地运用史料对所探究问题进行论述。

**（过渡）**秦朝统一天下，制度的创新固然对后世产生深远影响，但秦朝的速亡也引发后人的深思。

**材料二十**　秦兼并六国之后，李斯之所以固守法家传统，其中一个重要原因，是因为法家思想曾给秦国带来莫大的"便利"，即所谓"秦四世有胜，兵强海内，威行诸侯"，直至秦最后统一天下。也就是说，历史实践证明，法家思想是成功的。因此，在李斯看来，法家思想也就理所当然地成为秦帝国的指导思想，而用不着半点疑虑。这是一种巨大的历史惯性。这样，即使李斯意识到必须对秦帝国的意识形态加以调整、更新，却也不能随意抛弃法家传统这一思想包袱。

——李英华：《秦汉之际国家意识形态通论——关于"以吏为师""黄老无为"与"独尊儒术"的比较研究》，载《学术探索》2001年第5期（增刊）

**教师设问：**

（1）根据材料并结合所学，分析"李斯之所以固守法家传统"的原因及其对秦帝国的消极影响。（参考答案：原因——法家在秦的成功运用，秦因法而强，用法而一。消极影响——法家思想的运用造成秦朝的暴政、急政，加速了秦朝灭亡）

（2）秦朝的兴起和败亡说明了什么？有何启示？（参考答案：说明——秦因法而强，也因法而亡。启示——治国要因时而变，顺势而为，不能止步不前）

### 【课堂小结】

**教师引导学生小结：** 秦族的立国之基是秦人对周王室权威的维护，即以礼仪立国；在战国风云变幻的年代，秦国顺势而为，重用法家思想，变法而强，成为战国七雄之首，直至一统天下，创立帝国之基；但秦朝的速亡也是由于秦唯行法家而致。整个社会功利思想太浓厚，社会教化单一，文化涵养缺失。秦朝是中国第一个统一的多民族封建国家，各种制度的创建对中国古代政治产生了深远影响。秦成为中华文明的代称。秦朝成功的经验和失败的教训，都值得后世借鉴。

# 第 4 课

# 西汉与东汉——统一多民族封建国家的巩固

## 教 学 设 计 1

安徽省淮北市实验高级中学　邵中技

### 一、教材分析

本课是部编本《中外历史纲要（上）》第一单元《从中华文明起源到秦汉统一多民族封建国家的建立与巩固》第 4 课。《普通高中历史课程标准（2017 年版）》对本课的要求是：通过了解汉朝削藩、开疆拓土、尊崇儒术等举措，认识统一多民族封建国家的巩固在中国历史上的意义；通过了解两汉时期的社会矛盾和农民起义，认识两汉衰亡的原因。本课共有四个子目，即"西汉的建立与文景之治""西汉的强盛""东汉的兴衰""两汉的文化"，主要讲述了西汉初期社会经济的恢复发展、汉武帝巩固"大一统"的措施、东汉时期的中兴及戚宦专权、两汉时期辉煌灿烂的文化。本课内容丰富多样，涉及人物多，时间跨度大，这就需要进一步理清线索，建立框架体系，帮助学生掌握、理解两汉历史。

### 二、学情分析

西汉、东汉前后相继四百多年，其间出现的众多历史人物如高祖刘邦、武帝刘彻等可谓是家喻户晓。近年来由于影视剧的热播，高一学生对两汉的历史并不陌生。但在与学生交流的过程中，发现他们依然存在诸多问题：第一，知识不成体系，碎片化严重。第二，对于如何认识汉武帝的"大一统"举措、如何评价两汉文明在中国历史上的影响等问题缺乏深入思考。这就需要教师在教学中精选史料，巧设问题，引导学生突破重难点，建构体系。

### 三、教学目标

1. 通过史料研读，了解汉初"与民休息"政策，汉武帝实施推恩令、独尊儒术、盐铁官营、开疆拓土等举措，理解"文景之治"的意义；理解统一多民族封建国家的巩固在中国历史上的意义,提高史料实证意识,涵养家国情怀。

2. 通过史料研读,了解西汉末期社会矛盾及东汉外戚宦官专权和党锢之祸,认识两汉衰亡的原因,提升运用唯物史观分析问题、解决问题的能力。

3. 通过合作探究,梳理和分析两汉文明成果,整体把握两汉文明在中华民族历史上的地位。培养对中华文明成就的认同感和自豪感,增强承担社会责任的动力与信心。

## 四、教学重难点

重点:汉朝统一多民族封建国家巩固的意义。
难点:两汉衰亡的原因。

## 五、教学过程

【导入新课】

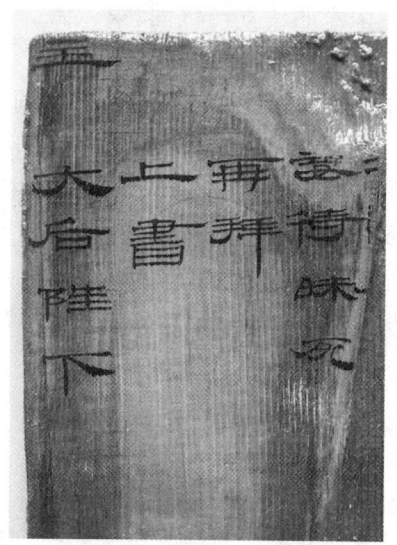

图1 海昏侯墓出土简牍

**教师讲述:** 2015年南昌西汉海昏侯墓的考古发现震惊全国。海昏侯墓出土的一万余件(套)文物,具有极高的历史价值、科学价值和艺术价值。在所有文物中,最受学界关注、价值最高的文物无疑是出土的大量简牍。经过专家的初步释读,已经发现了《论语》《易经》《礼记》等多种儒家经典。除了儒家经典之外,还出土了与孔子故事有关的屏风。海昏侯墓中为何藏有大量的儒家经典?这与当时的社会政治有何关联?

**(设计意图)** 通过考古发现,导入新课。一方面可以调动学生的学习兴趣,另一方面让学生了解中华文明的源远流长。

【学习新课】

## （一）与民休息——无为而治

### 1. 与民休息

**教师讲述：**楚汉战争以刘邦胜利而告结束。公元前 202 年二月，刘邦即皇帝位，是为汉高祖。于是在秦亡之后，再次出现了大一统王朝——西汉。

**材料一**　汉兴，接秦之弊，丈夫从军旅，老弱转粮饷，作业剧而财匮，自天子不能具钧驷，而将相或乘牛车，齐民无藏盖。

——〔西汉〕司马迁：《史记》卷三十《平准书》，北京：中华书局，1959 年，第 1417 页

**教师设问：**西汉初期的社会境况如何？分析其成因。（参考答案：境况——西汉初期社会经济凋敝。成因——秦朝暴政和战争的破坏）

**教师讲述：**西汉初年，饥荒、战乱，社会动荡不安，人民流离失所，整个社会呈现一片荒凉的景象。当时粮食奇缺，物价飞涨。不仅老百姓穷，连国家也很穷。皇帝出行配齐四匹同样毛色的马都办不到，而那些将相也只能乘牛车。家家户户，内无积蓄，外无遮盖，一贫如洗。究其原因，主要是秦朝暴政和秦末战争。

**教师追问：**为改变这一境况，西汉初期采取了什么政策？为什么要采取这一政策？（参考答案：政策——"与民休息"的"无为"政策。原因—— 一是吸取秦亡教训；二是汉初统治者大都来自民间，深知人民疾苦；三是汉初黄老思想的影响）

**教师讲述：**面对这种境况，刘邦以及他的后继者，为了巩固自己的封建统治，实行了一系列"与民休息"的政策，以图恢复和发展生产。西汉建立后，人心思定，统治者也非常注意吸取亡秦教训，意识到马上取天下，不能马上治天下，必须要改变秦朝刑法严酷、滥用民力等一系列苛政。

考察汉初政治格局，可以发现一种平民风格。刘邦本人出身平民，他的功臣集团除张良家世高贵外，其余多为平民百姓。清代历史学家赵翼总结西汉初期政治格局，曾称此为"汉初布衣将相之局"。汉初统治者来自民间，深知民间疾苦。同时，汉初上层领导集团普遍崇奉黄老之学。黄老之学主张"无为"，就是强调少有急切的举措，避免苛烦扰民，使社会生活在自然的状况下得以安定。惠帝时期，丞相曹参曾向皇帝说明遵守高祖和萧何制定的法令就能治天下的道理，得到惠帝的认可。君臣一心奉行"清静无为"的政治，这就是历史上所说的举事无所变更的"萧规曹随"。

**（过渡）**由于"与民休息"政策的施行，西汉的社会秩序恢复稳定，只要假以时日，经济即可恢复发展。在汉初的 40 年时间里，政治稳定，经济始终保持高速发展的势头，出现了封建社会第一次"治世"景象，史称"文景之治"。

### 2. 文景之治①

**材料二**　孝文皇帝即位二十三年，宫室苑囿车骑服御无所增益。

——〔东汉〕班固：《汉书》卷四《文帝纪》，北京：中华书局，1962 年，第 134 页

---

① 何成刚等：《史学阅读与微课设计·中国古代史（上）》，北京：北京师范大学出版社，2017 年，第 230—231 页。

**材料三**　年八十已上,赐米人月一石,肉二十斤,酒五斗。其九十已上,又赐帛人二匹,絮三斤。

——〔东汉〕班固:《汉书》卷四《文帝纪》,北京:中华书局,1962年,第113页

**材料四**　秦法规定,对罪人施行黥、劓、刖、宫四种残酷的肉刑。汉文帝诏令废除黥、劓、刖三种肉刑,改以笞刑代替。汉景帝时代,又进一步减轻了笞刑。

——王子今:《秦汉史》,北京:中信出版社,2017年,第120页

**教师设问:** 以上材料反映了"文景之治"的哪些措施?(参考答案:提倡节俭、孝亲养老、减轻刑罚)

**教师讲述:** 历代杰出的政治家、思想家,都把节俭作为兴家治国之道,视奢侈为败家丧国之畏途,因此极力提倡节俭,身体力行,建成千秋伟业。汉文帝以躬亲节俭、思安百姓著称于世,在古代社会享有盛名。太子(即汉景帝)在他的教育和要求下,自小养成了俭朴的品性,使得文帝开创的俭朴之风,在景帝时期得以继续。文景时期废除连坐、肉刑,减轻刑罚,对百姓采取更加宽松的政策,推行孝亲养老,以德化民,醇化社会风气,强化统治基础。

**材料五**　至武帝之初七十年间,国家亡事,非遇水旱,则民人给家足,都鄙廪庾尽满,而府库余财。京师之钱累百巨万,贯朽而不可校。太仓之粟陈陈相因,充溢露积于外,腐败不可食。众庶街巷有马,阡陌之间成群,乘牸牝者摈而不得会聚。

——〔东汉〕班固:《汉书》卷二十四《食货志》,北京:中华书局,1962年,第1135页

**教师设问:** "文景之治"后国家出现了怎样的现象?(参考答案:粮食丰足、财政收入增加、马匹增多)

**教师讲述:** "文景之治"作为中国历史上的第一个盛世,它注重借鉴秦亡教训,面对民生凋敝、社会残破的实际问题,以黄老思想为治国理念,推行轻徭薄赋、与民休息、重视农业发展的政策,结束了西汉立国初年的贫弱状况,实现了国家财富的迅速积累,为历代统治者尊崇。

**(设计意图)** 通过分析史料,了解汉初的社会境况,认识"与民休息"无为而治的必要性;通过了解"文景之治"的政策措施及影响,使学生初步理解"文景之治"体现的开明执政理念。本环节指向的是:(1)时空观念素养水平2——能够将某一史事定位在特定的空间框架下。(2)史料实证素养水平1——能够从所获得的材料中提取有关的信息。

**(过渡)** "文景之治"是一个连接汉高祖伟业和汉武帝雄风的非常特殊的时代,它奠定了汉代国富民强的物质基础,同时又揭开了西汉盛世的序幕。伟大的汉武帝,就在父祖辈几代人事业的基础上,使汉朝走向了一个新的鼎盛阶段。

### (二)开拓进取——建功立业

#### 1. 汉武功业

(1)推恩之令——政治上大一统

**教师讲述:** 秦末汉初,中国经历了由统一到分裂,再由分裂走向统一的历史变迁,地方行政体制也大致经历了由郡县而全面推行封国,再由全面封国而实行郡县和封国并行的郡国制度。陈胜、吴广起义后,六国旧贵族的后裔复国称王,郡县制度趋于瓦解。秦亡之后,项羽全面恢复分封制度,他不仅自称西楚霸王,而且又分封了十八个诸侯王。其后不久,刘邦在自己力所能及的地区恢复郡县制,而把新占领的、自己无法统治的广大关东地区,推行郡国并行的政治体制。西汉建立后,刘邦根据形势的需要,在铲除异姓王的同时,又分封宗室

子弟为同姓王。其目的就是利用同姓子弟的血缘凝聚力来藩辅王室。但结果怎样呢?

**材料六**　淮南王长废先帝法,不听天子诏,居处无度,出入拟于天子,擅为法令。

——〔西汉〕司马迁:《史记》卷十《孝文本纪》,北京:中华书局,1959 年,第 426 页

**教师设问:**根据上述材料,分析诸侯王"不听天子诏"对西汉王朝的影响。(参考答案:诸侯王违法僭越,严重削弱了中央集权,并对皇权构成极大威胁)

**教师讲述:**刘邦本寄希望于同姓子弟来巩固西汉的统治,但事与愿违。由于汉初推行清静无为的黄老思想,诸侯王势力日益膨胀,出现了尾大不掉的局面。文帝时期,贾谊向文帝上《治安策》,提出必须削弱诸侯势力。实际上,由于文帝执行不力,其作用也是非常有限的。汉景帝采纳晁错的"削藩"建议,开始削夺部分有罪诸侯王的封地,划归中央直接管辖。结果以吴王刘濞为首的七个诸侯国掀起叛乱,史称七国之乱。此次叛乱仅三个月即被平定。平叛之后,汉景帝趁机剥夺了诸侯王的"治国"权,规定诸侯王不能参与政事,由天子派官员管理诸侯国。诸侯王国的独立地位被取消,中央对地方的控制得到加强,为汉武帝最终解决王国问题奠定了基础。[①]

**材料七**　愿陛下令诸侯得推恩分子弟,以地侯之。彼人人喜得所愿,上以德施,实分其国,必稍自销弱矣。

——〔东汉〕班固:《汉书》卷六十四《主父偃传》,北京:中华书局,1962 年,第 2802 页

**教师设问:**说一说什么是推恩令,并分析其作用。(参考答案:推恩令是指诸侯国内除嫡长子继承之外,其他诸子也可以接受分封为列侯,列侯由郡管辖。作用是诸侯国越分越小,加强了中央集权,巩固了国家统一)

**教师讲述:**"推恩令"名曰"推恩",实为分化、瓦解和削弱。汉初,诸侯王国势力很大。"推恩令"实行之后,王国越分越小,有的相当于一个县或乡。这样就基本上解除了王侯对中央皇权的威胁,主父偃的推恩制度取得了成功。汉武帝先用推恩分封的办法,使诸侯王国的封地进一步变小,然后再通过严刑峻法,削夺他们的爵位、封地,强迫王、侯们对汉廷小心侍奉,诸侯王唯唯诺诺,不敢有丝毫的反抗情绪。终武帝之世,诸侯王因罪或无后而除者有十国,列侯等因罪夺爵免国者比比皆是。

**材料八**　由于推恩分封的办法照顾了诸侯王要求把自己的封地封给子弟的愿望,又符合皇权消除诸侯王威胁的需要,乐于为双方所接受,所以收到了"藩国始分,而子弟毕侯"的效果,或如《汉书·王子侯表》说"不行黜陟,而藩国自析"。

——杨生民:《汉武帝传》,北京:人民出版社,2001 年,第 163—164 页

**教师设问:**汉武帝打击地方王侯势力时为什么没有发生叛乱?(参考答案:一方面是推恩令既照顾了诸侯王的愿望,又符合皇帝的需要,双方都能接受;另一方面是景帝的削藩和对吴楚七国的军事打击,诸侯王的势力已经被削弱)

**教师讲述:**武帝时"推恩令"能够得到彻底贯彻执行与景帝削藩和改革王国制度是不可分割的。诸侯王势力的削弱,为汉武帝推行"推恩"制度创造了条件。主父偃的"推恩策"与晁错的"削藩策"的共同之处都是将王国的封地收为汉中央直辖之地。其不同之处是"削藩策"比较苛刻,而"推恩令"却能够体现对其他庶子的恩惠,符合了双方的需要。汉武帝颁布

---

① 赵剑峰、苏峰、何成刚:《历史课标解析与史料研习·中国古代史》,上海:复旦大学出版社,2018 年,第 101—102 页。

"推恩令"并不是要废除分封制,而是旨在通过改革分封制,将诸侯王国纳入中央能够控制的范围之内,使之能够适应中央集权的需要,适应"大一统"的需要。

在打击地方诸侯王势力之外,汉武帝还采取措施加强对地方郡县的监控。元封五年(前106),分全国为13个监察区域,是为十三州部,每州部设部刺史一人,考察吏治,惩奖官员,断治冤狱。十三部刺史的设置,加强了朝廷对地方的控制。这对国家的政局稳固,防止地方分裂势力的发展,有着重大的积极意义。

**(过渡)** 汉武帝在解决政治危机的同时也意识到:地方之所以能够坐大,主要是因为他们手握国家的经济命脉,而国家此时却面临着严重的财政困境。所以,在经济上,汉武帝也大刀阔斧地开始了一系列改革。

(2)盐铁官营——经济上大一统

**教师讲述:** 作为经济政策的主要制定者,汉武帝的理财大臣桑弘羊分析了经济改革的主要原因。

**材料九** 先帝(汉武帝)哀边人之久患,苦为虏所系获也,故修障塞,饬烽燧,屯戍以备之。边用度不足,故兴盐铁,设酒榷,置均输,蓄货长财,以佐助边费。

——陈桐生译注:《盐铁论》,北京:中华书局,2017年,第4页

**教师设问:** 汉武帝经济改革的原因是什么?有哪些措施?并分析其影响。(参考答案:原因——防御匈奴,充实军事开支。措施——盐铁酒官营、均输平准。影响——增加了财政收入,保证了军费之需;抑制了豪强富商,形成官府垄断,阻碍了商品经济的发展)

**教师讲述:** 桑弘羊阐释了将盐铁酒专营权力收归中央的深意。盐铁官营的实施,使国家独占了于国计民生意义最为重要的手工业和商业的利润,可以供给皇室消费以及巨额军费支出,同时又抑制了豪强兼并势力的膨胀,为解决地方权力和中央集权之间的矛盾提供了经济上的保障。当时,人民的赋税负担没有增加,国家的用度却得以充裕。但官营盐铁又不可避免地给社会经济和民众生活带来了一些消极的影响,官盐价高而味苦,铁制农具粗劣不合用等,影响了商品经济的发展。

汉武帝死后第六年,郡国所举的贤良文学,主张罢盐铁官营,和桑弘羊等进行了争论。这次会议由桓宽作记录,整理成书,就是现存的《盐铁论》。会议的结果是,取消了部分专卖,对汉武帝官营政策做了限制和修改。汉武帝在实行盐铁酒官营的同时,推行均输平准政策。所谓均输,就是调剂运输;平准即平稳物价。原先汉政府部门常常抢购物资,引起物价上涨,地方上交中央的贡赋,运输也极为不便。而且富商大贾囤积居奇,操纵物价。于是,中央政府统一在郡国设均输官,负责管理、调度、征发从郡国征收来的租赋财物,并负责向京师各地输送。又置平准官于京师,总管全国均输官运到京师的物资财货,除去皇家所用外,其余由国家经营,调剂物价,防止富商大贾从中谋取巨利。

汉武帝实行盐铁酒官营、均输平准、统一货币等措施,确立了一些新的经济制度,进一步强化了"大一统"王朝的经济基础。

**(过渡)** 在汉武帝采取的所有改革措施之中,影响最为久远的措施就是采纳董仲舒的建议,"罢黜百家,独尊儒术"。

(3)独尊儒术——思想上大一统

**教师讲述:** 汉武帝时"独尊儒术"也有一个历史发展过程,并不是一时的心血来潮。西

汉的开国皇帝刘邦不是一个读书人,对儒生本没有感情,他在起兵及与项羽争天下的过程中,依赖的是舞枪弄棒的武将,根本不把读书人放在眼里。而当夺取天下以后,面对战乱带来的凋敝,他又采用了符合百姓愿望的、与民休息的黄老思想为指导思想。而且这种思想从高祖刘邦,经惠帝、吕后、文帝、景帝66年的时间一直是不可动摇的统治思想。由于这种思想以"清静无为"为主,与汉初的社会需要相一致,推行后取得了很好的成绩,使社会稳定、生产发展、国家富裕。既然如此,汉武帝为何还要放弃黄老思想,独尊儒术呢?

**材料十**　这种"无为而治"的"黄老之学"……反映在对内对外的统治政策上自不免有其姑息、妥协的一面。由这种姑息、妥协而产生如下列三个后果:(一)……因封建政府对农民控制得较松,许多农民为逃避赋税而脱离户籍……封建政府对一部分农民失去控制,当然不利于中央集权的加强。(二)在地主阶级内部……仍有一些皇室贵族、官僚和大地主、大商人的势力膨胀……这种势力的膨胀,当然也是对中央集权的潜在威胁。(三)在西汉王朝妥协退让政策下,匈奴势力一天天扩大,"嫚侮侵掠""为天下患至亡已也",直接关系着西汉政权的生死存亡。

　　　　　　——林剑鸣:《秦汉史》,上海:上海人民出版社,2003年,第302—303页

**教师设问**:汉武帝为何放弃"无为而治"的黄老之学?(参考答案:黄老之学的消极作用日益显现,不能适应社会发展的需要)

**教师讲述**:长期的"清静无为"导致中央政府对一部分农民失去控制,不利于中央集权的加强;同时,一些皇室贵族、官僚和大地主、大商人的势力膨胀,成为中央集权的潜在威胁;还有匈奴的势力一天天扩大,直接关系着西汉政权的生死存亡。此外,随着"挟书律"[①]的废除,各家思想都不同程度地活跃起来,思想活跃不利于思想的统一,不利于大一统中央集权统治的巩固和加强。而要强化专制,首先就要改革相对散漫、软弱、无为而治的统治思想。这样,虽不能争天下却可以守天下的儒家思想恰恰符合时代的需要。

**材料十一**　武帝以后,随着儒学自上而下的大力推行和民众自下而上的主动学习,儒家文化在中华大地广为传播,"大一统"的民族观也日渐深入人心……在很大程度上也促使其他各族人民在思想、意识、心理、行为、思维和价值观等方面渐趋一致,推动各族人民朝着中华民族的民族共同体方向发展。

　　　　——李克建:《西汉儒学改造对中华传统民族观的影响》,载《西南民族大学学报(人文社会科学版)》2012年第6期

**教师设问**:分析"尊儒术"的影响。(参考答案:"大一统"思想日渐深入人心,推动各族人民朝着中华民族共同体方向发展;结束了各派学术思想平等竞争的局面,对于学术思想的自由发展则有限制与遏止的消极作用)

**教师讲述**:汉武帝时期董仲舒对儒学的成功改造不只是儒学发展史上的里程碑事件,同时也是中华传统民族观发展进程中的里程碑事件。自从儒学登上封建社会主流意识形态地位以后,随着儒学在中华大地的广泛传播,儒家传统的"大一统"民族观日渐在人们头脑中生根,并逐渐发展成为各族人民普遍接受和认可的政治理念,它不仅直接推动着汉民族这个民族实体向前发展,而且也直接推动着中国古代各民族朝着中华民族这个民族实体向前发

---

① "挟书律":秦始皇在进行焚书时实行的一项法令。"敢有挟书者族",即对收藏违禁书籍的人处以灭族的酷刑。

展。从这个角度而言,西汉时期董仲舒的儒学改造对于中华传统民族观的发展确实意义非凡。[1] 但董仲舒的儒学改造也结束了各派学术思想平等竞争的局面,对于学术思想的自由发展则有限制与遏止的消极作用。

(过渡)随着"大一统"思想的形成,汉武帝开始将其实践于重新构筑"天下"秩序。汉武帝实践的对象首先选择了改变与匈奴的关系上,其后出兵南越、东北设置郡县、张骞出使西域等,都是汉武帝实施"大一统"思想计划的组成部分。

(4)开疆拓土——疆域上大一统

**材料十二** 丝绸之路在西汉贯通是天时、地利、人和结果。所谓天时,就是西汉时期世界气候处于第二个暖湿期,使得位于北温带区域的丝绸之路沿线具有相对温暖的气候;所谓地利,就是位于东西文明当中的塔里木盆地和河西走廊地带的绿洲及水源保障了此段交通道路的畅通;所谓人和,就是东西方不同人种和族群沿丝路居住、商品与文化交流、日益强大的东西方帝国对交通的维系和保障。

——徐黎丽、古力努尔:《丝绸之路在西汉"贯通"对中国西北边疆经略的影响》,载《云南师范大学学报(哲学社会科学版)》2016 年第 5 期

**教师设问:** 为什么说丝绸之路是天时、地利、人和的结果?(参考答案:西汉时期,世界气候处于第二个暖湿期;绿洲及水源保障了此段交通道路的畅通;东西方帝国对交通的维系和保障)

**教师讲述:** 从生态方面来说,绿洲是丝绸之路存在的前提,也是西北各族人民赖以生存的生命线,更是中国与文明会聚的欧亚腹地进行交流的交通线;从经贸方面来说,丝绸之路是东西方从生产工具到丝绸贸易的通道;从文化上来说,互取所需,互相影响。最终中国古代不同王朝在沿丝绸之路向西开放的战略中吸收了养分,成就了作为国家的多种实力。丝绸之路对今天的"一带一路"建设具有重要借鉴意义。

丝绸之路的贯通不仅拓展了两汉时期中国西北边疆版图,也奠定了中国古代时期的版图。汉武帝的边疆政策对我国统一多民族国家的发展和疆域的巩固,无疑起到了巨大的推动作用。除了张骞"凿空"之外,北平强胡、南定劲越亦有重大意义,第一次将北方草原游牧文化区、黄河流域旱田农业文化区、长江流域及其以南的水田农业文化区比较稳定地统一在一个完整的疆域内,为中华民族的多元一体格局的形成,奠定了坚实的基础。[2]

**材料十三** 朕即位以来,所为狂悖,使天下愁苦,不可追悔。自今事有伤害百姓,糜费天下者,悉罢之。

——〔北宋〕司马光:《资治通鉴》卷 22,长沙:岳麓出版社,2012 年,第 250 页

**教师设问:** 晚年的汉武帝态度有什么变化?(参考答案:追悔不该劳民伤财,糜费天下)

**教师讲述:** 与文景的低调相比,汉武帝可谓是奋发有为。他把秦始皇开创的各种制度都巩固下来了。但由于长期的征战也带来了很多问题。汉武帝利用远征西域战事失利的时机,实行了政策转向。后又颁布了被誉为"仁圣之所悔"的轮台之诏,深陈既往之悔,决意把行政重心转移到安定生产方面来。汉武帝之后,虽然有所谓的"昭宣中兴",依旧颓势难以挽

---

[1] 李克建:《西汉儒学改造对中华民族传统民族观的影响》,载《西南民族大学学报(人文社会科学版)》2012 年第 6 期。
[2] 赵剑峰、苏峰、何成刚:《历史课标解析与史料研习·中国古代史》,上海:复旦大学出版社,2018 年,第 82—85 页。

回,无可奈何花落去。

**(过渡)**公元 9 年,外戚王莽自立为帝,改国号为"新",西汉灭亡。但是王莽的统治,不仅没有建立起合理有效的新体制,反而使原有的政治经济秩序受到毁灭性的打击,结果酿成了赤眉、绿林军农民大起义。在社会上下一致反对的浪潮中,新莽王朝归于覆灭。

### 2. 光武中兴

**教师讲述:**在大规模农民起义摧毁王莽政权的条件下,高祖刘邦九世孙刘秀重新实现了统一,建立了东汉王朝。

**材料十四**　自三代而下,唯光武允冠百王矣。

——〔清〕王夫之:《读通鉴论》,北京:中华书局,2017 年,第 143 页

**材料十五**　称贤君者,或首汉文帝,或推唐太宗。恭俭恤民,则汉文帝为胜;开物务成,则唐太宗为优。能兼之者其唯光武帝乎?

——〔清〕强汝询:《求益斋文集》卷一《汉光武帝论》(影印版)

**教师设问:**后世为何推崇光武帝?(参考答案:在政治上,吸取西汉灭亡教训,加强中央集权;裁并机构,裁减地方官吏,节省政府开支,提倡节俭;整顿吏治,惩处贪污腐败。经济上,恢复西汉的三十税一制;实施度田;六次下诏释放奴婢。在思想上,提倡文教,重视儒学。社会经济在稳定的政局下重新发展起来,史称"光武中兴")

**教师讲述:**后世把刘秀奉为封建帝王的"楷模",除去其中的褒奖之词外,刘秀确实对历史的发展作出了贡献。第一,顾全大局,不记私仇。刘秀认识到天子的责任比平民百姓肩上的担子更重,一举一动关乎全局,只能按照法律行事,胡作非为、滥用权威是万万不行的。第二,复兴汉室,安定秩序。由于战争的破坏,社会生产几乎停顿,刘秀令士兵在边疆和内地进行军事屯田,减轻人民负担。统一之后,经济形势有了进一步好转,实行"三十税一",若逢灾荒,还可减免赋税,进行赈济。光武帝还曾三次下令,发给鳏寡孤独等不能自存者粮食。这些无疑都是有助于人民生产的发展和生活的安定,也有利于社会秩序的恢复。第三,文武并用,功臣善终。第四,并官省职,轻徭薄赋。第五,释放奴婢,扩大劳力。第六,抑制兼并,缓和矛盾。第七,提倡薄葬,移风易俗。以上七个方面,大体上反映了刘秀在安定社会和恢复、推动社会生产发展方面的措施与经验,也正是历代政治家和史学家所津津乐道的主要方面。

**(过渡)**两汉时期,无论文治还是武功都有巨大的成就。但当辉煌时期一过,帝国便步入衰运。

**(设计意图)**通过"推恩之令""盐铁官营""独尊儒术""开疆拓土"四个部分,引导学生认识到汉武帝时期大一统国家的巩固及其意义。通过"光武中兴",引导学生认识到光武帝的贡献。本环节指向的是:(1)时空观念素养水平 2——能够将某一史事定位在特定的空间框架下。(2)史料实证素养水平 2——明了史料在历史叙述中的基础作用。(3)家国情怀素养水平 3——能够把握中华民族多元一体的发展趋势。

### (三) 戚宦专权——两汉衰亡

#### 1. 外戚专权

**教师讲述:**外戚在中国古代的历史中是一个非常特殊的群体,他们通过婚姻与皇室结成亲戚,一般是指皇帝的母族和妻族。外戚专权有着特殊的政治内涵,它是指君王的外亲以母后为依托,总枢机之政,握兵戎之要,而专擅国政。

**材料十六** 凡民有七亡：阴阳不和，水旱为灾，一亡也；县官重责更赋租税，二亡也；贪吏并公，受取不已，三亡也；豪强大姓蚕食亡厌，四亡也；苛吏徭役，失农桑时，五亡也；部落鼓鸣，男女遮列，六亡也；盗贼劫略，取民财物，七亡也。七亡尚可，又有七死：酷吏殴杀，一死也；治狱深刻，二死也；冤陷亡辜，三死也；盗贼横发，四死也；怨雠相残，五死也；岁恶饥饿，六死也；时气疾疫，七死也。民有七亡而无一得，欲望国安，诚难；民有七死而无一生，欲望刑措，诚难。

　　　　——〔东汉〕班固：《汉书》卷七十二《鲍宣传》，北京：中华书局，1962年，第3088页

**教师设问：**说一说西汉末年的社会状况。（参考答案：民不聊生，阶级矛盾尖锐）

**教师讲述：**当时民众有"七亡"而无"一得"，有"七死"而无"一生"，正反映了当时下层社会的悲惨境遇。西汉末年，频繁而严重的自然灾害，以及政府本身腐败和社会结构严重失序，社会危机日益加深，人民对当政者越来越不满，这为外戚的上台提供了温床。

**材料十七** 公元前49年，汉宣帝死，元帝刘奭继位。元帝改变了汉家"王霸道杂用"的大政方针，片面地推崇儒家，削弱了国家权力，汉家政权趋向衰落。元帝的政策，为成帝、哀帝、平帝相继承袭，以致政权落入外家之手，而出现了王莽篡汉的局面。

　　　　——白寿彝主编：《中国通史·第四卷·中古时代·秦汉时期（上）》，上海：上海人民出版社，2007年，第345页

**教师设问：**西汉后期，政权落入外戚之手的原因是什么？（参考答案：片面地推崇儒家，削弱了国家权力，汉家政权趋向衰落）

**教师讲述：**王莽利用汉政权腐败衰朽，失去人心之机，用虚伪狡诈的手段捞取政治资本，欺骗天下吏民，实现了做帝王的梦想。王莽代汉，没有使社会衰败的局面有所改善，相反却把政治经济秩序搞得更加混乱。当初对他寄予厚望的善良民众，不会想到，正是这个再世周公，把他们推入了更加苦难的深渊。

**（过渡）**西汉晚期，外戚借着与帝王的特殊关系发展权势，帝王也借重外戚势力以维系统治。外戚一旦羽翼丰满，又要回过头来与帝王展开你死我活的厮杀。东汉时期，外戚、宦官交替擅权则是一大特色，政治更加黑暗。

### 2. 宦官专权

**教师讲述：**外戚和宦官，这是封建专制制度下的一对怪胎。

**材料十八** （汉灵帝）常云："张常侍是我公，赵常侍是我母。"宦官得志，无所惮畏。

　　　　——〔南朝宋〕范晔：《后汉书》卷七十八《宦者列传》，北京：中华书局，1965年，第2536页

**材料十九** 外戚集团易于接近皇帝，往往利用皇帝幼弱，掌握朝中大权。而宦官集团则利用皇帝逐渐成年而亟欲亲政的条件，取外戚的地位而代之。外戚集团和宦官集团轮番执政，相互间排斥异己，无所不用其极。

　　　　——王子今：《秦汉史》，北京：中信出版社，2017年，第281页

**教师设问：**为什么会出现宦官专权？（参考答案：宦官利用皇帝亟欲亲政的条件，取代外戚的地位）

**教师讲述：**东汉章帝死后，皇帝大多年幼。和帝10岁即位，殇帝即位时只有百天，安帝13岁即位，冲帝2岁即位，质帝8岁即位。梁冀把持朝政，外戚势力达到登峰造极的地步。质帝只是说了他是"跋扈将军"，就被毒死。灵帝常称"张常侍（张让）是我公，赵常侍（赵忠）

是我母",宦官势力猖獗,为所欲为,肆无忌惮。

桓帝、灵帝以后,朝政完全为外戚宦官势力所把持,连皇帝的废立,都操纵在他们的手里。政治更加败坏,人民的苦难也越发深重,面对这种黑暗的现实,有更多的官僚和地主阶级知识分子联合起来投入反对外戚宦官腐朽势力的斗争。这场斗争后来遭到镇压,造成了历史上有名的"党锢之祸"。①

由于外戚宦官专权,政治黑暗,官吏贪残,横征暴敛,敲诈勒索,人民负担沉重,苦难日深。随着豪强地主势力壮大,封建大土地所有制不断发展,土地兼并激烈进行,大批农民失掉土地,沦为农奴或流民,阶级矛盾日益尖锐。184年,张角创立的民间秘密宗教"太平道"在多个地方同时发动起义。起义军头裹黄巾,称"黄巾军"。起义军虽然相继被官军各个击破,但动摇了东汉王朝的统治基础,地方长官趁机拥兵自重,出现了军阀割据局面,东汉政权名存实亡。

(**设计意图**)通过了解"外戚专权""宦官专权",认识到两汉后期政治腐败,社会矛盾尖锐,理解两汉衰亡的原因。本环节指向的是:(1)史料实证素养水平2——明了史料在历史叙述中的基础作用;在对史事与现实问题进行论述的过程中,能够尝试运用史料作为证据论证自己的观点。(2)历史解释素养水平1——能够对所学内容中的历史结论加以分析。

(**过渡**)西汉、东汉前后相沿四百多年,是我国古代文化发展的重要阶段,在中华文明史上留下了不可磨灭的辉煌成就。

### (四)汉风飞扬——魅力四射

材料二十

图2 击鼓说唱陶俑　　　　图3 彩绘雁鱼青铜釭灯

图片来源:http://old.chnmuseum.cn/portals/0/web/zt/gudai/default.html

材料二十一　汉朝标志着中国历史上最光辉灿烂的时期之一。这个时期的特点在于文化的进步,在于政治组织形式发展得非常令人满意……它的基本特征直到20世纪仍然一脉

———————————

① 朱绍侯、张海鹏、齐涛:《中国古代史》(上册),福州:福建人民出版社,2000年,第357—363页。

相承，一成不变。

    ——［美］伯恩斯·拉尔夫：《世界文明史》（第 1 卷），北京：商务印书馆，1990 年，第 354—355 页

**合作探究：**为什么说汉朝是中国历史上最光辉灿烂的时期之一？请分析其成因并举例说明。

**教师讲述：**两汉时期是一个文化成就充实的历史阶段。秦代的文化专制主义并没有斩断各家文化的流脉，汉代的政治、经济、学术文化与科技发明再次形成了新的文化高峰。班固曾说"秦人是灭，汉修其缺"。两汉时期是中国文明史上特别重要的时代，它对此后的两千年历史产生了深远影响。

**（设计意图）**通过合作探究，培养学生的团队合作精神，提高学生的表达能力以及运用史料解决问题的能力。通过史料的搜集整理，引导学生了解汉代的辉煌成就及其历史地位，正确认识祖国传统文化。本环节指向的是：（1）史料实证素养水平 4——在对历史和现实问题进行独立探究的过程中，能够恰当地运用史料对所探究的问题进行论述。（2）历史解释素养水平 4——在独立探究历史问题时，能够在尽可能占有史料的基础上，尝试验证以往的说法或提出新的解释。（3）家国情怀素养水平 4——能够把握中华民族多元一体的发展趋势；能够表现出对历史的反思，从历史中汲取经验教训。

**【课堂小结】**

    **教师引导学生小结：**两汉前后相继四百多年，大一统的格局得到巩固和发展，是中国历史上十分重要的历史时期。两汉文明对当时中国乃至世界文明的进程，都起到了至关重要的作用。从某种意义上讲，汉代文明的繁荣为中华民族几千年来繁荣昌盛的局面奠定了坚实的基础，并开启了中华文明引领世界文明潮流的进程。

# 教学设计 2

安徽省淮北市第十二中学　谭睿凤

## 一、教材分析

    本课是部编本《中外历史纲要（上）》第一单元《从中华文明起源到秦汉统一多民族封建国家的建立与巩固》第 4 课，包括"西汉的建立与文景之治""西汉的强盛""东汉的兴衰""两汉的文化"四个子目的内容。综观本课教材，时间跨度大，关联人物多，广泛涉及政治、经济、思想文化、民族关系等领域，内容相对庞杂，在有限的一堂课内，想要面面俱到几乎不可能。

    《普通高中历史课程标准（2017 年版）》对本课的要求是：通过了解汉朝削藩、开疆拓土、尊崇儒术等举措，认识统一多民族封建国家的巩固在中国历史上的意义；通过了解两汉时期的社会矛盾和农民起义，认识两汉衰亡的原因。从课标中我们可以看出本课有两个学习要点：一是认识汉朝大一统国家的巩固及其在中国历史上的意义，二是认识两汉衰亡的原因。

比较而言,第一个学习要点是本课的重点。学习这个要点的关键之处在于理解大一统国家的概念,在此基础之上,注意和秦朝建立大一统国家相比较,汉代的大一统有何发展和完善,从而使大一统国家的发展模式得以巩固。第二个学习要点,要引导学生认识到和秦朝的速亡不同,两汉是危机逐渐积累,最终导致国家灭亡。至于教材其他内容,因为时间关系,无法面面俱到,可以引导学生自主学习,教师稍加点拨。

## 二、学情分析

本课相关知识学生在初中时有过系统学习,部编本《中国历史(七年级上册)》第三单元《秦汉时期:统一多民族国家的建立和巩固》涉及本课内容有五课之多,所述非常详细,相关基础知识学生已有基本的认知和掌握。因此,对"文景之治"、汉武帝巩固统一的措施、光武中兴、两汉文化等史实性内容,教师无需过多阐释。教师应把重心放在"大一统"这一主题下,帮助学生理解"大一统"的概念,认识具体措施对"大一统"的作用和影响。在引导学生学习相关知识的同时,提升其唯物史观、历史解释、史料实证等学科素养。

## 三、教学目标

1. 知道"大一统"的概念;知道西汉的建立与"文景之治";知道汉武帝巩固大一统的措施;了解两汉衰亡的原因。

2. 通过对"大一统"概念的深入分析,结合秦朝的具体史实,体会秦朝初建大一统的不足;通过秦汉两朝的对比,辨别郡县制、分封制在不同时空背景下其作用的不同之处;通过高祖刘邦、武帝刘彻维护大一统的措施,多角度思考汉代的大一统有何发展和完善;通过对两汉末期相关史料的分析,了解危机逐渐的积累终导致两汉的衰亡。

3. 通过中国古代两千余年统一与分裂的相关史实,认识汉朝大一统国家的巩固在中国历史上的意义,培养家国情怀。

## 四、教学重点与难点

重点:"大一统"的概念;汉代巩固大一统国家的措施和意义。
难点:两汉衰亡的原因。

## 五、教学过程

### 【导入新课】

在古代中国,有这样一个王朝,它和约同时期欧洲的罗马帝国并列为当时世界上最先进的文明及强大帝国。它极盛时东并朝鲜、南包越南、西逾葱岭、北达戈壁,国土面积约达 609 万平方千米,全国人口达六千余万,占当时世界人口的三分之一。它在科技领域亦颇有成就,如蔡伦改进的造纸术,成为中国四大发明之一;张仲景因《伤寒杂病论》而被尊为中华"医圣"……大家猜到这是哪一个王朝了吗？汉朝作为古代中国最强盛的王朝之一，值得大家津津乐道的地方有很多，但在我看来，它对中国历史影响最大的，是使得中国"大一统"的国家形态得到了巩固。那什么是"大一统"？"大一统"的国家形态是如何在汉朝巩固的？"大一统"又对中国历史产生了怎样深远的影响？带着这些问题，让我们来共同学习第4课《西汉与东汉——统一多民族国家的巩固》。

（设计意图）以汉朝的简介导入，引导学生从已知知识入手开启本课的学习，一方面符合高中生的认知水平和认知规律，另一方面学生的探知欲被调动，有利于培养学生学习历史的兴趣。同时，通过回顾汉朝的辉煌史实，学生的民族自豪感增强，有利于形成对祖国的认同感。

### （一）溯源大一统

#### 1. 何为大一统——概念解析

**教师讲述：**"大一统"的提法始自《春秋公羊传》，作者借历法一统，表达了政治一统的愿望与要求，体现了春秋战国时期人们渴望结束战乱、建立统一强大政权的心愿。春秋战国500多年的民族交融催生了"大一统"思想，秦王朝的建立实践了"大一统"学说。而秦亡后短暂分裂，很快重归统一，使"大一统"观念经受了考验。最后，汉武帝接受董仲舒的意见，将"大一统"思想确立为谁也不能违抗的最高原则："春秋大一统者，天地之常经，古今之通谊也"。那到底何为"大一统"呢？

**材料一** 汉代的"大一统"思想包含两方面的意义，其一是统一思想，建立国家意识形态，通过文化的一统实现政治的一统；其二是维持中华民族领土的统一，通过地域的一统实现民族的一统。文化的统一和地域的统一，都是形成共同民族认同的重要前提。

——张践：《儒家"大一统"思想是中华民族统一的政治基础》，载《西北民族大学学报（哲学社会科学版）》2013年第6期

**教师设问：**据材料可知，汉代"大一统"思想包含哪些内容？（参考答案：思想统一、政治统一、疆域统一、民族统一）

**教师讲述：**大一统观念内涵丰富，除以上各方面外，同学们还要意识到政治、思想、领土的统一还需要经济的统一来提供物质保障。

（过渡）汉代"大一统"是建立在秦朝"大一统"基础之上的，秦王朝又为大一统作出了哪些贡献呢？

#### 2. 初建大一统——秦朝建立

**自主学习：**学生回顾所学知识，概括秦朝"大一统"的相关内容（见表1）。

表1 秦朝"大一统"知识表

| | |
|---|---|
| 政治大一统 | 皇帝制、三公九卿制、郡县制 |
| 经济大一统 | 统一度量衡、统一货币 |
| 思想大一统 | 法家思想 |
| 疆域大一统 | 东至大海，南至象郡，西至陇西，北至长城 |
| 民族大一统 | 第一个统一多民族国家形成 |

**教师讲述：**秦始皇开创了统一中国的万世伟业，所建立的大一统国家，因其初建，本身也存在诸多不足之处。这些缺陷也是导致秦朝迅速灭亡的重要因素。

### 3. 考验大一统——秦亡汉兴

**材料二**　秦朝废除分封，实行郡县制，虽然是符合时代潮流的做法，但在具体推行中应该有个过程，尤其是要让原来六国之民逐渐适应。但是秦始皇依仗他的威严，一下将郡县制推行到全国。……把在自己一国（秦国）实行了一百多年的政策，强行推行到刚刚被征服的六国之中，激化了社会矛盾。……秦王朝正由于这个重要政策的失误，使得矛盾激化，导致了秦朝的"举措暴众，用刑太极"，最终将秦王朝推向崩溃。

——吴刚、刘小洪：《秦亡汉兴之因再探》，载《学术月刊》1996年第8期

**教师设问：**材料中的学者认为秦朝灭亡的原因之一是什么？（参考答案：过急、过广地推行郡县制，导致社会矛盾激化）

**教师讲述：**秦朝推行郡县制是建立大一统国家的重要举措，也是符合历史发展潮流的做法，但在实行过程中应该采取分步、逐渐推行的办法，使之最终推广到全国。尤其是在战乱之后社会亟需稳定之时，任何重大举措稍有不当，都会导致社会的再度动乱。秦始皇统一之后，如此一个庞然大国，政府每一项政策的推行，都必须考虑到全国的适应性，不然，积极的举措都可能带来消极的影响。

**（过渡）**相对于郡县制，分封制不利于大一统国家的建立，西周衰亡的重要原因之一就是分封制弊端导致的分裂割据。但秦末战争时期，分封在人们心目中是不是遭到唾弃了呢？

**材料三**　以当时人的价值观而言，一个"王"的封号，具有无限的诱惑力。陈胜自立为陈王以后，曾派部下武臣攻取范阳，范阳人蒯彻献给武臣一个"不攻而降城，不战而略地，传檄而千里定"的妙计，即封范阳令一个"侯"的称号，此人必能投降，再让他坐上"侯"乘坐的朱轮华毂，"驱驰燕、赵之郊，即燕、赵城可无战而降矣"[①]。武臣采纳此计，果然不战而降城三十余座。

——吴刚、刘小洪：《秦亡汉兴之因再探》，载《学术月刊》1996年第8期

**教师设问：**据材料可知，陈胜的部下为何能不战而降城三十余座？（参考答案："分封"为王、侯对世人的强大吸引力）

**教师讲述：**战国时期，各国的变法都在不同程度上对分封世袭制有过冲击。但以战功裂土封王作为一生的追求，视为最高的荣誉，仍是一种普遍的社会观念和价值观念。即便在经过商鞅变法、改革最彻底的秦国和以后的秦朝，这种观念也是十分普遍的。公元前225年，秦王嬴政令大将王翦带兵伐楚。临行前王翦再三向秦王索取良田美宅，理由是：为大王征战，有功，终不得封侯，所以请田宅为子孙基业。王翦此举，虽为手握重兵，以请良田美宅来打消秦王疑虑的全身之计，但也充分反映了当时秦国将领、功臣以封王封侯"为子孙业"的观念和对秦王"终不得封侯"政策的不满。当我们带着这种认识，站在秦末汉初的时空下，再来看刘邦推行的分封制，又会得出怎样不同的结论？

**材料四**　刘邦推行分封制大致分为两个主要阶段。第一阶段以分封功臣将领为主，依靠他们的力量消灭项羽及其所封的诸侯王；第二阶段是分封宗室子弟，以同姓王来牵制异姓

---

① 〔宋〕司马光编著：《资治通鉴·秦纪二》卷七，北京：中华书局，1956年，第257—258页。

诸侯,并逐步取而代之,维护刘家王朝的"家天下"。

    ——董平均:《西汉分封制度研究——西汉诸侯王的隆替兴衰考略》,首都师范大学博士论文,2002年,第6页

**教师设问:**据材料,汉初施行分封的目的是什么?(参考答案:消灭敌人,维护统治)

**教师讲述:**汉初施行分封制度是由当时的政治形势和军事斗争的需要所决定的。同样,汉初推行郡县制也是巩固统治的需要。刘邦的西汉王朝是建立在经济崩溃、百业待兴基础之上的政权,这时如要完全依靠中央的力量对全国实行控制,是非常困难和难以做到的。面对这样的社会现实,刘邦实行郡县封国并存制,目的就是在自己有能力控制的地区实行郡县制,行使中央直接控制的权力,对自己力所不及的地方,则由自己的刘姓子孙去控制,分封诸王,让他们代中央去管辖,协助控制。这样的做法,正是一面维护中央集权,一面恢复国家元气,养精蓄锐的明智之举。汉初五六十年间社会政治经济能够迅速稳定恢复和发展,与刘邦实行郡县与分封并存制是分不开的。

**(设计意图)**通过材料,引导学生站在秦末汉初的时空背景下,通过具体事件去深入思考郡县制和分封制在秦朝和汉初的不同功用,理解具体制度要发挥积极作用,一定要适应当时当地的特殊背景。脱离现实的制度设计,看上去再优秀,也可能导致消极的后果。维护大一统的措施实施不当,反过来就可能破坏大一统的局面。学生在不同的时空框架下对史事作出合理解释,将认识的对象置于具体的时空条件下进行考察的能力得到培养。本环节指向的是:(1)史料实证素养水平1——能够从获得的材料中提取有关的信息。(2)时空观念素养水平2——能够将某一史事定位在特定的时间和空间框架下,能够认识事物发生的来龙去脉。(3)时空观念素养水平4——能够选择恰当的时空尺度对其进行分析、综合、比较,在此基础上作出合理的论述。

**(过渡)**汉朝初期,经过高祖、文帝、景帝的休养生息,武帝继位时西汉国力强盛,在此基础之上,武帝采取一系列积极有为的措施,解决汉初体制弊端,巩固和发展了大一统国家。

## (二)巩固大一统

自主学习:阅读教材,整理武帝为巩固大一统采取的措施(见表2)。

表2 汉武帝巩固大一统措施表

| 政治大一统 | 削弱诸侯、设立中朝、察举选官、刺史监察、任用酷吏 |
|---|---|
| 经济大一统 | 改革币制、盐铁官营、均输平准、重农抑商 |
| 思想大一统 | 尊崇儒术 |
| 疆域大一统 | 北击匈奴、河西设郡、西域都护、开拓疆域 |
| 民族大一统 | 汉族形成 |

### 1. 政治大一统——强干弱枝

为了缔造一个封建专制皇朝的需要,汉武帝继续汉初以来强化皇权、巩固国家统一的努力,采取了一系列强干弱枝的重要措施。其中重要的有推恩王侯子弟、设置刺史制度、大批

任用酷吏、诛锄豪强游侠等。

**材料五**　在西汉前期，游侠在地方上很有势力。有的游侠以义气侠行相标榜，振人于穷急，脱人于困厄。有的则"朋党宗强比周，设财役贫，豪暴侵凌孤弱，恣欲自快"，还有的被司马迁称为"盗跖居民间者"。后者是豪侠。地方上那些不具有政治上身份的豪强也属于这一类势力，可以统称为地方豪侠。

　　——白寿彝：《中国通史（第四卷）·中古时代·秦汉时期（上册）》，上海：上海人民出版社，2004 年，第 319 页

**教师设问**：据材料，汉武帝为何要惩治地方豪侠？（参考答案：地方豪侠有的为恶地方，不利于地方的稳定，不利于国家对地方的控制）

**教师讲述**：汉武帝任用酷吏打击豪强和游侠，对于压制地方豪侠的猖獗气焰，提高专制皇权，起到显著的作用。但酷吏同豪强、游侠并不是绝对对立的势力。如酷吏宁成罢官还乡，买田千余顷，役使数千家，本身也是称霸一方的豪强。酷吏王温舒杀河内豪强，竟至株连千余家，流血十余里，这么多被株连的人，自然有不少是贫苦人民。这都说明任用酷吏和实行苛刻刑律来加强专制皇权，势必会激化社会矛盾。但不可否认的是，西汉王朝惩治地方豪侠同推恩王侯子弟、设置刺史制度，其目的是相似的，都是为了强化中央对地方的控制。随着中央集权的加强，必然有利于国家大一统局面的巩固。

（设计意图）初中学过的内容，不再详述，选取学生不太了解的"惩治地方豪侠"为代表加以说明，做到详略得当。

### 2. 经济大一统——盐铁官营

跟政治上强化集权的措施相一致，汉武帝在经济上实行盐铁官营、均输平准和统一铸币等重大措施。原来铸币、煮盐、冶铁，不受法律限制，私人得以经营，实际上使利权都落在豪富、王侯和朝廷贵臣手里，成为他们剥削农民、扰乱社会经济的工具。汉武帝通过财经改革，取得了显著的社会效果。

**材料六**　首先，客观上起到了抑制强暴、加强中央集权的作用。……盐铁专卖政策将盐铁资源收归国有，严禁私人铸钱，大大削弱了诸侯王和地方豪强的经济势力。其次，扩大财源，改善财政状况，为赢得反击匈奴战争的胜利提供了充足的财源……有助于国力的扩张和防止外部侵略对国民经济和社会文化发展的巨大破坏。从这一点上说，汉武帝的财经改革，不仅对汉代经济的发展，而且对多民族统一国家的形成也是有贡献的。

　　——朱绍侯、张海鹏、齐涛主编：《中国古代史·上册》，福州：福建人民出版社，2000 年，第 242 页

**教师设问**：据材料，汉武帝财经改革带来怎样的影响？（参考答案：加强了中央集权；为赢得反击匈奴战争的胜利，为实现西汉大一统提供了充实的财源）

**教师讲述**：要实现国家的大一统，就应具备强大的综合国力，以坚强的经济作后盾。汉武帝通过财经改革，不仅对汉代经济的发展，而且对多民族统一国家的形成也作出了重要贡献。特别是改善财政状况，为赢得反击匈奴战争的胜利提供了充足的财源，从而把西域广大地区纳入西汉管辖下。这不仅使君主统治真正走上集权政治的道路，而且对国家的大一统功不可没。

### 3. 文化大一统——独尊儒术

政治、经济的统一需要思想的统一来维护。公元前 135 年，武帝摆脱窦太后控制后，立

即大批地征召儒生,采纳董仲舒建议确立了"尊崇儒术"的政策,使儒学居于独尊地位,成为此后整个汉代以至两千年封建社会统治人民的正统思想。不但官吏的选拔以儒学为标准,儒学成为进身之途,士子争相奔赴,而且儒学成为统制社会意识形态的绝对权威,影响深入到社会的各个角落。

**材料七** 官方儒学……为国家的统治提供了合法性基础,为臣民的生活提供了道德准则,在社会精英层面上维持了一个同质性的文化,为社会下层群体提供了一定程度的从政入仕的机会。……官方儒学的产生给予了帝国的精英统一的文化和认同感,弥补了帝国控制能力的不足,这就是大一统局面在两千多年中能得以维持的关键。

——赵鼎新:《中国大一统的历史根源》,载《文化纵横》2009 年第 6 期

**教师设问:** 据材料可知,独尊儒术为何能成为大一统局面在两千多年中得以维持的关键?(参考答案:为国家统治提供理论支撑,为臣民提供道德准则,为精英提供文化认同,为百姓提供入仕机会)

**教师讲述:** 儒学不仅成为西汉王朝的政治指导思想,而且成为社会伦理价值的理论基础,成为凝聚社会各阶层共识、形成社会共同心理的重要精神纽带,在建构和巩固、维系社会各阶层对西汉王朝的认同方面发挥了重要的作用,为国家的强盛、社会的和谐稳定提供了坚实的心理基础,加强了社会各阶层以认同西汉王朝为核心的统一多民族国家的认同,这是西汉王朝国祚绵长、走向盛世的重要原因之一。

### 4. 疆域大一统——威服四野

**教师讲述:** 武帝时,凭借强盛起来的国力,采取重大军事行动,基本解除了匈奴的威胁。又通使西域,把西域广大地区纳入西汉管辖,并在周边新建二十多个郡级地方政权,一统于西汉之下。同时,兴兵南越,击西南夷,稳固了南部边疆。汉初,朝鲜王满即与汉朝有藩属关系。公元前 109 年,朝鲜王右渠(满之孙)不肯奉汉朝诏书。次年,朝鲜尼谿相参杀右渠降汉,汉朝遂定朝鲜,置真番、临屯、乐浪、玄菟四郡。自此,边疆地区置于西汉政权的直接管辖之下,为现代中国的疆域奠定了初步基础,促进了中国多民族国家的形成。面对复杂的边疆形势,西汉政权采取了灵活的政策。

**材料八** 西汉王朝对边疆各族经略以国力为后盾,依情况不同或战或和,战和相济。在统治方式上亦有所别,有的采取郡县直接管辖而又与汉民有别;有的仍保留该民族原有统治制度,与汉为臣属关系;有的是专设一些统治机构因俗而治。

——刘彦威:《西汉王朝的边疆经略》,载《中国边疆史地研究》1997 年第 3 期

**教师设问:** 依据材料,概括西汉对边疆经略的特点。(参考答案:以维护边疆稳定为出发点,因地制宜,因俗而治)

**教师讲述:** 儒家主张"和而不同""殊途同归",多种文化可以相互包容,和谐相处。面对多民族的国家,儒家制定了"修其教不易其俗,齐其政不易其宜"(《礼记·王制》)的民族政策,即在尊重少数民族风俗、习惯、宗教的前提下,给予他们更多的政治自治权利,用多元的文化自主换取政治的一统。面对国内信仰不同宗教、适应不同生产方式的民族,"和而不同"提供了多民族相互尊重、和睦相处的文化基础;面对各种分裂势力,"大一统"成为一种坚不可摧的价值观念、思维模式、心理定势,是中华民族凝聚不散的力量源泉。

#### 5. 民族大一统——汉族形成

民族交融促进了多民族统一国家的建立,多民族统一国家的建立又加速了各民族的交融,而且是更高层次的交融。秦汉近 500 年的中央集权统治,中国疆域内各民族政治、军事、经济、文化联系的进一步加强,使华夏族同众多其他民族相互吸附,共同融合,逐渐密不可分,形成一个比原来更大更强的族体——汉族。汉族的形成成为中华民族发展史上的伟大里程碑。

**材料九**　尽管汉族与各民族各有其起源、形成、发展的历史,他们的文化、生活方式也不尽相同,但在长期的发展中相互关联、相互补充、相互依存,与整体有不可分割的内在联系,逐渐形成共同的民族利益。因此汉族是多元一体。汉代是我国多元民族融合的非常重要时期,也是中华民族发展史上一个重要的里程碑。所以,汉族形成于汉代,汉族不是一个单一血统的民族,而是包含了众多民族血脉的民族。

——朱绍侯、张海鹏、齐涛主编:《中国古代史·上册(新版)》,福州:福建人民出版社,2000 年,第 274 页

**教师设问:**依据材料可知,汉族的形成有何特点?(参考答案:是华夏族同众多其他民族相互吸附、共同融合形成的新民族,是包含了众多民族血脉的民族)

**教师讲述:**汉族之名经受了历史的考验。汉王朝灭亡之后,经三国鼎立、南北朝的分裂,历唐宋元明清各代,直到近现代,汉族作为中华民族主体民族的族称一以贯之。即使在极盛时期的唐代,虽有"唐人"之称,但作为民族称呼仍称"汉"。

**教师引导学生小结:**在"大一统"思想指导下,汉武帝采取一系列措施将中国疆域内的重大政治、经济、思想文化一律统一在中央集权的国家手中。如在政治上创设中朝和刺史制度;颁布"推恩令"进行削藩。经济上,颁布均输法、平准法,建立以京师为中心的全国商品流通网;统一和稳定币制,颁行五铢钱,禁止盐铁私营。思想文化上,"罢黜百家、独尊儒术",使儒学成为占统治地位的国家意识形态。所有这些表明,西汉王朝时的"大一统"国家比秦时更加集中、更加强大。

**(设计意图)**通过展示武帝时期为巩固大一统所采取的一系列措施,学生能从武帝具体措施的历史表象中发现问题,认识到它们和大一统之间的因果关系,结合第一目大一统的概念解析,引导学生构建起对汉代大一统王朝认知的相对完整的框架。本问题指向的是:史料实证素养水平 3——能够利用不同类型史料,对所探究的问题进行互证,形成对该问题更全面、丰富的解释。

**(过渡)**西汉末期经过王莽之乱的打击后,刘秀建立了东汉政权。东汉初年所面临的社会形势与西汉初年大体相似,要恢复经过长期战乱的社会安宁,采用道家休养生息的主张仍是最好的选择。东汉初年,经过军事上的统一,对政府机构与职能的调整,对功臣的妥善安置,以及在以"柔道"治国思想下,倡导儒学、释放囚奴、减轻刑法、削弱诸侯王势力等措施,东汉王朝取得了政治上的稳固,为王朝经济的恢复和发展奠定了坚实的基础。但是,导致王朝衰亡的力量也在暗中滋长,不断累积,并最终葬送了汉王朝。

#### (三) 深思大一统

#### 1. 汉的衰亡

**材料十**　汉武帝时期出现了封建皇朝的鼎盛局面,而这一时期又存在着严重的弊政和

社会问题。当时主要弊政,一是刑罚太滥,治罪严酷;二是连年征伐和其他事项耗费巨量钱财,造成府库空虚,于是加重对人民剥削,生产受到严重破坏;三是迷信鬼神,奢侈逸乐。这些弊政引起社会动荡,农民暴动接连发生。

> ——白寿彝:《中国通史(第四卷)·中古时代·秦汉时期(上册)》,上海:上海人民出版社,2004年,第332页

**材料十一** 汉灵帝本人奢侈荒淫,后宫彩女数千余人,衣食之费,日数千金。光和元年(178),他甚至公开设西邸卖官,级别不同,各有价格,又私下授意连公卿这样的高位也可以出卖,公1000万钱,卿500万钱。其他官位,二千石2000万钱,四百石400万钱。而通过正常方式荐举者,要取得实职,也需要缴纳一半或1/3的数额。

> ——张岂之主编:《中国历史(秦汉魏晋南北朝卷)》,北京:高等教育出版社,2001年,第133页

**教师设问:** 据材料,对比西汉武帝和东汉灵帝的行为,你认为二者有何共性? 这会给国家带来怎样的影响?(参考答案:共性——统治者贪婪奢侈。影响——会给国家带来衰亡的隐患)

**教师讲述:** 秦汉建立了家天下的专制社会,皇帝自身的能力和心态会极大影响整个国家的发展,而这又会影响大一统局面的稳定。皇帝的产生源于血缘世袭,具有不可选择性。要弥补皇权家天下的刚性和弊端,在当时的社会就需要建立以公天下为抱负的流动性官僚群体,而当官僚群体自身也产生种种弊端后,衰亡就不可避免了。

**材料十二** 西汉末年,许多有识之士都看到,当时"民众流亡,去城郭,盗贼并起"的原因,是"吏为残贼,岁增于前";"百姓贫,盗贼多"的原因,是"吏不良,风俗薄"。汉成帝建始三年(公元前30)九月颁布的诏书也说,流民众多,正是因为吏治的黑暗难以改变,"苛暴深刻之吏未息"。……西汉末年,吏治的腐败已经相当严重。对下层民众残酷压榨,"贪财而慕势",已经成为"俗吏之治"的普遍风气。政风之颓败已经不可收拾。

> ——张岂之主编:《中国历史(秦汉魏晋南北朝卷)》,北京:高等教育出版社,2001年,第76页

**教师设问:** 据材料,导致西汉衰亡的因素是什么?(参考答案:吏治的黑暗)

**教师讲述:** 吏治的黑暗并非西汉独有,东汉末年吏治的黑暗有过之而无不及。上梁不正下梁歪,作为统治阶层的中坚力量,官僚阶层日益腐朽。而作为官僚当中特殊的组成部分,外戚和宦官的交替执政,又会给东汉的统治带来怎样的危害呢?

**材料十三** 东汉自和帝以后,几乎都是幼主继位,由太后临朝听政,不便接触大臣,太后就倚重娘家父兄协助处理政务,政权落入外戚之手。皇帝成年后,不甘心受外戚的控制,为了夺回权力,便结纳身边的宦官发动政变,除掉外戚,这又为宦官弄权制造了绝佳的机会。这种围绕皇权争夺而出现的外戚、宦官交替专权,激烈斗争的恶性循环局面,一直持续到东汉灭亡。

> ——赵长欣:《政治腐败下东汉的灭亡》,载《长江大学学报(社会科学版)》2011年第6期

**教师设问:** 据材料,导致东汉衰亡的因素是什么?(参考答案:幼主继位,无力控制政权;外戚、宦官交替专权,恶性斗争)

**教师讲述**：外戚、宦官交替专权，无论外戚或宦官，都力图控制皇帝，或拥立幼主，以便自己继续操纵。他们又都趁权力在手时排除异己，大肆搜刮，竭泽而渔。外戚、宦官的残暴统治，加深了东汉社会的政治危机，阶级矛盾和地主阶级内部矛盾空前尖锐。部分正直官吏积极抗争，他们同情人民的疾苦，担忧政局不稳，愤怒揭露并打击宦官集团。正直官吏对宦官的斗争，得到了广大太学生的拥护和支持。太学生的议政活动和正直官吏翦除宦官的斗争此呼彼应，使作恶多端的宦官集团恨入骨髓，必欲除之而后快。从公元166年起，宦官集团发动了镇压正直官吏和太学生的迫害活动，史称"党锢之祸"。两次党锢，把反对宦官集团的正直官吏和太学生几乎迫害殆尽。汉政权完全被少数最贪婪、残暴、腐朽的宦官所把持。东汉皇朝连本阶级内部所进行的一点自救也做不到。这表明，它已山穷水尽，末日临头！而这时，东汉中央政权对地方的控制又如何呢？

**材料十四** 自给自足的田庄经济，独立的私人武装力量，豪强地主的田庄俨然就是一个独立性很强的王国。经济上，它们不断膨胀的势力是对国家小农经济的严重破坏；政治上，它们是中央集权的离心力量；军事上，它们拥有不断壮大的私人武装力量，是对国家统一局面的严重威胁。在黄巾大起义和汉末大乱中，许多豪强大族乘机割据称雄，如曹操、袁绍、孙坚等。在镇压农民起义的过程中，他们的势力不断壮大。从公元190年讨伐董卓伊始，这些地方军阀之间的斗争就开始了，最终发展为全国性的混战。

——赵长欣：《政治腐败下东汉的灭亡》，载《长江大学学报（社会科学版）》2011年第6期

**教师设问**：结合材料，概括豪强地主势力的发展演变给东汉社会带来的影响。（参考答案：破坏小农经济；威胁中央集权，不利于国家统一；是导致东汉灭亡的重要原因）

**教师引导学生小结**：从皇帝到基层官吏，从中央到地方，统治阶层的日益腐朽，对大一统局面必将带来严重的负面影响。和秦朝的速亡不同，两汉后期，皇帝奢侈贪婪，官僚贪污腐化，外戚、宦官把持政权，地方豪强地主离心离德，危机逐渐积累，最终导致大规模农民起义，促使汉朝灭亡。随之而来的割据混战，使得大一统局面遭到严重破坏。

（设计意图）通过丰富的史料，学生可以多角度观察汉末的社会状况，从而总结出两汉衰亡的原因。在这一过程中，学生的史料实证意识得到增强，能从历史叙述中找到可靠证据，得出自己的历史认识。本环节指向的是：史料实证素养水平3——能够利用不同类型史料，对所探究的问题进行互证，形成对该问题更全面、丰富的解释。

（过渡）汉朝虽然在危机不断积累下，因为众多因素的共同作用，最终衰亡，但在汉代确立的"大一统"观念，不仅影响着当时的仁人志士，也深刻影响着中国历史的发展。

### 2. 历史影响

**材料十五** 自公元前221年秦始皇统一至辛亥革命的2132年间，虽然历朝兴替时往往有数年乃至数十年的动乱和割据，但相对稳定的地区性政权的存在只有三国时期（计46年）、东晋十六国及南北朝时期（计272年）、五代十国时期（计53年）、南宋与辽金西夏并立时期（计152年），总计523年，只占整个历史进程的24.5%。其余则都是大一统的中央集权的王朝在汉文化的主要区域有效地行使着政权。

——王子今：《权力的黑光——中国封建政治迷信批判》，北京：中共中央党校出版社，1994年，第20页

**教师设问**：据材料可知，中国历史发展有何特点？你如何看待这一特点？（参考答案：特点——统一时间长，分裂割据时间短。看法——"大一统"观念的影响）

【课堂小结】

**教师引导学生小结**：从古至今，有文字记载的全部中国史告诉人们，中国社会统一的时间长，分裂的时间短。不论是汉族掌握中央政权，还是少数民族入主中原，统一是中国发展的大趋势。凡是制造民族分裂、破坏国家统一的，都会遭到各民族同胞的唾弃。这一历史特点根植于中国悠久的历史和深厚的积淀，这正是值得每一个炎黄子孙深深思考的问题。

第二单元

三国两晋南北朝的民族交融
与隋唐统一多民族
封建国家的发展

# 第 5 课

# 三国两晋南北朝的政权更迭与民族交融

## 教学设计 1

安徽省阜阳市城郊中学　何学保

### 一、教材分析

本课是部编本《中外历史纲要（上）》第二单元《三国两晋南北朝的民族交融与隋唐统一多民族封建国家的发展》第 5 课，包含"三国与西晋""东晋与南朝""十六国与北朝"三个子目的内容。主要讲述了三国两晋南北朝的政权更迭、民族交融以及南方经济开发的情况。三国两晋南北朝是中国历史上政权更迭最频繁的时期，从曹丕称帝至隋朝统一的 360 多年间，先后有 30 多个大小王朝交替兴灭。国家的大分裂、社会的大动荡，给各族人民带来深重的灾难，同时也促进了各族人民之间的经济文化交流，推动了民族交融。江南地区经济得到开发，中原地区发展相对缓慢，南北经济开始趋于平衡，是这一时期中国经济发展的显著特点。这一时期江南的开发和民族交融，为隋唐盛世奠定了基础。

《普通高中历史课程标准（2017 年版）》对本单元的整体要求是：通过了解三国两晋南北朝政权更迭的历史脉络，隋唐时期封建社会的高度繁荣，认识三国两晋南北朝至隋唐时期的制度变化与创新、民族交融、区域开发和思想文化领域中的新成就。本课涉及课程标准中的三个关键词：政权更迭、民族交融和区域开发。其中，政权更迭仅限三国两晋南北朝时期，但民族交融和区域开发理应包含隋唐时期，教材限于篇幅，没有涉及，教学中应适当拓展。教材没有严格按照时序阐述这一时期历史的演进，特别是将"东晋与南朝""十六国与北朝"分列两目，照顾了空间性，淡化了时间性。教学中要注意搭建准确的时空框架，必要时，可考虑重新整合教学内容。本课内容相对庞杂，涉及的朝代较多，要注意利用历史地图、大事年表等工具，帮助学生建构历史时空体系。另外，本课内容涉及民族交融的历史，是培养学生家国情怀的重要素材，教师应当加以利用。

### 二、学情分析

学生通过初中的历史学习，对三国两晋南北朝的政权更迭、民族交融和中国古代经济重心南移等内容均有所了解。但学生对三国两晋南北朝历史的了解更多集中在官渡之战、赤壁之战、八王之乱、淝水之战和北魏孝文帝改革等"点"的层面，认识不够全面、深刻；对三国历史的了解容易受到《三国演义》等文艺作品的影响。这需要引导学生在唯物史观指导下，通过史料实证，系统掌握历史史实，准确认识历史规律，进一步培养家国情怀。

## 三、教学目标

1. 了解三国两晋南北朝政权更迭，按照时间顺序和空间要素，建构历史事件、历史人物、历史现象之间的相互关联，运用唯物史观的基本观点和方法，分析国家分裂对经济发展和人民生产生活产生的消极影响。

2. 通过了解三国两晋南北朝时期民族交融的历史，对相关史实进行解析和价值判断，理解民族交融对于隋唐统一的历史影响，进一步增强对于中华民族的认同感、归属感、责任感和使命感。

3. 了解三国两晋南北朝时期的江南开发，分析区域发展对于国家统一的作用。

## 四、教学重难点

重点：厘清三国两晋南北朝的政权更迭的历史脉络，了解民族交融的相关史实。

难点：理解三国两晋南北朝时期民族交融的历史影响。

## 五、教学过程

【导入新课】

播放百家讲坛"易中天品三国"介绍诸葛亮的有关史事片段，视频最终定格在易中天。

**教师设问**：同学们了解这个人吗？

**教师在学生回答基础上补充讲述**：厦门大学易中天教授在《百家讲坛》节目中，纵论三国天下大事，细品英雄成败得失。他特立独行的话语表达和思维方式在"品三国"中，发挥到了极致，并且树立了妙语连珠、充满活力的说史风格，曾一度被媒体誉为"生猛史学和麻辣史学"。《易中天品三国》通过电视和平面媒体传播，广为人知。但是，我们对于这种"快餐文化"中的历史信息要抱有一定警惕，避免被错误的历史知识误导。由三国鼎立开启的三国两晋南北朝时期，是我国封建社会中的国家分裂和民族交融时期。政权更迭频繁，战争连绵不断。这是一场灾难，还是新生前的阵痛？从秦汉大统一到隋唐大统一是简单的重复，还是更高层次的发展？三国两晋南北朝的历史地位到底如何呢？今天就让我们带着这些问题共同学习第5课《三国两晋南北朝的政权更迭与民族交融》。

**(设计意图)**互联网时代，历史信息无处不在，有时候历史知识甚至被当作消费品传播。在用《易中天品三国》导入新课的同时，提醒学生注意辨别历史知识真伪，培养学生基本的史料实证意识和媒介素养。本课为第二单元第1课，导入时，有意识地引导学生将三国两晋南北朝时期的历史置于中国古代历史长河中来考察，认识三国两晋南北朝对隋唐盛世的奠基作用，培养学生的时空观念。

## 【学习新课】

### （一）从分裂到统一：三国与西晋

#### 1. 三国鼎立

**材料一** 在当时的曹、刘、孙三角形势中，只有刘、孙联合，才能敌得住曹的压力，才能存在。曹操的经济力量和军事力量都比刘、孙任何一方大得多，刘、孙不联合就敌不住。刘、孙两方面的有识之士，对此也是都有认识的。诸葛亮、鲁肃在这方面是代表人物。刘备、孙权也都能这样做。

——白寿彝：《中国通史（第二版）第五卷·中古时代·三国两晋南北朝时期》（上册），上海：上海人民出版社，2015年，第119页

**教师设问：** 三国鼎立局面形成的原因是什么？（参考答案：三个地方政权政治、经济、军事力量的相对均衡；蜀汉和孙吴两方政治家的长期经营）

**教师引导学生分析：** 东汉末年，国势衰微，外戚专权，宦官秉政，政治腐败，天灾不断。公元184年，黄巾起义爆发，从此开始了近100年的战乱时代。公元208年赤壁之战，以孙刘联军的胜利和曹操的失败告终，天下三分大势已定。220年，曹操之子曹丕废了汉献帝，在洛阳称帝，国号"魏"（史称"曹魏"），东汉灭亡，历史进入了三国时期。221年，刘备在成都称帝，国号"汉"（史称"蜀汉"）。229年，孙权在建业称帝，国号"吴"（史称"东吴"或"孙吴"）。

三国鼎立局面的形成，是东汉末年群雄并起的延续和结果。

**材料二** 曹操于官渡战前，在许昌一带举办屯田，收到了良好的效果。曹丕建魏后，扩大屯田的规模，并兴修了水利工程，开辟了水稻田，使黄河流域的社会经济有了较快的恢复和发展。在政治上，曹操不问家世而提拔了一些人。在三国中，他手下的人才最多。

——白寿彝：《中国通史纲要》，上海：上海人民出版社，1980年，第159页

**教师设问：** 三国鼎立时期曹魏政权在推动北方社会经济发展方面作出了哪些贡献？（参考答案：开展屯田，兴修水利，恢复发展北方农业和社会经济，创新选官用人机制等）

**教师引导学生分析：** 三国中，曹魏占据中原腹地，实力最强。蜀、吴两国为扩充实力，积极发展生产，兴修水利，大大促进了原本落后的南方经济的发展，同时加强了与南方各少数民族的交流，促进少数民族地区的经济社会发展，推动了民族交融，为西晋的统一创造了条件。

**教师讲述：** 266年，曹魏权臣司马昭之子司马炎代魏称帝，国号晋，史称西晋。280年西晋灭吴，完成统一。西晋政权的建立，结束了三国鼎立的局面，实现了国内短暂的统一。

#### 2. 西晋统一

**材料三** 晋武帝在位的二十五年（二六六至二九零年）是西晋皇朝相对安定的时期。他采取的一些措施，如安抚流亡，减免徭役和规定男女及时婚配，使国家户籍上的户口很快增长。在二六六年以后的十五年间，北方的户数和人口数都增加了一倍以上，这是当时社会安定的一个重要标志。边地的少数民族匈奴、鲜卑、羯、氐、羌等，大量的内迁，也体现了当时社会安定的一个方面。……这十六年间诸王的互相残杀，史称"八王之乱"。它使社会经济遭受严重破坏，造成了人民的大量死伤和流亡。西晋的统治机能也从此瘫痪。

"八王之乱"的最后几年,各地流民和内迁的少数民族纷纷起来反晋。……三一一年,刘聪军终于攻占了洛阳。三一六年,又攻占了长安。晋怀帝及其嗣君晋愍帝,先后成为刘氏的俘虏,西晋亡。

——白寿彝:《中国通史纲要》,上海:上海人民出版社,1980年,第162—164页

**教师设问**:西晋的统一有何历史意义?西晋的统一为何如此"短暂"?(参考答案:历史意义——西晋的统一,结束了东汉末以来军阀割据与国家分裂局面;为社会经济恢复和民族交融创造了条件。原因——西晋政权政治上优待世家大族,经济上加强对各族人民的剥削,激化了各类矛盾,短命而亡,使中国再次陷入分裂)

**教师引导学生分析**:西晋的统一是中国古代历史上继秦汉之后又一次大一统。但灭吴后的西晋,举国沉浸在奢侈腐败的气氛之中,晋武帝出身世族,其家族经过长期发展,早就形成庞大的权贵集团。因此自西晋建立,政风就十分黑暗,贪赃枉法,贿赂风行。而西晋时期大量游牧部落内迁,关中和凉州的外族已占当地人口一半,为西晋亡国和十六国建立埋下伏笔。

**(设计意图)**本目所涉内容较为散乱,需要学生调动初中所学历史知识,在阅读教材基础上,拓展阅读有关材料,把握"三国鼎立""民族交融""西晋统一""南方开发"等几个要点,感受从三国到西晋、从分裂到统一的历史脉搏。本环节指向的是:(1)时空观念素养水平3——能够把握相关史事的时间、空间联系,并用特定的时间和空间术语对较长时段的史事加以描述和概括。(2)历史解释素养水平2——能够选择、组织和运用相关材料并运用相关历史术语,对个别或系列史事提出自己的解释。

**(过渡)**西晋是三国两晋南北朝长期分裂时期中的短暂统一阶段。"八王之乱"后西晋元气大伤,内迁诸民族乘机举兵,造成北方民族政权并立的局面,大量百姓与世族开始南渡,开启了东晋与南朝的统治。

### (二)从北方到南方:东晋与南朝

#### 1."王与马,共天下"

**材料四** 元帝能够做皇帝,建立东晋政权,是靠了中原豪族和东南地方豪族联合力量的拥护。对元帝在江南建立政权帮助最大的是北方豪族王导。王导是东晋初年豪族集团中一个比较有眼光的政治人物,他首先劝元帝从下邳移镇建康以争形势。元帝初到建康的时候,又穷又没有兵。江东的豪族都看他不起,不和他合作,不拥护他。这时,王导和他的从兄王敦(时任扬州刺史都督征讨诸军事假节)尽力拥护元帝。江南豪族看见北方大豪族王家都拥护元帝,于是也才来拥护。

——何兹全:《魏晋南北朝史略》,北京:北京出版社,2018年,第90页

**教师设问**:东晋为什么会出现"王与马,共天下"局面?对皇权有何影响?(参考答案:原因——司马睿在南方建立东晋政权,势单力薄,主要依仗世家大族特别是王导家族的势力。影响——一定程度上弱化了皇权)

**教师引导学生分析**:西晋灭亡后,317年,晋王室司马睿在建康重建晋政权,为晋元帝,史称东晋。但东晋稳定后重用原北方南迁来的世族,压抑南方世族。当时晋元帝倚重王氏,任王导为丞相,让王敦专政军事,时称"王与马,共天下"。由于北方世族持续侵犯江南经济

并打压南方世族入仕朝廷,使得南北世族在政治及经济上的冲突长期存在。加上世族歧视寒族、与朝廷分庭抗礼,使得东晋一朝始终动荡不安。因为北方外患威胁仍在,东晋朝廷依赖世族及方镇的支持以稳定局势,这给了一些实力派世族叛变朝廷、夺取政权以可乘之机。

　　**材料五**　从东汉以来,世家豪族就在事实上占有人口,但直到曹魏末年和西晋武帝时,才在法律上先后取得政府的承认,而且明确地承认世家豪族领下的人有免除租役的特权。这是世家豪族极大的胜利。……西晋时期,世家豪族独占政府官位的特权也形成了,当时所实行的"九品中正"法更加巩固了世家豪族在这方面的特权。……世家豪族有了政治经济各方面的特权,独占了政府的官位,依他们的特权和政治上地位的高低,他们间便形成了高低不同的门第,他们又互相以门第相夸,东晋南北朝时期的门阀制度就在这时逐渐形成了。

　　　　　　　　——何兹全:《魏晋南北朝史略》,北京:北京出版社,2018 年,第 53—55 页

　　**材料六**　户口分割和大土地占有构成门阀豪族的经济基础,以此为基础,门阀豪族在政治上和社会上也就取得特殊地位,成为封建贵族阶级。……士庶,即门阀豪族和平民,这两个阶级的对立是非常森严的。……因为士庶之分,是"实自天隔"的,所以士庶是不能通婚的。……不但不通婚,而且是不相交接的。就是对于出身庶族已经做到大官的,门阀豪族仍自矜门第,不肯与交接。文献中,有很多生动的例子可说明这种情况。

　　　　　　　　——何兹全:《魏晋南北朝史略》,北京:北京出版社,2018 年,第 185—187 页

　　**教师设问**:三国两晋南北朝时期士族(世家大族)集团形成的原因是什么?士庶之分有何危害?(参考答案:原因——魏晋政府为巩固统治基础,在经济上给予豪族经济特权;九品中正制的推行,使豪族垄断官位。危害——士族坐享政治经济特权,造成社会不公和士族本身的腐朽;士庶之分带来士庶对立,威胁统治)

　　**教师讲述**:士族制度是东汉世家豪族发展的延续,魏晋的九品中正制是导致士族形成的直接原因。东晋是士族势力发展的鼎盛时期,南朝士族渐趋没落。东晋时士族势力平行甚至超越皇权,皇权政治一度演化成门阀政治。士族为维护自身利益,修撰族谱,禁止与非士族的寒门联姻,拒绝与寒门往来。经济上,东晋南朝时期,南方相对安定,作为北方移民核心的士族地主来南方立国创业,他们在南方建立的田庄、山墅,对江南的开发起了推动作用。民族关系上,士族士大夫在推动北方各少数民族封建化进程中发挥了重要作用。思想、科技文化上,士族生活优裕,有条件从事文化事业,因而东晋南朝时期在哲学、文学、书法、绘画、科学上有较多的成就。但士族制度的政治、经济特点,决定了三国两晋南北朝时期阶级矛盾、民族矛盾、统治阶级内部矛盾往往特别尖锐,导致南北长期分裂割据。士族田庄经济强化了封闭的自然经济,阻碍了商品经济的发展。同时,士族是地主阶级中的腐朽集团,越到后期愈发腐朽,是一群社会寄生虫。

　　**2. 宋齐梁陈的更迭**

　　**材料七**　宋初政治之安定,是与晋末人民起义的影响分不开的。刘裕是人民起义军的敌人,但通过和人民起义军的战争,使他了解要想安定他的政权,就必须整肃政治,打击豪强,保护人民的生活。他的儿子文帝,也能继续他的政策,才取得元嘉之治。当然,元嘉时期也只是动乱中的小康,并非太平盛世。

　　　　　　　　——何兹全:《魏晋南北朝史略》,北京:北京出版社,2018 年,第 169 页

　　**教师设问**:元嘉之治形成的原因是什么?(参考答案:刘宋统治者吸取东晋农民起义的

教训,整顿吏治,打击豪强势力,稳定社会秩序)

**教师讲述:** 420年,东晋权臣刘裕逼迫晋恭帝司马德文禅位于他,刘宋建立,其后萧齐、萧梁、南陈三朝相继而立,从420到589年,南方地区先后出现的宋齐梁陈四个政权,合称"南朝"。南朝是继东晋之后,由汉族在南方建立起来的朝廷,为中原先进文化在秦岭淮河以南地区的传播作出了突出贡献,同时在南方兴起了建康、江陵、扬州、成都等大城市,中国南方取得了很大发展。南朝时期的建康城和同时期的罗马城并称为"世界古典文明两大中心",以建康为代表的南朝文化,在人类历史上产生了深远影响。

### 3. 江南的开发与南方的民族交融

**材料八** 为了逃避胡族杀戮的灾祸,北方汉人大量地向南逃亡。这是继东汉末年北方人口南移后,汉人又一次的大量南移。……长江流域,虽然自春秋战国时期楚国在南方立国以来,有了数百年的开发的历史,但直到西晋末年,一般地说,仍然是落后于黄河流域的。在晋室东渡的时候,长江流域仍然存在着"江南之俗,火耕水耨,土地卑湿,无有蓄积之资",耕作技术原始,生产量少的落后现象。这次北方人口的大量南移,对于南方来说,起了很大的开发作用,南下的劳动人民把北方进步的农业技术和农业生产工具都带到南方去,把南方此前未垦的荒地开垦起来。耕牛的使用在南方更加推广了。

——何兹全:《魏晋南北朝史略》,北京:北京出版社,2018年,第91—93页

**材料九** 还有一层,陶潜的《桃花源诗》,大家当他是预言,其实这怕是实事。自东汉之末,至于南北朝之世,北方有所谓山胡,南方有所谓山越。听了胡、越之名,似乎是异族蛰居山地的,其实不然。试看它们一旦出山,便可和齐民杂居,服兵役,输赋税,绝无隔阂,便可知其实非异族,而系汉族避乱入山的。此等避乱入山的异族,为数既众,历时又久,山地为所开辟,异族为所同化的,不知凡几,真是拓殖史上的无名英雄了。

——吕思勉:《中国通史》,北京:光明日报出版社,2015年,第355页

**教师设问:** 东晋时期的北民南迁有什么影响?(参考答案:将北方先进的农业生产技术和生产工具带到南方,促进南方农业发展,为江南的开发提供了人力和技术支持;密切了汉族与南方各少数民族的联系,促进民族交融)

**材料十** 南朝时扬州地区人口较东汉中期增长4倍以上,而赣江特别是湘江流域南朝时代人地关系与东汉中期差别不大,这从另一个角度证实了前文所描述的南方各地区环境状况:官方记录的水旱灾害主要发生在扬州地区,而湘、赣流域甚少;成群的野生动物更主要出现在湘赣流域,而扬州区域相对较少。史实还表明,六朝时期,扬州区域水利工程兴建如火如荼,湘赣流域却不见有重要的水利工程建设。

——何德章:《六朝南方开发的几个问题》,载《学海》2005年第2期

**教师设问:** 根据材料分析,作者认为南朝时南方地区发展有何特点?材料中作者得出历史结论的方式,你是否认可?为什么?(参考答案:特点——南方经济发展呈现出不平衡性,扬州地区发展最充分。态度——认可。原因——孤证不立,依靠多重证据得出的历史结论更为可信)

**教师引导学生分析:** 先秦秦汉时期,中国的经济重心一直在黄河流域,自西晋末年起,北方长期战乱,经济遭到破坏。东晋南朝的江南地区得益于社会的相对安定,以及北民南迁带来的大量劳动力和先进生产技术,土地得到开发,农作物品种增加,产量提高。手工业取得明显进步,商业也比北方活跃。在江南开发的过程中,少数民族也逐步与汉族交融。

#### 4. 东晋与南朝的北伐

**材料十一**　北伐统一中原是东晋的政治旗号,通过北伐以攻为守也是东晋的策略,但北伐需要人力、物力、财力,东晋缺乏这些力量,又不能通过损害地主阶级切身利益去取得,这成了一个矛盾。祖逖北伐自行招募军队,筹集器仗,只领取了少量的财物,避开了矛盾。庾氏兄弟想通过分割士庶地主的物质利益来满足北伐的需要,激化了矛盾,结果北伐无成,自己也忧忧而死。

　　　　　　　　——施光明:《东晋北伐三论》,载《历史教学问题》1992 年第 3 期

**教师设问**:东晋北伐无果的原因是什么?(参考答案:朝廷安于现状,北伐决心不够坚定;缺乏统治集团内部的物质支持;当时尚不具备统一的条件)

**教师讲述**:东晋与南朝的统治阶级,一度都有统一北方的意图,多次进行北伐。东晋和南朝之交,南方政权一度将势力扩展到黄河南岸附近。但由于统治阶级内部的矛盾,军事力量不占优势,南方政权疆域退回到淮河乃至长江一线,统治区域不断缩小,南方政权在南北对峙中劣势明显,统一的历史重任最终落在了北方政权肩上。

**(设计意图)**从课程标准来看,东晋南朝的历史,重点在于掌握区域经济开发和南方的民族融合。通过深入探究南方士族制度、江南经济开发和民族交融等历史知识,引导学生了解国家统一的历史趋势,建立起东晋南朝与北朝历史的时空联系。例如:这一时期战乱不断,引发大规模的人口迁移,经济格局发生了重大变化,南方地区经济地位在中国古代经济格局中的地位显著提升。引导学生探究这一时期南方经济开发的有关史实时,可通过史料,帮助学生认识南方经济发展的不平衡性,避免学生对南朝经济发展的刻板印象和以偏概全,逐步养成史料实证的意识。本环节指向的是:(1)唯物史观素养水平 3、4——能够将唯物史观运用于历史学习、探究中,并将其作为认识和解决现实问题的指导思想。(2)时空观念素养水平 2、4——能够将某一史事定位在特定的时间和空间框架下;能够选择恰当的时空尺度对其进行分析、综合、比较,在此基础上作出合理的解释。(3)史料实证素养水平 3——能够利用不同类型史料的长处,对所探究的问题进行互证,形成对该问题更全面、丰富的解释。

### (三) 从纷争到交融:十六国与北朝

#### 1. 民族政权并立与淝水之战

**材料十二**　旧史中有"五胡十六国"之说。五胡,即指匈奴、鲜卑、氐、羌、羯。……十六国的创立者,并非都是胡人,他们统治下的人民,总的说来,也还是以汉人居多。西晋灭亡后,司马氏的政权东移,偏安于东南,史称东晋。东晋的统治,几乎是与十六国相始终的。

　　　　——白寿彝:《中国通史(第二版)第五卷·中古时代·三国两晋南北朝时期》(上册),上海:上海人民出版社,2015 年,第 160 页

**教师设问**:东晋建立后,北方及西南地区为何会出现"十六国"局面?(参考答案:东汉以来,北方少数民族内迁;西晋执行错误的民族政策;民族交融尚不充分)

**教师引导学生分析**:十六国时期是中国历史上的一段大分裂时期,自 304 年成汉、前赵建立起,至 439 年北魏灭北凉为止。在 100 多年间,战争不断,政权更迭频繁,人民生活困苦。各地方政权都采用了中原模式的国号、年号,学习汉族的典章制度。在战争中,原有的

族群布局被打乱,各族之间频繁接触,相互学习,彼此差异慢慢缩小。这一时期民族的交融,为隋唐大一统奠定了基础,在中国多民族国家的发展过程中具有重要意义。

**材料十三** 所以当时,符坚要想伐晋以图统一,他手下的稳健派,如王猛,如其兄弟符融等都是反对的。而符坚志得意满,违众举兵,遂以383年大败于淝水。北方异族,乘机纷纷而起。而慕容垂据河北为后燕,姚苌据关中为后秦,最大。符坚于385年为姚苌所杀。子丕、族子登,相继自立,至394年,卒为姚苌之子姚兴所灭。此时侵入中原的五胡,已成强弩之末。因为频年攻战,死亡多,人口减少,而汉族的同化作用,仍在逐渐进行,战斗力也日益衰弱之故。

——吕思勉:《中国通史》,北京:光明日报出版社,2015年,第346页

**教师设问:**据材料,你认为前秦淝水之战失败的原因是什么?有何启示?(参考答案:原因——前秦政权内部不稳定;符坚骄傲轻敌,指挥失误;东晋统治阶级内部团结,执行了正确的战略战术;统一的条件尚不具备。启示——决定战争胜负的不是力量的强弱,而是人心向背;民族团结、内部团结对于一个国家或政权的成败具有重大意义)

**教师引导学生分析:**淝水之战的失败,使得符坚统一南北的希望彻底破灭,北方暂时统一的局面也随之解体,再次分裂成更多的地方民族政权,中国南北分立的局面继续维持。东晋的胜利稳定了东晋王朝的统治,有效地遏制了北方少数民族南下侵扰,为江南地区社会经济的恢复和发展提供了必要的契机。从长期看,淝水之战最重要的作用是使得流落到南方的汉族中原文化得以延续和发展,并且直接影响到了此后隋唐等统一王朝的精神文化。

(过渡)淝水之战后,北方再次陷入混乱。4世纪末,鲜卑族拓跋部建立的北魏政权强大起来,于439年统一北方。5世纪后期,北魏孝文帝大力推行改革。

**2. 孝文帝改革与北方的民族交融**

**教师讲述:**在国家存在的情况下,某些制度变迁的路径是国家与社会经济个体之间的相互协调、相互博弈。简言之,就是一种制度的变迁既不全是自发力量实现的诱致性变革,也不全是国家力量强制的结果,而是国家与社会各界力量博弈的结果,这也就决定了产权变革的方向和内容。

**材料十四** 北朝的魏,在太武帝被杀后,阶级矛盾和统治阶级内部矛盾、民族矛盾和鲜卑族内部矛盾都显著地发展。四七一年,魏孝文帝即位,冯太后当权,开始有意识地采取步骤,促使鲜卑族汉化。魏孝文帝奉行并发展了这个政策。四八四至四八六年间,北魏在官员待遇上实行俸禄制,在土地制度上实行授田制。这都是为适应汉族社会情况而进行的改革。四九三年,魏孝文帝由平城迁都洛阳。此后,他下诏禁胡服胡语,并把鲜卑姓改成汉姓,鼓励鲜卑人跟汉人结婚。这一汉化政策,有利于争取汉族地主阶级对北魏政权的拥护,扩大统治的基础。

——白寿彝:《中国通史纲要》,上海:上海人民出版社,1980年,第173页

**教师设问:**根据材料分析,促使孝文帝改革的因素有哪些?根据教材并结合所学知识,概括孝文帝改革的内容。(参考答案:因素——长期战乱,人心思定;冯太后及孝文帝深受汉族文化影响;统治者意图缓和阶级矛盾,恢复社会秩序,巩固统治。改革内容——政治上,整顿吏治,颁俸禄制,改革官制,迁都洛阳;经济上,行均田制;文化上,尊孔子、说汉话、改汉

姓、通婚姻）

**材料十五**　均田制是在北方社会经济遭到严重破坏的情况下,为了解决广大农民的土地问题,限制土地兼并、发展生产、增加赋税收入、巩固封建统治而采取的一种国家土地所有制形式。在当时的社会历史条件下,这是一种切实可行的土地制度,有利于社会经济的恢复和发展。均田制的推行,使广大农民或多或少地得到了一定数量的土地和一定数量土地的使用权,这对于安定人民生活、发展农业生产、稳定社会秩序无疑是起了积极作用的。

　　　　——吉成名:《均田制述论》,载《重庆交通学院学报(社会科学版)》2003 年第 1 期

**教师设问:**根据材料并结合所学知识,分析北魏孝文帝改革的历史意义。(参考答案:大大缓解了民族矛盾,稳定了社会秩序,促进了北方民族交融;调动了农民的生产积极性,增加了政府财政收入,为北方经济的恢复发展作出了贡献;为北方统一南方和隋唐盛世的出现打下基础)

**教师引导学生分析:**孝文帝改革是北魏政治、经济发展以及鲜卑族进一步封建化的必然结果。孝文帝改革也促进了北魏政治、经济的发展,体现了民族交融的巨大作用。鲜卑族用武力征服了汉族及其他少数民族,但却不得不被汉族较高的文化所征服,并从中吸收了汉族文化精华,更加促进了自身的发展、巩固了封建统治。同时汉民族也从中吸收了鲜卑族文化中优秀的部分,使自己的发展更为完善。

孝文帝的改革体现了民族交融的巨大推动作用。中华民族是一个大家庭,我们应该具有高度的民族凝聚力与民族情感,懂得民族间的尊重与友爱。然而孝文帝的改革也遇到了鲜卑旧贵族的强烈反对,在孝文帝的坚决镇压下才保证了改革政策的推行,巩固了改革的成果,由此也可见孝文帝改革的勇气与决心以及高瞻远瞩的改革眼光。

**材料十六**　但是,不加扬弃的全盘汉化,也为北魏后期的统治埋下了无穷的隐患,特别是孝文帝大定姓族,移植门阀士族制度,在经济利益上一味向鲜卑贵族让步,这对尚无文化积淀可言的鲜卑贵族来说,无疑是给了他们滋生腐化的肥沃土壤。因此,迅速汉化、士族化的鲜卑权贵们飞速地腐化了,他们比奢斗富,相互攀比,贪污受贿,极力聚敛,凡此种种,消蚀了北魏统治者的锐气与活力,激化了社会矛盾与冲突,致使北魏统治迅速由盛转衰,归于灭亡。

　　　　——郝松枝:《全盘汉化与北魏王朝的速亡——北魏孝文帝改革的经验与教训》,载《陕西师范大学学报(哲学社会科学版)》2003 年第 1 期

**教师设问:**北魏灭亡的主要原因是什么?(参考答案:孝文帝改革的"全盘汉化";改革导致统治集团迅速腐化,失去游牧民族原有的活力,且激化了社会矛盾)

**教师引导学生分析:**孝文帝改革的负面影响很快显现。因改革而强大起来的北魏,在孝文帝死后仅 30 余年便迅速地分崩离析,分裂为东魏和西魏,后又分别被北周和北齐取代。北魏的灭亡留给我们一个深刻的历史教训:历史上任何一个落后的民族在向先进民族学习的过程中,切忌全盘照搬,不加扬弃,一定要取人之长,补己之短,摄其精华,弃其糟粕,同时加强精神引导,道德训诫,惟其如此,方可国富民强,长治久安。

**【课堂小结】**

**教师引导学生小结：**三国两晋南北朝介于秦汉和隋唐两个大统一时期之间，既是秦汉时期社会矛盾集结激化的产物，又是隋唐统一、强盛的渊源，在我国漫长的封建社会历史长河中占有特殊的地位。它是我国历史上少数民族最活跃、建立民族政权最多的时期之一。三国两晋南北朝时期，大规模的以少数民族封建化为主要特征的民族交融，使得中华民族共同体进一步壮大和巩固，为隋唐大一统创造了条件。这一时期，人口的大量迁徙，促进了南方经济的发展和边疆地区的开发，从而使我国封建经济区域延及周边地区，为隋唐的盛世奠定了基础。

# 教 学 设 计 2

安徽省阜阳市第四中学　张　强

## 一、教材分析

本课是部编本《中外历史纲要（上）》第二单元《三国两晋南北朝的民族交融与隋唐统一多民族封建国家的发展》第5课，包括"三国与西晋""东晋与南朝""十六国与北朝"三个子目的内容。本课主要讲述了三国两晋南北朝政权更迭的过程，以及这一时期的南方开发和民族交融的史实。三国两晋南北朝是我国古代史上国家分裂、民族交融的重要时期。3世纪初爆发的赤壁之战，初步奠定了三国鼎立的格局。西晋统一局面昙花一现，西、北少数民族大量内迁。东晋、南朝时，江南得到一定的开发。北朝时，黄河流域各民族相互交往，民族交融进程加快。6世纪后期，隋朝取代北周，统一全国，结束了长达数百年的分裂割据局面。

《普通高中历史课程标准（2017年版）》对本单元的整体要求是：通过了解三国两晋南北朝政权更迭的历史脉络，隋唐时期封建社会的高度繁荣，认识三国两晋南北朝至隋唐时期的制度变化与创新、民族交融、区域开发、思想文化领域的新成就。本课是本单元的第1课，其主要任务在于梳理三国两晋南北朝政权更迭的历史脉络，并在此基础上，依托史料分析这一时期江南经济发展和北魏孝文帝改革的史实，认识到这一时期的社会经济发展和民族交融为隋唐的统一、繁荣奠定了基础。因此，教学中要注意搭建准确的时空框架，厘清历史发展脉络，同时加强历史发展的前后联系。

## 二、学情分析

学生通过初中的历史学习及阅读文学作品、观看影视作品，对本课所涉及的教学内容有一定了解。但是，绝大多数学生对三国两晋南北朝政权更迭过程把握不清楚，对这一时期的南方开发和民族交融等史实缺乏深入的探究和思考。因此，通过创设情境，引导学生准确梳理三国两晋南北朝政权更迭的大致过程是学好本课的基础。同时,通过阅读史料,分析这一时期江南经济发展和北魏孝文帝改革的影响,认识到这一时期的社会经济发展和民族交融为隋唐的统一、繁荣奠定了基础。

## 三、教学目标

1. 运用历史地图、思维结构简图等方式梳理三国两晋南北朝政权更迭的历史脉络,强化时空观念。

2. 通过阅读文字、图片等史料,理解三国两晋南北朝江南开发的原因和历史影响,培养史料实证的意识。

3. 通过史料分析,认识北魏孝文帝改革在推动民族交融方面的影响,增强对国家和民族的认同感和归属感,把握中华民族多元一体的历史发展趋势。

## 四、教学重难点

重点:三国两晋南北朝政权更迭的历史脉络;三国两晋南北朝时期南方的开发。

难点:以北魏孝文帝改革为例认识民族交融的影响。

## 五、教学过程

【导入新课】

**材料一**　中国历史家认为,自公元 220 年汉代覆亡至 581 年隋朝兴起,当中是一段长期混乱和令人失望的时代。从某些角度来看,这也确是事实。我们甚至可以说,这等于三十年战争给德国的灾害加十倍。中国北部不少地方人口为之减少;古代的五铢钱从周朝的后期即已流通,至汉朝更为普遍,通过魏晋南北朝的分裂局面,在许多地方因之绝迹。既然缺乏有效的中央政府,每遇灾荒,人民呼吁无门,其痛苦的情形不言而喻。在这期间内有公元 309 年的大旱灾,大河流都可徒步通过;而又有公元 369 年的疫疾,长江下游北岸的广大地区人民因之相继死亡。

——黄仁宇:《中国大历史》,北京:生活·读书·新知三联书店,2012 年,第 80 页

**教师设问:**你认可材料一中三国两晋南北朝是“一段长期混乱和令人失望的时代”这个观点吗? 三国两晋南北朝的社会状况究竟如何呢? 三国两晋南北朝的政权更迭和分裂动荡产生了哪些历史影响呢? 就让我们带着这些问题共同学习第 5 课《三国两晋南北朝的政权更迭与民族交融》。

**(设计意图)**依托材料,层层设问激疑,引入本课内容,激起学生学习欲望。

【学习新课】

## （一）分裂与统一

### 1. 三国与西晋

**教师设问**：观察教材第 26、27 页两幅地图《三国鼎立形势图(262 年)》《西晋末年内迁少数民族分布与北方流民南迁示意图》，结合所学知识，指出两幅图最显著的变化是什么？分析引发这一变化的关键因素是什么？（参考答案：变化——由三足鼎立局面到西晋统一全国。关键因素——赤壁之战后，魏国实力的迅速强大）

**教师引导学生分析**：东汉末年的赤壁之战是历史上著名的以少胜多的经典战例。赤壁之战后，曹操、刘备、孙权三分天下的局面逐渐形成。220 年以后，魏、蜀、吴政权先后建立。魏国国力较强，在三国鼎立局面中略占上风。266 年，曹魏权臣司马昭之子司马炎代魏称帝，国号晋，史称西晋。280 年西晋灭吴，完成统一。西晋政权的建立，结束了三国鼎立的局面，实现了国内短暂的统一。

**材料二**　西晋司马氏是在一批士族官僚的支持下，通过政变而取得政权的。因此建国后所制定的政治、经济措施，自然是保护士族地主利益的。五等爵制的制定和九品中正制的蜕变是门阀形成的政治条件。……这时，曹丕制定的"九品中正制"已发生相当大的变化。主要是由于中正官一职被世家大族出身的官僚所把持，这一制度成为他们培植门阀家族势力的重要工具。……经济上士族不仅享有依品占田和荫客，而且有的门阀多占土地劳动力也被默许。……故西晋一朝奢侈成风。何曾日食万钱，还说"无下箸处"。其子何劭日食二万钱……大族王恺、石崇互比奢侈，王恺用干米糖洗锅，石崇用白蜡当柴……

　　——朱绍侯、张海鹏、齐涛：《中国古代史(新版)》(上册)，福州：福建人民出版社，2006 年，第 322—324 页

**教师设问**：西晋建立政权主要依靠的是哪一群体？这一群体有什么特点？（参考答案：群体——士族地主。特点——政治上垄断人才选拔权、经济上占有大量田地和劳动力、生活上奢靡成风）

**教师引导学生分析**：西晋政权建立所依靠的士族地主，源于东汉三国以来的豪强地主。曹魏时期实行九品中正制，中正官一般只注意被评定者家世的封爵与官位，很少注意真正才能，使世家大族开始垄断人才选拔权，逐渐形成"上品无寒门，下品无士族"的局面。到了西晋时期，统治者以法律、制度形式，在政治、经济、文化各方面将他们的特权固定下来。他们间形成了高低不同的门第，又相互以门第相夸，门阀政治的基本格局初步形成。门阀士族是地主阶级中的一个特权阶层。门阀士族在政治上垄断人才选拔权，在经济上占有大量田地和劳动力、在生活上奢侈腐化。门阀的形成使皇室与士族之间的矛盾斗争逐渐加剧。

**材料三**　晋武帝在位的二十五年(二六六至二九〇年)是西晋皇朝相对安定的时期。他采取的一些措施，如安抚流亡，减免徭役和规定男女及时婚配，使国家户籍上的户口很快增长。在二六六年以后的十五年间，北方的户数和人口数都增加了一倍以上，这是当时社会安定的一个重要标志。边地的少数民族匈奴、鲜卑、羯、氐、羌等，大量的内迁，也体现了当时社

会安定的一个方面。

——白寿彝：《中国通史纲要》，上海：上海人民出版社，1980年，第162页

**材料四** 晋武帝司马炎发动攻吴战役，消灭吴国，实现了全国的统一。西晋灭吴前后，在政治和法律上实行了一些有利于巩固国家统治的制度和措施。在职官的设置上，中央的尚书台、中书机构和门下省占据重要位置。西晋对宗王进行分封，同时又实行宗王出镇的措施。在灭吴后，又罢除了郡国兵。晋武帝实行的这些措施和制度，目的在于加强中央集权的统治。但这些制度和措施的实行也隐藏着祸患，尤其是宗王出镇的措施。

——张鹤泉：《魏晋南北朝史：分裂与融合的时代》，北京：中信出版社，2017年，第81页

**教师设问**：结合材料和所学知识，评价西晋政权实行的制度和措施。（参考答案：国家出现短暂的统一安定局面，为社会经济恢复和民族交融创造了条件；宗王出镇等措施，导致西晋中央集权的弱化，激化了各类矛盾，短命而亡，使中国再次陷入分裂）

**教师引导学生分析**：西晋政权实施宗王出镇的措施，导致诸侯王实力大增，严重威胁中央王权，最终导致"八王之乱"。这场内乱后，西晋元气大伤。加之，内迁的诸民族乘机举兵，造成北方民族政权并立的局面，大量百姓与世族开始南渡，西晋走向衰落。公元316年，西晋被内迁的匈奴贵族所灭。西晋政权覆灭后，我国历史又进入一个比较长的分裂时期。

### 2. 东晋十六国

**教师设问**：观察教材第29页《东晋十六国形势图》《十六国统治者族属表》并结合所学知识，指出这一时期南北方政治格局的基本态势如何？北方出现的割据政权有什么特点？北方的政权割据局面是怎样结束的？（参考答案：基本态势——北方割据政权林立；南方出现东晋政权，形成局部短暂统一的局面；局势相对安定。特点——北方割据政权多是少数民族建立。结束——4世纪下半叶，氐族建立的前秦统一北方；439年，北魏统一黄河流域）

**教师引导学生分析**：西晋政权覆灭后的第二年，西晋宗室司马睿在建康（今南京）重建晋朝，史称东晋。与此同时，北方先后出现一批割据政权。最主要的有15个，加上西南地区的成汉，合称"十六国"，史称东晋十六国时期。东晋政权是西晋门阀士族统治的继续和发展。逃到南方的门阀士族成为东晋政权的主要支柱。

**材料五** 司马睿得以称帝，王导及其族兄王敦功劳最大，故东晋称帝，一直待王导以殊礼。……所以当时有"王与马，共天下"之说，在政治上，门阀士族几乎把持了全部朝政，故终东晋一代，一直是琅邪王氏（王导等）、颍川庾氏（庾亮，庾冰等）、谯国桓氏（桓温等）、陈郡谢氏（谢安等）等几个大族轮流执政，皇帝几乎没有什么权力，言简意赅地说明了当时的实际情况。

……

东晋初年的这两次士族与皇权对抗的内乱，说明士族门阀的势力是强大的，在这两场斗争中，中央虽然险胜，但并非全凭己力，而是依靠其他士族的力量，这种形势，使东晋皇室一直难以摆脱门阀的控制，而皇权同门阀的斗争，门阀内部的斗争，也一直没有停止过。东晋

一朝在士族的倾轧、妥协中苟存,在北伐、统一的问题上很难有所作为。

> ——朱绍侯、张海鹏、齐涛:《中国古代史(新版)》(上册),福州:福建人民出版社,
> 2006 年,第 335—337 页

**教师设问:**"王与马,共天下"反映了东晋时期门阀士族的发展状况如何? 这一状况对东晋政权产生了什么影响?(参考答案:发展状况——门阀士族的权力进一步膨胀,甚至左右皇权,门阀士族在东晋发展到顶峰。影响——统治集团内部矛盾进一步激化,导致政权不稳,东晋政权逐渐走向衰落)

**教师引导学生分析:**门阀士族权力进一步膨胀,使得统治集团内部矛盾进一步加剧,东晋政权逐渐走向衰落。此时的中原地区情况如何呢?

**材料六** 东汉末年,中原群雄混战,原据北土以游牧经济为主的匈奴、鲜卑、羯、氐、羌诸族乘机大举内迁,先后建立起二十多个政权,史称"五胡十六国"。这段期间的民族迁徙范围广、人数多,不仅北方游牧民族大量徙入中原,而且原居内地的汉族人口亦大量流向凉州、塞外和东北地区,与当地的鲜卑、氐、羌等族杂居。……与此同时,北方各族也大多从游牧经济向农耕经济过渡,徙入中原寻求耕地谋生者日众,其间既有自然迁徙,亦有强制迁徙,从而形成一股不可阻挡的潮流。

> ——关汉华:《中国历史上的民族融合与社会发展》,载《历史教学问题》2009 年第
> 2 期

**教师设问:**依据材料,指出东汉以来北方民族迁徙的大致方向,并分析其产生的影响。(参考答案:大致方向——少数民族内迁中原,汉人也大量流向边疆。影响——民族矛盾激化的同时民族交流增多,少数民族封建化进程加快,民族交融不断加深)

**教师讲述:**这一时期,北方出现的割据政权大部分是由内迁少数民族建立。它们多采用了中原模式的国号、年号,学习汉族的典章制度。在长期混战中,原有族群布局被打乱,各族彼此频繁接触,差异慢慢缩小,但民族隔阂仍然广泛存在。

(过渡)4 世纪下半叶,北方前秦政权建立,随后大举进攻东晋,著名的淝水之战打响。

### 3. 南北朝并立

**教师讲述:**淝水之战后,由于统治集团内部矛盾进一步加剧,南方的东晋政权走向衰败。420 年,出身低级士族的武将刘裕篡夺皇位,国号宋。此后近 170 年间,南方先后经历了宋、齐、梁、陈 4 个王朝,合称"南朝"。南朝时期,由于统治者加强中央集权、庶族地主的兴起以及门阀士族的日益腐朽,门阀制度渐趋衰落。与此同时,强大的前秦政权迅速崩溃,北方再次进入分裂时期。

**教师设问:**观察教材第 30 页《北齐、北周、陈对峙形势图(572 年)》并结合教材内容,指出淝水之战后北方政权演变的大致过程。(参考答案:北魏—东魏、西魏—北齐、北周—北周灭北齐—隋取代北周,统一全国)

**教师引导学生分析:**前秦政权覆灭后,4 世纪末,鲜卑拓跋部建立的北魏政权强大起来,于 439 年统一北方。5 世纪后期,北魏孝文帝进行大刀阔斧的改革。在改革中利益受到损害的少数民族军人揭竿而起,导致北魏覆灭。6 世纪前期,北魏发生动乱,分裂为东魏和西魏,稍后又分别被北齐、北周取代。上述 5 个王朝合称北朝。北齐、北周东西对峙,北周内政修明,逐渐占据优势,灭掉北齐。公元 581 年,隋朝取代北周,统一全国,终于结束了长达数百

年的分裂割据局面。

教师引导学生梳理三国两晋南北朝历史发展的脉络：

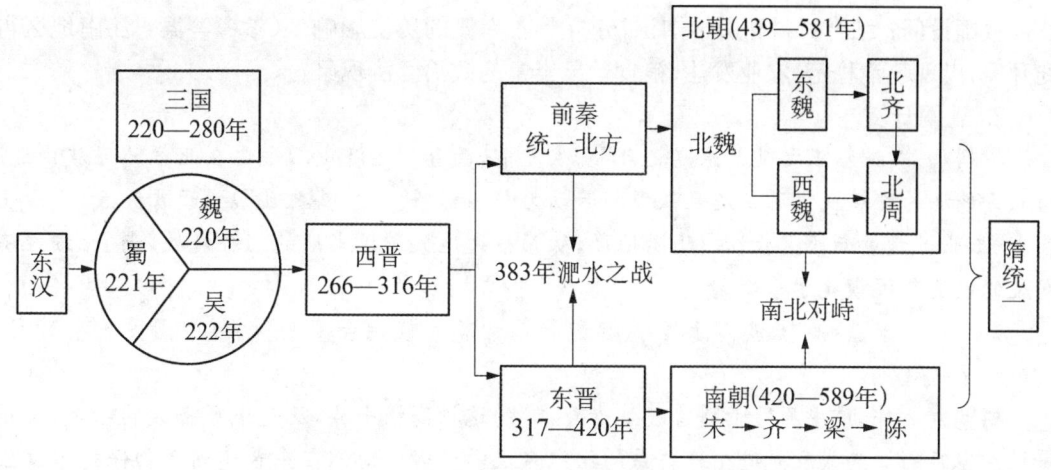

　　(设计意图)本环节问题的设计主要围绕重大的时间节点上的重大事件和重要概念展开,借助教材上的历史地图和相关史料,旨在引导学生梳理出三国两晋南北朝时期政权更迭的过程。例如：门阀士族制度是这一时期重要的政治制度,学生对此了解较少。通过提供史料,使学生理解西晋、东晋和南朝时期门阀士族制度发展概况,进而深化对门阀士族制度在这一时期历史地位和作用的认识。本环节指向的是：(1)史料实证素养水平1,2——能够从所获得的材料中提取有关的信息;在对史事与现实问题进行论述的过程中,能够尝试运用史料作为证据论证自己的观点。(2)历史解释素养水平2——能够选择、组织和运用相关材料并使用相关历史术语,对个别或系列史事提出自己的解释。(3)时空观念素养水平3——用特定的时间和空间术语对较长时间段的史事进行概括和说明,准确把握相关史事的时空联系。

　　(过渡)中国古代,由于天灾人祸不断,人口流动始终没有停止过,有时候还出现大规模的流民浪潮。三国两晋南北朝时期,北方战争频仍,社会动荡不安,中原人口大量南迁,带动了江南开发。

### (二) 江南开发

#### 1. 晋人南渡

　　教师讲述：从西晋末年的"永嘉之乱"到东晋时期,我国北方战乱频繁不断,中原汉人纷纷南渡,避地而居。一部分人南渡入闽,他们千里迢迢自洛阳来,筚路蓝缕的中原晋人,部分定居在今晋江南岸,他们为寄托对故土怀念,遂把栖身之地的这条河流命名为晋江,晋江市由此得名。晋江市名称的由来是晋人南渡影响的缩影。

　　材料七　《宋书》是记载南朝第一个王朝刘宋历史的史书。其中有一段描述：至于元嘉末……兵车勿用,民不外劳,役宽务简,泯庶繁息,至余粮栖亩,户不夜扃(jiǒng),盖东西之极盛也……地广野丰,民勤本业,一岁或稔(rěn),则数郡忘饥。会土带海傍湖,良畴亦数十万顷,膏腴上地,亩直一金,鄠(hù)、杜之间,不能比也。荆城跨南楚之富,扬部有全吴之沃,鱼盐杞梓之利,充仞八方,丝绵布帛之饶,覆衣天下。

——部编本《普通高中教科书·历史·必修·中外历史纲要(上)》,北京:人民教育出版社,2018年,第28页

**教师设问**:结合材料和所学知识,分析晋人南渡的历史影响。(参考答案:江南地区得到开发,出现政治稳定、农业发达、粮食丝帛丰富的政治经济现象)

### 2. 江南开发

**材料八** 在"八王之乱""永嘉之乱"发生之前,西晋的经济中心主要在北方,"五族内迁"为北方经济的发展提供了充足且低廉的劳动力与原材料。"永嘉之乱"后,西晋灭亡,中原士族、手工业者大量南迁至长江中下游地区,从而极大地促进了当地的经济发展,南、北方经济发展的速度与规模趋于平衡。

——李晶:《"五族内迁":掀起魏晋南北朝民族融合高潮》,载《中国民族报》2015年7月3日

**材料九** 作为"中原冠带随晋渡江者百家"的这批高级士族,既是中原士族的精英,又是一批在当时的江南代表先进生产关系的组织者及管理者。他们在东晋建国之初保持着立国创业的良好精神面貌,为建立新的家园而奔走不息。

——周松柏、刘齐全:《由东晋南朝时期江南的开发看当前的西部大开发》,载《贵州文史丛刊》2001年第2期

**教师设问**:结合材料和所学知识,分析东晋以来南方经济获得初步发展的原因有哪些?产生怎样的历史影响?(参考答案:原因——东汉和三国时期江南地区有一定发展;北方人口大量南移,把北方进步的农业技术和农业生产工具带到南方;南方统治者重视。影响——南方经济持续快速发展,缩小了南北方之间的差距,为经济重心南移提供了必要条件)

**教师引导学生分析**:北方人口大量南迁,带来了先进生产工具和技术。加之,南方的统治者的重视,江南得到初步开发,南北经济逐渐趋于平衡。同时,北方的经济也在逐渐恢复和发展,这些都为后来隋唐时期经济繁荣奠定了基础。

**(设计意图)**本环节的问题设计主要是为了培养学生从史料中提取信息和分析历史问题的能力。例如,通过提供福建省晋江市名称由来的相关史料,激发学生兴趣,引导学生分析这一时期南方开发的原因和历史影响。学生逐渐认识到三国两晋南北朝南方经济发展是生产力发展的结果,加深对生产力与生产关系、经济基础与上层建筑辩证关系的理解。本环节指向的是:(1)史料实证素养水平1、2——能够从所获得的材料中提取有关的信息;在对史事与现实问题进行论述的过程中,能够尝试运用史料作为证据论证自己的观点。(2)唯物史观素养水平3、4——能够将唯物史观运用于历史学习、探究中,并将其作为认识和解决现实问题的指导思想。

**(过渡)**三国两晋南北朝时期,政权更迭频繁,社会动荡不安。人口的频繁迁徙和定居,使各民族间的经济文化交流增多,出现民族交融的高潮。

### (三) 民族交融

#### 1. 交融之因

**材料十** 从东汉末起,我国天气有逐渐变冷的趋势。到三国时期,气温降低已很明显。

如曹操在铜雀台(今河北邯郸临漳县)种橘,只开花而不结果,说明当时温度下降,已影响植物生长。……而在南北朝时期南朝曾在南京覆舟山建有冰房一事更说明了那时南方冬季气温已十分寒冷。气温的下降,必然影响植被分布状况的改变,导致西北地区草原面积的减少,这就无形中缩小了游牧民族活动迁徙的范围。对于"逐水草而居"的游牧民族,这无疑是有着严重影响的。面对此种情况,内迁是他们不得已而作出的生存选择。

——张鹏立:《魏晋时期西北少数民族内迁的历史地理因素及影响探析》,载《广西社会主义学院学报》2012 年第 3 期

**材料十一**　我国历史上曾出现过三次民族大融合,第一次为春秋战国时期,第三次为宋辽金元时期,而魏晋南北朝是第二次民族大融合时期。这个时期,北方内迁各少数民族,因与汉族长期错居杂处,在汉族的影响下,社会经济得到较快发展,并在加速封建化的过程中,逐渐与汉族形成了共同的经济体制,最后多融合于汉族。而在南方,由于大批北方汉人南迁及少数民族出居平地,也造成某些杂居局面,使一部分与汉族关系密切的少数民族逐渐汉化,也有一些迁居或以其他途径进入民族地区的汉族融合于少数民族。但由于汉族人数众多,文化较高,故在整个融合过程中,少数民族汉化则表现为主要的,汉族融合于少数民族却是局部的。

——白翠琴:《论魏晋南北朝时期民族的迁徙与融合》,载《中央民族学院学报》1987 年第 1 期

**教师设问:**结合材料和所学知识,分析推动这一时期民族交融的主要因素有哪些?(参考答案:自然气候、战乱、少数民族内迁、北人南迁、汉人与少数民族杂居)

**教师引导学生分析:**三国两晋南北朝时期,气候发生显著变化,这一变化对民族的分布格局产生很大的影响。频繁的自然灾害严重影响北方的农牧业生产,加之北方长期战乱,北方汉人大量南迁。与此同时,少数民族内迁,逐渐主导中原地区。各民族之间民族交融的历史进程加快。

**2. 交融之道**

**教师讲述:**这个时期,北方内迁各少数民族,因与汉族长期错居杂处,在汉族的影响下,社会经济得到较快发展,逐渐与汉族形成了共同的经济体制。而在南方,大批北方汉人南迁与当地少数民族杂居,推动了南方地区的民族交融。人口频繁迁徙和定居,使各族人民共同生产生活,形成交错杂居的局面,民族隔阂逐渐被消除。改革也是民族交融的重要途径。4世纪后期,北魏政权建立,统一了北方。

**材料十二**　北魏为拓跋珪于公元 386 年建立起来的。由于拓跋焘"奋征伐之气",于是"南夷负荷,北蠕削迹,廓定四表,混一戎华",北方又趋统一。到公元 471 年,拓跋宏继位,北魏历史已经经历约一百年了。拓跋宏就是孝文帝。孝文帝即位之初,北魏的阶级矛盾尤其是民族矛盾已十分突出,民族矛盾和阶级矛盾纠缠在一起,危及北魏政权的继续统治。

——赵野春:《鲜卑汉化——论北魏孝文帝改革对民族关系的调整》,载《西北民族研究》2003 年第 2 期

**教师设问:**依据材料并结合教材内容,指出北魏孝文帝改革的背景。(参考答案:北魏政权建立已久,北方基本完成统一;阶级矛盾和民族矛盾尖锐,政权统治面临极大威胁;北魏统治者受汉族文化影响)

**教师讲述**：为了加强和巩固统治，5世纪末，孝文帝推行大刀阔斧的改革。在农业上实行"计口授田"和"均田制"的土地分配制度，在一定程度上抑制了贵族豪强对土地的兼并；在地方制度上实行"三长制"，尽量将农民固定在土地上，减少逃亡流离；在赋役制度上实行租调制，尽量使百姓的负担趋于合理；这一时期，北魏政府还非常重视官吏队伍的整顿，惩治贪官污吏，使百姓的利益少受侵害。这些改革措施缓解了社会矛盾，稳固了政权统治，也为接下来的改革奠定基础。493年，孝文帝迁都洛阳。迁都洛阳后，他大力推动民族交融。

**材料十三**　他首先把都城从平城迁到洛阳，以便实现统一全国的目标，接着就开始了全方位的汉化改制，如：改鲜卑服为汉服，改鲜卑语为汉语，改鲜卑姓为汉姓，以实现鲜卑与汉人融为一体；他又定姓族，建门阀，扶植重用汉族士族门阀势力，使鲜卑贵族与汉族士族合流；同时，还修定律令，实行法治，以及尊儒崇经，恢复礼乐，兴办学校，选贤任能等。这样，就从政治经济体制到社会生活习俗，乃至思想观念等各个方面，把本民族完全融入了汉民族的文化传统之中。

——管芙蓉：《"胡服骑射"与"孝文改制"——三晋古代民族融合的历史丰碑》，载《山西社会主义学院学报》2007年第1期

**教师设问**：根据材料和教材内容，概括北魏孝文帝在民族交融方面改革的措施，并分析这些措施产生的历史影响。（参考答案：措施——讲汉话、改汉姓、与汉族高门士族通婚、崇儒尊经。影响——说汉话，有助于打破语言障碍，便于鲜卑族和汉族之间的交流学习；改汉姓，减少了民族隔阂，有助于缓和民族矛盾；与汉族通婚，促进了鲜卑族和汉族的民族交往；大力推崇汉文化，用儒家思想治国理政。这些措施大大推动了民族交融的进程，增进了对中华民族和中华文化的认同感）

### 3. 交融之果

**材料十四**　这种全盘的汉化政策从根本上改变了鲜卑与汉族的界限，改变了鲜卑与其他民族的界限。这样，大家只要处在北魏政权下，就无所谓夷夏之分，如此一来就消除了统治者的自卑心理，政权也变得堂而皇之了。……从历史发展来看，虽然后来又经历了东魏—北齐鲜卑化的老路，但随着西魏—北周对东魏—北齐的统一，"华夏混一"观逐渐形成，各族人民已无区分谁为夷狄、谁为华夏的必要。在这种情况下，北周杨坚从鲜卑手中夺取政权，建立了隋朝。

——赵野春：《鲜卑汉化——论北魏孝文帝改革对民族关系的调整》，载《西北民族研究》2003年第2期

**材料十五**　南方民族大融合后，使得数百万劳动力纳入封建经济体系，其社会经济和文化习俗也必然逐步与汉人接近。因此，南方少数民族与汉族融合的过程，实际上也是共同开发南方的过程，使江南的农业有了长足的发展，手工业和商业也相应有所发展，为隋唐时期我国经济重心的南移打下基础。

——白翠琴：《论魏晋南北朝时期民族的迁徙与融合》，载《中央民族学院学报》1987年第1期

**材料十六**　民族大融合的实现，使汉族接受了其他少数民族的新鲜成分，所以在经济、文化上不仅没有衰落，而且变得更加兴盛，充满活力。隋文帝能够顺利完成统一事业，北方各民族的大融合应该是南北统一的重要条件。因此，历史上强盛的隋唐大帝国的出现，正是

以北方民族大融合的实现为坚实基础的。

——张鹤泉：《魏晋南北朝史：分裂与融合的时代》，北京：中信出版社，2017 年，第 388 页

**教师设问**：结合材料和北魏孝文帝改革的相关知识，分析民族交融的历史影响。（参考答案：北方地区社会经济得到恢复和发展；推动江南开发，南北经济的差距缩小，南北经济趋于平衡；加速各族之间的文化交流，民族和文化认同感增强，大大推动中华民族的发展进程；文化融合加深，儒学成为中华民族共同的主流思想；这些都为后来结束分裂、重新走向统一、繁荣奠定基础）

**教师引导学生分析**：北魏孝文帝改革从长远来看在发展北方经济和推动民族交融方面有重大意义，但在短期内也产生明显副作用。在改革中利益受损的一部分少数民族军人揭竿而起，导致北魏覆灭。北方民族交融的进程也受到一定程度的影响。我们从中可以得出这样的结论：任何改革都不会是一帆风顺的，改革过程中充满曲折和反复。任何强制手段对民族交融的促进作用都是有限的，各民族相处要遵循"民族平等、民族团结、各民族共同繁荣"的原则，加强民族交流与交融。

**（设计意图）**本环节问题旨在培养学生分析和解释历史问题的能力。北魏孝文帝关于民族交融方面改革的影响是本课学习的难点。本环节指向的是：(1)史料实证素养水平 1、2——能够从所获得的材料中提取有关的信息；在对史事与现实问题进行论述的过程中，能够尝试运用史料作为证据论证自己的观点。(2)历史解释素养水平 2——能够选择、组织和运用相关材料并使用相关历史术语，对个别或系列史事提出自己的解释。(3)家国情怀素养水平 4——能够把握中华民族多元一体的发展趋势；能够表现出对历史的反思，从历史中汲取经验教训，更加全面、客观地认识改革，体会历史发展的曲折性和复杂性。

**【合作探究】**

**教师设问**：结合本课知识，查阅相关资料，谈谈你对材料一中"三国两晋南北朝是一段长期混乱和令人失望的时代"这一观点的认识。（参考答案：言之有理即可）

**教师引导学生小结**：三国两晋南北朝时期是处于秦汉和隋唐两个大一统时代之间的一个大分裂、大动荡时期，这一时期社会动荡，战争不断，人民生活疾苦，社会经济发展受到一定程度的影响。但在大一统国家的分裂中也蕴含着重新统一的契机，民族的交融、南方经济的开发和北方经济的恢复发展，这一切都在近四百年的政权更迭动荡中呈现出隋唐时期国家重新振兴的希望。

# 第6课

# 从隋唐盛世到五代十国

## 教学设计1

安徽省淮北市实验高级中学　黄秋瑾

### 一、教材分析

本课是部编本《中外历史纲要（上）》第二单元《三国两晋南北朝的民族交融与隋唐统一多民族封建国家的发展》第6课，教材内容主要有"隋朝兴亡""唐朝的繁荣与民族交融""安史之乱、黄巢起义和五代十国"三部分。主要讲述了中国古代由魏晋南北朝时期的分裂到隋唐完成大一统，再到五代十国分裂局面形成的历史史实。涉及的知识点主要有隋朝的统一与灭亡、贞观之治和开元盛世的内容及影响、唐朝的民族关系发展脉络、安史之乱发生的原因及影响和五代十国局面的出现。

《普通高中历史课程标准（2017年版）》对本单元的整体要求是："通过了解三国两晋南北朝政权更迭的历史脉络，隋唐时期封建社会的高度繁荣，认识三国两晋南北朝至隋唐时期的制度变化与创新、民族交融、区域开发和思想文化领域的新成就。"本课是本单元的第二课，上承《三国两晋南北朝的政权更迭与民族交融》，学生的首要任务是梳理三国两晋南北朝到五代十国"分裂——统一——分裂"的时空框架。在这一时空框架下，分析这一时期政治、经济、文化、民族关系等多个方面之间的关系。在依据课标的基础上，将本课的教材重新梳理，整合为"大一统"思想之源起、"大一统"思想之践行和"大一统"思想之发展三个环节。

### 二、学情分析

高中一年级的学生，经过初中三年的学习，已经初步掌握了一些学习历史的方法与技巧，对古代历史的脉络基本能够梳理清晰。学生对本课内容的认知除了初中历史学习外，还能通过影视剧（《隋唐英雄传》等）、网络等进行了解，但学生通过影视剧、游戏等了解的知识往往是片面的、支离破碎的甚至是错误的。学生对本课涉及的民族关系方面的史实相对陌生，不能自主构建知识体系。所以，教学中，首先要依据时空观念指导学生梳理本节课的基本知识脉络，构建知识体系。同时利用各种教学资源，引导学生客观分析历史现象，在此基础上对历史现象进行解释，并得出正确的历史结论，树立正确的价值观念。

## 三、教学目标

1. 通过阅读史料,知道"大一统"思想的产生及发展过程。

2. 结合教材,梳理隋唐至五代十国政权更迭的历史脉络,了解藩镇割据局面出现的原因及影响,理解"大一统"思想影响下国家统一的历史发展趋势。

3. 通过研读史料,知道"大一统"思想在隋唐时期的实践,掌握隋炀帝营建东都、开凿运河和唐朝贞观之治、开元盛世、华夷一统等具体史实。

4. 通过分析中国古代历史"大一统"思想的实践及发展,认识到统一是历史发展的必然趋势。

## 四、教学重难点

重点:藩镇割据、唐朝的民族关系。

难点:"大一统"思想的含义及实践。

## 五、教学过程

【导入新课】

**材料一** 美国新清史的代表人物欧立德认为"中国"曾经从历史中消失,而实际上在中华民国之前的中华大地上也确实没有一个以"中国"作为国号的王朝或政权。由此带来的一个突出的问题即是在中华大地上曾经存在的众多王朝或政权谁是"中国",或者说谁代表着"中国"?这是一个不仅导致今天学术界争论不休的问题,而且也是历史上众多占据中原地区的王朝或政权不惜以流血冲突为代价而努力争夺的目标。而更有意思的是,尽管没有出现以"中国"为国号或简称"中国"的王朝或政权存在,中华大地上的王朝或政权也更替频繁,建立王朝或政权的统治者也没有直接的族源关系,但多民族国家建构的历史进程不仅未曾中断,最终建构完成的多民族国家却以"中国"为国号或简称。

——李元晖、李大龙:《"大一统"思想的形成与实践——多民族国家中国疆域的形成和发展》,载《西北民族大学学报(哲学社会科学版)》2016年第1期

**教师设问:** 造成上述状况的原因是什么?(参考答案:中华大地上的众多族群很早就存在理想中的以"中国"为核心的"大一统"的"天下"观念)

**教师讲述:** 纵横万里皆兄弟,一脉同胞古相属。以国家统一为福,以山河破碎为祸,是中华民族千百年来从亲身经历中得出的价值观。中国古代的大一统不仅体现在政治上、地理上,也反映在思想上。"大一统"思想源远流长,对多民族国家中国的形成与发展有着十分重要的作用。在统一的条件下,中国古代创造了辉煌灿烂的文明,今天,让我们循着"大一统"思想,一起走进盛世隋唐,感受古代文明盛世之美。

### （一）"大一统"思想之源起

**材料二** "大一统"一词，最早见于《春秋公羊传》，其中"大"为尊重、重视之意。"统"为开始之意。"大一统"之含义为"尊一始"，这正是它的初始涵义。……秦汉之后的"大一统"思想中最终包含了道统一元（天命归一）、时间一元（万世一系）、空间一元（普天之下）之意。

        ——刘小枫、何新华等：《中国海外研究（上）》，载《开放时代》2010年第1期

**教师设问**："大一统"思想源起于何时？有何含义？（参考答案：起源——先秦时期。含义——道统一元、时间一元、空间一元）

**教师讲述**："大一统"思想源起于先秦时期，其内涵经历了一个发展演变过程。中国传统的"大一统"理念包括以下内容："大一统"的地理观——天下观，"大一统"的政治观——政治一统，"大一统"的思想观——思想一统和"大一统"的民族观——华夷一统。[①] 先秦时期的思想家们就使用"五服""四方""四海""九州"等空间、区划、亲疏等级概念，构筑出包容有序的统一理想。西汉武帝时期，"大一统"思想的核心是"汉为天下宗"，董仲舒等对"大一统"的解读是对这一观念的完善。"大一统"思想形成后为后代所继承，隋唐两朝是积极的实践者。

**（过渡）**历代政权都沿着"大一统"的思想脉络，一路践行，最终推动了多民族国家的形成与发展。

### （二）"大一统"思想之践行

#### 1. "天下一统"之必然

**教师讲述**：翻开中国古代史，我们会发现，王朝兴废是一个历史常态。伴随王朝兴废的，往往是国家的统一与分裂。从夏商周到春秋战国的分裂再到统一的秦国；从秦汉大一统到三国两晋南北朝的分裂，再到隋唐统一；从五代十国分裂割据、辽宋夏金元并立对峙到元明清的大一统；从清朝灭亡形成的军阀割据，到最终统一的和谐中国。正所谓天下"合久必分，分久必合"。中国历史发展的趋势是分裂后必将走向统一，而且是更大更稳固的统一。

**材料三** 在南北朝后期，各族人民强烈要求统一，经济的发展也要求突破分裂实现统一，而统一的条件也已成熟：士族衰落了、民族融合了、北强南弱的局面形成了，统一成为历史发展的必然趋势，统一的实现只是个时间问题，但也不是轻而易举的事。要实现统一，还要有一个杰出的领导人物。这个杰出人物必须顺应历史的发展和时代的要求，充分利用已有的条件，带领人民去完成历史时代所赋予的任务。

        ——施建中：《隋统一原因再探——兼论隋文帝平陈方略》，载《北京师范大学学报》1988年第2期

**教师设问**：依据材料三，概括隋朝完成统一的条件。（参考答案：士族的衰落、民族的交融、北强南弱局面的形成、杨坚等历史人物的作用）

**教师引导学生分析**：隋朝完成大一统，可以说是多种因素共同作用的结果。首先，形成于东汉、极盛于魏晋的士族地主逐渐衰落，大大削弱了分裂割据势力，为统一创造了有利条件。其次，魏晋南北朝时期的民族交融，消除了民族间的对抗情绪，缓和了民族矛盾，削弱了

---

① 何星亮：《"大一统"理念与中国少数民族》，载《云南社会科学》2011年第5期。

分裂割据的趋势。再次,南北力量在政治、经济、军事上发生变化,逐渐形成了北强南弱的局面。最后,长期的分裂动荡使各势力集团的领导者们纷纷起了独占中原之心。近三百年的动乱,致使山河破碎,百姓疾苦,他们渴望安定和平,可以说,"大一统"是民众与领导者们共同的诉求与愿望。

隋文帝杨坚顺应"分久必合"的天下趋势,顺应了民众渴望太平的愿望,以武力结束了魏晋以来的分裂局面,完成了国家的统一。

**自主学习:**请简述隋至五代十国政权更迭的史实,完成表1。

**表1　隋至五代十国更迭表**

| 朝代 | 时间 | 都城 | 概况 |
|------|------|------|------|
| 隋 | | | |
| 唐 | | | |
| 五代十国 | | | |

**教师讲述:**公元581年,北周外戚杨坚代周称帝,建立隋,定都长安。开皇九年(589),隋灭陈,结束了中国自西晋末年以来近三百年的政治分裂局面,完成统一。隋朝虽"二世而亡",但隋朝统一的格局和规制为唐朝所继承,从而开创了中国社会长期稳定发展的新局面。但"安史之乱"的爆发极大地冲击了唐帝国统一的格局。为什么会爆发"安史之乱"呢?

**材料四**　从唐睿宗景云二年(711)任命河西节度使开始,到玄宗天宝年间共有十镇节度使,即:安西、北庭、河西、朔方、河东、范阳、平卢、陇右、剑南九个节度使和一个相当于节度使的岭南五府经略使。这10个藩镇驻军加上其他边地的兵力达49万,而京师和内地的兵力总共才8万,不到边镇的1/6。

——张岂之:《中国历史·隋唐辽宋金卷》,北京:高等教育出版社,2001年,第22页

**材料五**　在平叛过程中,朝廷还对内地掌握兵权的刺史多加节度使称号,造成了乱后"方镇相望于内地,大者连州十余,小者犹兼三四"的藩镇割据的严重局面。

——朱绍侯、张海鹏、齐涛:《中国古代史》(上册),福州:福建人民出版社,2000年,第583页

**教师设问:**依据材料四并结合教材思考,唐朝为何设立藩镇?藩镇的设立有何隐患?

(参考答案:原因——加强边防,巩固唐朝统治。隐患——易使国家陷入分裂状态)

**教师讲述:**藩镇,又称方镇,是唐朝中后期设立的军镇,其长官为节度使。藩镇在政治上拥有自主权,可以任免官吏,节度使死后可以将其职位传给儿子或部将;在经济上,藩镇拥有财权;在军事上,藩镇掌握着武装。藩镇的设置,最初是为了应对边疆的民族战争。到开元年间,已经设立了十大藩镇,其中设在东北、西北的有8个,西边、南边各1个,总兵力近49万人,这就造成了外重内轻的局面,不利于中央集权的加强,最终导致安史之乱的爆发。

**教师追问:**材料五中的"平叛"指的是什么事件?此次叛乱给唐朝带来了什么影响?

(参考答案:事件——平定安史之乱。影响——唐朝由盛转衰,形成藩镇割据局面)

**教师讲述:**755年,安禄山以讨伐杨国忠为名,发兵15万,自范阳南下,掀起了一场震撼

全国的大叛乱,史称"安史之乱"。历时八年的安史之乱平息后,藩镇林立局面非但没有得到遏制,反而愈演愈烈,形成藩镇割据局面,最后演变成五代十国的分裂战乱格局。

**教师讲述:**唐后期,由于宦官专权和朋党之争,唐朝统治进一步被削弱,加上统治者荒淫奢侈,社会矛盾进一步激化。874年,王仙芝首先在长垣(今属河南)起兵,黄巢起兵响应,队伍很快发展到数万人。起义军横扫大半个中国,一度攻占长安,沉重打击了唐朝的统治。907年,朱温废唐称帝,国号梁,史称后梁。唐朝灭亡,此后中国进入五代十国时期。

**材料六** 周世宗柴荣即位之后,深谙"民为邦本,本固邦宁"之理,在他在位短短五六年的时间里,顺天应时,兴利除弊,开展了一系列的改革措施,为今后北宋的统一奠定了良好基础。

——唐建尧、李万晖:《周世宗改革的历史意义》,载《剑南文学(经典教苑)》2012年第4期

**教师设问:**后周世宗柴荣的改革有何意义?(参考答案:增强了后周的实力,为后来的统一奠定了基础)

**教师引导学生小结:**"五代"是中国历史上著名的乱世时代,战争频繁,赋税繁重,法治混乱。但"五代"又蕴含着由乱而治重新统一的历史因素,周世宗柴荣的改革,促进了后周的发展,为后来的重新统一奠定了基础。可见,"大一统"政治形态是中国历史发展的自然选择,是历史发展进程及演变规律的必然结果。

**(设计意图)**在阅读教材和研读史料的基础上,通过自主学习、合作探究,能梳理出隋至五代十国的历史发展脉络,能将藩镇割据局面的形成及影响放在特定时空下考量。本环节指向的是:(1)时空观念素养水平3——能够把握相关史事的时间、空间联系,并用特定的时间和空间术语对较长时段的史事加以概括和说明。(2)史料实证素养水平3——在探究特定历史问题时,能够对史料进行整理和辨析。(3)历史解释素养水平3——尝试从来源、性质和目的等多方面,说明导致这些不同解释的原因并加以评析。

**(过渡)**经历了魏晋南北朝近三百年经济、文化全方位的停滞和倒退后,"大一统"盛世随着隋朝的建立而重新开始。

### 2. "政治一统"之大治

(1)盛世之基——隋

**材料七** 这种规模宏大的仓窖,在全国运河地区普遍设立,"储米粟,多者千万石,少者亦不减数百万石"。

——王仲荦:《隋唐五代史》(第2版),上海:上海人民出版社,2016年,第19页

**教师设问:**材料七中的"仓窖"涉及什么制度?有何影响?(参考答案:制度——仓储制度。影响——备荒赈灾,促进国家的发展;为隋"大一统"实践提供保障)

**教师引导学生分析:**我国历代统治者都十分重视仓储建设,随着江南地区的开发和隋朝漕运的勃兴,隋朝的仓储制度也不断健全。隋朝仓储的种类繁多,有正仓、转运仓、太仓、屯仓、常平仓、义仓等。隋朝仓库不仅数目繁多,而且库藏量大,如洛口仓仓城周围二十余里,穿三千窖,每窖容八千石;回洛仓仓城周围十里,穿三百窖,两仓共可积米二千六百余万石。在隋朝鼎盛时期,仅义仓仓储粮食就在几百万石到一千万石之间。仓储制度的设立,对隋朝的辉煌起到不可忽视的作用。

**(过渡)**国力的强盛为隋炀帝施行"大一统"思想提供了坚实的物质基础,于是隋炀帝施

行了一系列政策以巩固统治。

**材料八** 从政治上看，洛阳便于对关东和江南地区的控制。……从经济上看，当时关中物资不足以供应统一后隋中央政府机构的需求，早在开皇年间，关中一遇荒年，文帝不得不率大小官员就食洛阳。

——朱绍侯、张海鹏、齐涛：《中国古代史》(上册)，福州：福建人民出版社，2000年，第 523－524 页

**教师设问：**隋炀帝为何营建东都洛阳？(参考答案：政治上加强对关东和江南地区的控制，维护国家统一；经济上解决政府物资供应问题)

**教师引导学生分析：**公元 605—606 年营建的洛阳城，成为隋代和唐代的东都，是中国古代最大最繁华的城市之一。关中地区是秦汉杂居地带，常年的战乱使得灌溉设施年久失修，农业生产每况愈下，到隋朝时，该地的物资已经十分匮乏。这已经阻碍了国家的稳定和发展。从方位上看，洛阳处于隋帝国的中心位置，可以体现出大一统帝国对四方臣民的一视同仁。可以说，营建东都洛阳不是隋炀帝的突发奇想，而是经过对政治、经济、军事、地理等方面的慎重考虑做出的决定。隋炀帝营建的洛阳城，规模宏大，东城墙长 7 312 米，南城墙长 7 290 米，西城墙长 6 776 米，北城墙长 6 138 米，周长共 27 516 米。内有皇城和宫城，城内有 103 个里坊，3 个商业市场。洛阳城建成后，大批王侯世家、富商大贾、工匠等迁入，使洛阳迅速繁荣起来。

(过渡)而与营建东都洛阳同时进行的是开凿运河。

**材料九** 隋唐大运河的水运带动了中原地区的经济发展，丰富了中原地区的文化，也使得灿烂的中原文化广泛传播海外；同时，中原地区在地理位置上是大运河的中心枢纽，且在政治军事上对大运河的流通有着决定性作用，其在大运河水运中的中心地位无可替代。

——冯西西：《隋唐大运河与中原繁荣的相互影响》，载《华北水利水电大学学报(社会科学版)》2017 年第 2 期

**教师设问：**大运河的开凿有何意义？(参考答案：巩固了中原地区的政治、军事地位；促进了中原地区经济的发展；将中原地区和海上丝绸之路联系起来，加强了中原地区的对外交流)

**教师讲述：**隋朝开运河始于隋文帝时期，当时引渭水从大兴城到达潼关，长约三百里，名为"广通渠"。隋炀帝即位后，开"通济渠"。大业四年(608)，为征高句丽运输军需，开"永济渠"。大业六年(610)，开"江南河"，由京口(今江苏镇江)通余杭。大运河的开凿，贯穿了河南、河北、江苏、浙江等省，连接了海河、黄河、淮河、长江、钱塘江五大水系，全长两千多千米。大运河的开通，一方面体现了隋炀帝为"大一统"所做的宏观布局与切实努力；另一方面，以南北、东西水系的贯通将中原串联为一体，从地理上使统一变成可能。所以说，大运河既是隋炀帝"大一统"理念的形象展示，也是施行"大一统"决心的理性昭告。

(过渡)唐继承隋制，继续推动着"大一统"多民族国家的发展。

(2)盛世气象——唐

**材料十** 贞观初年、二年，唐太宗两次释放宫女，令其婚配。贞观前期，不仅没有兴修宫室，而且把在建的洛阳乾元殿停建。在他看来，追求宫殿的奢华，喜欢游玩池台，只是帝王个人的欲望，百姓并不希望这样。

——李磊：《李世民靠什么开启贞观之治》，载《解放日报》2018 年 10 月 9 日

**材料十一**　贞观二年(628),唐太宗问魏征:"怎样才算是明君或暗君?"魏征回答说:"能兼听就是明君,只偏信就是暗君。"

——王小甫:《隋唐五代史:世界帝国　开明开放》,北京:中信出版社,2017年,第58页

**教师设问:**依据材料十、十一并结合教材思考,"贞观之治"盛世局面出现的原因有哪些?(参考答案:唐太宗注意节制统治阶级,从而为民众的生产、生活创造较为宽松的政策环境;重视人才,兼听纳谏等)

**教师引导学生小结:**唐太宗即位时,唐经济凋敝、政局不稳。为此,唐太宗采取了一系列措施,如轻徭薄赋、劝课农桑、戒奢从俭;政治上,发展科举、重用人才、兼听纳谏。唐太宗实施的一系列政策,一定程度上缓和了社会危机,促进了社会经济的恢复和发展,大唐帝国呈现出一片升平的景象,为唐朝能享国近300年打下坚实的基础。

**(过渡)**贞观以后,唐太宗成为后世帝王效法的榜样,在经历武则天称帝与韦武之乱之后,唐玄宗重振李唐王朝,开创了开元盛世。

**材料十二**　开元初以姚崇为相,他帮助玄宗实现政治重点转移,执行各种决策,又沙汰僧尼,整顿吏治,对实现政局安定起了很大作用。姚崇之后,所用宋璟、张说、韩休、张九龄等,皆为名相,在政治上均有所建树。

——王小甫:《隋唐五代史:世界帝国　开明开放》,北京:中信出版社,2017年,第172页

**材料十三**　当时经济繁荣,天下富足,在地方州县的仓库和京城的国库里,粮食、布帛和货物堆积如山;全国安定太平,匪盗几乎绝迹;人口大增,物价便宜。唐初人口1 000多万,到天宝十三年增至5 200多万,而且物价稳定,长安和洛阳的米价每石不到200钱;疆域广大,国威远扬。

——张仁木:《"开元盛世"论》,载《江西大学学报(哲学社会科学版)》1988年第4期

**教师设问:**依据材料十二、十三并结合教材思考,"开元盛世"局面出现的原因是什么?(参考答案:任用贤相,整顿朝纲吏治;调整经济,发展农业;加强对外交流等)

**教师讲述:**开元年间,唐玄宗对于有才干的宰相任用不疑,先后任命姚崇、宋璟、张九龄等人为宰相,在他们的辅佐下,针对时弊,进行改革。如裁汰冗官、整顿吏治;兴修水利,重视农业生产;检田括户、限制土地兼并;重视教育文化等。通过改革,开元年间出现吏治清明、政局稳定局面,社会经济不断发展,教育文化繁荣,史称"开元盛世"。

**教师引导学生小结:**"大一统"的"大",就其本意而言不仅指版图的广大,也应包含着人本、民本的思想关怀。没有政治清明、社会稳定、经济繁荣、民众安宁,就不能称之为"大一统"的盛世或治世。唐朝统治者们采取了整顿吏治、劝民农桑等措施,为实现国家"大一统"盛世局面奠定了坚实的基础。

**(过渡)**唐朝贞观之治和开元盛世的出现,使唐王朝呈现空前繁荣局面。国家统一有利于民族交融。

**3. 华夷一统之交融**

**教师讲述:**"华夷一统"理念始于先秦时期,秦汉至隋唐各民族进一步交融,使各民族共同获得了中华一体观念,也使得大一统观念进一步发展,并得到广泛认同。

**材料十四**　他们不但在政治上结为一体，而且都曾与鲜卑贵族独孤氏联姻：北周大将独孤信的长女嫁给周明帝宇文毓，四女嫁给了唐太宗的祖父李昞，七女嫁给了隋文帝杨坚，从而成为关系密切的亲戚。不仅如此，唐太宗的母亲窦氏和妻子长孙氏，也都出于代北族群的贵族家庭。

　　——王小甫：《隋唐五代史：世界帝国　开明开放》，北京：中信出版社，2017年，第128—129页

**教师设问**：唐太宗在民族关系问题上特别强调"华夷一体"，声称对华夏族和其他民族一视同仁。阅读材料十四并思考，唐太宗为何在民族问题上强调"华夷一体"？有何影响？（参考答案：原因——李唐皇室具有少数民族血统。影响——有利于维护多民族国家的统一）

**教师讲述**："大一统"思想形成之后，不仅影响着农耕族群构建"大一统"王朝的实践，也对其他族群尤其是北方的游牧族群产生了影响，推动着多民族国家构建进程的向前发展。李唐皇室具有少数民族血统，唐高祖李渊的生母元贞太后是鲜卑贵族独孤信的第四个女儿，唐高祖还娶了一位鲜卑族的皇后纥豆陵氏，唐太宗也娶了一位鲜卑族皇后长孙氏。唐朝皇室李氏家族本身源于少数民族血统这一事实，说明民族交融是中国古代重要现象之一。李唐王朝的强盛，其重要原因之一就是华夏族与周边民族融合程度进一步加强。

**材料十五**　至少从武德之末到贞观九年，东突厥及其别部的贵族无论从最初的谈判被扣，还是主动归顺，抑或战败归国与无奈投唐，也不管曾祸乱边庭，唐政府一律予以既往不咎，尤其对阿史那氏最为优待。通常以封官授爵的形式对这些降人进行怀柔。

　　——朱德军：《优容·征服·怀柔：唐初二帝经营东突厥战略述论》，载《宁夏社会科学》2018年第4期

**材料十六**　唐初时期，松赞干布统一诸羌，建立了强大的吐蕃王朝，对唐朝屡有扰边之举，在唐太宗时期，为了发展唐蕃友好关系，派文成公主入藏和亲，形成了汉藏政治关系的崭新局面。

　　——邓舒：《唐朝民族管理的思想理念透视》，载《贵州民族研究》2017年第5期

**教师设问**：依据材料十五、十六并结合教材，说说唐朝对待突厥和吐蕃各采取了什么措施？你还知道唐朝哪些民族政策？这些政策的实施有何影响？（参考答案：措施——怀柔政策、和亲政策。政策——羁縻政策、册封制度等。影响——有利于加强民族交融，促进统一多民族国家的发展）

**教师讲述**：唐朝是中国封建社会的鼎盛时期，也是民族关系大发展的时期。突厥是唐朝初年对唐朝发展影响最大的少数民族，在隋末唐初多次南下进攻。贞观四年（630），唐军大破突厥，俘颉利可汗，东突厥一度合并于唐。东突厥汗国灭亡后，草原上的各族酋长推尊唐太宗为"天可汗"，表示他们承认唐王朝的领导地位，要求同唐进行经济文化等方面的交流。640年，唐太宗征服高昌，设置安西都护府。武则天在位时，设置北庭都护府，与安西都护府分治天山南北。唐设立的最高军政兼职的都护府，促进了丝绸之路的畅通，加强了民族交融。

　　唐朝还用联姻的方式加强同少数民族的联系，如派文成公主、金城公主入藏和松赞干布、尺带珠丹联姻。唐蕃和亲为中原和吐蕃地区经济、文化联系提供了条件。松赞干布派贵族子弟到长安学习，并聘请有学问之人到吐蕃掌管文书。文成公主入蕃时，带去了很多东西，有蔬菜种子、药物以及精致的手工艺品和一些有关生产技术的书籍。文成公主入蕃，对

加强汉藏友谊和发展藏族经济、文化,作出了突出的贡献。

**材料十七**

图1 职贡图

**教师设问:**请仔细观察教材中的《职贡图》并思考,这些人为什么要向唐王朝进贡?对唐朝的民族关系有何影响?(参考答案:原因——唐朝国力强盛并实行开明的民族政策。影响——加强了唐朝各民族的交融)

**教师讲述:**所谓《职贡图》,是指在古代中国,外国及中国境内的少数民族上层向中国皇帝进贡的纪实图画。教材中的《职贡图》是唐代画家阎立本之作,反映的是外国使节和我国边远少数民族使臣携贡品来唐进贡的情景。该画描绘的是贞观五年(631),南洋的婆利、罗刹、林邑等国前来朝贡的景象,画面有人物27人,中间有一人骑马,其余都是步行。这些使臣携带各式各样的奇珍异宝,有象牙、怪石、孔雀羽毛霎扇、鹦鹉等。阎立本的《职贡图》描绘了中土大唐令四夷臣服纳贡的场景,既赞美了中央王朝的威望,又体现了华夏族与少数民族之间的交流融合。

**教师引导学生小结:**唐朝统治者总结了秦汉以来处理少数民族关系政策的得失,在发展政治、经济的同时,善待少数民族,以和为主,以抚为主。这一时期开明的民族政策,大大加强了少数民族与汉族的各方面联系,开发了边疆,促进了民族交融,创造了统一多民族国家的盛世时代。

**(设计意图)**通过研读隋唐时期"大一统"思想实践的史料,引导学生依据史料提取有效信息,并运用史料对探究问题进行论述。通过唐朝开明民族政策的学习,把握中华民族多元一体的发展趋势,涵养家国情怀。本环节指向的是:(1)时空观念素养水平4——能够选择恰当的时空尺度对其进行分析、综合、比较,在此基础上作出合理的论述。(2)家国情怀素养水平3——能够把握中华民族多元一体的发展趋势,以及世界历史发展的进步历程,形成正确的世界观、人生观、价值观和历史观。

## (三)"大一统"思想之发展

**材料十八** 两宋时期"大一统"格局发生了变化,在中国境内分别有汉族建立的宋朝、契丹建立的辽朝、女真建立的金朝、党项建立的西夏、白蛮建立的大理等政权。……宋、辽、金等政权都把建立更大规模的"大一统"作为统治者的政治目标和政治理想。

——王文光:《"大一统"中国发展史与中国边疆民族发展的"多元一统"》,载《中国边疆史地研究》2015年第4期

**材料十九**　元明清时期,各民族的融合与发展进一步加强,多民族最终朝着"多元一统"的格局发展,各个民族得到了前所未有的融合与发展,统一于"大一统"的国家之中。

　　——朱延君、刘雪妙:《"大一统"思想在维护边疆地区民族团结中的作用》,载《内蒙古统战理论研究》2018年第5期

**教师设问**:依据材料思考,我国多民族"大一统"思想的发展过程有何特点?(参考答案:"大一统"格局相对稳定;形成了"多元一统"政治格局)

**教师引导学生分析**:在中国国家发展史上,"大一统"思想是一种常态,是中国历代统治者的最高理想和终极目标,自先秦时期产生,经历秦汉、隋唐、宋、元明清等时期的发展,成为推动国家统一、民族发展的历史主流思想。

**材料二十**　从中国新石器时代灿若繁星的文化到夏商周时期的华夏、四夷,一直到今天的56个民族,多民族是统一多民族中国的一个基本国情,因此从古至今如何使多民族中国能够统一并且健康发展,就有了政治家、历史学家"大一统"的思想和一系列的政治实践。产生于春秋时期的"大一统"理论是为了天下统一于周天子,消除诸侯割据,是保证国家"大一统"的意识形态;秦汉以后"大一统"思想发展成为维护多民族"大一统"中国发展的主题,经过几千年的实践,成为中国人崇尚国家统一的文化遗产和鲜明的政治价值取向。

　　——王文光:《"大一统"中国发展史与中国边疆民族发展的"多元一统"》,载《中国边疆史地研究》2015年第4期

**材料二十一**　从古代中国的"武力统一",到新中国的"和平统一",到今天的"一国两制"和"九二共识"。时代在变,但中华民族对统一的渴望和追求始终未变;统一的方式在变,但中华民族完成国家统一的决心和信心始终未变。

　　——董文文:《论中华民族的大一统思想及当代价值》,载《新西部(理论版)》2017年第2期

**教师设问**:"大一统"思想对当代中国有何启示?(参考答案:强化国家认同;加强民族团结、交融;维护多民族国家统一)

**教师引导学生小结**:随着时代的不断发展,"大一统"思想也被赋予了新的意义,即加强对民族地区和边疆地区的治理,进一步保障社会的安定协调和国家的长治久安。这既要求国家在政治、经济、外交方面保持高度统一,也要求多区域、多民族的文化、宗教、信仰、习俗等有机融合。各民族对"大一统"思想的认同和推崇,成为中国统一多民族国家治国安邦的思想根源,特别是在当代,在中华民族的统一和发展过程中产生了巨大而深远的影响。

**(设计意图)**通过史料的研读与解析,帮助学生梳理中国历史"大一统"的发展脉络,从历史中吸取经验教训,全面、客观认识历史与现实问题,真正做到以史为鉴、面向未来。本环节指向的是:(1)唯物史观素养水平3——能够将唯物史观运用于历史学习、探究中,并将其作为认识和解决现实问题的指导思想。(2)时空观念素养水平3——能够把握相关史事的时间、空间联系,并用特定的时间和空间术语对较长时段的史事加以概括和说明。(3)家国情怀素养水平3——能够把握中华民族多元一体的发展趋势,形成正确的世界观、人生观、价值观和历史观。

【课堂小结】

教师小结："大一统"思想在中国源远流长,在"合久必分,分久必合"的历史观念下,"大一统"思想逐渐融入历朝历代上至天子、下至百姓的血脉之中。纵观中国历史,中华民族一直主张统一、反对分裂,不管是普通百姓还是帝王将相无不盼望着安定祥和的生活、无不盼望着国家的统一和顺。

# 教学设计 2

安徽省淮北市第一中学　杨茂坤

## 一、教材分析

本课是部编本《中外历史纲要(上)》第二单元《三国两晋南北朝的民族交融与隋唐统一多民族封建国家的发展》第 6 课,主要讲述了中国古代从隋唐盛世到五代十国的具体史实。《普通高中历史课程标准(2017 年版)》对本单元的要求是:"通过了解三国两晋南北朝政权更迭的历史脉络,隋唐时期封建社会的高度繁荣,认识三国两晋南北朝至隋唐时期的制度变化与创新、民族交融、区域开发和思想文化领域的新成就。"从隋唐到五代十国,是古代中国从三国两晋南北朝时期的分裂走向统一,然后再度走向分裂的历史时期。隋唐盛世是中国封建社会从分裂重新走向统一之后出现的,是三国两晋南北朝以来社会发展的结果。这一时期的隋唐封建王朝,国力强盛,经济繁荣,疆域辽阔,民族交融进一步加强,对外交往活跃。随后的安史之乱打破了这一局面,强盛的唐王朝由盛转衰。公元 907 年,唐朝灭亡,中国历史进入了重新分裂的五代十国时期,而五代十国的分裂又为北宋的重新统一奠定了基础。

本课教学内容时间跨度近 400 年,涉及从隋唐到五代十国时期政治、经济、民族关系等多方面的内容,众多知识点之间的内在关系相对复杂,需要教师在整体把握本课知识的基础上,对教材内容进行重新整合,梳理知识,理清线索,以便更好地达成教学目标。

## 二、学情分析

高中一年级的学生,已经具备了一定的历史基础知识,初步掌握了一定的文本阅读能力和理性分析能力,也掌握了一定的历史学习方法。经过初中的学习,学生对隋唐盛世及玄武门之变、安史之乱等重大历史事件已经有一定的了解,但是缺乏深入的理性分析。高中学生在历史学习的过程中,由于历史逻辑思维不够缜密,得出的历史结论往往有失偏颇。因此,在本节课学习过程中,需要通过史料阅读、问题分析,在掌握知识的基础上,进一步培养学生发现问题、解决问题的历史思维能力。

### 三、教学目标

1. 通过教材阅读、史料研习,梳理从隋唐到五代十国时期政权更迭的脉络,培养在特定时空下分析历史问题的能力。

2. 通过自主学习和合作探究,理解唐朝积极的民族政策,进而从政治、经济、民族关系等多层面思考唐朝盛世局面出现的原因,加深对历史问题的理解。

3. 通过阅读教材并结合相关史料,理解隋唐盛世及走向衰落的原因。

4. 通过研读唐朝藩镇割据的有关史料,多角度理解藩镇割据,培养历史思维能力,初步具备反思历史、吸取历史教训的意识。

### 四、教学重难点

重点:隋唐盛世;隋唐民族交融。

难点:隋唐民族交融的意义;唐朝藩镇割据的影响。

### 五、教学过程

【导入新课】

同学们,在开始今天的新课之前,我们先来看一首诗:

绛帻鸡人送晓筹,尚衣方进翠云裘。

九天阊阖开宫殿,万国衣冠拜冕旒。

日色才临仙掌动,香烟欲傍衮龙浮。

朝罢须裁五色诏,佩声归向凤池头。

这首七言绝句,描绘的是封建王朝文武百官早朝的场面。在作者笔下,君王威仪的盛大排场和恢弘气势一览无余。巍峨的宫殿大门层层叠叠,犹如九重天门次第打开;毕恭毕敬的万国使节,诚惶诚恐拜倒殿下。这幅"早朝图",表现出来的那种光明璀璨而仪态万千的气象,反映了一个国家的强盛国力,一个时代的蓬勃精神,乃至一个民族的高度自信。

同学们,看到这种盛大华丽、气势恢宏的场面,你最先想到的是我国古代的哪一个封建王朝? 这是唐朝诗人王维的《和贾舍人早朝大明宫》,描绘的正是唐朝的"大明宫早朝图"。今天我们就一起重返盛世隋唐,感受它曾经的繁华和沧桑。

(设计意图)本课以王维的一首描绘盛唐气象的七言绝句诗导入,直接切入主题,从而引发学生思考,培养学生时空观念、史料实证和家国情怀。本环节指向的是:(1)时空观念素养水平 1——能够辨识历史叙述中不同的时间与空间表达方式。(2)史料实证素养水平 1、2——能够从所获得的材料中提取有关信息,能够认识不同的史料所具有的不同价值。(3)家国情怀素养水平 1、2——能够具有对家乡、民族、国家的认同感,理解并认同社会主义核心价值观和中华优秀传统文化。

【学习新课】

**教师讲述：**公元 581 年,北周外戚杨坚取代北周静帝,建元开皇,定都长安,建立了隋朝,杨坚就是历史上的隋文帝。虽然隋朝在我国历史上是一个短祚而亡的封建王朝,但它在中国历史上却留下了浓墨重彩的一笔。

## (一) 盛世之奠基

### 1. 再造统一

**教师讲述：**隋朝建立后,隋文帝首先出兵打败了北方强盛的游牧民族突厥,使突厥分裂为东、西两部,并先后臣服于隋朝。平定了北方边患后,588 年 11 月,隋文帝命杨广率 50 万大军南下,仅用了三个多月的时间,就消灭了南朝的割据政权——陈,结束了南北近 400 年的分裂局面,实现了国家统一,杨坚因此成为我国历史上著名的建立强盛王朝并再造统一的开国皇帝。可以说,只有结束了南北政权的分裂,终结国内的民族内乱,社会生产和文化才有可能进一步发展,才有开启隋唐繁荣统一局面的可能。

国家统一的大业完成后,隋文帝杨坚励精图治,发展生产,经过十几年的苦心经营,国家呈现出繁荣的局面。

**材料一**　元人马端临在《文献通考》中说:"古今称国计之富者莫如隋。"此话并非全属虚夸。隋文帝杨坚自公元 581 年,代北周建隋登上皇位后,至公元 604 年被其次子杨广所杀,前后在位不过二十四年。经过他的苦心治理,隋王朝在短期内确实出现了前所未有的富庶局面。史载:"隋代资储遍天下","比至(文帝)末年,计天下储积,得供五、六十年。"

——竺培升:《略论隋文帝时期"国计之富"的原因》,载《中南民族学院学报》1985 年第 1 期

**教师设问：**根据材料一,概括隋朝经济繁荣的原因及表现。(参考答案:原因——隋文帝励精图治,发展生产。表现——国库丰实,经济富庶)

**教师讲述：**隋朝统一后,社会安定,人口增长迅速,前期人口 3 000 多万,全盛时期人口达到了 4 600 多万。耕地面积从隋朝初期的 1 900 多万顷,扩张到 5 500 多万顷,国库也随之得到了充实。得益于此,隋朝在各地广设存放粮食与物资的仓库和赈济灾害的义仓。对此,杜佑在《通典》中也曾有"隋代资储遍天下"的描述。

**(过渡)**虽然富庶,隋朝在历史上却是一个短命而亡的王朝。从 581 年隋朝建立到 618 年隋炀帝杨广在江都被部下杀死,隋朝仅仅存在了 38 年。然而,隋朝却在其存在的较短时间内密集兴建了一系列大规模的工程,下面我们首先看看这一系列工程的兴建过程。

**材料二**　(隋炀帝)大业元年"发河南诸郡男女百余万,开通济渠"。(大业元年开始)营建东都"每月役丁二百万人"。大业三年七月"发丁男百余万筑长城"。四年正月"发河北诸郡男女百余万开永济渠"。

——诸祖煜:《隋炀帝时期民役的特点及其形成原因》,载《中学历史教学参考》1987 年第 6 期

**教师设问：**概括隋炀帝一系列工程兴建的特点并分析其影响。(参考答案:特点——规模大、集中性。影响——兴建基础设施,有利于经济发展;滥用民力,激化阶级矛盾)

**教师引导学生分析**：在经济发展的基础上，隋炀帝短时期内密集兴建了一系列大工程：修筑洛阳城，开凿大运河，修筑长城等，以至于同一时期隋朝几乎大部分青壮年劳动力都被征调。营建东都洛阳，每月役使200多万民夫，浩大的工程、紧迫的工期导致"役丁死者什四五"。隋炀帝为了满足个人奢侈享乐的欲望，置民于水火，也浪费了人力、物力和财力，影响了生产的发展。不仅如此，洛阳城建成后，隋炀帝还在洛阳举行盛大的"炫富"表演大会：以丝绸缠树欢迎客人，不惜重金免费招待南来北往的客商……完全丧失了营建东都的积极意义。

**材料三** 是时(隋朝末年)百姓废业，屯集城堡，无以自给。然所在仓库，犹大充牣，吏皆惧法，莫肯赈救，由是益困。初皆剥树皮以食之，渐及于叶，皮叶皆尽，乃煮土或捣稿为末而食之。其后人乃相食。

　　——王咨臣等译，虞祖尧等校：《历代食货志今译(晋·魏·隋)》，南昌：江西人民出版社，1986年，第133—134页

**教师设问**：根据材料，概括隋朝末年的社会状况并据此分析隋亡的原因。(参考答案：社会状况——统治腐朽，百姓生活困苦，民不聊生。原因——统治残暴，国富民穷，不惜民力)

**教师讲述**：隋朝不惜民力的事例还有很多。隋朝开通的贯通南北的大运河，不仅巩固了统一，还促进了南北的经济交流和运河沿岸城市的发展。但是，这条长达2 000多千米的大运河仅用六年的时间就修筑完成了。当时，全国仅有4 000多万人口，各项劳役役使人口就达3 000多万人。短时期内役使大量劳动力，给农业生产带来了极大的破坏，激化了阶级矛盾。再加上连年的自然灾害，百姓衣食无着，最终揭竿而起，也正是在农民起义的打击下，隋朝最终走向了灭亡。正如历史学家指出的，无论是洛阳城的兴建还是大运河的开凿，对隋朝来讲，都可以说是"功在千秋，罪在当代"的事情。难怪唐朝诗人皮日休在《汴河怀古》中会发出这样的感慨："尽道隋亡为此河，至今千里赖通波。若无水殿龙舟事，共禹论功不较多。"

**活动设计**1：你眼中的隋炀帝是怎样的一个皇帝？

**(设计意图)** 开放性的问题讨论，答案不固定。通过问题讨论，引导学生初步掌握评价历史人物的基本方法，初步培养学生的辩证思维和批判思维。本环节指向的是：唯物史观水平3、4——能够将唯物史观应用于历史学习、探究中，并将其作为认识和解决现实问题的指导思想。

**(过渡)** 隋初统治者的励精图治和百姓的辛勤劳动，使隋朝经济初步繁荣。隋炀帝的暴政和滥用民力，却给隋朝带来了灭亡的命运。隋亡之后，新的封建王朝——唐朝建立，隋末的战乱给经济带来了巨大的破坏，唐朝统治者又是如何采取措施，恢复、发展经济，并很快创造了一个新的繁荣盛世的呢？

**2. 走向强盛**

**教师讲述**：618年，唐高祖李渊在长安称帝，唐朝建立。唐朝建立后，很快统一了全国。626年，玄武门之变后，唐太宗李世民继位。唐太宗上台之初，由于隋炀帝的残暴统治和隋末连年农民战争的破坏，社会经济残破不堪，从关中到关东这一唐王朝统治的核心区域甚至"茫茫千里，人海断绝，鸡犬不闻"。因此，如何恢复经济，成为唐太宗面临的最重要的问题之一。

作为我国历史上杰出的政治家，唐太宗是一个与秦皇汉武齐名，有文韬武略的皇帝，从

马背到龙椅,以武力定天下,却以文治教化征服天下。深受儒家德治思想影响的唐太宗,究竟是如何开创唐朝盛世的呢?

**材料四** 据《贞观政要》记载统计,魏征向太宗面陈谏议有五十次,呈送太宗的奏疏十一件,一生的谏诤多达"数十余万言"(《新唐书》卷九七《魏征传》)。魏征对唐太宗常常是面折廷诤,有时弄得他面红耳赤,甚至下不了台。一次罢朝后,太宗曾余怒未息地说:"会须杀此田舍翁。"又说魏征"每廷辱我"(《资治通鉴》卷一九四)。

——孙英刚:《灿烂辉煌的开放世界:隋唐五代》,上海:上海人民出版社,2018年,第2145页

**教师设问:**材料反映了唐太宗什么样的政治品质?对唐朝社会产生了何种影响?(参考答案:政治品质——虚心纳谏。影响——有利于形成唐朝开明的政治局面,为"贞观之治"奠定基础)

**教师讲述:**唐太宗任人唯贤,唯才是举,他任用的人,有故友亲信房玄龄等,也有农民起义出身的秦琼等,甚至还有魏征这样的来自敌对阵营且屡次背叛原主、出尔反尔的人。不仅如此,唐太宗在历史上还以虚心纳谏而著称。宋朝史家范祖禹评价唐太宗说:"迹其性本强悍,勇不顾亲,而能畏义而好贤,屈己以从谏,刻厉矫揉,力于为善,此所以致贞观之治也。"意思是说唐太宗本来是一个彪悍勇武之人,可是他能够畏义好贤、屈己从谏,他能对道义保持敬畏,对贤者保持尊敬,且不固执己见,能听从臣下的谏诤,努力改过自新。正是因为这些,才成就了"贞观之治"的盛世局面。

唐太宗还在经济上推行均田制,使一部分农民获得了土地;实行租庸调制,以减轻农民负担,保证生产时间。轻徭薄赋,劝课农桑,发展生产,这些措施使社会经济在较短的时间内得到了恢复和发展。

**(过渡)**国家的统一,经济的恢复和发展,使唐朝国力逐步增强。而各民族之间关系的处理又成为唐朝统治者不得不面对的重要问题。唐朝初期,统治者又是如何处理辽阔疆域之下的民族关系,开创盛世局面的呢?

### (二)盛世之荣耀

#### 1."化外"之治

**教师讲述:**自古以来,居住在中原地区的汉族,以文明中心自我标榜,称居住在中原地区以外的少数民族为"蛮夷"或"化外之民",强调两个地区文明程度的区别或优劣,这实际上是一种民族歧视。但在隋唐时期,中原之外的周边少数民族却迅速发展壮大,东北的契丹、靺鞨和室韦,西北的突厥、回纥,西南的吐蕃、南诏等先后建立强大的民族政权。唐太宗即位之初,他们不断骚扰边境,民族矛盾较为尖锐。如何处理与周边少数民族的关系,实现政局的长治久安,成为唐太宗急需解决的重要问题。

**材料五** 《通鉴》卷198唐太宗贞观二十一年(647)五月庚辰条云:"(太宗)问侍臣曰:'自古帝王虽平定中夏,不能服戎、狄。朕才不逮古人而成功过之,自不谕其故,诸公各率意以实言之。'群臣皆称:'陛下功德如天地,万物不得而名言。'上曰:'不然。朕所以能及此者,止由五事耳……自古皆贵中华,贱夷、狄,朕独爱之如一,故其种落皆依朕如父母。此五者,朕所以成今日之功也。'"

——李鸿宾:《论唐朝的民族观念》,载《内蒙古社会科学(汉文版)》2001 年第 5 期

**教师设问**:根据材料,概括唐太宗的民族观念,并分析其形成的原因。(参考答案:民族观念——淡化民族差别,平等对待各民族。原因——唐太宗开明的民族观念;民族交融的加强;唐朝国力的强盛)

**教师讲述**:唐太宗指出了历代统治者处理民族关系的不当之处,表示自己不会效仿他们,正是以这种超越古代帝王的民族观念为指导,唐太宗才得以正确处理复杂的民族关系。当然,唐太宗平等对待少数民族的开明民族政策,并没有也不可能实现民族关系的根本平等。他只是希望通过处理好民族关系来开疆拓土、建功立业,是以维护自己的统治为根本出发点的。

唐太宗即位之初,东突厥颉利可汗就亲率 10 万大军向唐发动进攻,对唐朝构成了严重的威胁。在消灭各地割据势力的基础上,唐太宗决心解决西北边境之患。贞观四年(630),时机成熟之际,唐太宗主动出击,大败东突厥军队,俘虏了突厥颉利可汗,东突厥政权灭亡。

**材料六**　当时东突厥余众,在颉利可汗失败之后……亲附唐朝的有十余万口之多。唐把归附的东突厥人,安置在今陕西佳县、榆林、靖边一带,设立了祐、化、长三州都督府;同时又在辽宁朝阳以南设立了顺州都督府,以统辖幽(今河北北部)并(今山西)塞上的突厥人。除此以外,唐还在旧颉利可汗统治区内,设立了定襄、云中两个都督府,下辖六个羁縻州。这六个羁縻州内的突厥部落,还保持他们原有的部落建制。羁縻州的刺史,也大都由突厥的部落首长来担任。

——王仲荦:《隋唐五代史(上)》,上海:上海人民出版社,2015 年,第 557 页

**教师设问**:唐太宗处理东突厥问题的措施有什么特点? 有何积极意义?(参考答案:特点——设置羁縻府州,因俗而治,因地制宜。意义——有利于民族团结和国家统一)

**教师讲述**:唐朝实施的这一制度称之为羁縻府州制度。在前期民族交融的基础上,唐太宗这种根据民族实际情况因俗而治的做法,对于促进唐朝更进一步的民族交融有着积极的作用。不仅如此,唐太宗还给予被俘的颉利可汗特别的优待,赐其良田美宅,为其修建住房。当游牧民族的他们不适应定居生活之时,主动让其回归游牧生活。唐太宗的这些做法,赢得了突厥民族的尊重,最终被各民族称为"天可汗"。

张骞通西域后,西域地区和中原的联系越来越密切,中原人民的大量迁入,促进了这一地区经济、文化的发展。而唐朝初期强大的西突厥控制了西域诸国后,原来通畅的丝绸之路被人为地阻隔了。640 年,唐太宗在军事打击西域高昌胜利的基础上,合并了高昌,并在此设置安西都护府,进行管理,大大促进了高昌地区的发展。后来,武周时期设置北庭都护府,与安西都护府分治天山南北,这一地区正式归属唐朝政府的行政管理。

**(过渡)**吐蕃人是今天藏族人的祖先,生活在青藏高原一带。吐蕃是唐朝近两百年中最强劲的对手。7 世纪早期,吐蕃首领松赞干布统一青藏高原并于贞观七年(633)建立了强大的吐蕃王朝,此后,国力不断增强。贞观八年(634)到贞观十四年(640),松赞干布先后四次向唐请婚,甚至不惜率二十余万大军威胁唐"若大国不嫁公主与我,即当入寇"。最终,唐太宗许以文成公主。

**材料七**　很明显,吐蕃已成为唐朝西部最强劲的政权,尽管吐蕃不能轻易犯唐,但唐朝也不敢轻视。臣之不能,只能以和为上,而且此时唐朝边患不断,许婚自然是最佳选择……

对吐蕃而言,一方面,新兴的吐蕃王朝要与吐谷浑、突厥等周边的王国一比高低,要在唐朝那里取得与吐谷浑、突厥等同等的待遇;另一方面,与唐朝和亲,唐朝就不能直接帮助吐谷浑,所谓"疏不间亲",为之后吐蕃灭吐谷浑创造了很有利的条件,亦算是远交近攻的上策。很显然,无论是吐蕃请婚,还是唐朝许婚,均是二者国力情势的一个反映。

——裴婷婷、何立慧:《吐蕃、唐朝和战交往及对唐朝的影响》,载《中国边疆史地研究》2007年第1期

**教师设问:**结合材料思考,吐蕃为何三番五次求婚?唐太宗为何许婚?请据此谈谈你的认识。(参考答案:吐蕃求婚——远交近攻,提升地位。唐朝许婚——联合吐蕃解决边患问题。认识——双方的国力和形势决定了和亲是最佳选择)

**教师讲述:**唐蕃和亲,大大促进了汉藏友好交往和民族经济文化的交流。文成公主入藏带去了种子、药物、手工艺品等,中原地区先进的生产技术传入吐蕃也促进了其经济、文化的发展。文成公主为加强汉藏友谊作出了巨大的贡献,她也成为汉藏友好交往的代表符号。

民族关系的妥善处理,为唐朝的政治安定奠定了基础。贞观年间,在政治清明、经济恢复发展的基础上,出现了"贞观之治"的繁荣局面。

**(设计意图)**隋唐时期的民族交融是本节课的重点和难点,为处理复杂的民族关系,统治者采取了什么样的措施,这些措施产生了何种影响,与隋唐盛世局面有什么关系,学生需要理解这三个问题,并从逻辑关系上理清三者之间的关系。本环节的教学设计,主要通过提供史料,培养学生史料实证和历史解释的能力。本环节指向的是:(1)史料实证素养水平2——能够从所获得的材料中提取有关的信息。在对史事与现实问题进行论述的过程中,能够尝试用史料作为证据论证自己的观点。(2)历史解释素养水平2——能够选择、组织和运用相关材料并使用相关历史术语,对个别或系列史事提出自己的解释;能够在历史叙述中将史实描述与历史解释结合起来。

**(过渡)**唐太宗之后继位的是唐高宗李治,李治的软弱无能给了皇后武则天参与朝政的机会,最终武则天在高宗死后,废唐称帝,改国号为周。武周时期,我国历史上唯一的女皇帝武则天,为唐朝社会经济的持续发展作出了自己的贡献。武周政权后不久,唐高宗之孙李隆基继位,就是历史上有名的唐玄宗。

### 2. 开元盛世

**教师讲述:**唐玄宗开元年间(713—741),在结束武则天时期以来的动荡后,唐玄宗采取了政治、经济、军事、文化等方面的措施,把唐朝推向了历史上的全盛时期,史称"开元盛世"。关于"开元盛世",我们来看一段史料。

**材料八** 武德中期,全国在籍编户仅200万户,贞观初期也不满300万户,不及隋朝最高户数的三分之一;到开元二十八年(740)增至841万户、4 814万口,天宝十三年(754)增至906.9万户、5 288万口。武德、贞观时期,"土旷人稀""率土荒俭",到开元、天宝时期,"耕者益力,四海之内,高山绝壑,耒耜亦满",耕地面积达八亿亩左右。天宝八年(749)中央政府直属的北仓、含嘉仓,储存粮食达1 245万石。考古发掘表明,这些粮食来自苏州、徐州、德州、邢州、冀州等地。开元年间人说:"人家粮储皆及数万",可见民间藏粮也极丰富。

——樊树志:《国史概要》第3版,上海:复旦大学出版社,2004年,第180页

**教师设问:**根据材料,概括"开元盛世"的表现,并结合所学知识分析"开元盛世"出现的

原因。(参考答案：表现——人口和耕地面积激增；政府和百姓粮仓丰盈。原因——唐玄宗任用贤能；改革吏治；提倡节俭；整顿边防等)

**教师讲述：**从"资储遍天下"的隋朝，到"贞观之治"再到"开元盛世"，唐朝的经济继续发展，人口和耕地面积大大增加，学者们综合推测，公元8世纪中叶，唐朝全国实际人口超过7000万，玄宗时期，全国耕地面积6.6亿亩。这与唐朝统治者吸取隋亡教训，努力发展生产关系密切。而随着唐朝经济的持续发展，此时不仅政府粮仓丰盈，百姓家里的粮仓也是"人家粮储皆及数万"。诗人杜甫在其《忆昔二首》中这样描绘开元盛世："忆昔开元全盛日，小邑犹藏万家室。稻米流脂粟米白，公私仓廪俱丰实。"不仅如此，唐朝前期的盛世局面还体现在辽阔的疆域上。

### 3. 疆域辽阔

**教师设问：**阅读教材第35页"唐朝前期疆域和边疆各族分布图(669年)"，指出唐朝前期疆域的范围。(参考答案：东到大海，西达咸海，南到南海，东北至外兴安岭、库页岛一带)

**教师引导学生分析地图：**通过这幅地图，我们可以清晰地看到唐朝前期的疆域范围，进一步仔细观察地图，我们还能发现西部地区一个重要的少数民族——回纥。回纥就是今天维吾尔族的祖先，后改名为回鹘。他们唐朝时主要居住在今天的蒙古、外蒙古地区，7世纪回纥也归顺了唐朝。唐玄宗后期爆发了安史之乱，在平叛过程中回纥兵发挥了重要的作用。东北的靺鞨族粟末部强大起来后，唐玄宗封其首领大祚荣为渤海郡王，并给予其相当大的自主权，不干涉其内部政治、经济、外交事务。唐朝将羁縻制度应用于东北地区，在这里设置了渤海都督府、黑水都督府进行管理。

**活动设计2：**请谈谈你对隋唐盛世的感受和认识。

**(设计意图)**开放性的问题讨论，答案不固定。隋唐盛世是我国封建社会少有的盛世局面之一，对于这样一个治世局面，不同的人有不同的认识和感受。这一活动主要目的是引导学生对其进行全面、理性的认识。本环节指向的是：(1)唯物史观水平3、4——能够将唯物史观运用于历史的学习与探究中，并将唯物史观作为认识和解决现实问题的指导思想。(2)家国情怀水平1、2——能够具有对家乡、民族、国家的认同感，理解并认同社会主义核心价值观和中华优秀传统文化。

**(过渡)**经济的繁荣、版图的扩张让我们见识了大唐盛世的繁华。尽管如此，少数民族统治下的万里封疆不可能长期平静，东北的高丽、西北的西突厥都在蠢蠢欲动，盛世繁荣、国泰民安的背后，似乎隐隐透露出一些不安。

### (三) 盛世之危局

### 1. 安史之乱

**教师讲述：**因为边境形势的紧张，唐朝前期在西北、东北的边防重镇，设置节度使镇守，节度使的驻地称之为藩镇。藩镇设置初期对巩固边防和维护统一起了积极作用。唐高宗以后民族矛盾越来越尖锐，开元、天宝年间，为了加强对边疆的控制，开拓更为广阔的边疆领土，唐玄宗不断对边疆地区增兵，在边防要地广设节度使，随后赋予节度使的政治、经济、军事权力不断增加，唐朝前期的"内重外轻"的军事格局逐渐演变成为"外重内轻"，为藩镇反叛埋下祸根。首先起来对唐朝中央政府发难的是手握重权，身兼平卢、范阳、河东三镇节度使的安禄山。

**材料九** 实际上安禄山的叛乱只不过是唐朝诸多的、深刻的社会矛盾的一个爆发而已。唐朝经过百余年的发展,在封建经济高度繁荣的同时,造成了严重的两极分化。土地兼并,均田制破坏,赋役苛重,致使封建国家的基础——广大的自耕农大量破产,阶级矛盾日益尖锐。而封建国家的支柱——上自皇帝、王公、贵族,下至一般的官僚地主,早已抛弃了贞观、开元时期励精图治的精神,肆意盘剥,终日尽情享乐。在玄宗李隆基统治后期,荒淫放荡,怠于政事……唐玄宗宠信李林甫,重用安禄山,无限制地扩大节度使的权力,其根本原因在于政治腐败,而安绿山的叛乱正是腐败政治的必然结果。

——沙宪如:《唐代节度使的再探讨》,载《史学集刊》1994 年第 2 期

**教师设问**:根据材料,分析安史之乱的原因。(参考答案:直接原因——节度使专权;根本原因——政治腐败)

**教师引导学生分析**:通过上述材料,我们会发现,唐朝的藩镇体制和节度使的权力扩张只是安史之乱爆发的原因之一,安史之乱的根本原因是唐朝政治的腐败。唐玄宗后期,任用李林甫为相,李林甫为了个人永居相位,改变唐初"出将入相"的局面,防止边关功臣入朝为相,不断提拔并授予手握重兵的节度使大权,最终使安禄山这样的野心家有机可乘。755 年,此前深受皇帝宠爱的安禄山自范阳起兵,安史之乱爆发。强盛的唐王朝用了八年的时间,直到 763 年才完成平叛。八年的战乱,严重破坏了北方地区的经济发展,使繁华的北方赤地千里,人口锐减。更严重的是,许多军事将领趁乱拥兵自重,中央集权遭到严重削弱。边防日渐空虚,边疆频频告急。经济的衰退、边关的动荡、政局的混乱使唐朝逐渐由盛转衰。

**2. 藩镇割据**

**教师讲述**:安史之乱后,唐朝陆续增设节度使,大权在握的节度使拥兵自重,独霸一方,不受中央节制。但是,在唐末农民起义之前,藩镇的存在对安定边疆也是起了一定作用的。

**材料十** 藩镇作为整体,在唐末农民战争之前,是唐朝国家机器的重要组成部分。作为中央的地方行政机构,它的存在,保障了中央王朝的生存,维持了庞大国家机器的运转。但是,自唐末农民战争开始,藩镇的本质发生了根本性的变化,或在农民战争中保存实力,或借农民战争之机脱离唐廷自立,作为中央地方行政机构的藩镇已不复存在,变成了瓦解李唐统治的因素,肢解了大唐帝国,使唐廷彻底丧失了对地方的控制。

——程志:《晚唐藩镇与唐朝灭亡》,载《东北师大学报(哲学社会科学版)》1988 年第 3 期

**教师设问**:根据材料,归纳唐朝晚期藩镇的影响,并指出导致藩镇影响发生变化的原因。(参考答案:影响——延续或瓦解唐朝统治。原因——唐末农民起义)

**教师讲述**:唐朝晚期的藩镇对唐朝政局产生了两方面的影响。一方面藩镇作为地方机构,维持了唐朝国家机器的正常运转;另一方面藩镇拥兵自重,最终瓦解了唐朝的统治。藩镇辖地的扩大,权力的增加,造成日益严重的藩镇割据的局面。

**(设计意图)**藩镇割据的影响是本节课教学的难点之一。学生理解这一问题时,受到既有知识的影响,思维往往比较单一。本环节教学设计,主要是通过史料研习,培养学生的辩证思维能力。三则材料分别从三个角度引导学生分析唐朝藩镇割据的影响。本环节指向的是:(1)时空观念素养水平 4——在对历史和现实问题进行独立探究的过程中,能将其置于

具体的时空框架下。(2)历史解释素养水平2——能够选择、组织和运用相关材料并使用相关历史术语,对个别或系列史事提出自己的解释;能够在历史叙述中将史实描述与历史解释结合起来。

**材料十一**　当时翰林学士刘允章向懿宗(833—873年)上书说:"今天下苍生,凡有八苦,陛下知乎?官吏苛刻,一苦也;私债征夺,二苦也;赋税繁多,三苦也;所由乞敛,四苦也;替逃人差科,五苦也;冤不得理,屈不得伸,六苦也;冻无衣,饥无食,七苦也;病不得医,死不得葬,八苦也。"

　　——俞兆鹏:《论黄巢起义的历史作用》,载《南昌大学学报(人文社会科学版)》2000年第3期

**教师讲述:**通过上述材料,我们不难发现唐朝晚期的百姓过着怎样的悲惨生活。生活在水深火热之中的百姓迫不得已,才最终揭竿而起。875年黄巢领导的农民起义在山东爆发,这场声势浩大的农民起义历时10年,横扫大半个中国,并一度攻占长安,建立"大齐"政权与唐王朝对峙。

**材料十二**　(安史之乱后)唐朝主要是依赖于中央朝臣、宫廷宦官与地方藩镇三股势力,三者彼此相互制衡,皆无法破局以取唐朝而代之。黄巢起义爆发之后,唐朝镇压起义也完全依赖于这三股势力。黄巢起义以失败而告终,但在黄巢起义的猛烈打击之下,尤其是在起义所带动的社会动乱的强大冲击之下,中央朝臣、宫廷宦官与地方藩镇这三股势力之间的平衡终于被彻底打破,朝臣、宦官势力衰退,地方藩镇势力则彻底一家独大。

　　——胡耀飞:《黄巢起义对晚唐藩镇格局的影响》,载《文史哲》2017年第4期

**教师设问:**依据材料,思考黄巢起义对唐末政局的影响。(参考答案:打击了朝臣、宦官势力,地方藩镇势力大大增强)

**(过渡)**地方藩镇势力的增强,唐朝统治的腐朽,给了节度使可乘之机。907年唐朝节度使朱温废唐自立,建立后梁,结束了唐朝近300年的统治,中国历史进入了五代十国时期。唐末的藩镇割据,最终演变为五代十国时期的大分裂。

### 3. 五代十国

**材料十三**　因之,五代时期,在短短的五十三年中,战争频仍,动乱迭起,政权如走马灯似地更换。用北宋史学家欧阳修的话说,就是:"于此之时,天下大乱,中国之祸,篡弑相寻""五十三年之间,易五姓十三君,而亡国被弑者八,长者不过十余岁,甚至三、四岁而亡""置君犹易吏,变国若传舍。"

　　——易图强:《五代藩镇动乱特征分析》,载《历史教学》1994年第2期

**教师讲述:**五代十国53年间,"易五姓十三君,而亡国被弑者八。"国家分裂、战乱频繁,政权变换的频繁程度令人眼花缭乱。不可否认,政局的动荡与藩镇割据有着直接的关系,正是这些大权在握的节度使,凭借武力不断扩张势力,以满足其野心,最终使百姓民不聊生。分裂的背后,百姓渴盼统一的呼声越来越强烈。这一大分裂,容易让我们联想到中国历史上另一个分裂的时期——三国两晋南北朝,这两个时期的分裂表面上似乎一致,但是在内在上却有着很大的差别。

**材料十四**　三国时期,三国鼎立,魏地处中原,认为自己是正统,要统一全国。蜀以自己刘姓,认为是汉室宗亲,要恢复汉家旧业;东晋是中原王朝南迁,自己认为是正位,但北方十

六国并不尊奉其正统地位；南北朝时期，北朝说南朝是"岛夷"，南朝说北朝是"索虏"，他们都自居为中国，要消灭对方，统一全国。所以说，中原王朝的正朔地位是五代十国割据形态的一大特征。

——戴显群、高学钦：《五代十国割据形态的特征及其对统一进程的影响》，载《长沙理工大学学报（社会科学版）》2006 年第 3 期

**教师设问**：根据上述材料并结合所学知识，归纳五代十国割据的特点及其意义。（参考答案：特点——中原王朝的正朔地位。意义——分裂中孕育着统一的因素）

**教师分析**：五代十国后期，经济发展，各地联系加强，民众统一的呼声越来越强烈，五代的最后一个王朝——后周力量的增强，又为后来北宋重新走向统一奠定了基础。

**【课堂小结】**

**教师引导学生小结**：从隋唐盛世到五代十国，隋朝虽然曾经强盛，但却最终短命而亡。唐朝创造了中国历史上的辉煌盛世，在安史之乱和农民起义的沉重打击下，也最终走向了灭亡。通过学习，使我们更进一步理解：强盛政权存在的关键因素之一就是民心，没有百姓的支持，再强大的政权也有可能轰然倒塌。所谓"得民心者得天下"，历史的发展再次印证这样一个颠扑不破的铁律。

# 第 7 课

# 隋唐制度的变化与创新

## 教学设计1

安徽省繁昌县第一中学　周　庆

### 一、教材分析

本课是部编本《中外历史纲要(上)》第二单元《三国两晋南北朝的民族交融与隋唐统一多民族封建国家的发展》第 7 课,包括"选官制度""三省六部制""赋税制度"三个子目的内容。本课主要讲述了三国两晋南北朝至隋唐时期在制度上的重要建树,着重介绍了隋唐两朝在前代基础上进行创新,推行科举制、三省六部制、租庸调制和两税法,开创了隋唐大一统的盛世局面。

《普通高中历史课程标准(2017 年版)》对本课的要求是:通过了解三国两晋南北朝政权更迭的历史脉络,隋唐时期封建社会的高度繁荣,认识三国两晋南北朝至隋唐时期的制度变化与创新的新成就。自秦朝创立君主专制中央集权制后,历代帝王围绕着一个核心问题"如何加强中央政府的权力以巩固专制君主的统治"不断进行着制度的更新与完善。自大分裂的三国两晋南北朝至大一统的隋唐,历代政府通过人才选拔、中枢机构、赋税管理等制度的不断调整,推动君主专制中央集权制逐渐走向成熟与完善。本课内容相对庞杂,涉及的制度演变理解难度较大,在教学时既要补充相关材料进一步深化对重难点的理解,又需要主次有别,详略得当。

### 二、学情分析

高一学生有一定的历史知识储备,如本课中的科举制、三省六部制等,这对教学有一定的帮助。但绝大多数学生对这些制度仅限于所处朝代、内容等浅层次的感性认识,对制度的缘起、特征、影响以及各制度之间的关联等问题缺乏深入的探究和理性思考。另外,高一学生对"君主专制""中央集权"等概念认识模糊,需要明确基本概念。在教学中应精选史料、巧设问题,引导学生通过分析材料,掌握三国两晋南北朝至隋唐时期制度的变化和创新的史实,并进一步探究制度变化的特点和趋势及其对专制主义中央集权制的影响。

## 三、教学目标

1. 运用时空定位,梳理魏晋至隋唐在选官制度、三省六部制和赋税制度上的变化与创新,认识科举制和三省六部制的特点、租(庸)调制与两税法的差异。

2. 通过史料分析,理解选官制度、三省六部制、赋税制度发展变化的原因,探析制度变化在专制主义中央集权制发展过程中发挥的作用及其反映的历史发展趋势,培养对历史现象、历史事件之间关联性和逻辑性的解释能力,提高史料实证的能力。

3. 通过对统治者制度变革本质目的的分析,运用唯物史观,理解君主专制的实质,反思专制的弊病。

## 四、教学重难点

重点:理解科举制的特点、三省六部制的实质和赋税制度演变的趋势。

难点:理解制度演变发展的趋势及实质。

## 五、教学过程

【导入新课】

**材料一** 后颇仁爱,每闻大理决囚,未尝不流涕。然性尤妒忌,后宫莫敢进御。尉迟迥女孙有美色,先在宫中。上于仁寿宫见而悦之,因此得幸。后伺上听朝,阴杀之。上由是大怒,单骑从苑中而出,不由径路,入山谷间二十余里。高颎、杨素等追及上,扣马苦谏。上太息曰:"吾贵为天子,而不得自由!"

——〔唐〕魏征:《隋书》卷三十六《后妃列传》,北京:中华书局,2000年,第739—740页

**材料二** 尽管有着这次悲剧性的大灾难以及随之而来的内战期,但在经历了最漫长的大分裂时期之后隋终于重新统一了中国,这就是一个了不起的成就。隋朝消灭了其前人的过时的和无效率的制度,创造了一个中央集权帝国的结构,在长期政治分裂的各地区发展了共同的文化意识,这一切同样了不起。

——[英]崔瑞德:《剑桥中国隋唐史(589—906年)》,北京:中国社会科学出版社,1990年,第133页

**教师设问:** 上述材料中哪段更符合你对隋文帝的印象?

**教师讲述:** 材料一里的"上"与"后"分别指的是隋文帝和他的皇后独孤伽罗。这个故事既让我们看到了独孤皇后的蛮横,也从一个侧面表现出了隋文帝对独孤皇后的包容。甚至有人说如果要在男尊女卑的古代中国设一个"怕老婆协会",那隋文帝必定会位列其中。然而,能够北御突厥、南平陈朝、一统华夏的隋文帝很显然并不能简单地用"妻管严"来形容。

他致力于改革,在前代基础上从政治、经济、文化教育等诸多方面改造甚至废除旧制度、创设新制度,使得社会安定、国家富强,创造了一个中央集权帝国的结构,在长期分裂的各地区发展了共同的文化意识,开创了辉煌的"开皇之治"。

**(设计意图)** 从学生感兴趣的名人趣事入手,拉近历史与学生的距离,同时用人物形象反差对比的方式,激发学生学习和探究的兴趣,为本课教学做好铺垫。

**(过渡)** "最漫长的大分裂时期"曾有哪些"过时的无效率的制度"呢?这些制度为何会过时、无效率呢?隋王朝又是如何改造甚至"消灭"的呢?下面我们一起来探个究竟。首先,如何选拔能够为中央朝廷服务的人才是政府迫切需要解决的第一问题。

【学习新课】

## (一)基于中央集权演变的选官制度

**材料三** 为改变东汉中期以后世家大族控制察举、把持乡间评议选举之弊,魏初创九品中正制,即选择"贤有识赏"的中央官吏兼任原籍地的州、郡、县的大小中正官,以"唯才是举"为原则,负责察访本州、郡、县各地的士人,综合其德才、门第定出"品"和"状",供吏部选官参考。

——李木洲:《科举制兴起的深层逻辑》,载《福建师范大学学报(哲学社会科学版)》2013年第2期

**教师设问:** 汉代推行的察举制存在什么问题?曹魏政府是如何应对的?(参考答案:问题——一方面易出现所举人才"德高才薄"和"虚伪浮薄"的问题,无法选拔到真正的人才;另一方面世家大族控制察举、把持乡间评议选举,选拔人才的权力被地方世家大族掌握。应对——实施九品中正制,以"德才""门第"选拔人才)

**教师引导学生分析:** 汉代推行察举制选拔人才,以"孝""廉"为考核评量的主要标准。这种自下而上的荐举制度主观性强。因此,标准如何掌握、举谁不举谁,主动权、决定权都在地方官。发展到东汉,逐渐形成了一种乡间品评的传统,即"乡里清议",进行品评的主要是本乡名士。他们对人物的褒贬传达到政府,可以在选举上起决定性的作用,进而干涉了政府的用人权。这导致选拔人才的权力很大程度上被地方掌控,尤其是地方大族势力不断发展,这无疑不利于中央集权的加强。

220年,曹丕接受吏部尚书陈群的建议,创立新的选官制度——九品中正制,由中央政府通过在各州、郡设置中正官,以德行、才能和家世门第为评定依据,发现人才并按高下评定为九等,即"九品",然后送中央吏部选用。其中保留了察举制时期对人才选拔的品德标准,继承了两汉乡里评议人物的传统,但中正官由中央任命,评议权从地方大族之手收归到中央,一定程度上改变了东汉以来地方大族操纵察举的局面,防止了地方势力的扩张,加强了中央集权。

**材料四** 西晋时期是门阀势力高度发展和极度膨胀的时期,也是曹魏以来的九品中正制日益被高门世族控制和垄断的时期。当九品中正制最终蜕变为世家大族的政治工具之后,它遂不可避免地抛弃了先前注重德行、才能的好传统,沾染上选举注重家世、阀阅的门阀色彩。

……随着中正权力日益膨胀,中央集权统治势必遭到严重削弱。

——张旭华:《试论西晋九品中正制的弊病及其作用》,载《郑州大学学报(哲学社会科学版)》1999年第6期

　　**教师设问**：西晋时期九品中正制发生了什么变化？这种变化在政治上会带来怎样的影响？（参考答案：变化——抛弃了先前注重德行、才能的好传统，沾染上注重家世、阀阅的门阀色彩。影响——九品中正制被门阀大族所控制、利用，不利于中央集权的加强）

　　**教师引导学生分析**：汉末选举事实上已被大族操纵，但名士与大族还不一定一致，制度上也没有将家世列入应举条件。而九品中正制综合德才、家世二者定品，这是将汉末乡间评定习惯制度化。结果，九品中正制被门阀大族所控制、利用，不但没有如创立之初设想的将选举权收归到中央，反而事实上加重了世家大族在地方上的威权，巩固了门阀的统治。

　　**材料五**　隋文帝为了建立、壮大自己的政治统治，加强中央集权，以达到削弱门阀士族中的异己力量的需要，不得不团结各地中小地主阶层，吸引他们到政治舞台上来，从而扩大封建国家的统治基础。为此，必须变革以往历史上的各种选官制度，并结合现实政治的需要，创造出适合自己要求的新型的选官制度，这种新型的选官制度就是科举制度。所谓科举，就是分科选举。

　　——胡平：《试论科举对中国古代政治制度的影响》，载《南京大学学报（哲学·人文·社会科学）》1997年第1期

　　**材料六**　汉代察举制是重"德行"，考试为辅，"德行"关不过，不可能得到州郡荐举；考试是次要的，不过是"量才录用"而已。而唐宋科举制取士，则重考试文词。同样有考试，汉代察举制度重在"以德取士"，而隋唐以降科举制则"以文取士"。

　　——祖慧、龚延明：《科举制定义再商榷》，载《历史研究》2003年第6期

　　**教师设问**：隋朝实行何种选官制度？与察举制有何不同？（参考答案：制度——科举制。不同之处——察举制以德取士，德行为主，考试为辅；科举制以文取士，重考试文词）

　　**教师引导学生分析**：隋文帝杨坚在完成统一大业后，为加强中央集权、削弱门阀世族，实行分科取士。隋炀帝始设进士科，在中国的选举史上揭开了新的一页，科举制度从此开始。相比于察举制和九品中正制，科举制将选拔的"指挥棒"指向了人的才能，并建立了公平公正的考试制度。虽然察举制也要考试，但察举的考试是对已经获得举荐的士人进行的，只有先被举荐了才有机会参加考试，所以考试主要是评定高下，几乎没有淘汰。科举制则不同，士人可以自由报考，这就抛弃了门第、出身的先天因素。可以说，科举制统一考试，择优录取，向众多读书人敞开了大门，把应试的主动权交给了选举对象，能否被选，取决于选举对象自己的才学，因此，有"金榜题名"者，也有"名落孙山"者。

　　**材料七**　在唐代，考试的科目分常科和制科两类。每年分期举行的称常科，由皇帝下诏临时举行的考试称制科。

　　常科的科目有秀才、明经、进士、俊士、明法、明字、明算等五十多种。……明经、进士两科，最初都只是试策，考试内容为经义或时务。后来两种考试的科目虽有变化，但基本精神是进士重诗赋，明经重帖经、墨义。……帖经与墨义，只要熟读经传和注释就可中试，诗赋则需要具有文学才能。进士科及第很难，所以当时流传有"三十老明经，五十少进士"的说法。

　　——盛研：《唐朝科举制度的完善》，载《兰台世界》2009年第17期

　　**材料八**　隋唐全面推行科举制，且应试者的门第、流品限制不严，广大的社会中下层人员都可以通过考试中举。科举成了社会成员获取功名、地位与权利的重要途径，社会成员要想实现这一目的，就必须进学读书，学习文化知识，参加科举考试，这在客观上推动了文化的

普及,促进了学校教育的发展。

　　　　——吴莉:《科举制对中国古代教育的影响》,载《西南民族大学学报(人文社会科学版)》2005 年第 5 期

　　**材料九**　科举制扩大了皇权的统治基础。科举取士不讲门第,为庶族地主开辟了入仕之途,大批寒士得以进入官僚集团,改变了政权被少数世族垄断的局面。促使举子身份发生根本改变的是皇帝颁行的科举考试制度,官学和州县地方官所贡之士能否及第授官,取决于中央。科举制把用人权、任命权收归中央,打破了座主与门生、故吏间的私人关系,有效防止私人小集团的产生,也限制了地方封建割据的发展。

　　　　——杜海斌:《论唐代科举考试的功能》,载《唐都学刊》2003 年第 1 期

　　**教师设问**:唐代科举制有何特点? 科举制的积极作用有哪些? (参考答案:特点——设有不同的考试科目。积极作用——客观上推动了文化的普及,促进了学校教育的发展;扩大了皇权的统治基础;把用人权、任命权收归中央,限制了地方封建割据的发展)

　　**教师引导学生分析**:唐在隋的基础上进一步完善了科举制度,如唐太宗增加了考试科目,以进士和明经两科为主。进士科需要具有较高的文学水平,因此为世人所推重,一旦进士登第,则荣耀非凡,因而又有"白衣公卿"或"一品白衫"的称谓;武则天载初元年(689)二月,女皇亲自"策问贡人于洛成殿",这是我国科举制度中殿试的开始;唐玄宗任用高官主持考试,提高了科举考试的地位。科举制度的核心内容是以考试取人,出身较低的庶族地主和中下层人民可以通过考试入仕,相比于九品中正制以门第为选拔标准,更加公平公正,有利于广泛吸收人才和扩大统治基础,基本上纠正了魏晋以来由世家大族垄断用人做官权的状况,选拔人才的权力因此收归中央,中央集权得以加强。虽然考试作为选官制度早在察举制时即已实行,但科举制把考试拔高为选贤任能的主要方式。这既体现了制度变革的延续性,又体现了制度变革的创新性。

　　**(设计意图)**选官制度的变化是本课制度创新的第一个内容,包括九品中正制和科举制。教材对九品中正制介绍有限,学生对于这一制度也了解甚少。但这两个制度之间以及两者与察举制之间内在的联系却很丰富,要想让学生真正理解科举制的推行,就必须介绍清楚三者之间的纵向逻辑关系。本环节教学中侧重于用史料展现各个制度的优缺点,培养学生史料实证的能力,让学生通过阅读分析理解制度创新是一个循序渐进、逐渐发展的动态过程。本环节指向的是:(1)史料实证素养水平 1、2——能够从所获得的材料中提取有关的信息。在对史事与现实问题进行论述的过程中,能够尝试用史料作为证据论证自己的观点。(2)历史解释素养水平 2——能够选择、组织和运用相关材料并使用相关历史术语,对个别或系列史事提出自己的解释;能够在历史叙述中将史实描述与历史解释结合起来。

　　**(过渡)**随着中央权力的不断加强,如何实现对中央政府的有效管理和控制,以便强化君主专制就成为隋唐皇帝们亟待解决的又一难题。

### (二)基于君相矛盾演变的中枢机构

　　**材料十**　魏晋南北朝时期中央政治体制进一步发生变化,尚书、中书、门下三省的体制在这一时期形成。引起这一变化的根本原因是魏晋南北朝时期权臣对皇帝的威胁很大,权臣篡夺皇位的现象时有发生,为防止大臣特别是丞相的权力过重,最高统治者便将相权分

散,逐步形成了三省制。

——马永波:《中国古代的三公九卿制是如何向三省六部制演变的》,载《历史学习》2007年第1期

**材料十一** 隋文帝取得政权后,"改周之六官,其所制名,多依前代之法"。为了加强专制主义的中央集权统治,在两汉魏晋南北朝官制演变和发展的基础上,制定了三省六部制,三省长官均为宰相,三省便是职掌封建中央枢机的政权机关。

——杨友庭:《三省六部制的形成及其在唐代的变化》,载《厦门大学学报(哲学社会科学版)》1983年第1期

**教师设问:**三省体制何时确立?其形成的实质是什么?三省六部制何时确立?三省地位如何?(参考答案:时间——魏晋南北朝。实质——相权分散,君主集权加强。确立时间——隋文帝时期。地位——三省是中枢政务机关,三省长官都是宰相)

**教师引导学生分析:**隋唐三省六部制的形成是秦汉以来中央集权制发展的结果,是皇权与相权矛盾斗争的结果。秦朝中央实行三公九卿制,丞相为百官之首,"事无大小皆决之",皇权与相权经常发生矛盾;汉承秦制,丞相位高权重。为了削弱相权加强皇权,汉武帝用左右近侍形成内宫决策机构,称为"中朝","中朝"凌驾于丞相为首的"外朝"之上。东汉进一步削弱相权,光武帝刘秀为了加强皇权,设尚书台,全国政务通过尚书台最后总揽于皇帝。此后,尚书权力渐大,为皇帝所不能制。为解决这一矛盾,曹魏时中书省成为中央政府的枢要机构。此后,中书省权势日大,到晋代,宫中内侍机构"侍中"改称门下省掌管政务以牵制中书省。到南北朝时期,门下省逐渐发展成中央政府的枢要机构。同时,尚书台改称尚书省,形成了三省制。秦汉以来的三公九卿制逐渐被三省制取代。隋文帝取得政权后,在南北朝三省制的基础上进行改革,建立三省六部制。

**材料十二** 唐代的三省,仍是中央最高行政机关,三省的首长,均为宰相之职。隋时,三省的职掌尚没有明确的划分。直到太宗时,始告确定,以中书省制定法令,门下省审查法令,尚书省执行法令。但因权力的彻底分化,中书与门下,又是不免因成见的关系发生公务上的争执。太宗为补救这个流弊,因而设"政事堂",作为三省首长联席议政的机关。最初政事堂设在门下省,后来移到中书省,改称为"中书门下"。

三省长官虽为宰相,但其他官吏也可由皇帝指派,参决大政。这个制度也承自隋朝。太宗时,命杜淹以吏部尚书参议朝政。此后任何官吏,只要在他的原有官衔之下加上一个"参议朝政"或"平章政事"之类的名号,便是实际的宰相。这类名号最初甚为繁多,后来逐渐确定为"同中书门下三品"及"同中书门下平章事"两个名称。

——傅乐成:《中国通史》,贵阳:贵州教育出版社,2010年,第415—416页

**教师设问:**三省六部制由哪几个部分组成?它们的职能分别是什么?这种模式出现了什么问题?唐太宗是如何解决这一问题的?(参考答案:组成部分及职能——中书省制定法令,门下省审查法令,尚书省执行法令。问题——权力的彻底分化,导致中书与门下不免因成见的关系发生公务上的争执。解决办法——创设政事堂,作为三省首长联席会议的地方;除三省长官外,其他品级较低的官员也同样可以担任相职,形成宰相集体议政的局面)

**教师引导学生分析:**唐代基本沿用了隋代三省六部制并进一步发展。三省是隋唐中央最高机关,中书省负责草拟皇帝诏令;门下省负责审核,有不妥者驳回;尚书省负责执行,下

设吏、户、礼、兵、刑、工六部,分工处理各项具体政务。三省长官都是宰相,共议国是,分工明确。同时,唐太宗改革宰相制度,三省高级官员也以"参知政事""同中书门下三品"等名义任宰相职,扩大了宰相的任用范围。宰相由个人独揽大权改为集体掌权,这是唐太宗政治上的一大革新。同时,为了便于依靠宰相和大臣的"群谋"来治理国家,他还创设政事堂,供宰相议事和办公,凡属军国大事都要经过政事堂讨论,然后奏闻,最后由皇帝裁决。

**材料十三** "三省六部"制的正式确立,是我国古代封建社会官制的一次重大的变革,对历史发展产生了深远影响。一是形成了较为完整的中央政府官僚机构,提高了行政效率,加强了中央的统治力量。二是使宰相的权力一分为三,就削弱了相权,加之"三省"长官的品级又较低,这就进一步加强了皇权。……三是各部职责有明确的分工,有利于中央集权与政令的贯彻执行,提高了国家机构的行政效能。因此,"三省六部"制的建立,不仅标志着中国封建社会政治制度的成熟,也标志着专制皇权的进一步发展。

——邢帅:《从我国封建社会中央官制的变化看专制皇权的发展轨迹》,载《党史博采(理论)》2013年第2期

**教师设问:**三省六部制的建立有何影响?(参考答案:形成了较为完整的中央政府官僚机构,提高了行政效率,加强了中央的统治力量;相权一分为三,削弱了相权,进一步加强了皇权;有利于中央集权与政令的贯彻执行,提高了国家机构的行政效能)

**教师引导学生分析:**隋唐时期是中国封建制度的成熟时期。经历了魏晋南北朝以来的战乱和民族交融,统治者十分注重中央权力的集中,想尽办法削弱地方和中央大臣的权力,在中央表现为对宰相权力的重组,以及对宰相之下的行政执行权的分化,这就衍生了三省六部制。隋代初步建立了三省六部制,三省成为最高辅政机构,分解了相权,将行政的最高决定权集中到皇帝。唐代对三省六部制又进一步规范,形成了完备的制度,对三省的职权更加明确地进行了划分。由此,在三省六部制下,宰相由个人独揽大权改为集体掌权,集体议政的方式既减少了决策中的失误,提高了行政效率,又削弱了相权,加强了皇权。三省六部制的确立和完备,是中国官制史上的重大变革。此后历朝基本沿袭这种制度,一直为中国封建官僚制度的核心。

**(设计意图)**这一部分内容比较简单,学生的学习阻碍相对较小。在教学中通过补充材料的方式帮助学生梳理中枢政务机构演变的主要过程和显著特点,能够让学生理解演变的实质,深化对历史问题的认识。本环节指向的是:(1)时空观念素养水平2、4——能够认识事物发生的来龙去脉,理解空间和环境因素对认识历史与现实的重要性。在对历史和现实问题进行独立探究的过程中,能将其置于具体的时空框架下。(2)历史解释素养水平2——能够选择、组织和运用相关材料并使用相关历史术语,对个别或系列史事提出自己的解释;能够在历史叙述中将史实描述与历史解释结合起来。

**(过渡)**从大分裂的三国两晋南北朝到大一统的隋唐,君主专制中央集权制不断发展,但经历长期分裂和战争的侵扰,社会经济破坏严重,国穷民困。政府又是如何迅速恢复凋敝的国民经济,保证国家对财政资金的需要呢?

### (三)基于土地关系演变的赋税制度

**材料十四** 北魏太和九年(485),颁布了均田制,规定男子年15岁以上,受种植谷物的露田40亩,妇女20亩,如果是二年休耕一次的地,则加倍受田,三年休耕一次的加两倍受

田。奴婢和平民一样受露田。……在均田制的基础上，次年颁布实行了新的租调制，规定一夫一妇为纳税单位，租额相对减轻，即一对夫妇年纳粟 2 石，帛 1 匹……以后相继建立的北齐、北周、隋、唐都曾颁布过此令，唯办法略有变更。

  ——吕建中：《中国古代赋税制度述略》，载《青海民族学院院报》1999 年第 4 期

  **材料十五** 唐代的赋役令规定：每丁每年向国家缴纳租粟二石。调随乡土所出，每年缴纳绢（或绫）二丈，绵三两；不产丝绵的地方，则纳布二丈五尺，麻二斤。此外，每丁每年还要服徭役二十日，闰月加二日；如无徭役，则纳绢或布替代，每天折合绢三尺或布三尺七寸五分，叫做庸。

  ——翦伯赞主编：《中国史纲要》，北京：人民出版社，1995 年，第 368 页

  **教师设问**：根据材料，结合课本第 40 页文字和插图，指出北魏至唐先后推行了哪些赋税制度？它们在征税依据上有何异同？（参考答案：赋税制度——北魏实行租调制，唐前期推行租庸调制。共同之处——都是按丁征税。不同之处——租调制是在均田制基础上推行的，租额相对减轻。租庸调制规定了役期的最高限度和以庸代役）

  **教师引导学生分析**：北魏孝文帝改革，颁布均田令，对荒地、无主地以及所有权不确定的土地，由政府按照劳动力加以分配。均田农户获得受田耕种，在每户（一夫一妇）受田已足的情况下，每年向政府缴纳相应数量的租调。唐初将赋役征收对象定为 21 至 59 岁的成年男子，在此基础上实行租庸调制。"庸"是应服役者而不去服役的一种折纳，指的是不服劳役的人，可以纳绢或布等实物来代替力役，故庸具有免役金的性质。教材插图"怀集银饼"出土自 1970 年西安何家村，是唐开元十年（722）岭南道广州缴纳的庸调银。按照唐代租庸调制的规定，均田农户可用绢或布等实物代替徭役，广州等产银地区也可以银代役。"以庸代役"的新措施，由徭役征调逐渐转向实物征敛，使农民能有更多的时间从事农业生产，符合经济发展需要，也预示着劳役将逐渐退出赋税制度。随着"庸"的并入，租调制正式发展为租庸调制。表面上看租庸调制似乎是以人丁占有的一定数量的土地为征收依据，实际上按丁征税，不问资产，仍旧是以"人丁为本"的赋税制度。

  **材料十六** 随着土地兼并的加剧，特别是安史之乱爆发，唐朝的社会经济遭到严重破坏。大批农民丧失土地沦为地主的佃户，唐朝政府控制的农户越来越少，赋税来源逐步枯竭，以均田制为基础，以人丁为本的租庸调制已经无法实行，严重影响了国家的财政收入。

  ——褚鸿运：《中国古代赋税制度变革的三大里程碑》，载《山西财经大学学报》2000 年第 6 期

  **材料十七** 两税法的具体内容是：（一）中央根据财政支出定出总税额。而这个总税额实际上是按照大历中各种税额加起来最多的一年确定的。这就是"量出以制入"。……（二）依照丁壮和财产（包括田亩和杂贮财）的多少定出户等；（三）两税分夏秋两次征收。……（四）租庸调、杂徭和各种杂税全部取消，但丁额不废；（五）两税依户等纳钱，依田亩纳米粟；（六）没有固定住处的商人，所在州县依照其收入征收三十分之一的税。

  ——翦伯赞主编：《中国史纲要》，北京：人民出版社，1995 年，第 405—406 页

  **教师设问**：租庸调制着面临什么问题？唐政府是如何应对的？（参考答案：问题——唐政府控制的农户减少，按丁征税的租庸调制无法实行。应对——实施两税法，依照丁壮和财产多少定户等纳税）

**教师引导学生分析**：租庸调制是建立在均田制基础上的。随着时间的推移，人口越来越多，加上北魏到唐朝中叶各朝逐步放松了对土地买卖的限制，土地兼并盛行，因此政府直接支配的土地日益减少，均田制无法推行，赋税来源枯竭，政府财政收入锐降。为了增加财政收入、缓和阶级矛盾，唐政府开始着手对赋役制度进行调整，唐德宗建中元年（780）实施两税法，一年分夏秋两次征税，每户按人丁和资产缴纳户税，按田亩缴纳地税，取消租庸调和一切杂税、杂役。

**材料十八**　两税法否定了过去"以丁身为本"的赋役制度，而完全以资产即土地和财产作为纳税的依据……表明封建政府对农民的人身控制有所松弛，反映出唐朝的社会经济特别是商品经济有了较大的发展，也是中国封建社会税制发生重要变革的标志。……直接影响着明代后期推行的"一条鞭法"和清代的"摊丁入亩"，由此可见其影响之深远。

与唐代以前赋税制度相比，两税法具有几方面的优点。首先，将各种名目繁多的租税统一征收，简化了征税手续……其次，以贫富等级和财产多少为纳税依据，照顾到了不同生活水准的居民的负担能力，具有一定的合理性。其三，纳税对象的扩大，无疑会增加政府的税收，符合古代理财家所主张的"民不加赋而国用饶"的理想。

　　——赵建玲、张洁：《简论两税法的内容及其历史地位》，载《合肥学院学报（社会科学版）》2006年第4期

**材料十九**　正如陆贽所说，两税本以大历以来农民负担最重的一年为标准，把大量临时杂派并入其中，而本来这些杂派财政如果好转是有可能减免的。如今并入常税，已是"采非法之权令以为经制，总无名之暴赋以立恒规"。然而很快，两税之外又出现了"急备、供军、折估、宣索、进奉"等等临时加派，成为经常的附加税。而且代役税已并入两税，很快又另有以召雇为名的征役，以和市为名的科配。仅十年左右时间，"两税法"的弊端即已丛生，最终以失败结束。

　　——杜丽雯：《中国古代重大赋税改革及其启示》，载《山东财政学院学报（双月刊）》2006年第1期

**教师设问**：两税法最大的变化是什么？这一变化对后世的主要影响是什么？两税法的利弊有哪些？（参考答案：变化——否定了"以丁身为本"的赋役制度，以资产即土地和财产为纳税依据。影响——表明封建政府对农民的人身控制有所松弛，是中国封建社会税制发生重要变革的标志，直接影响着明代后期推行的"一条鞭法"和清代的"摊丁入亩"。利——简化了手续，扩大了税源，增加了财政收入。弊——以大历以来农民负担最重的一年为标准，又税外加征，使人民负担进一步加重）

**教师引导学生分析**：两汉至唐初赋役的重点是人身控制，以人丁户口为本，而不是以田地财产为本，封建国家直接控制的自耕农的多少往往是国家财源丰盈与否的关键，为此，封建国家常常采用法律的行政的手段对土地所有制实行直接干预，有意识地培植自耕农，最典型的就是北魏均田制。隋唐以均田制为基础的租庸调制，以"庸"代役意味着封建国家开始放松人身控制，预示着劳役将逐渐退出赋役制度。唐中后期，两税法取代租庸调制，以土地财产为征税依据，增强了由徭役赋税转向实物赋税的倾向，也减轻了政府对农民的人身控制，对唐朝后期的政治和以后历代税制产生了深远影响，是我国古代赋税制度史上一次重要改革，成为中国封建社会赋役制度发展的一座里程碑。随着人口的增加、经济的发展，社会

总财富在增加,两税法按资计税所得到的赋税就会随着人口和社会财富的增加而增加。而与租庸调制只对均田农户征税不同,两税法不论主户、客户,甚至连"没有固定住处的商人"都被纳入纳税对象中,纳税承担面扩大,财政收入自然也就增加了,同时,在一定程度上改变了赋税集中在自耕农民身上的状况,缓和了当时尖锐的阶级矛盾,减轻了政府对农民的人身控制。但两税法以唐代宗大历以来农民负担最重的一年为标准,各项赋税均已纳入两税之中。实施过程中政府却常常巧立名目,增加税收,以致农民负担不断加重,这导致了两税法最终失败。

(设计意图)在我国长期的封建社会中,历代封建王朝的治乱兴衰无不与土地制度有着密切联系。赋税制度是由土地制度派生出来的,是生产关系中的又一层次——分配关系的一个重要方面,是封建社会经济基础的有机组成部分。如何帮助学生更好地理清赋税制度演变过程、内在联系和发展趋势是本环节教学中的重点和难点。教学中除使用教材现有的图片资源外,还补充了相关资料,力图让学生学会利用不同类型的材料对问题进行分析。本环节指向的是:(1)时空观念素养水平2——能够认识事物发生的来龙去脉,理解空间和环境因素对认识历史与现实的重要性。(2)史料实证素养水平1、3——能够区分史料的不同类型,在解答某一历史问题时,能够尝试从多种渠道获取与该问题相关的史料;能够利用不同类型史料,对所探究的问题进行互证,形成对该问题更全面、丰富的解释。

**【课堂小结】**

**教师引导学生小结:**自秦王朝建立君主专制中央集权制以来,历代君主围绕着加强中央集权巩固君主专制在政治、经济、文化等各个方面采取了一系列措施。而在经历了三国两晋南北朝漫长的大分裂后,九品中正制、三省制、均田制长期积压的问题很大程度上影响到君主专制中央集权的加强。为了加强君主的权力,隋唐政府进行了一系列制度的变革,有的是在原有制度的基础上完善,如三省六部制和租庸调制;有的则是创立新制度取代旧制度,如科举制和两税法。这体现了我国古代制度的延续性和开创性。但不论是延续还是创新,在"家天下"时代,统治者的根本出发点都是为了巩固其统治,而君主的能力和品行对政策、制度的制定合理与否、实施恰当与否有着很大的影响,甚至决定了王朝的兴衰。这是"人治"时代的必然,也导致即使制度在不断更新、完善,依旧改变不了王朝衰落、国乱民困的最终局面。


# 教学设计2

上海市张堰中学  苏 艳


## 一、教材分析

本课是部编本《中外历史纲要(上)》第二单元《三国两晋南北朝的民族交融与隋唐统一多民族封建国家的发展》第7课。本课有三个子目内容,即"选官制度""三省六部制""赋税制度"，主要讲述了自魏晋至唐的制度演变。东汉覆亡以后，中国进入三百多年的分裂时期，至隋唐重归统一。社会局面的变化推动了制度的改革与创新。选官制度由九品中正制发展为科举制，人才选拔更加公平公正。中枢决策机构逐渐演变为三省六部制，行政体系更加成熟。赋税制度由以户、人丁为主变为按财产征收，税收制度更加科学。这些变革都是在前代制度的基础上进行的整合与创新，它们促使中国的行政体系趋于简化和合理，推动了中国古代封建制度的发展成熟。

《普通高中历史课程标准（2017 年版）》对本课的要求是：通过了解三国两晋南北朝政权更迭的历史脉络，隋唐时期封建社会的高度繁荣，认识三国两晋南北朝至隋唐时期的制度变化与创新的新成就。课标对本课的重点要求是认识这一时期制度变化与创新的新成就。要回答这一问题就需要在历史时空框架下理解制度的继承与发展、建构历史发展的前后联系。因此，在教学过程中，以制度的变化为着眼点，关注各个时期为什么制度会出现变化，出现了什么变化，以及这些变化的影响就非常有必要。但只关注制度的变化往往会忽略中国古代封建社会制度变革的本质，故在分析完制度变化之后，需要关注制度变化中不变的地方，以提升认知，深化理解。

## 二、学情分析

本课的授课对象为高一年级学生，他们在初中阶段初步学习过科举制、三省六部制等内容，对于本课的部分概念有所了解。九品中正、租庸调制、两税法等内容庞杂，理论性较强，学生了解甚少，且理解起来有一定难度，教学难度较大。本课涉及的三大制度，学生可以通过阅读教材整理出它们的发展阶段，但是由于教材容量的有限性，对制度之间的传承关系涉及较少，需要补充相关史料并引导学生进行分析。

## 三、教学目标

1. 知道九品中正制、科举制、三省六部制、租庸调制、两税法等制度的含义。

2. 通过史料阅读和教材梳理，归纳和分析从魏晋至唐代各项制度实施的原因、内容及评价。

3. 在史料实证的基础上，比较各项制度的不同，认识隋唐时期在制度上的创新之处，在此过程中领悟到制度是随着历史发展而不断变化的，顺应历史的发展潮流，对制度进行适时调整，才能促进社会的发展。

## 四、教学重难点

重点：制度创新的内容。
难点：制度变革的原因和影响。

## 五、教学过程

【导入新课】

**教师讲述：**有学者认为,中国的历史经历了四次制度革新。第一次是在商周时期,中国从部族国家过渡到了华夏国家;第二次是在春秋战国时期,变法促进了大一统郡县制国家的产生;第三次是在隋唐、宋时期,科举制、三省六部制等制度更新奠定了后世的政治制度格局;最后一次是在晚清时期,清政府面对外界压力进行了社会变革。[①] 今天的我们依然处于这些变革的延长线上。中华民族和中华文明延续至今,其中的重要缘由就是不断的发展进步。我们在前面已经学习了前两次变革的历史,今天将继续往下探究隋唐时期制度的"变与不变"。

**（设计意图）**本课是从制度的"变与不变"角度认识魏晋至隋唐时期制度的继承和创新。制度的适时调整是一个国家发展延续的动力,从这个角度来看,变才能维持不变。在本课的导入部分展现中国历史的四次制度创新,有利于学生从宏观层面了解中华文明与传统变革的关系,初步领悟制度变革的历史价值,将唯物史观作为认识和解决现实问题的指导思想。

**（过渡）**隋唐时期,处于中国由乱到治的时期,国家的稳定和治理需要依赖官员的有效选拔。

【学习新课】

### （一）选官制度的变与不变

**1. 变的趋势：人才选拔更加公平**

（1）汉代的察举制

**材料一** 在封建社会里,孝为礼之始,廉为官之本,把孝廉作为察举的主要科目是理所当然的事。孝、廉,本为两科,各自为目,分别取士,但也有既以孝举又以廉举者,后来演变成孝、廉并举。

——李孔怀：《中国古代行政制度史》,上海：复旦大学出版社,2006 年,第 250 页

**教师设问：**阅读材料一并结合教材,概括察举制的选拔标准。（参考答案：孝：善事父母；廉：做官清廉）

**教师引导学生分析：**察举制在汉武帝时正式建立,其中最有影响的是孝廉科,选拔孝子和廉吏。它不仅重视道德,同时也注意考量被举者的实际能力,这也体现了儒家大同社会选贤授能的理想目标。通过这项制度,汉代选拔了大批有用的人才。但东汉后期,外戚与宦官交替专权,社会秩序混乱,察举制也逐渐走向了没落。

**（过渡）**东汉末年,察举制尽管仍在运行,但已经丧失了为政府选拔人才的职能。至三国

---

① 刘建军：《古代中国政治制度十六讲》,上海：上海人民出版社,2009 年,第 22—23 页。

时期,曹魏政权为壮大自身力量,对察举制进行了变通,创立了魏晋选官新制——九品中正制。

(2)魏晋南北朝:九品中正制

**自主学习:**阅读教材,归纳九品中正制出现的背景和内容。(参考答案:背景:东汉察举制遭到破坏;汉末人口大迁徙使得乡里无法了解其成员情况;地方大姓、名士控制选举大权并干扰人才的选拔。内容:中央委任中正官为各地人才评定等级,共分九等,朝廷依此授以相应的官职)

**教师引导学生分析:**东汉察举制的推选标准主要是看一个人的道德表现,观察一个人的道德表现是一个长期的过程。因此,观察选择的工作由乡里大族来主持,各地控制舆论的名士将被举者的题品资料上报给州郡,再由牧守加以斟酌定夺。但是,一方面,汉末天下大乱,士人背井离乡,宗族乡里难以掌握其成员的具体表现;另一方面,地方主持选举的名士,实际上操纵了选举大权,他们以清流相标榜,与外戚、宦官鼎足而立,使得拉关系、结朋党、攻讦朝政现象出现,败坏了士林风气。为了扭转这种风气,曹魏政权实行了新的选官制度——九品中正制。它规定各州郡设立中正官,其主要任务是品第人物,评价人才。品共分九等,即上上、上中、上下、中上、中中、中下、下上、下中、下下。品级的高低决定官职的大小,品级与官位必须一致。

**材料二**　其始造也,乡邑清议,不拘爵位,褒贬所加,足为劝励,犹有乡论余风。

——《文白对照二十五史精华》编委会编:《文白对照二十五史精华》(上),海口:海南出版社、三环出版社,1993年,第892页

**材料三**　今之中正,不精才实,务依党利;不均称尺,务随爱憎。……随世兴衰,不顾才实,衰则削下,兴则扶上,一人之身,旬日异状。或以货赂自通,或以计协登进,附托者必达,守道者困悴。无报于身,必见割夺;有私于己,必得其欲。是以上品无寒门,下品无势族。

——赵淡元:《中国历史要籍介绍及选读》(下),北京:高等教育出版社,1988年,第43—44页

**教师设问:**阅读材料二和三并结合教材,评价九品中正制。(参考答案:初期大体能够贯彻"唯才是举"的方针,选拔了不少人才,削弱了朋党势力的发展,并强化了中央权威。后期成为维护士族特权的工具)

**教师引导学生分析:**中正品第人物的标准是家世、德、才三项,后来家世在品第中的分量越来越重,到晋代就成为唯一的标准。选官仅仅依靠中正官的品评,中正官只认当朝权贵,无视寒门贫士的存在,使得九品中正制沦为维护门阀贵族特权的工具。

**(过渡)**九品中正制维护和巩固门阀制度,但随着南北朝庶族力量的上升,他们争取更多的机会同门阀贵族分享政治权力,在九品中正制体内开始孕育了科举制的萌芽。

(3)隋唐:科举制

**自主学习:**阅读教材,梳理科举制的发展过程。(参考答案:隋文帝——开始采用分科考试方式选拔官员;隋炀帝——设进士科,科举制度形成;唐太宗——以进士和明经两科为主;武则天——首创武举和殿试;唐玄宗——任用高官主持考试)

**材料四**

表1　唐代以来宰相中科举出身者的比例(未含元朝)

| 时期 | 宰相总数(人) | 进士出身的宰相所占比例(%) |
|---|---|---|
| 唐太宗时期 |  | 3.4 |
| 唐高宗时期 |  | 25 |
| 武则天时期 |  | 50 |
| 唐宪宗时期 | 29 | 58.6 |
| 唐穆宗时期 | 14 | 57.1 |
| 唐敬宗时期 | 7 | 85.7 |
| 唐文宗时期 | 24 | 75 |
| 唐武宗时期 | 15 | 80 |
| 唐宣宗时期 | 23 | 87 |
| 唐懿宗时期 | 21 | 81 |
| 北宋时期 | 71 | 90.1 |
| 明朝时期 | 170以上 | "由翰林者十之九" |
| 清朝时期 | 119(汉人官拜大学士者,未含满人) | "皆为科举出身" |

表2　明清两代有功名者的社会出身

| 朝代 | 进士的社会出身(%) | | | 朝代 | 举人与贡生的社会出身(%) | |
|---|---|---|---|---|---|---|
|  | A | B | C |  | A | B |
| 明朝 | 47.5% | 2.5% | 50% | 晚清 | 20.1% | 25% |
| 清朝 | 19.1% | 18.1% | 57.7% |  |  |  |

注:A类是指那些家庭上三代未获得任何生员以上科举功名的人;B类是指那些家庭上三代只产生过一个或一个以上生员的人;C类是指那些家庭上三代获得过一个或一个以上比较高的功名与官职(如举人、进士,包括明代的监生、贡生等功名)的人。

——马和民:《论科举制度的社会化效应》,载《浙江大学学报(人文社会科学版)》2005年第5期

**教师设问:** 阅读材料四,分析科举制的作用。(参考答案:对国家政府而言,解决的是如何选才的制度设计;对民间百姓而言,提供了实现社会升迁的制度性流动空间;对社会而言,逐渐使"学做圣贤"转变为更为具体的"学而做官")

**教师引导学生分析:** 科举制为全体民众提供了一条通过竞争实现社会升迁的渠道,部分社会下层人员经科举而升迁的事实,则产生了一种巨大的示范效应。自唐代以后,科举在选官制度中的地位不断提高。例如,高级官员特别是宰相中科举出身者的比重不断上升。科举制的兴起,就国家政府而言,解决了如何选才的问题;对民间百姓而言,则提供了实现社会升迁的制度途径。所以,一旦部分民间百姓经科考入仕,其产生的社会化示范效应就拓展了"学而优则仕"的社会认同,逐渐使"学做圣贤"转变成更为具体的"学而做官"。

**教师引导学生总结**：选官制度的变化体现在选官的标准总体上向才识发展，选官方式由简单、抽象向细致、可操作性强发展，降低了人为干预的可能性。

2. 不变的初衷：选贤任能

**合作探究**：选官制度的发展过程中，哪些方面未曾改变？

**教师引导学生总结**：选官制度不变的地方体现在它们的出发点都是选贤任能，它们都以儒家学说为主要内容，选官的根本目的都是巩固君主专制，选官方式最终都不可避免地走向僵化。

**（设计意图）**选官制度的变化是隋唐制度创新的重要内容，也是对后世影响较为直接和深远的部分。学生对于选官制度中的科举制了解较多，对察举制、九品中正制知之甚少，教材对于它们的表述也很简略，但理解科举制的进步意义就必须从三个制度的内容出发进行探讨。通过引导学生梳理三个制度的纵向逻辑关系，从前一个制度的弊端到下一个制度的改进，认识到制度创新是循序渐进、逐渐发展的。因此，这一部分的教学侧重于用史料展现各个制度的特点，培养学生史料史证的能力。深化对古代选官制度发展规律的认识，重点是引导学生思考选官制度背后所体现的社会变化，强化对历史的理解，提高历史解释能力。本环节指向的是：（1）史料实证素养水平 2——在对史事与现实问题进行论述的过程中，能够尝试用史料作为证据论证自己的观点。（2）历史解释素养水平 2——能够选择、组织和运用相关材料并使用相关历史术语，对个别或系列史事提出自己的解释；能够在历史叙述中将史实描述与历史解释结合起来。

**（过渡）**官员的有效选拔能够促进政府的有效运转。

## （二）中枢政务机构的变与不变

### 1. 变的趋势：行政体系更加完备——三省六部制的形成与完善

**材料五** 在魏晋南北朝时期，三省制就已经露出雏形，中央辅政机构先后有尚书、中书和门下，职权分配是中书取旨，门下审议，然后由尚书执行。这种职权分割能够起到相互制约、相互补充的作用，避免权臣将各种权力集于一身。同时这种集体负责又能发挥众多官员的共同智慧，减少决策失误，保证政令畅通。但是，在这一时期，三大机构职能发挥并未有机结合，也未形成制度。由于皇权的任意倾斜，权力重心往往随人而转，随事而异，职权结构不稳定，有时尚书省权倾一时，有时门下省把持朝政，有时中书省总领机要。到隋唐时期，三省制基本稳定下来，并进一步规范化、体制化，从而在中国官制史上创造了一个崭新的中央政权辅政机构。

——谢俊美、田玉洪：《中国古代官制》，北京：中国国际广播出版社，2010 年，第 94 页

**教师设问**：阅读材料五并结合教材，归纳三省六部制的形成过程和内容，分析三省六部制的进步之处。（参考答案：形成过程——魏晋南北朝时期，形成三省；隋文帝时期，正式确立了三省六部制；唐时期，继续完善。内容——中书省负责草拟皇帝的诏令；门下省负责审核诏令，有不妥者驳回；尚书省负责执行，下设吏、户、礼、兵、刑、工六部，分工处理各项具体政务。三省长官共议国事，执宰相之职。进步之处——三省之间相互制约、相互补充，加强了君主专制；减少决策失误；提高行政效率；是中国官制史上的重大变革，影响深远）

**教师引导学生分析**：在运行机制上，唐代的三省六部制在一定程度上实现了决策权和行政权之间的分离，是政治制度史上的伟大创举。三省的长官不是同一个人，能够避免权力的垄断和过于集中，弥补了很多决策上的失误。

三省六部,在职权上既有分工,又有合作,互相牵制,互相监督。它的建立和完备,是中国政治制度史上的重大变革,也标志着隋唐时期中央集权制度得到进一步的完善。

**教师引导学生小结**:中枢决策机构的变化趋势:中央决策和行政体系更加完备。

### 2. 不变的初衷:君主专制

**材料六** 但是,在君主专制集权制度下,一切设官任职以及对此的调整,无不先从君主的统治利益出发,故意采取职官系统的多轨多元化,故意造成它们之间的相互牵制和监督,一再以内侍官代替外朝职官,虚职实官,虚官实职、职、权脱节等等,其主要根源都来自专制君主的控制。离开君主专制这一特点,就无法理解中国古代的职官制度及其演变。

——郑海峰:《中国古代官制研究》,天津:天津人民出版社,2007年,第42—43页

**教师设问**:阅读材料六,分析以中枢决策机构为代表的古代官制的特点及形成原因。(参考答案:特点——官制复杂,虚职实官,虚官实职、多轨多元、由低级向高级发展。原因——君主专制的需要)

**教师引导学生小结**:中枢政务机构的演变本质上是为了加强君主专制的需要。

**(设计意图)**这一部分内容较为简单,学生能够根据教材和自己所学知道中枢政务机构变化的过程。在教学中补充官制演变的特点,能够让学生理解中枢政务机构的演变本质上是皇权加强的要求,深化对历史问题的认识。本环节指向的是:(1)史料实证素养水平1——能够从获得的史料中提取有关的信息。(2)历史解释素养水平2——能够选择、组织和运用相关材料并使用相关历史术语,对个别或系列史事提出自己的解释;能够在历史叙述中将史实描述与历史解释结合起来。

**(过渡)**隋唐时期的制度创新还体现在赋税制度方面。

### (三)赋税制度的变与不变

#### 1. 变的趋势:人身控制逐渐放松

(1)魏晋时期的赋税:租调制

自主学习:简述魏晋时期的赋税制度内容。(参考答案:魏晋时期,实行租调制,开始是以户为单位征收粮和绢帛,北魏时期以均田制为基础实行新的租调制,受田农民承担定额租调,成年男子承担一定的徭役)

**教师引导学生分析**:汉代承袭战国的制度,"赋"与"税"泾渭分明。"田租""租税"指的都是"税",也就是田税。在西汉建立之初,为了休养生息,"轻田租"持续了很多年,有时甚至取消田税。但汉代以人口为征税对象的"赋"不仅名目众多,且税额逐渐加重。曹魏时期实行的户调制开始将户作为征收的单位。到北魏时期,以均田制为基础实行了新的租调制。

**材料七** 均田制与新税制颁布后,授受土地、征收赋税均以"男夫"和"妇人"或"一夫一妇"为基本标准,可有效地防止过去以户为单位计征的种种弊端,同时把受田的奴婢、耕牛等也纳入计税范围内,还把麻田、桑田的征调分为绢、布两种形式,从而使新租调制完全建立在均田制的基础之上。在中国历史上,均田制第一次将土地分配与赋税征课如此紧密地结合在一起,反映出封建社会土地与赋税思想日趋成熟,封建国家宏观经济管理能力的提高。

——孙翊刚主编:《中国赋税史》,北京:中国税务出版社,2007年,第83页

**教师设问**:阅读材料七,分析租调制的影响。(参考答案:以均田制接受的土地为征收

标准,防止了过去以户为单位征税的弊端;使田制和税制结合得更加紧密)

(2)唐代的赋税:由租庸调至两税法

**教师设问:**唐初沿用均田制,但征税的方法发生了什么变化?(参考答案:赋税征收的对象是21至59岁的成年男子;在缴纳的租调之外,徭役可以用绢代替,称为庸)

**材料八** 凡赋役之制有四:一曰租,二曰调,三曰役,四曰杂徭。课户每丁租粟二石;其调随相土所产绫、绢、絁各二丈,布加五分之一,输绫、绢、絁者绵三两,输布者麻三斤,皆书印焉。凡丁岁役二旬,无事则收其庸,每日三尺;有事而加役者,旬有五日免其调,三旬则租、调俱免。

——〔唐〕李林甫:《唐六典》卷三《尚书户部》,北京:中华书局,1992年,第76页

**教师设问:**阅读材料八,概括唐代租庸调制的内容。(参考答案:每丁每年纳粟二石,是为"租"。"调",每丁每年纳绢(或绫、絁)二丈、绵三两。不产绢绵的地方,缴布二丈五尺和麻三斤。此外,每丁每年须为官府无偿服役二十天,不愿服劳役的人,可缴绢或布等实物代役,一天折合绢三尺,谓之"庸")

**材料九** 由于安史乱后出现的民户大迁徙和土地所有权的大规模转移,唐初实行的户籍制度和均田制度已经不能维持。天宝十三载编民900万户,其中缴纳赋税的课户为530万户。而前列表中乾元三年只有193万户编民,其中课户只有78万。在这种情况下,朝廷的财政出现严重危机。如何将各地大量存在的浮寄客户纳入赋税轨道,成了当务之急。

——翁俊雄:《唐后期民户大迁徙与两税法》,载《历史研究》1994年第3期

**教师设问:**阅读材料九,概括两税法出现的原因。(参考答案:安史之乱后民户大迁徙、土地买卖和兼并之风使得土地所有权大转移导致财政危机)

**自主学习:**阅读教材,归纳两税法的内容。(参考答案:每户按人丁和资产缴纳户税,按田亩缴纳地税,取消租庸调和一切杂税、杂役;一年分夏季和秋季两次纳税)

**材料十** 下面制成两表,一个是租调制中的租,一个是两税法中的亩税征收,借以考察这两种税制的畸轻畸重情况:

| 受田数 | 租 | 亩租 |
| --- | --- | --- |
| 100 | 2石 | 2升 |
| 90 | 2石 | 2.2升 |
| 80 | 2石 | 2.5升 |
| 70 | 2石 | 2.84升 |
| 60 | 2石 | 3.33升 |
| 50 | 2石 | 4升 |
| 40 | 2石 | 5升 |
| 30 | 2石 | 6.6升 |
| 20 | 2石 | 1斗 |
| 10 | 2石 | 2斗 |

| 两税制 | 亩征收 |
| --- | --- |
| 1亩 | 5升 |
| 10亩 | 5斗 |
| 20亩 | 1石 |
| 30亩 | 1.5石 |
| 40亩 | 2石 |

——漆侠:《唐宋之际社会经济关系的变革及其对文化思想领域所产生的影响》,载《中国经济史研究》2000年第1期

**材料十一** 两税之立,则异于斯(租庸调制),唯以资产为宗,不以丁身为本。

——〔唐〕陆贽著,刘泽民校点:《陆宣公集》,杭州:浙江古籍出版社,1988年,第245页

**教师设问**:阅读材料十、十一,分析租庸调制与两税法的区别。(参考答案:租庸调制以丁身作为征收赋税的标准,两税法以资产即土地的多少作为征收的根本)

**教师引导学生分析**:两税法与租庸调制有很大不同。租庸调制下征收赋税是以户为标准,无论土地多少,租调不变。一般狭乡每丁不过二十亩,亩租则高达一斗。这样的重租当然要引起均田制农民的逃亡。两税法按照土地多少征收,土地越多,税收越高。但对一般仅有30亩上下的自耕农民来说,两税征收还算是有度有节,使这类民户还承受得了。

**教师追问**:从租庸调制到两税法的转变,说明了什么?(参考答案:国家对农民的人身控制减轻)

**教师引导学生分析**:以丁为本的租调制,是在严格的自然经济条件下,封建国家以丁作为榨取的对象,并以小农户所生产的粮、布帛等作为租调向国家提供,丁尽管可以绢代役,但封建国家对丁的人身支配占有重要的地位。两税法是"以见居为薄""以贫富为差",它把丁身作为奴役的对象从整个税制中清除出去,尽管还有各类职役、杂徭,但毕竟比租调制前进了一步。

**教师引导学生小结**:赋税制度的变化趋势:国家对农民的人身控制越来越少,逐渐用货币代替实物缴纳赋税。

**2. 不变的初衷:抑制兼并,维护统治**

**材料十二** 这一转变(租庸调转向两税法)的直接后果便是废弃了户籍制度的土地分配功能,户籍制度开始与土地制度分离,同时户籍制度的赋税徭役的征发功能也有所减弱,户籍制度开始与徭役制度分离。再加上隋唐以后,世家大族因为战争和科举制等原因,基本上都被打掉了,土地兼并也不会发展到东汉后期那种威胁中央政府的地步。……经过这样的变化之后,我们看到,土地兼并已不再对国家财政构成直接威胁了,因为赋役的标准已经转移到以资产为主的原则了。

——刘建军:《古代中国政治制度十六讲》,上海:上海人民出版社,2009年,第234页

**教师设问**:阅读材料十二,分析中国古代赋税制度改革的目的。(参考答案:抑制兼并,维护统治)

**(设计意图)**唐朝赋税制度的创新影响了后世,利用史料展现改革前后的对比,利于学生运用时空观念了解其重大意义。本环节指向的是:(1)时空观念素养水平2——能够认识事物发生的来龙去脉。(2)史料实证素养水平3——利用不同类型史料,对所探究问题进行互证。(3)历史解释素养水平2——能够选择、组织和运用相关材料并使用相关历史术语。

**【课堂小结】**

**教师引导学生小结**:秦汉时期的制度奠定了中国古代政治的基本框架。汉末之后的魏晋南北朝虽然政局动荡,但政治体制受到的冲击较少,且孕育了新的制度萌芽,最终在隋唐统一多民族封建国家时期出现了各项制度的改革和创新。科举制、三省六部制、租庸调制、两税法等不仅促进了唐朝的繁荣,也标志着中国古代政治制度的成熟。

# 第8课

# 三国至隋唐的文化

## 教学设计1

安徽省淮北市实验高级中学　刘春利

### 一、教材分析

本课是部编本《中外历史纲要（上）》第二单元《三国两晋南北朝的民族交融与隋唐统一多民族封建国家的发展》的第8课，属于文化史的范畴。本课主要讲述了三国至隋唐时期文化发展的概况，包括四部分：一是儒学、道教与佛教的冲突与融合，儒学主流地位受到冲击，为应对冲击，儒学因时而变。二是以建安文学、东晋陶渊明田园诗、南朝骈文、南北朝民歌、唐诗及书法绘画等为代表的文学艺术形式在继承中创新。三是以数学、农学、医药学、建筑学和地理学等为代表的实用科技取得新成就。四是三国至隋唐中外文化交流进一步加强。三国至隋唐，制度创新、民族交融、区域开发推动了封建经济发展并走向繁荣，为文化发展创造了条件。这一时期中华文化继承创新、兼收并蓄，创造了璀璨多元的文化成就，为中华文明乃至世界文明发展作出了重要贡献。

《普通高中历史课程标准（2017年版）》对本课的要求是：认识三国两晋南北朝至隋唐时期思想文化领域的新成就。本课知识点涉及面宽、零散，且本课是本单元最后一课，主要任务不仅要让学生认识三国两晋南北朝至隋唐时期思想文化领域的新成就，还要厘清这一时期的历史发展线索。教学中在学生自主梳理文化史发展基本脉络的基础上，引导学生在时空框架下认识文化发展的继承与创新，探寻原因，认识其与隋唐统一多民族封建国家的发展之间的关联性，在这一过程中涵育历史学科核心素养。

### 二、学情分析

本设计对象为高一年级学生。根据问卷调查得知：学生能够说出汉代儒学正统地位确立、魏晋南北朝佛教兴盛等基本知识；大部分学生知道曹操父子是著名文学家，知道唐代诗歌的繁荣，知道王羲之是著名书法家；部分学生知道贾思勰及《齐民要术》、祖冲之及圆周率，能够说出唐代鉴真东渡和玄奘西行等中外文化交流的史实。这些基础知识的掌握有利于深化对本课的学习。结合课标要求及教材分析，本课的教学重点应当是学生以前未接触到的"儒学、道教与佛教的发展",对于与初中课程重复的内容,关键在于梳理其发展脉络,理清文化发展成就与社会发展之间的关系。高一年级的学生已具备初步的问题分析能力,因此可以在此基础上引导学生通过深度学习,认识这一历史时期文化领域的新变化,探讨新变化的原因,理解新变化对统一多民族国家发展的历史影响,进而提升对我国传统文化价值的理解与认同。

## 三、教学目标

1. 通过阅读教材和史料,梳理三国至隋唐儒学、道教和佛教冲突融合的基本史实;通过问题探究解释儒学、道教和佛教冲突融合的原因,认识中国古代主流思想因时而变的特点。

2. 阅读教材,利用表格在时空框架下梳理文学艺术发展的成就,在唯物史观指导下以书法艺术发展为例,探究文学艺术发展的原因。

3. 阅读教材,利用表格整理数学、农学、医药学和地理学等科技成就,结合史料探究科技发展的原因,认识科技发展与社会需求之间的联系,增进历史理解,进一步涵育历史解释核心素养,在这一过程中感受科学家们关注社会现实问题,心系家国的优秀品质。

4. 结合史料概括三国至隋唐中外交往的史实及特点,探讨中外文化交流对当时中国乃至世界文明发展的意义。在学习的过程中探讨此时中国文化演进的整体特质,进一步提升对中华民族优秀文化的理解与认同。

## 四、教学重难点

重点:三国至隋唐儒学、道教与佛教的冲突与融合。
难点:概括三国至隋唐中国历史文化演变的特点。

## 五、教学过程

【导入新课】

**材料一** 一个民族的文化,始终闪现着该民族灵魂的搏动,以巨大的向心力吸引着该民族的各类成员,因而,文化认同构成民族文化的核心。这种体现出民族精神的文化,又决非凝固的化石、僵硬的模式,而是常与变、因与革、内与外相统一的有生命的机体。

——冯天瑜、何晓明、周积明:《中华文化史》,上海:上海人民出版社,1990年,第4页

**教师讲述:**一个民族的文化是一个民族的灵魂。中华民族自强不息,在继承中华传统文化的基础上,因时而变,创造了辉煌的文化成就。今天我们一起来学习《三国至隋唐的文化》,一起去感触中国历史文化中民族灵魂的搏动。文化发展的目的是为了服务人生,我们首先来学习这一时期旨在探讨人生价值的学术思想的流变。

**(设计意图)**本课旨在从探寻民族文化价值的角度认识三国至隋唐文化的继承与创新。只有民族文化不断创新发展,才能以其独特的魅力持续吸引民族成员的文化认同,保障民族文明发展延绵不绝。利用著名学者的观点导入,引导学生初步感悟中华文化的历史价值,提

升学习兴趣,引导学生运用唯物史观的观点"历史发展的连续性和阶段性"解释历史。

【学习新课】

### (一) 学术思想流变:探寻人生价值

#### 1. 儒学式微

**材料二**　经学和名教衰颓,是魏晋以来文化转折的一大标志。经学在两汉享有"国宪"地位,士人"咸资经术",然而,魏晋间"汉师拘虚迂阔之义,已为世人所厌",结果是"公卿士庶,罕通经业"。魏帝曹髦巡视太学,以经学史上一系列自相矛盾的问题反复诘难经师,令经师瞠目结舌。这与汉代帝王亲临太学讲经恰成反照。

衰弱的经学已经无力为纲常名教的合理性做出理论论证,名教危机成为必然。……两汉是名教的定型时期,其标志便是"三纲五常"的提出。……然而,魏晋南北朝间的朝代变换和社会动荡,使贵族们"殉国之感无因,保家之念宜切",再加上佛教人生观、社会观的影响,纲常名教受到空前强劲的冲击。

——冯天瑜、杨华、任放:《中国文化史》,北京:高等教育出版社,2007 年,第 191—192 页

**教师设问**:根据材料,指出魏帝曹髦和汉代帝王莅临太学的不同之处,据此指出儒学地位的变化。(参考答案:不同之处——魏帝诘难经师,汉代帝王亲临太学讲学。变化——自汉武帝以来儒学独尊的地位被打破,儒学独尊地位受到冲击)

**(设计意图)**要认识三国至隋唐时期思想文化领域的新成就,就需要在时空框架下梳理文化发展传承的纵向逻辑关系,将学生已有知识和本课所学知识链接。儒学在汉代确立正统地位,而到魏晋时期儒学衰微,这种变化深刻影响了中国历史进程。运用故事有利于激发学生学习本课的兴趣,进而引导学生在时空框架下认识儒学地位的变化。本环节的指向是:时空观念素养水平 2、3——能够将某一史事定位在特定的时间和空间框架下;能够认识事物发生的来龙去脉,理解空间和环境因素对认识历史与现实的重要性。能够把握相关史事的时间、空间联系,并用特定的时间和空间术语对较长时段的史事加以概括和说明。

**(过渡)**儒学的式微为佛教和道教的发展提供了契机。

#### 2. 佛、道发展

**材料三**　到东汉末年魏晋时代,国内大乱,人民生活痛苦,精神上也缺乏寄托;而当时中国传统思想的儒学,久已变成没有灵魂的空架,因此佛教乘虚进入中国思想界。

——傅乐成:《中国通史》上册,贵阳:贵州教育出版社,2010 年,第 304 页

**材料四**　中国的传统思想,着重于解决现实的人生问题,出世的宗教思想,自古就不发达。古代的儒家竭力避免谈及天命鬼神一类的事。……因此儒家不能称为宗教,也无法替代其他宗教。道教虽然相信神鬼,具有浓厚的宗教气氛,但道士的业务,诸如祈雨、治病、捉鬼、炼丹,都是为生人解决问题;其主要理论,亦是在教人如何养生;对灵魂问题,并无完满的解释。既然中国的学派宗教不能满足人们对死后的种种幻想,外国的出世宗教乃乘虚而入,这是佛教自东汉传入中国后,能够日益昌盛的主要原因。

——傅乐成:《中国通史》下册,贵阳:贵州教育出版社,2010 年,第 436 页

材料五　唐代实行三教并重政策,主要从政治需要出发。统治者利用儒家君臣父子之义来巩固统治,也要用佛道来安定社会,缓和矛盾。

——马克垚:《世界文明史》上册,北京:北京大学出版社,2004年,第334页

**教师设问:**根据材料,指出佛、道两种宗教在东汉之后获得发展及儒学衰落的原因。(参考答案:魏晋时期政权更迭,社会动荡,人们缺乏精神寄托;儒学自身存在没有关注人生终极目标的缺陷;佛教和道教注重解决人生的现实问题,关注人的精神需求;统治者借助佛教、道教巩固自身统治等)

**(设计意图)**儒学、道教及佛教地位变化对当时及后世影响深远,利用史料创设问题情境,引导学生探究儒学衰落,佛、道发展的原因,利于深化对历史的理解,进一步涵育历史解释核心素养。本环节的指向是:(1)时空观念素养水平2——能够将某一史事定位在特定的时间和空间框架下。(2)历史解释素养水平2、4——能够选择、组织和运用相关材料并使用相关历史术语,对个别或系列史事提出自己的解释;在独立探究历史问题时,能够在尽可能占有史料的基础上,尝试验证以往的说法或提出新的解释。

**(过渡)**魏晋南北朝时期佛教和道教获得空前发展,尤其是佛教。

材料六　北魏都城洛阳,城中佛寺竟达一千三百六十七座,一些小小的里坊,也建置起十所佛寺。建于北魏熙平元年(516)的永宁寺规模宏大,其僧房楼观达一千余间,寺中心有九层方形木塔一座,高四十余丈,与埃及金字塔、法国特拉斯主教堂不相上下。寺塔上悬金铎一百二十枚,每至高风永夜,"宝铎和鸣,铿锵之声,闻及十余里"。……《南史·郭祖深传》记载道:"郡下佛寺五百余所,穷极宏丽。僧尼十余万,资产丰沃。所在郡县,不可胜言"。

——冯天瑜、何晓明、周积明:《中华文化史》,上海:上海人民出版社,1990年,第529页

**教师设问:**据材料,谈谈这一时期佛教发展留给你的印象?

**教师追问:**魏晋南北朝佛教兴盛带来了哪些社会问题?(参考答案:佛教兴盛,广修寺庙,耗费钱财;与封建政府争夺劳动力,严重威胁政府利益;冲击了儒学的正统地位)

**教师追问:**面对佛教兴盛问题,封建统治者和思想家们采取了怎样的应对方式?你认为哪种方式有效,谈谈你的理解。(参考答案:应对方式——斗争方式、思想宽容方式。理解——暴力无法解决思想领域问题。言之有理皆可)

**教师引导学生分析:**三武一宗灭佛、南朝无神论思想家范缜对佛教进行抨击、唐代思想家韩愈主张复兴儒学,用儒家的天命论和封建纲常反对佛教观点为斗争方式;隋朝儒学家主张三教合一,唐代实行三教并行政策。

### 3. 三教合一

材料七　总之,隋唐思想学术的发展,是在三教鼎立的三教关系新局面下展开的。而隋唐三教鼎立的三教关系新局面,不仅推动了隋唐思想学术的发展,而且也对唐宋以后的中国思想学术产生重要影响。……唐宋之际,三教鼎立的局面逐渐让位于三教合一,至宋代,随着新儒学的出现和被定于一尊,儒佛道三教终于形成了延绵千年之久的以儒家为本位的三教合一思潮。

——洪修平:《隋唐儒佛道三教关系及其学术影响》,载《南京大学学报(哲学·人文科学·社会科学)》2003年第6期

　　**教师设问：**阅读材料并结合所学，指出儒、佛、道三教地位在隋唐前后的变化，并简要指出这一变化对中国传统文化主流思想演变的影响。（参考答案：变化——由三教鼎立到最终形成以儒家为本位的三教合一思潮。影响——为宋明理学的产生奠定了基础，丰富了中华文化的内涵）

　　**教师引导学生分析：**汉武帝时期儒学正统地位确立，儒学对中国历史发展产生深远影响。三国两晋南北朝时期国家分裂，民族交融，佛教、儒学、道教三种思想并存，彼此冲突融合。隋唐时期儒学家提出三教合一主张，促进了学术文化的发展，这对宋明理学的产生，乃至中华文化的进一步发展产生了深远影响。

　　**（过渡）**儒学、佛教和道教这三种学术思想围绕现实问题，探讨人生价值。它们在冲突中融合，丰富了中国文化的内涵。文学家和艺术家们也发挥他们的聪明才智，进行文学艺术创作，描绘生活之美。

### （二）文学艺术争艳：描绘生活之美

**1. 文学宝库**

**自主学习一：**阅读教材，完成表 1。

表 1　三国至隋唐主要文学流派及代表人物汇总表

| 时期 | 主要文学流派及代表人物 | 备注 |
| --- | --- | --- |
| 东汉末至三国 | 曹操父子为代表的建安文学 | |
| 东晋 | 陶渊明田园诗 | |
| 南北朝 | 南朝骈文、北朝民歌 | |
| 唐朝 | 诗歌的黄金时代，流传下来两千多位诗人、近五万首诗。代表人物有"诗仙"李白、"诗圣"杜甫等 | |

　　**（过渡）**文学作品是文学家心声的表露。

　　**材料八**　（西晋）左思的代表作是《三都赋》，当时名家如皇甫谧、张载、刘逵等为之做序做注，都评价甚高。"于是豪贵之家，竞相传写，洛阳为之纸贵。"（《晋书·文苑·左思传》）其实，左思的诗要比他的赋好。左思出身贫寒。后来左思的妹妹为晋武帝贵嫔，但这似乎并没有抬高左家的社会地位。左思的诗里对社会门第充满了愤恨不平。他写过八首《咏史》诗，对"世胄蹑高位，英俊沈下僚"之愤恨不平，溢于言表。……他蔑视权贵，说："贵者虽自贵，视之若埃尘。贱者虽自贱，重之若千钧。"

　　——白寿彝：《中国通史·三国两晋南北朝时期》上册，上海：上海人民出版社，2004 年，第 471—472 页

　　**教师设问：**从材料八可以看出左思的才学如何？结合材料和所学指出左思怀才不遇的时代原因。（参考答案：才学很高，擅长诗赋。原因——魏晋时期重视门第，阻碍了社会底层的向上流动）

　　**（过渡）**左思怀才不遇，让他感叹生不逢时。北朝的一些文学作品中也有类似的情感表露。

**材料九**　北朝民歌，保存在《乐府诗集》里，约有七十来首，以《梁鼓角横吹曲》为主。……如《企喻歌》：男儿可怜虫，出门怀死忧。尸丧狭谷中，白骨无人收。

——白寿彝：《中国通史·三国两晋南北朝时期》上册，上海：上海人民出版社，2004年，第479页

**教师设问：**《企喻歌》描绘了怎样的场景？你认为这符合历史事实吗？说说你的理解。（参考答案：场景——描绘了战争给人民带来死伤的凄惨场景。理解——符合历史事实，南北朝时期战争频发，给劳动人民带来沉重灾难，人们借助诗歌表达对战争的厌恶）

**教师追问：**指出左思作品和《企喻歌》文学风格的共同之处。由此谈谈你对文学作品与时代发展之间关系的认识。（参考答案：共同之处——现实主义风格。认识——文学作品内容反映社会现实。作者通过文学作品表达了对丑恶现实的批判、对美好生活的向往）

**教师引导学生分析：**文学作品是时代的反映。魏晋南北朝时期社会动荡，人们生活痛苦。此时人们通过自己的笔揭露现实的丑恶，表达对美好生活的向往。即使身处困境，人们对美好生活的向往也始终如一。

**（过渡）**文学作品反映了人们对美好生活的向往，同时艺术家也在创造生活之美。

**2. 艺术尽美**

**自主学习二：**阅读教材，完成表2。

表2　魏晋南北朝至隋唐主要艺术成就

|  | 书法 | 绘画 | 雕塑 | 舞蹈 |
|---|---|---|---|---|
| 魏晋南北朝 | 隶书、草书、楷书和行书等书体完备。东晋王羲之被称为"书圣" | 东晋开始出现知名的专职画家，以顾恺之为代表，代表作《女史箴图》和《洛神赋图》 | 山西大同云冈石窟、河南洛阳龙门石窟、甘肃敦煌莫高窟等，都是闻名世界的艺术宝库 |  |
| 隋唐 | 融汇了南朝的秀美和北朝的雄健，创出新风格。颜真卿的颜体和柳公权的柳体最为有名 | 绘画题材广泛，风格多样。吴道子被尊为"画圣" |  | 隋唐时期的乐舞受西域和邻国影响，风格多样，有壮阔欢腾的盛世特色 |

**教师引导：**欣赏王羲之《姨母帖》等图片，感受书法艺术的独特之美。

**（过渡）**书法是中国独特的艺术形式，为什么它会在魏晋时期臻于成熟呢？

**材料十**　视文化高低论门第，是当时一种普遍的社会价值观念。作为名门望族，必须赖文化凝聚家族成员，以学养培育子孙后代。他们非常重视对子女的文化教育……而久有绵延的书法，既是一种高雅的艺术，又是当时社会时尚所钟之一，因此自然很受重视，这也是书法艺术繁盛的又一因素。……此外，魏晋时期，通过书法博取功名，获得社会荣誉也是一种比较普遍现象。

——柳称：《略论魏晋时期世家大族的书法传承与革新》，载《西北大学学报（哲学社会科学版）》2013年第9期

**教师设问：**根据材料并结合所学知识，分析魏晋时期书法艺术臻于成熟的原因。（参考

答案：魏晋时期社会风气钟爱书法；世家大族把重视书法教育作为凝聚家族的手段之一，用以维护门第等级；通过书法可以获得功名，获得社会荣誉；汉代造纸术的改进为书法艺术的发展提供了必要的物质条件等）

**（过渡）**书法艺术在魏晋时期臻于成熟，到隋唐时期以楷书为代表的书法艺术达到高潮。

**材料十一**　魏晋南北朝时，战乱纷仍，社会动荡，佛教、道教兴起，儒学则衰微。文人多谈玄说道，追求"越名教而任自然"。于是，魏晋、南朝的正统艺术以空灵、平淡为尚，文人书法一派洒脱、阴柔气象。易于表现空灵韵致的行书在晋代得到了长足发展。而北朝疆域为未受儒学教化的蛮荒之地，天真质朴、雄强大气的石刻文字，无意中为后代树立了一座丰碑——魏碑成了后人反正统书艺的范式。自隋至唐，儒学思想又逐渐成为统治思想。统治者对社会秩序的强化，尤其是政治家作为书家的现象，使极重法度的楷书在有唐一代达到高潮。温柔敦厚、法度森严的颜体楷书是唐代书艺的标志。

——刘宗超：《儒学艺术精神与中国书法》，载《齐鲁学刊》1998 年第 3 期

**教师设问**：据材料指出魏晋至隋唐书法演变的特点，结合所学谈谈你的理解。（参考答案：特点——书法艺术随着时代的变迁呈现出时代性；深受儒学思想地位变迁影响，书体被赋予政治含义。理解——艺术是现实的反映，具有时代性）

**（过渡）**三国两晋南北朝至隋唐时期文学艺术争奇斗艳，表达了中国古人对美好精神生活的向往。人的生活离不开自然，如何认识自然之道，改造自然，让人生活得更美好呢？

### （三）科学技术创新：求索自然之道

**1. 科技成就**

**自主学习三**：阅读教材，完成表 3。

表 3　魏晋南北朝至隋唐主要科技成就

|  | 魏晋南北朝 | 隋唐 |
|---|---|---|
| 数学 | 南朝祖冲之精算圆周率 |  |
| 农学 | 北朝贾思勰著《齐民要术》，是中国现存最早的一部完整的农书 |  |
| 医药学 |  | 医学家孙思邈完成医学名著《千金方》、唐高宗时编修的《唐本草》是世界上最早由国家颁行的药典 |
| 地理学 | 西晋杰出地图学家裴秀绘制《禹贡地域图》，并提出绘制地图的方法 |  |
| 天文学 |  | 唐天文学家僧一行测算出了地球子午线长度 |
| 建筑学 |  | 隋唐时期是中国古代建筑的成熟期，隋朝李春设计建造的赵州桥，是世界上现存最古老的石拱桥 |
| 其他 |  | 唐已有了雕版印刷的佛经、日历和书籍。唐中期书籍中记载了火药的配方。唐末火药开始应用于战争，火箭是最早的火药武器 |

**2. 创新之因**

**教师讲述：**早在古代，我国广大劳动人民，在认识自然和改造自然的过程中，对圆周率就开始了研究。两汉以前，人们把周三径一作为圆周率的值，即取 π＝3。后来，随着生产和科学技术的发展，π＝3 就越来越满足不了计算精确度的要求，于是人们不断对它加以改进，求得一系列新的近似值。魏晋时期的杰出数学家刘徽运用割圆术这一科学方法，求得圆周率约为 3.141 6……。到了南北朝时期，祖冲之最后计算出 π 值在 3.141 592 6 和 3.141 592 7 之间，创造了当时世界的最精确纪录。祖冲之的圆周率保持了长达一千年的好成绩。[①]

**材料十二**　古代中国是农业大国，基本上是"靠天吃饭"，因此人们迫切希望制定精确的历法，以把握季节轮替、气候变化的规律，指导农业生产，合理安排农事。而精确历法的关键之一是精算圆周率。这是因为太阳、月亮等天体是沿着椭圆轨道周而复始地运行的，圆周率的准确计算对把握这些天体的运行规律有决定性作用。

——方美玲：《历史知识分类与历史教学本质》，载《课程·教材·教法》2008 年第 7 期

**教师设问：**圆周率的数值从 3 到精确至 3.141 592 6 和 3.141 592 7 之间，前后经历了几百年的时间。人们为什么要不断地提高圆周率的精度？（参考答案：当时社会需要精确的历法来指导农业生产，而制定精确历法的前提就是计算出精确的圆周率）

**(过渡)**祖冲之科学研究是为了服务农业生产，裴秀研究地图的目的又是什么？

**材料十三**　魏灭蜀后，司马昭又为灭吴做准备，命有司撰访吴地图。裴秀则绘制《禹贡地域图》十八篇上报朝廷。……裴秀针对汉代各种杂图不设比例尺，方位不准的缺点，在《禹贡地域图》上使用了比例尺。……《禹贡地域图》十八篇，是中国第一部历史地图集，开创了以区域沿革为主体和古今地名对照的绘图方法。从《禹贡地域图序》中，我们还知道裴秀提出了著名的绘制地图的六大原则，即"制图六体"。这是他在中国地图学上作出的最大贡献，也是中国制图理论的肇端，它影响中国地图学达一千五百多年。由于裴秀有这项杰出成就，因此西方学者赞誉他是"中国科学制图学之父""完全可以和欧洲古代著名地图学家托勒密（Ptolematus claudius，121—151 年）相提并论"。

——白寿彝：《中国通史·三国两晋南北朝时期》下册，上海：上海人民出版社，2004 年，第 467—468 页

**教师设问：**裴秀绘制《禹贡地域图》的原因是什么？指出裴秀在科学史上的贡献。（参考答案：原因——进行统一战争需要科学准确的地图；汉代以来各种地图方位不准，没有比例尺，地图的科学性差。贡献——裴秀编制了我国第一部历史地图集，开创了以区域沿革为主体和古今地名对照的绘图方法；开创的制图理论影响中国地图学达一千五百多年，为中国地图学作出巨大贡献，被西方人称为"中国科学制图学之父"）

**(过渡)**为什么这一时期出现了这么多科学家？为什么这些科学家都能取得卓越的成就？

**材料十四**　我国的科学技术发展到隋唐五代呈现一股继续高涨的趋势，统治阶级为满足自身、政权和社会对科学技术的多方面需要，通过完善教育体系，举行多元化考试，奖励发

---

[①] 辛哲：《古代圆周率的启示》，载《曲阜师院学报（自然科学版）》1979 年第 2 期。

明创造和培养扶植科技人才等措施,助长、推动和促进了科技的发展。安定与富裕的社会环境和发达的出版业则又提供了良好的研究条件。求索物理、格物致知,怀疑、探索、创新的学风催促知识分子中具有务实思想的人考察和研究自然事物以及如何使之有利于国计民生。国内各民族之间的文化交流与国外的文化交流,也加速了科技的发展。

　　——曹顺仙编著:《世界文明史》,北京:北京航空航天大学出版社,2006 年,第 83 页

　　**教师设问:**根据材料并结合所学知识,试析三国至隋唐时期科技成就卓越的原因。(参考答案:政府为巩固统治,提倡、扶植科技发展;隋唐时期国家统一、社会安定、封建经济发展为科技发展创造了良好的社会环境;求真、务实、探索的学风促进了具有务实思想的知识分子研究科技以改善民生;中外经济文化交流加速了科技发展;教育发展推动了科技发展;社会需求促进了科技发展等)

　　**(设计意图)**三国至隋唐时期科技为什么能够长期领先于世界?为什么能够出现这么多科学家?这需要到中国社会内部去探寻原因,引导学生在占有史料的基础上,尝试分析科技发展的原因,提高对历史的解释能力。本环节指向的是:历史解释素养水平 4——在独立探究历史问题时,能够在尽可能占有史料的基础上,尝试验证以往的说法或提出新的解释。

　　**(过渡)**科技进步是中华文化发达的缩影,中国以博大的胸襟和世界各国开展了文化交流。

### (四) 中外文化交流:贡献世界文明

#### 1. 文化交流

　　**材料十五**　三国两晋南北朝时期,中外文化的交流,比秦汉时期有显著的发展。西方的大秦(罗马帝国和拜占庭帝国),西亚的波斯(萨珊王朝),中亚的大月氏(贵霜王朝)和昭武九姓诸国,南亚的五天竺诸国(包括有名的笈多王朝),师子国(斯里兰卡),都通过陆路或海路与当时的中国发生关系。它们的使者、商人、僧侣和求法者不断前来,从而各地的物资得到交换,科学技术和艺术、宗教也得以交流。中外文化交流,无论对中国和有关的各国,都具有深远的影响。

　　　　——白寿彝:《中国通史·三国两晋南北朝时期》上册,上海:上海人民出版社,2004 年,第 492 页

　　**教师设问:**阅读材料十五、教材第 46 页《唐朝对外主要交通路线示意图》,指出三国至隋唐时期中外文化交流的特点。(参考答案:中外文化交流空间范围广,与欧洲、中亚、西亚及南亚各国都通过陆路或海路发生联系;中外文化交流内容广泛,涉及物质文明、精神文明领域;佛教在中外文化交流中占有特殊地位;中外交流是双向交流,对中国和有关国家都产生深远影响;中国是东西方文化交流的桥梁,唐代中国成为中外文化交流的中心等)

#### 2. 泽被中外

　　**教师追问:**根据材料并结合所学知识,指出这一时期的中外文化交流对当时中国乃至世界文化发展的意义。(参考答案:三国两晋南北朝时期的中外文化交流为隋唐文化的繁盛奠基,中外文化交流使唐文化成为世界性文化;中外文化交流为世界文化的多元发展作出重要贡献)

　　**(过渡)**这一历史时期中国以博大的胸襟吸收外来优秀文化,创造了辉煌的文化成就,为

中国乃至世界文明的发展作出重要贡献。三国至隋唐文化发展有何特质？

**材料十六**　宏观考察，从魏晋—盛唐，文化运动具有一种整体性特质：魏晋南北朝的文化具有一种开拓性，即在挣脱两汉儒学独尊的文化模式后，多元发展，不断地创立文化新观念、开辟文化新领域。而盛唐文化则具有一种"集大成"性，即在淘汰、吸收、再创的机制中，将魏晋南北朝的文化开拓推入成熟、丰艳的境地。

——周积明：《魏晋—盛唐文化总体性论》，载《河北学刊》1989 年第 4 期

**教师设问**：根据材料并结合所学知识，总结三国至隋唐文化发展的整体性特质。（参考答案：魏晋南北朝文化打破两汉文化独尊的文化模式，多元发展，不断创立文化新观念、开辟文化新领域；隋唐文化在继承前代文化的基础上，吸收外来文化，将中华文化发展到新的高峰等）

**教师引导学生分析**：三国至隋唐时期，中国在继承传统文化的基础上，以海纳百川的胸怀，吸收外来文化，不断创新，多元发展，将中华文化发展到新的高峰。

**【课堂小结】**

**教师引导学生小结**：中华文化继承创新、兼收并蓄、因时而变等方面的特质是中国文明延绵不绝的文化基因。正如著名史学家冯天瑜在《中华文化史》中所说："一个民族的文化，始终闪现着该民族灵魂的搏动，以巨大的向心力吸引着该民族的各类成员，因而，文化认同构成民族文化的核心。这种体现出民族精神的文化，又决非凝固的化石、僵硬的模式，而是常与变、因与革、内与外相统一的有生命的机体。"[1]

**（设计意图）**首尾呼应，点题升华。本环节指向的是：家国情怀素养水平 3、4——能够把握中华民族多元一体的发展趋势，以及世界历史发展的进步历程，形成正确的世界观、人生观、价值观和历史观。

# 教学设计 2

安徽省繁昌县第二中学　　钱代林

## 一、教材分析

本课是部编本《中外历史纲要（上）》第二单元《三国两晋南北朝的民族交融与隋唐统一多民族封建国家的发展》的第 8 课，包括"儒学、道教与佛教的发展""文学艺术""科技""中外文化交流"四个子目的内容。教材主要讲述了三国至隋唐五代在思想、文学、书法、绘画、科技以及中外交流等方面取得的重要成就，体现了中国古代文化发展的继承与创新特征。《普通高中历史课程标准（2017 年版）》对本课的要求是：通过了解三国两晋南北朝政权更迭的

---

[1] 冯天瑜等：《中华文化史》，上海：上海人民出版社，1990 年，第 4 页。

历史脉络,认识三国两晋南北朝至隋唐时期思想文化领域的新成就。本课内容繁多,四个子目之间既是并列关系,又有一定的因果关系,特别要注意本课与本单元前三课魏晋至隋唐的政治、经济的联系。若把三国至隋唐五代的思想文化史置于整个中国古代思想文化发展的历程中来看,这一阶段体现了承上启下的特征。以思想发展为例,两汉传统儒学在东汉以后逐渐出现统治危机并与其他思想文化(佛道)激烈碰撞,中国思想文化的发展出现了裂变的现象,在裂变中又寻找着新的发展方向,从而一定程度上为宋明理学的形成奠定了基础。

　　基于对课程标准与教材内容的分析,我将本课的教学立意确立为:中国传统思想文化在裂变中的重建与发展,其以"我"为主、兼容并蓄的特征推动了传统思想文化的繁荣与绵延。本课教学架构以三国至隋唐五代时期的"思想裂变"为主线贯穿整个教学设计,思想裂变体现在从儒学独尊到三教并行,还体现在思想文化从对社会的关注走向兼对个体人格、精神的关注。这不仅推动了思想的活跃与多元化发展,还对书法、绘画、中外交流的发展产生了重要影响。本课教材内容较多呈现的是感性知识,缺少对这些内容的理性分析,因此教学中需要补充一些史料以加深理解。

## 二、学情分析

　　高一学生对佛教、儒学、道教、绘画、文学、书法、科技等名词及相关内容都有一定的认知,但是对三国至隋唐五代思想文化的特征以及这一阶段在整个古代中国思想文化史中的地位缺乏理解,对佛儒道思想地位的演变、发展的原因等深层问题的理解也存在一定的障碍。教学中要注意兼顾文化史的趣味性和深刻性,力争达到感性与理性并存、历史与现实交融的效果。

## 三、教学目标

　　1. 了解三国至五代中国思想文化发展的成就,理解佛教、道教的兴盛对儒学地位的冲击。了解三国至隋唐五代文学、书法、绘画的特征,并理解它们的繁荣与同时代政治、经济、思想之间的联系。

　　2. 通过史料阅读,学会运用唯物史观分析历史问题,学会获取和解读史料的方法。运用唯物史观,通过历史比较理解中国这一时期文化"开放"与"保守"的双重特征。

　　3. 通过本课内容的学习,感受中华文化的魅力。认识到中国传统文化的继承性特点使中华文明历史悠久、绵延不断,兼容并蓄、开放的心态又使传统文化能不断适应新的社会发展的需要、与时俱进。通过韩愈、颜真卿的事迹感受历史人物的社会责任感、使命感,培养家国情怀。

## 四、教学重难点

重点:三国至隋唐五代思想文化发展的表现、特征及成因。
难点:理解中国传统思想文化裂变中以"我"为主、兼收并蓄的发展特点。

## 五、教学过程

【导入新课】

背景音乐:《河西走廊之梦》(*Dream of Hexi Corridor*)

图1　尸毗王本生故事说

**教师讲述:** "尸毗王本生故事"的壁画出自中国敦煌北魏时期的佛教石窟,其内容是佛陀前生曾为尸毗王,一只鹰要吃掉一只鸽子,尸毗王说:"这样吧,我把我的王位让给你,我把我的国土也都给你,让你来做国王,可不可以饶过这只鸽子?"老鹰冷笑说:"你让我做国王干吗? 我在天上自由自在地飞,我干嘛坐在你那个王位上,对我一点意义都没有。"尸毗王被他逼急了:"那你到底要什么?"老鹰说:"我要吃带血的肉,我要吃活着带血还有体温的肉。"为救鸽子免被鹰吃掉,而鹰又不致饿死,尸毗王愿割己身之肉饲鹰。

**教师设问:** 壁画的内容反映了佛教怎样的思想内涵? 与中国汉朝儒学的思想主张有何不同?(参考答案——内涵:牺牲救世、大慈大悲、利他主义。不同——佛教关注个体人格、精神需求,汉朝儒学宣扬君权神授、天人合一、天人感应,侧重关注社会与政治)

**教师引导学生分析:** 尸毗王故事出自印度《金光明经》,即释迦牟尼佛的《本生经》,佛教强调因果轮回,人有前世今生,牺牲救世、教化众生、善恶有报、慈悲为怀。图1"尸毗王本生故事"的壁画出自中国敦煌的佛教石窟,说明了印度佛教在中国北魏时期的传播情况。

(**设计意图**)充满西域风格的音乐、情节离奇的佛教故事、绚丽多彩的敦煌壁画,对学生产生听觉与视觉上的冲击,易激起学生对学习内容的好奇心与求知欲。通过佛教主张与中国主流思想的比较,培养学生运用时空观念分析历史问题的能力。

(**过渡**)佛教宣扬的思想与中国本土的儒学内容有极大的差异,作为一个汉朝以后以儒学立国的国家,异质文化佛教的传入会与中国本土思想发生怎样的碰撞? 又会给中国三国至隋唐五代的文化发展带来怎样深远的影响?

**【学习新课】**

**（一）"思想裂变"——从儒学危机到三教并行**

**1. 儒学危机**

**材料一**　汉魏之际"纪纲既衰，儒道尤甚"，以致曹魏京师上万名大小官吏和太学生中，通经知礼的"略无几人"。

——唐长孺：《魏晋南北朝隋唐史三论》，武汉：武汉大学出版社，1992 年，第 64 页

**材料二**　正因为两汉经学所宣扬的是一种整体秩序规范，缺乏关于个体人格方面的理论，同时更由于两汉经学缺乏生命内部的活力，完全依靠社会的需要来维系自己的存在，所以一旦社会出现动荡变化，其苍白贫困的本质便立即暴露出来了。

——马良怀：《崩溃与重建中的困惑——魏晋风度研究》，北京：中国社会科学出版社，1993 年，第 54 页

**教师设问**：材料一反映了魏晋时期儒学地位发生了怎样的变化？结合材料二分析导致变化的原因。（参考答案：变化——儒学地位相对衰落。原因——自身原因有缺乏关于个体人格方面的理论，自我伦理体系的缺陷与不完备；社会原因有魏晋战乱、社会动荡，儒学理论不能适应社会现实的需要）

**教师引导学生分析**：两汉儒学侧重关注社会需要，在魏晋分裂动乱时代出现了信仰危机。人与社会、人与神、人与人之间的疏离造成了社会与文化关系的失调，将魏晋士人抛入了巨大的生命恐惧之中。一种莫名的忧虑、烦恼，痛苦地折磨着他们的心灵，致使人们惶恐不安、莫知适从，士族名流对传统儒学反叛，魏晋玄学流行起来。

**材料三**　"玄"有深奥、玄妙之意，所谓"玄而又玄，众妙之门"。《老子》《庄子》《周易》"总谓三玄"，因而这三部典籍正是魏晋学人依据的文本，故其学称之"玄学"。

——冯天瑜：《乱世裂变——魏晋南北朝文化刍议》，载《中国文化研究》1994 年第 4 期

**教师设问**：依据材料三，指出玄学的基本主张和理论来源。（参考答案：主张——玄学主张越名教而自然，实际是用老庄思想来糅合儒家经义。来源——《老子》《庄子》《周易》）

**教师引导学生分析**：玄学的出现是两汉儒学思想裂变的一个结果，是士人对传统儒学的反叛，也是儒道思想交流碰撞的一个结果，用老庄思想来糅合儒家经义，对儒学进行新的理论探索，从两汉儒学对社会的关注指向对自我、个体精神的关注。社会形势的变化，使魏晋士族名流不再以儒家理想积极入世求得功名作为精神支柱，而以蔑视功名为清高。例如玄学的代表人物竹林七贤之一的嵇康，被好友山涛推荐去做官，嵇康就写了一份绝交信给他，表达他的理想，"今但愿守陋巷、教养子孙，时与亲旧叙离阔，陈说平生，浊酒一杯，弹琴一曲，志愿毕矣"[①]。这是他对魏晋儒学纲常名教的一种反叛，他想远离政治，过一种清淡寡欲的生活，是士人对自我、个体精神关注的体现。玄学在当时影响非常大，一时魏晋盛行清谈之风气，出现独有的魏晋风度。

———————————

① 《与山巨源绝交书》，古诗文网：https://so.gushiwen.org/shiwenv_c7e28ca4629f.aspx。

（**设计意图**）魏晋玄学概念比较难理解，不必在概念本身做过多纠缠。通过史料了解玄学的理论来源，引导学生认识玄学与儒学、儒学与道教之间的关系。本环节指向的是：（1）史料实证素养水平1——在解答某一历史问题时，能够尝试从多种渠道获取与该问题相关的史料；能够从所获得的材料中提取有关的信息。（2）历史解释水平素养2——能够选择、组织和运用相关材料并使用相关历史术语，对个别或系列史事提出自己的解释。

（**过渡**）玄学的兴盛、魏晋开放局面的形成为佛教的传播提供了有利的社会环境。

**材料四**　因为玄学盛行，佛教为求发展最初是以玄学的面目出现的，附玄学的一些基本理论。佛教势力扩大后，也力图摆脱玄学而自张一帜。但是佛教一旦进入中国文化系统，就不仅要受传统伦理观念的抵制、夷夏观念的排斥，而且还受到中国本土无神论思想的挑战。

　　——刘炜主编，罗真宗著：《中华文明传真——魏晋南北朝》，北京：商务印书馆，上海：上海辞书出版社，2001年，第99页

**教师设问**：依据材料四，思考佛教在中国传播初期遭遇哪些困难？分析佛教兴盛的原因。（参考答案：困难——玄学盛行、传统伦理观念的抵制、夷夏观念的排斥、中国本土无神论思想的挑战。原因——佛教自身的努力；吸收中国的思想文化使之本土化，以适应中国社会现实的需要）

**教师引导学生分析**：佛教随着西域胡僧初来中国时，传播得并不顺畅，面临诸多的阻力，困难重重，融入中国是一个比较艰难的过程。在长达几百年的时间里，因为中国特定的历史环境以及佛教自身的努力，才使得佛教发展兴盛。魏晋南北朝政局动荡、战争频繁，儒学纲常名教难以适应人心需求，佛教抓住了这个历史机遇，佛僧一方面通过修建石窟把佛经故事或道理用浅显易懂的画面图解出来，通过翻译经书、修建寺庙在大众中普及佛教知识；另一方面佛教还能积极主动地吸收和学习中国本土的宗教与思想，宣传因果轮回、善恶有报等思想，佛教不谈政治、关注个体精神需求的特点弥补了汉朝以来儒学理论的不足，适应了中国人的需要，推动了从民间到统治者追捧佛教的局面，同时佛教的兴盛必然进一步冲击儒学的正统地位，使中国思想领域呈现多元化发展的特点。

（**过渡**）魏晋南北朝国家分裂、政权更替频繁、战争不断，少数民族南下中原推动了民族的交融，北方人口大量南迁使经济重心初步南移，南方经济得到开发。经济被破坏的同时也孕育着新生，社会环境相对宽松，思想活跃，对外开放，异族文化的传入，民族交融的发展，使中国传统思想文化出现了裂变，有了新发展的趋势，也为隋唐思想文化新的整合发展奠定了重要基础。

**2. 三教并行**

**材料五**　自唐高祖以老子李聃为始祖，以后诸帝皆推崇道教，甚至尊老子为"玄元皇帝"。隋唐皇帝除唐武宗之外，也都程度不同地信仰佛教。唐太宗以盛大仪式欢迎玄奘从印度取经归来；从贞观五年法门寺开启地宫、出示佛骨，其后历代皇帝"六迎佛骨"，总称"七迎佛骨"；韩愈上奏《谏迎佛骨表》，险些被宪宗斩首。……促使三教鼎盛，共同发展。

　　——赵文润：《略谈隋唐文化的渊源与特点》，载《历史教学》1998年第7期

**教师设问**：依据材料五，归纳唐朝统治者的主张。（参考答案：儒佛道三教并行）

**材料六**　直到宋朝建立之后，周敦颐、邵雍、张载、程颐、程颢、朱熹等人才继承起韩愈、李翱所开创的事业，沿着以儒学为主干合流三教的方向深入发展，于是诞生了理学，使其自

魏晋玄学以来的新的权威思想的建构得到了最后的完成、定型。

> ——孙定芳:《论东晋南朝文化精神对儒家理想的叛离——兼论东晋南朝的文化特色》,载《华中师范大学学报》2012 年第 1 期

**教师设问:** 结合材料六,分析韩愈为什么上奏《谏迎佛骨表》,对中国传统儒学发展产生了哪些影响?(参考答案:原因——韩愈反对佛教,主张以儒学为主干合流三教,也就是复兴儒学。影响——为宋明理学诞生奠定了基础)

**教师引导学生分析:** 隋唐时期,国家统一,社会环境开放宽松,民族交融进一步发展。国家包容外来文化的发展,实行三教并行的政策。道教是本土宗教,追求长生不老、得道成仙的观念沟通了人与神的联系,符合国人的心理需要;佛教是外来宗教,其兴盛严重挑战了儒学的正统地位,由此出现了中国思想家对传统文化的守护与振兴,强烈反对佛教发展。南朝无神论思想家范缜针对佛教宣扬的形神分离、形亡而神不灭的观点,提出人的精神和肉体是统一的,对佛教进行过抨击;唐朝儒学大师韩愈、李翱、柳宗元更是直接反对佛教,要求复兴儒学。韩愈上奏《谏迎佛骨表》险些被宪宗斩首,但他反对佛教而主张复兴儒学、三教合流的主张,是对中国传统思想文化的坚守与发展,为宋明时期中国儒学新体系的重建和儒学权威的重新确立奠定了基础。

佛教的兴盛不仅引起学者对佛教发展的反对,还引起了一些统治者的反对,因为佛教寺院经济的兴盛对统治也产生了一定的消极影响。历史上北魏太武帝、北周武帝、唐武宗和后周世宗先后 4 次灭佛,在一定程度上也抑制了佛教的发展。

**(过渡)** 魏晋至隋唐,汉朝儒学因为不适应时代发展的需求,统治地位受到冲击,佛教、道教、魏晋玄学的兴盛进一步对其产生冲击与挑战,这一时期中国思想逐渐裂变,向多元化发展。思想的活跃、观念的解放,又进一步促进文学、艺术等领域取得了辉煌成就。

### (二)文化繁荣——从魏晋自觉到盛唐自信

#### 1. 文艺繁荣

(1) 文学:建安风骨与唐诗鼎盛

**材料七**　魏晋以降,儒学失落,文学艺术从儒学伦常的樊篱中解放出来,认识文学艺术自身特征的"缘情"说和"神思"说脱颖而出。……以诗歌而言,"三曹""建安七子"的作品气势雄伟,慷慨悲壮,如曹操《龟虽寿》"老骥伏枥,志在千里,烈士暮年,壮心不已"。

> ——冯天瑜:《乱世裂变——魏晋南北朝文化刍议》,载《中国文化研究》1994 年第 4 期

**教师设问:** 依据材料七,归纳曹操诗歌体现的魏晋文学创作特点。(参考答案:文学创作走向自觉,关注个体思想)

**材料八**　唐代 290 年中,留下了近五万首诗歌,涌现过两千多名诗人,仅李白、杜甫、白居易等负有世界声誉的巨星和开宗立派、影响久远的大家,就有数十人之多。唐诗题材领域广泛,反映社会生活深刻,诗体完备、流派众多,它们争奇斗艳、蔚为大观,为以往任何时候所无法比拟。

> ——王炯华:《中国传统文化十二讲》,武汉:华中科技大学出版社,2001 年,第 141 页

**教师设问**：依据材料八，归纳唐诗兴盛的表现。综合材料七、八，分析三国至隋唐文学繁荣的思想因素。（参考答案：表现——唐诗作品数量多，诗人众多，唐诗题材领域广泛，反映社会生活深刻，诗体完备、流派众多，诗歌发展到鼎盛、影响巨大。思想因素——传统思想裂变、思想活跃多元化发展，推动了社会思想观念的解放，文学创作摆脱汉朝纲常礼教的束缚，从自发到自觉再到自信）

**教师引导学生分析**：从三国至隋唐五代，受社会政治、经济以及思想开放等众多因素的影响，中国在文学方面取得很大成就，不仅体裁类型多元化，更是体现了时代的风貌与对人物个体情感的关注。隋唐时期国家统一、经济繁荣，政治开明，三教并举，科举以诗赋取士，这时的文学创作因为国家的统一，思想的开放，少了魏晋时期的一些迷茫，更多了文学的自信，推动了文学作品的发展兴盛。

（2）书法：魏晋风度与隋唐法度

**材料九** 士族名流中书、画家迭出，飞洒飘逸的草书、浓墨泼洒的山水画与士人适性自足的心理追求相契合，遂成为其家传笃好。如书法，以王氏为例，以"书圣"王羲之为最，前后几十数人名噪书坛。

——孙定芳：《论东晋南朝文化精神对儒家理想的叛离——兼论东晋南朝的文化特色》，载《华中师范大学学报》2012年第1期

**教师设问**：依据材料九，概括魏晋书法取得的重要成就，分析士人热衷于书法艺术的思想原因。（参考答案：成就——东晋王羲之被称为"书圣"，书法家众多，影响大。思想原因——书法与魏晋士人适性自足的心理追求相契合）

**教师引导学生分析**：魏晋时期社会动乱，门阀世家大族操纵朝政，士人获取功名无望，加上传统儒学的信仰动摇，受玄学思想的影响，文化精神对儒家理想叛离，在游离于国家这一点上，表现为士人不再有那种为国捐躯的冲动，他们将生活的目标，由国家民族转移到了家族门户及个体自身，对个体价值的注重也必然体现为对个体那种恬淡闲适心理的孜孜追慕。书法与士人适性自足的心理追求相契合，东晋南朝士人对文学艺术的迷醉、对山水自然的流连就是这种心理追求的表面特征。

**材料十** 唐代大兴尚法之风，除了书法自律性历程进入特定阶段外，主要有以下原因：第一，政府的提倡。唐代吸取了历代重视书法的传统，又予以推广而以书为教，以书取士，建立法式，制定规矩推出典范。

——董明辉、吴慧平：《试论古代中国书法与地理环境》，载《人文地理》1997年第6期

**材料十一** 颜（真卿）留世作品甚多，楷书作品有《多宝塔碑》《东方朔画赞》《颜勤礼碑》等。颜氏书法的最大特点是作品众多而面目各异，或端庄，或厚重，或宽博，或圆润，或古朴，或刚健。其行书《祭侄文稿》也被后世称为是《兰亭序》后的"天下第二行书"。

——王炯华等：《中国传统文化十二讲》，武汉：华中科技大学出版社，2001年，第310页

**教师设问**：依据材料，归纳唐朝书法的特征及原因。谈谈你对唐朝书法特征的理解。（参考答案：特征——尚法，自律性。原因——唐统治者重视书法，以书取士；政府的提倡，树立法度维护统一的需要。理解——唐朝书法兼顾国家统一、维护法度的需要与书法家个人情感

的表达）

　　**教师引导学生分析：**唐代是书法家辈出的时代,盛唐书法追求的不仅仅是一种宏大的气象,更重要的是把情感作为艺术的生命形式。例如天下第二行书——颜真卿的《祭侄文稿》。这个作品虽然是草稿,却有不平凡的来历。公元 755 年,安史之乱爆发,国家危在旦夕,颜真卿快速集结了 20 多万兵力反抗安禄山的叛乱,作为一个书法家,首举义旗,保卫国家。其后颜家三十多口全部被杀,其堂兄先被割舌,再挖眼睛,其年轻的侄子也惨遭杀害。在这种情况下,颜真卿万分悲痛,写下了这篇《祭侄文稿》。这篇书法气质狂放、气粗字险、鲜血淋漓,凝聚着他万分悲愤的情感,因为它包含了一个家族的生命,同时也展现了书法家崇高的人格和风骨。

　　**（过渡）**魏晋与隋唐文学、书法作品兴盛,既体现了这一时代思想裂变对文化创作的影响,也体现了文化发展的趋势从自觉走向自信。同样这一时期在绘画领域也呈现了作品的多元化特点、作品对个体情感关注的新发展。

　　（3）中国画：气韵传神与门类丰富

图 2　顾恺之《洛神赋图》

图 3　阎立本《步辇图》

　　**材料十二**　顾恺之于中国画的最大贡献是所谓"传神",即追求人物形体之上的"神韵"。史传他画人物长时间不点眼睛。人问其故,他说："四体妍蚩,本无关于妙处。传神写照,正在阿堵中。"

　　——张传玺:《中华文明史》第 2 卷,北京:北京大学出版社,2006 年,第 305 页

　　**教师设问：**顾恺之的绘画体现了怎样的特点？结合图 3 与教材,归纳唐朝绘画特点。（参考答案：顾恺之的绘画讲究人物的神韵,追求人物精神之气,十分传神。唐朝绘画题材广泛,风格多样）

　　**教师引导学生分析：**魏晋南北朝绘画的特征,重视人物精气神的刻画,绘画逼真,具有极高的艺术价值；隋唐的画坛,题材广泛,风格多样,人物画、石窟艺术兴盛,青绿山水画富有特色。图 3 阎立本的《步辇图》描绘了贞观十五年,唐太宗李世民接见来迎娶文成公主的吐蕃使者禄东赞的情景。作者不仅再现了这一具有伟大历史意义的事件,更鲜明生动地刻画了人物的不同身份、气质、仪态和相互关系,具有肖像画的典型特征。

　　**材料十三**　所以苏轼《东坡题跋·书吴道子画后》赞曰："诗至于子美,文至于韩退之,书至于颜鲁公,画至于吴道子,古今之变,天下之能事毕矣。"中唐以降,文艺又有较大变化,所

谓"元和以后，诗道浸晚"（胡应麟《诗薮》），宋代承其变而对理趣的追求，也标示了艺术随时俱进的审美特征。

————许结：《中国文化史论纲》，南京：江苏教育出版社，2006年，第310页

**教师设问：**依据材料十三，归纳这一时期文化发展的特征，谈谈你对文化发展的认识。（参考答案：特征——文化发展具有继承性与创新性的特点，思想文化成就突出。认识——一定时期的思想文化是特定时期社会政治、经济发展的产物，思想文化应该顺应社会现实的需要、与时俱进）

**教师引导学生分析：**文化的发展由当时的政治、经济所决定，隋唐继承并大大发展了魏晋文化，国家的统一、封建经济的繁荣、对外交流的频繁、思想开放的观念、交融并包的文化政策和开明宽容的社会环境推动了文学艺术的繁荣和自信。

**（过渡）**思想的裂变与社会风气的解放一定程度促进了文学艺术的发展繁荣，而且也为科技的发展创造了一定的客观条件。这一时期的科技发展成就也十分突出，有圆周率的发现，有雕版印刷术的发明，数学、农学、医学各领域都取得重要的成就。

### 2. 科技进步

**材料十四**　书目的分类标准和收录数量可以看出：以儒家典籍为主体。以史、子、集等部书籍配经而行，以释、道典籍为辅助，是中国传统文化的知识结构体系。这反映了官方以"文治""教化"为主导的编辑出版理念。

————于翠玲：《媒介演变与文化传播的独特景观——中国编辑出版史的认识价值》，载《河南大学学报》2006年第1期

**材料十五**　中国古代学者对"道"与"技（艺）""器（物）"关系的看法，往往表现出一元化形态，即以"道"为主，以"技""器"为辅；以"技""器"为手段，以"道"为目的之观念。

————许结：《中国文化史论纲》，南京：江苏教育出版社，2006年，第127页

**教师设问：**阅读材料，归纳古代印刷出版的书籍类型，并指出政府与学者的科技观念。这种观念对古代科技发展有何影响？（参考答案：类型——以儒学典籍为主，以佛道典籍为辅。科技观念——政府以文治教化为主要目的，学者以道为主，技器为辅。影响——推动了传统文化的传播与发展；有利于农耕经济的发展与国家的统治；但科技观念的局限不利于古代科技的发展）

**材料十六**　张骞通西域，至唐代时中西交流有了较大规模，中国科技传到了西方，对阿拉伯帝国（当时西方科技最发达的地方）科技的发展产生了重要作用。在阿拉伯的数学、医学、炼丹、天文学著作中，清楚地显示出受了中国的影响，但是反过来，中国科技吸收外来的东西要少得多。例如，据阿拉伯史籍可知，盖伦的著作由一位中国医生带回中国，可在中国史籍中根本没有盖伦著作传人的影子，可见它在中国根本没有引起注意和发挥影响。

————王炯华等：《中国传统文化十二讲》，武汉：华中科技大学出版社，2001年，第285页

**教师设问：**依据材料十六，归纳中国古代科技发展的特点。（参考答案：具有一定的封闭性、排他性；向外传播的影响力更大，吸收外来的较少）

**教师引导学生归纳：**中国古代科技发展成就突出，为世界文明的发展作出了巨大贡献，但因为以服务于农耕与封建统治为根本目的，所以中国古代科技发展具有一定的排他性、封

闭性特点,科技观念相对保守。

(过渡)古代中国经济的繁荣、文化的昌兴,在当时的世界上对周边国家具有很大的吸引力。

### (三)交流频繁——文化的"开放"与"保守"

#### 1. 文化"开放":中外交流频繁,交融发展

**材料十七**　当时唐帝国与泥婆罗(尼泊尔)、天竺(印度、巴基斯坦、孟加拉)、波斯(伊朗)、拂菻(拜占庭)、大食(阿拉伯)、日本、朝鲜、林邑(越南中部)、真腊(柬埔寨)等国家,都曾以这种形式长期进行贸易,日本有十几次,黑衣大食 37 次,林邑 24 次,真腊 11 次,波斯 10 余次,其他各国的次数也不少。

　　　　　　　——唐任伍:《论隋唐对外贸易的发展》,载《史学月刊》1993 年第 6 期

**教师设问**:材料反映了什么现象?有何影响?(参考答案:现象——唐朝对外贸易兴盛,中外交流频繁。影响——推动了中国文化的传播,促进了中外经济文化的交流与发展)

**教师引导学生总结**:唐朝是当时世界头等强国,与周边邻国的经济、文化往来和贸易活动十分频繁。唐朝对外经济交流的对象主要是西域、中亚、印度、南海及渤海地区、朝鲜半岛和日本。日本还多次派遣遣唐使积极学习中国先进文化。唐朝设立了专门机构来管理对外贸易,双方交易品的种类繁多,输入品以马匹、毛皮、香料、药材、禽兽、木棉、布匹和其他奢侈品为主,输出品以丝织品、瓷器、茶叶、铜器、铁器、土特产品和杂货为主。当时的中外交流活动推动了中国优秀思想文化的传播,促进了中外经济文化的交流与发展,为亚洲与世界文明的进步作出了贡献。

**材料十八**　在唐代,类似长安这样五方杂处的都市,还有南方的广州,江南的扬州,虽然没有长安那样的规模,但在荟萃外来文明上也起了积极的作用。正是这样一个个文化交融的中心,加上遍及全国的开放风气,为外来文明的广泛吸收奠定了深厚的土壤。

　　　　　　　——吴小如、刘玉才、刘宁、顾永新:《中国文化史纲要》,北京:北京大学出版社,2001 年,第 138 页

**材料十九**　梁武帝时……西行求经的人很多,大量佛经也被翻译过来。据后来统计,这一时期共译出佛经 1 000 多部,3 437 卷。外国僧侣也纷纷来华,仅洛阳的西域僧人就多达 3 000 余人。

　　　　　　　——朱绍侯、张海鹏、齐涛:《中国古代史》,福州:福建人民出版社,2000 年,第 483 页

**教师设问**:依据材料十八、十九,分析中外交流的有利条件。(参考答案:中国长安、广州等大城市的繁荣,中国对外开放的环境,中外僧侣的努力)

**教师引导学生分析**:在三国至隋唐五代这一时期,思想的裂变与解放、社会的开放、丝绸之路的兴盛,推动了中外的交流。同时大量中外僧侣的努力促进了佛经在中国的翻译与传播,为中外文化交流作出了贡献,如东晋的法显、唐朝的玄奘、鉴真以及日本空海等都是著名佛教高僧,他们热心佛学、意志坚定、不怕困难、刻苦钻研,其精神值得学习。

(过渡)魏晋南北朝至隋唐时期中外交流频繁,为中国思想文化的繁荣发展提供了条件。如中国的敦煌文化就是当时西域、中国、印度等不同文明交汇发展的一个成果,但是中国不

同领域对外来文化的吸收程度与相互影响程度有极大的差异。

### 2. 文化"保守":以"我"为主,兼容并蓄

**材料二十** 梁武帝曾问画家张僧繇,何故佛寺中画孔圣人,张僧繇答曰:将来还得靠他……梁武帝佞佛,以致有"皇帝菩萨"之称,但他却决不敢忘记"事衣冠礼乐"。玄学名士虽行为旷达,"动违礼法",但内心却无法摆脱对儒学价值观念、思想体系的认同。故阮籍不许他的儿子仿效他的狂诞,嵇康以儒家中庸之道训诚他的幼子。

——周积明:《东晋南北朝时期的南北文化》,载《社会科学辑刊》1988 年第 5 期

**教师设问**:思考材料二十中的历史现象反映的本质。就中国古代文化的"保守"与"开放"谈谈自己的看法。(参考答案:本质——统治者从本质上仍然肯定和维护儒学,儒学仍是主流思想。看法——这一时期中国受异质文化的传入影响较大,特别是受佛教的影响巨大。中外交流的影响是相互的,但中国对外的影响力更大。中国对外吸收偏向于物质文化方面,科技、制度方面更多的是外传,形成以我为主、兼容并蓄的发展特征)

**教师引导学生小结**:在开放融合的时代环境下,中国传统思想文化裂变,形成以我为主、兼容并蓄的发展特征,因为坚守传统文化的根本地位,使得中国文明得以绵延,不断传承下去,并随时代发展与时俱进。

**(设计意图)**本教学环节是对课文内容的高度整合与延伸拓展,教学中可以组织学生对当时的文化是"保守"还是"开放"进行辩论,通过辩论理解中国古代文化开放的本质特点——以"我"为主,兼容并蓄。本环节指向的是:(1)时空观念素养水平 4——在对历史和现实问题进行独立探究的过程中,能将其置于具体的时空框架下;能够选择恰当的时空尺度对其进行分析、综合、比较,在此基础上作出合理的论述。(2)历史解释水平 4——在独立探究历史问题时,能够在尽可能占有史料的基础上,尝试验证以往的说法或提出新的解释。

### 【本课小结】

**教师引导学生小结**:从三国至隋唐五代,中国传统文化因异质文化的传入出现危机,思想裂变下中国思想文化呈现新的智慧与活跃多元的局面,文化艺术更是繁荣兴盛,并为宋明传统文化的重构、理学的形成奠定了基础。中国文明的绵延是无数文人志士对文化的继承、创新与努力的结果。《历史的教训》一书中说:"研究历史不仅仅在于对人类的愚蠢和罪恶给以警示,也是要鼓励人类铭记有价值的先人。过去不再是一个恐怖的陈列室,而是变成了一座英灵的城市,一个广阔的思想国度,那儿有无数的圣哲贤明、政治家、发明家、科学家、诗人、艺术家、音乐家、有共同爱好的人以及哲学家,他们谈笑风生,有说有笑,有唱有跳,有雕有刻。"[1]三国至隋唐五代人才辈出,政治家、思想家、科学家、诗人、艺术家,他们创造的精神财富,值得我们铭记。

---

[1] 〔美〕威尔·杜兰特、阿里尔·杜兰特:《历史的教训》,成都:四川人民出版社,2014 年,第 182 页。

第三单元

辽宋夏金多民族政权的
并立与元朝的统一

# 第 9 课

# 两宋的政治和军事

## 教学设计1

安徽省怀远第一中学  苏  峰

### 一、教材分析

本课是部编本《中外历史纲要（上）》第三单元《辽宋夏金多民族政权的并立与元朝的统一》第 9 课，包含"宋初专制集权的加强""边疆压力与财政危机""王安石变法""南宋的偏安"四个子目的内容。教材主要讲述了宋初强化专制集权的一系列制度建设，在稳定内部统治的同时，也带来一些负面影响，如财政危机严重，"三冗"问题日益加剧，军事力量不振，与周边民族交战处于劣势等；中期以后，社会危机日益加深，虽历经庆历新政和王安石变法等一系列改革，但也未能挽救北宋的灭亡；南宋偏安东南，统治者奉行和议政策，清除主战派，酿成岳飞冤案。

《普通高中历史课程标准（2017 年版）》对本课的要求是：通过了解两宋的政治和军事，认识这一时期在政治等方面的新变化。实际上，由于本课是本单元第一课，其主要任务不仅仅要让学生了解两宋的政治和军事，还应承担梳理这一时期历史发展线索的任务。所以，本课着力于描述宋初的政治、军事建设，以及由北宋到南宋的历史沿革。教学中要注意搭建准确的时空框架，即"北宋初——北宋中期——北宋灭亡——南宋""北方—南方"。依据这个时空框架，在厘清历史线索的同时，把时空转换中的历史逻辑清楚地展现出来。由于本课教学容量大，教学过程中应该坚持"以标（课标）为本，以史（史事）为纲"的原则，进行适当取舍。

### 二、学情分析

高一学生通过初中的历史学习，对宋初的政治军事建设、庆历新政和王安石变法以及两宋的民族关系等史实有一定的了解，但对于宋初的制度建设与宋朝的政治、经济、文化发展之间的关系缺乏深入的理解。教学时，应利用相关史料构建具体生动的历史情境，引导学生在唯物史观指导下，用发展的眼光看待历史，用辩证法的观点去把握对象的本质联系与内部矛盾，探寻历史发展的内在线索，并进一步培养家国情怀。

## 三、教学目标

1. 了解宋初政治、军事建设的内容,认识宋初"家法"对宋代及后世历史发展产生的影响。

2. 通过了解两宋与周边民族之间的关系,认识到中国是多民族国家,汉族和各少数民族之间的交流方式以和平交往为主,同时通过各民族政权的分布,培养空间观念。

3. 了解庆历新政和王安石变法的内容,理解两次改革失败的原因,加深对改革问题的认识。

4. 了解岳飞抗金斗争的相关史实,认识岳飞强烈的社会责任感和爱国心,培养家国情怀。

## 四、教学重难点

重点:宋初政治、军事建设的内容、王安石变法。
难点:理解宋初政治、军事建设的历史影响以及王安石变法失败的原因。

## 五、教学过程

**【导入新课】**

**教师讲述:**赵匡胤其人——五代时,朝代更迭频繁,"兵强马壮"的赵匡胤通过"陈桥兵变"夺取了政权,似乎又一个五代故事在上演。然而,赵匡胤不仅仅掌握军权,还是一个喜爱读书,处事严谨,工于心计的人。据史料记载,有一次,他随周世宗出征,有人向世宗告密说,赵匡胤私自携带财物数车。世宗遣人查验,发现赵匡胤所带全部是书籍,别无他物。赵匡胤知道周世宗是一个猜疑心极重的君主,便解释说,我才疏学浅,怕有违您的信任,所以多读书,以增长知识报效朝廷。经过他的这样一番解释,不但巧妙地掩盖了自己的野心,还博得了世宗的连声赞扬。[①] 从中不难看出,赵匡胤从来就不是一个头脑简单四肢发达的粗莽武夫。

虽然赵宋王朝最终未能完成大一统,还担着"积贫积弱"的罪名,但宋太祖在既不杀一名功臣,也没有"乱世用重典"的前提下,使政权奇迹般地获得稳定,而且两宋也没有出现汉、唐时候经常出现的宰执篡权、宦官专政、外戚用事、地方割据、"女色之祸",甚至也没有出现大规模的农民起义。这些显然与北宋前期政治、军事制度革新有着莫大的干系。

**(设计意图)**通过一则历史故事,加深学生对赵匡胤的了解和认识,同时,铺设"悬念",激发学生学习和探究的兴趣,从而为本课教学打下坚实的基础。

**(过渡)**公元 960 年正月,赵匡胤通过"陈桥兵变"登上帝位之后,并没有沉迷享乐,安于

---

① 李焘:《续资治通鉴长编》卷一,建隆二年七月戊辰条,北京:中华书局,2004 年点校本,第 171 页。

现状。他在思考如何巩固政权，如何统一全国的问题。

【学习新课】

### （一）宋初专制集权的加强

**1. 黄袍加身之后**

**材料一**　因为在夺取政权之初，对内部的篡夺成风的局势必须刹住，对外部的分崩离析局面也必须加以结束，而且还要防范其重演。所以，赵匡胤在即位之后，在政治、军事和财政经济诸方面的立法都贯穿着一个总的原则：以防弊之政，为立国之法。

——邓广铭：《宋史十讲》，北京：中华书局，2008 年，第 57 页

**教师设问：**阅读材料一，概括指出宋初专制集权加强的背景和原则。（参考答案：背景——吸取五代以来的教训。原则——以防弊之政，为立国之法）

**教师引导学生分析：**宋太祖目睹五代以来朝代更迭的现实，又研习历代各种统治经验和教训，使他清醒地认识到前朝在政治、军事等制度方面所存在的严重弊病。夺权之初，他必须要防范五代故事重演，对内需防止权臣篡位夺权；对外，既要防止地方割据，还须抵御外族侵扰。于是，他按照"以防弊之政，为立国之法"的原则，针对前朝的各种弊政，进行了一系列制度革新，最终形成赵宋一代成法。这些成法，我们姑且统称其为"家法"。

**2. 宋代"家法"**

（1）"家法"一：守内虚外

**教师设问：**阅读教材第 49 页第二自然段，概括宋初为加强对地方控制所采取的措施。（参考答案：行政上，文臣做知州，架空节度使；经济上，设转运司统管地方赋税；军事上，充实禁军，定期换防）

**教师引导学生分析：**宋太祖为加强中央集权，从行政、财政和军事三个方面着手，制定相关制度，达到守内虚外、强干弱枝的目的。武将出身的他，尤其注重对地方军事的控制。

**材料二**　所以他即位后，第一步就是整顿禁军，剥夺为他打天下的将领们的兵权，又不想效法刘邦大杀功臣的做法，用高官厚禄作为交换条件，一手策划了"杯酒释兵权"的喜剧，让石守信等将领自动交出兵权。随后又从制度上对禁军加以整顿，降低禁军统帅的地位，疏离禁军将领与士兵的关系，削弱地方军事力量。禁军数量多力量强，待遇最好；厢军（地方军）待遇差，从不训练；乡军（民兵）、蕃军（边境民族军）不是正规军，更不如厢军。

——樊树志：《国史十六讲》，北京：中华书局，2006 年，第 135 页

**教师设问：**阅读材料二，概括赵匡胤集中军权的主要措施，并分析他这么做的主要原因是什么？（参考答案：措施——削夺统兵大将的兵权；整顿禁军，疏离兵将关系；强化中央军事力量。原因——吸取唐末以来藩镇割据武将夺权的教训）

**教师引导学生分析：**唐末以来藩镇割据问题最终发展为五代十国的局面，赵宋的建立也是武将夺权。所以，建国后赵匡胤首先就把统兵大将的兵权收归中央，并充实中央禁军力量，确保中央对地方拥有绝对的军事优势，以此巩固中央集权。当然，他的这种做法也为将来的"冗兵"问题埋下隐患。

**（过渡）**仅仅强化中央军事力量显然是不够的，赵匡胤还以"分化事权"为原则对各级行

政机构进行改造使其互相牵制,达到集权于中央的目的。

（2）"家法"二：分化事权

**材料三** 谏官本隶属于门下省,而宋代则谏垣独立,并无长官。换言之,这些谏官,现在是不直接属于宰相了。而且宋制,谏官不准由宰相任用,于是台官谏官同为须由皇帝亲擢了。本来谏官之设,用意在纠绳天子,并不是用来纠绳宰相,对皇帝才称谏,而且谏官也明明是宰相的属官。现在谏官脱离了门下省,就变成了秃头的,独立的,不隶属于宰相了。而又是由皇帝所亲擢,不得用宰相所荐举,于是谏官遂转成并不为纠绳天子,反来纠绳宰相。

——钱穆：《中国历代政治得失》,北京：生活·读书·新知三联书店,2001年,第82页

**教师设问：** 阅读材料三并结合教材第50页《北宋中央权力分配示意图》思考：宋代谏官制度发生了什么变化？这种变化说明了什么？（参考答案：变化——由宰相属官变为皇帝亲擢；由纠绳天子变为纠绳宰相。说明——皇权得到强化）

**教师引导学生分析：** 相权过大常威胁政权稳定,五代虽无此事例,而历代所发生的这类事件却不少,这对于赵匡胤来说,并不陌生。所以建宋后,为了分割宰相权力,他采取了一系列措施。一是在三省首长以外,增设同中书门下平章事为宰相,参知政事为副宰相,分散其权力；二是以枢密院分割宰相的军权,使得宰相与枢密使文武分立,宰相的政事堂与枢密使的枢密院并称为"二府"；三是分割宰相的财权,财权由"三司"（盐铁、度支、户部的合称）掌握,因而"三司"就号称"计相"（意为主管财政的宰相）。如此一来,相权大为缩小,形成政事堂主管政治,枢密院主管军事,三司主管财政的局面。与此同时,又提高御史台、谏院等监察机关的权力和地位,可以纠察、弹劾各级官员,迫使宰相不得不屈从于作为皇帝耳目的台谏官。按照宋朝的惯例,宰相一旦受到台谏弹劾,即应暂停行使权力,"待罪"家中,等候裁决。而裁决的结果,很可能便是宰相辞职。据学者统计,从明道初至嘉祐末30余年间,因台谏弹劾而罢免的宰执,即有23人之多。皇权因此而空前强化。

**（过渡）** 在加强君权削弱相权的同时,宋代也强化了中央集权建设,地方行政制度有了新发展。

**材料四** 当时有一些知州,对通判避之唯恐不及。欧阳修讲了一则轶事：有一位叫作钱昆的少卿,是余杭人,很喜欢吃螃蟹。他曾请求外任,想到外州当个知州。有人问他希望到哪个州上任,他说："但得有螃蟹、无通判处,则可矣。"（欧阳修《归田录》）成为一时之笑谈。

——吴钩：《宋：现代的拂晓时刻》,桂林：广西师范大学出版社,2015年,第416—417页

**教师设问：** 阅读材料四并结合教材第50页《北宋地方权力分配示意图》思考：通判具有怎样的职能？起到了什么作用？（参考答案：职能——监督知州。作用——与知州形成相互制约,加强中央集权）

**教师引导学生分析：** 宋代,地方设路。每一路共有四个监司官,分别为帅、漕、宪、仓四司。从四司的职权看,他们都不是地方长官,而是中央派来监临指挥地方的。唐代的州县,只要奉承一个上司,即观察使,而宋代则要奉承四个上司,即帅、漕、宪、仓,那可想地方官之难做了。再加上通判的设置,加强了对知州的监督,宋代中央集权空前加强。

**（过渡）** 五代时,武将当道,甚至连天子也是"兵强马壮者为之"。这种状况到了宋代,发

生了巨大变化。因为,宋代政治建设遵循了"崇文抑武"的原则。

(3)"家法"三:崇文抑武

**材料五** 入宋,最高统治者对文人士大夫的态度确实有了很大改变:一是对他们不杀少辱,待之以礼;二是通过科举,广泛吸收知识分子进入仕途,寄之以重任,委之以大命,在经济上也照顾有加;三是允许文臣广泛发表意见和上书言事,即使言辞激烈,一般都能容忍;四是在君臣关系上,相对显得"平等",他们可以同坐共桌,脱去外衣,一起饮酒,一起欣赏宫女歌舞。

——何忠礼:《略论北宋前期的制度革新》,载《浙江社会科学》2011年第3期

**材料六** 宋太祖杯酒释兵权,把各将官的兵权削了,武臣不再带兵,自然也不准再管地方民政。这些勋臣武官,也在长期混乱中厌倦了,觉悟了,不再争持。他们仅拥一官号,中央替他们在首都供给了大的宅第,丰厚的俸禄,叫他们安住下来。比如你是江苏督军,中央还是保留你江苏督军的名衔,但请你在中央住着。江苏省的事,另外派人去,派去的则是一位文臣了。这就叫知某州事,知某府事。这些知州知府,本来另有官衔,都是中央官,带着一个知某州某府事的临时差遣。他的本职还是一中央官,而暂去管某州某府的事。

——钱穆:《中国历代政治得失》,北京:生活·读书·新知三联书店,2001年,第85页

**教师设问:** 阅读材料五、六,概括宋代崇文抑武政策的主要表现,并分析其影响。(参考答案:表现——不杀少辱士大夫,扩大科举取士人数,文人言论相对自由,提高文臣地位;削夺武将兵权,文臣做地方官,实行官、职与差遣分离制度。影响——加强君主专制和中央集权,提升士大夫地位,利于文化发展;降低行政效率,造成官员冗滥)

**教师引导学生分析:** 宋代立国,对文臣可以说是十分重视。据说宋太祖建国之初就号召武将要读书,许诺宰相必用读书人,表示要与士大夫共治天下,并立誓"不杀士大夫及上书言事者"。为此,他既改革科举,废止公荐,推行复试、殿试,又提高进士授官品级,还任用文臣出任地方行政长官。对武将则是种种限制。一方面罢免宿将兵权,用文官担任枢密院长官;另一方面实行统兵权与调兵权相分离,甚至实行"将从中御"①政策。

宋初的制度建设对整个宋代乃至此后中国历史产生了极其深远的影响。

**材料七** 主要是因为宋代完善了文官制度,中国政府相当稳定。赵匡胤960年的篡位是中国历史上的最后一次,在以前,皇帝不断被他的大将、皇后和其他有权的大臣夺去皇位,960年以后,这种情况不再出现。王朝继续被外来征服或民众革命所灭亡,皇室的一些成员将皇位抢来抢去,但不再有臣下成功地篡夺皇权的事例。

——[美]费正清:《中国:传统与变革》,南京:江苏人民出版社,1992年,第129页

**教师设问:** 阅读材料七并结合教材第50页"史料阅读"栏目,归纳宋初制度建设的影响。(参考答案:加强君主专制和中央集权;有利于防范内部动乱,维护统治稳定)

**教师引导学生分析:** 宋代的政治建设,从好的方面说,它主要有以下几点:第一,它彻底结束了唐末五代以来的武人政治,保证了宋政权的长治久安。唐末五代以来连续的朝代更替,导致社会长期动荡,民不聊生。宋初的制度建设结束了这种局面,没有让五代故事重演。

---

① 将从中御:授予出征将帅应对谋略、攻守计划,或授以阵图以指挥前线将帅作战。

事实上,在宋以后的元、明、清三代,不仅没有再出现武将、外戚、权臣夺权的现象,民族国家也没有再出现大规模分裂割据的现象,这显然要归功于宋初的制度建设。第二,它开创了帝王与士大夫"共治"天下局面,从而极大地巩固了赵宋政权。中国古代的知识分子一贯遵循"士为知己者死"的信条,崇文政策的推行,增强了他们对赵宋政权的忠心,将个人命运和国家存亡紧密地结合在一起,这就是为什么像"先天下之忧而忧,后天下之乐而乐""人生自古谁无死,留取丹心照汗青"等名言名句,或出于宋代士大夫之口,或受到宋代士大夫推崇的原因。第三,它有助于两宋学术思想的繁荣。在崇文政策的实施下,宋代成为秦汉以降中国封建社会里士人地位最高的时期。这里姑且不论两宋在文学、史学、艺术和科学技术方面的重大成就,学术思想也获得了空前繁荣,作为新儒学的宋学,从仁宗朝起便脱颖而出。在南宋后期理学被钦定为统治思想以前,各种学派林立,互争雄长,出现了近似于百家争鸣的局面。

然而,宋代又被认为是一个"积贫积弱"的朝代,或许言过其实,但并不是毫无根据。究其缘由,宋初制度建设产生的负面影响,当为首推。

### 3. 宋初政治、军事建设的负面影响

**材料八** 《邵氏闻见录》卷六谓赵普于厅事坐屏后置二大瓮,凡有人投利害文字,皆置其中,满即焚于通衢。《长编》卷五六载李沆"自言:'居重位,实无补万分,惟四方言利事者未尝一施行,聊以此报国尔。朝廷防制,纤悉备具,或徇所陈请,妄有更张,即所伤多矣。'"王旦的《神道碑》(《欧阳文忠公集》卷二二)则说他"为相,务行故事,慎所改作"。

　　　　　　　　——邓广铭:《宋史十讲》,北京:中华书局,2008年,第59—60页

**材料九** 本朝鉴五代藩镇之弊,遂尽夺藩镇之权,兵也收了,财也收了,赏罚行政一切收了,州郡遂日就困弱。靖康之祸,虏骑所过,莫不溃散。

　　　　　　——〔宋〕黎靖德编,王星贤点校:《朱子语类》卷一二八《本朝法制》,北京:中华书局,1988年,第3070页

**教师设问:**材料八、九反映了宋代政治建设产生了哪些负面影响?(参考答案:官员因循守旧,行政效率低下;地方发展困顿,渐趋衰落,终致靖康之祸)

**教师引导学生分析:**宋初为强化专制集权,采取种种手段束缚官员,防止他们专权乱政,结果导致官员因循守旧,行政效率低下。并进而致使官僚队伍恶性膨胀,出现严重的"冗官"问题。对地方控制过严,导致地方发展缺乏自主性,日益衰微,在对外战争中处于劣势和被动局面,这也就使得北宋中期出现了严重的边疆压力和财政危机。

**(设计意图)**通过史料阅读及问题设计,引导学生从史料中提取宋初军事建设的主要内容,探究这些措施的历史背景,并运用辩证的观点去把握对象的基本联系,具体问题具体分析,从而全面认识宋代"家法"。本环节指向的是:(1)史料实证素养水平1——能够从所获得的史料中提取有关的信息。(2)历史解释素养水平2——能够在历史叙述中将史实描述与历史解释结合起来。(3)唯物史观素养水平3、4——能够将唯物史观运用于历史学习、探究中,并将其作为认识和解决现实问题的指导思想。

**(过渡)**随着北宋政权的建立和稳定,宋太祖便着手进行统一全国的军事部署。在统一的问题上,赵匡胤采取了先南后北的战略,对北方派兵防守,集中力量攻打南方诸国。经太祖、太宗两代的努力,到979年,随着北汉的灭亡,终于结束了五代以来中原、江南分裂割据的局面,但未能统一全国。

### (二)边疆压力与财政危机

**1. 边疆危机**

**教师设问：**阅读教材第51页《北宋、辽、西夏形势图(1111年)》，概括指出北宋边疆危机的主要表现。(参考答案：宋、辽并立及澶渊之盟；宋、夏对峙)

**教师引导学生分析：**北汉灭亡以后，还有比宋版图还要大的辽朝，以及党项、吐蕃等几个较大的民族政权。其中，辽与西夏对北宋威胁最大。为收复幽云十六州，宋太宗曾两次北伐，结果都大败而归。从此，宋廷改变了对辽战略，由主动进攻转为被动防御。

1004年九月，辽圣宗率兵20万大举南下，直逼澶州，对开封形成严重威胁，宋廷大震。宰相寇准力请宋真宗亲往前线督师，以振作士气。宋真宗在主战派拥戴下勉强到达澶州，宋军士气高涨。辽军初战不利，加上长驱深入有后顾之忧，遂有退兵之意。双方最终于当年12月达成协议，史称"澶渊之盟"。

**材料十**　(宋辽双方)约定：

(一)宋辽约为兄弟之国，宋尊辽萧太后为叔母；

(二)宋每年输辽银10万两，绢20万匹；

(三)双方罢战撤兵，宋、辽以白沟河为界。

——张岂之主编：《中国历史·隋唐辽宋金卷》，北京：高等教育出版社，2001年，第204页

**教师设问：**如何看待澶渊之盟？(参考答案：宋廷以胜求和，以财产换和平，客观上使宋辽维持了较长时间的和平局面，有利于双方的发展；但岁币的输纳加重了财政危机)

**教师引导学生分析：**宋辽关系以澶渊之盟的形式而暂告稳定。当宋辽之间争斗不休的时候，利用宋辽矛盾，西北党项族日益发展壮大。1031年，李元昊继位，1038年正式称帝建国，国号大夏，建都兴庆府(今银川市)。西夏建立后，元昊向宋发动了一系列的掠夺战争。虽然西夏在对宋作战中屡获胜仗，但由于宋廷一度禁止宋夏边境互市，百姓怨苦，加上这时辽、夏关系开始紧张，为避免两面受敌，所以元昊不得不向宋请和。宋朝经过多次大战，伤亡惨重，也急于结束战事。1043年，元昊遣使向宋请和。双方经过交涉，于第二年达成和议。内容如下：

**材料十一**　(一)元昊对宋称臣，宋册元昊为夏国王；

(二)宋每年赐西夏银72 000两，绢153 000匹，茶30 000斤；

(三)重开沿边榷场互市，恢复民间商贩往来。

——张岂之主编：《中国历史·隋唐辽宋金卷》，北京：高等教育出版社，2001年，第205页

**教师设问：**比较宋夏和议与宋辽澶渊之盟的异同点。(参考答案：同——宋都需交付岁币，都实现了停战。异——西夏向宋称臣，宋辽约为兄弟之国)

**教师引导学生分析：**通过和议，宋朝在一定时期内实现了边境和平。但从两次和议内容来看，宋都是通过交付岁币来实现和议的，这大大加重了北宋开国以来的财政危机。

**(过渡)**造成北宋财政危机的原因还有许多。

**2. 财政危机**

**材料十二**　然而，兵权收上来之后，旁生出另外一个大问题，那就是中央从此要养兵。

宋朝养兵 140 万,是历代养兵最多的……这 140 万个精壮汉子,加上马匹粮草,基本上就把中央财政给吃了个大半。所以,朱熹就说:"自本朝罢了藩镇,州郡之财已多归于上。……财用不足,皆起于养兵。十分,八分是养兵,其他用度,止在二分之中。"即财政收入的百分之八十用在了军费开支上。

——吴晓波:《历代经济变革得失》,杭州:浙江大学出版社,2013 年,第 99 页

**材料十三** 许多人都知道,历史上宋朝官员的俸禄最为丰厚,以致清代的赵翼在《廿二史札记》中惊呼"宋制禄之厚!"北宋元丰改制之后,官员领双俸:"本俸"与"职钱",其中宰相的月薪为本俸 400 贯、职钱 50 贯,此外,还有各种补贴,如"餐钱"(餐饮补贴)、"薪炭钱"(燃料补贴)、"刍粟"(养马补贴)、"傔人衣粮"(保姆补贴),以及"养廉钱"(职田租金)等,加起来不会少于 600 贯。宋朝一名知府(知州)的月薪——本俸、职钱加上"公使钱"(特别办公费)、职田租金及各种补贴,大概也有 500 贯上下,相当于年薪 40 万美元,跟美国总统的年薪差不多。

——吴钩:《宋:现代的拂晓时刻》,桂林:广西师范大学出版社,2015 年,第 373 页

**教师设问:** 阅读材料十二、十三,概括指出材料反映了宋代的哪些现象,并分析这些现象的影响(参考答案:现象——冗兵、冗官、冗费;影响——造成了"积贫积弱"的局面)

**教师引导学生分析:** 由于宋初加强专制集权建设的需要,北宋政府通过科举制度、恩荫制度及其他途径,广纳士人,因此,官僚人数激增,官僚机构臃肿,政府因此需要支付巨额官俸开支。集中兵权和养兵制的推行,使得北宋军队规模不断扩大,巨额的军饷开支也成为北宋又一项财政负担。官俸、军饷再加上每年付给辽、夏的岁币,北宋政府的财政危机不断加深。

**(设计意图)** 通过展示数据史料,使学生更加直观地理解和认识宋朝深重的社会危机。问题指向的是:(1)时空观念素养水平 4——在对历史和现实问题进行独立探究的过程中,能将其置于具体的时空框架下。(2)史料实证素养水平 2——在对史事与现实问题进行论述的过程中,能够尝试运用史料作为证据论证自己的观点。(3)历史解释素养水平 1——能够对所学内容中的历史结论加以分析。

**(过渡)** 由于宋朝实行不抑兼并的政策,土地兼并现象愈演愈烈。这些因素综合起来,使得北宋中期的统治危机日益深重。为了挽救统治危机,一些官员开始尝试变法自强,其中尤其以庆历新政和王安石变法影响最大。

### (三)北宋中期的变法

#### 1. 庆历新政(1043—1045)

北宋中期,随着社会政治危机和财政危机的加深,朝廷中一些进步官员意识到,不能再因循守旧,应采取措施革除弊政。范仲淹逐渐成为改革派的核心人物。

**材料十四** 范仲淹从整顿官僚机构,完备官僚制度入手,进行广泛的政治改革。他与富弼联名向皇帝提出《答手诏条陈十事》,涉及官僚政治的许多方面,例如:改革官僚单纯论资排辈升迁的"磨勘法";限制官僚子弟不通过科举即可为官的"恩荫""任子"特权;改革科举考试专以辞赋、墨义取士的旧制,改为注重策论(政治实务)与经义(政治理论)等等。

——樊树志:《国史十六讲》,北京:中华书局,2006 年,第 136 页

**教师设问:** 概括指出庆历新政的主要内容并由此分析其改革失败的原因。(参考答案:

内容——整顿吏治,改革科举。原因——直接触犯了大官僚的利益)

**教师引导学生分析:**"庆历新政"对官僚机构的整顿触犯了部分官僚地主们的既得利益,在新政实施的过程中就遭到守旧派官员的强烈反对。他们接连不断地向范仲淹等人发动攻击,说主张新政的官员结成"朋党",编造罪状,进行打击陷害。庆历五年(1045),范仲淹出知邠州,其他改革派人物也都遭到贬职,新政只推行一年多便夭折了。

**(过渡)**"庆历新政"失败后,北宋社会危机继续恶化,财政危机更加严重。宋仁宗统治的最后十多年中,士大夫要求改革的呼声日益高涨,王安石逐渐从诸多改革派官员中脱颖而出,成为改革的核心人物。

### 2. 王安石变法(1069—1085)

**教师讲述:**王安石,字介甫,江西临川人。庆历四年(1044)进士,他曾多年任各处的地方官,对北宋存在的社会问题,尤其是民众贫困问题有着深刻的认识。宋仁宗时,他曾提交主张改革的《言事书》。虽未被仁宗采纳,但在社会上引起了强烈反响,王安石的声誉在士大夫中越来越高。

1067 年,年仅 19 岁的宋神宗即位。即位后,宋神宗锐意改革,召王安石为翰林学士兼侍讲,让他随时陈述政见。王安石上《本朝百年无事札子》,对宋朝建国以来政治、军事、税赋、农业与理财等方面存在的问题做了全面的陈述,尤其对当时政府中那种因循、疲沓、苟且度日的现象进行批评。并最终指出之所以"百年无事",完全是因为"赖非夷狄昌炽之时,又无尧、汤水旱之变",否则国家可能早就出大问题了。他的这番分析正中宋神宗下怀,熙宁二年(1069),宋神宗拜王安石为参知政事,设立变法的机构"制置三司条例司",推行变法。

王安石变法主要围绕"富国"和"强兵"展开。"富国"之策主要有均输法、青苗法、农田水利法、免(募)役法、市易法和方田均税法。王安石试图通过这一系列的理财措施实现"民不加赋而国用饶"的理财理想。"强兵"之法主要有将兵法、保甲法和保马法。此外,王安石还改革了科举制度,整顿学校。

从 1069 到 1085 年,新法共实行了 16 年。以实现"富国强兵"为目标的变法,部分地收到了效果。在农业生产方面,各地兴修的农田水利设施达 1 万余处,使 36 万余顷的土地获得灌溉之利。新法的推行还使豪强兼并和高利贷者的活动受到一些限制,皇室、官僚减少了一些特权,农民减轻一部分差役和赋税负担,政府的财政收入大大增加。由此可见,变法部分地实现了"富国"的目标,但是"强兵"的目的并没有达到。保甲法由于阻力太大,没有真正落到实处;将兵法虽在推行,但将官仍多是庸才。在 1081 年和 1082 年,两次对西夏用兵,宋军仍遭失败,"积弱"局面没有改变。

1085 年,宋神宗去世,宋哲宗即位,太皇太后高氏垂帘听政。同年 5 月,保守派官员司马光出任执政,次年拜相。此后,改革派官员纷纷下台,改革措施也基本废除,改革到此失败。这样一场旨在振兴宋廷、挽救统治危机的改革就此落幕,不禁让人唏嘘。那么,是什么原因导致其失败的呢?

**材料十五** 综上所述,我们不难明白,王安石变法的失败,除了其他的原因,如新法在实施中走样,实践与理论相背离外,重要的还在于变法派人士的分裂。吕惠卿、曾布是王安石变法中的核心人物,但吕惠卿、曾布终与王安石交恶,而吕、曾之间,自从二人受命根究市易务后,更是闹得不可开交,情同仇敌。至于变法派的其他人士,如邓绾等人,也因为一己的私利得不到满足,也与王安石交恶而终。

——张祥浩:《王安石变法失败原因再探讨》,载《东南大学学报(哲学社会科学版)》2011年第4期

**材料十六** 王安石理财的关键是"抑豪强","使轻重敛散之权,归之公上"(《王安石全集》卷三一《乞制置三司条制》,第273页),实现国家对经济、财政的全面控制。这一点深得宋神宗的支持,应该说宋神宗的强力支持是王安石以经济为中心的变法能够取得阶段性成果的关键。但当改革向纵深发展时,这场缺乏政治改革支持的经济改革开始举步维艰,趋向失败,而且前期的改革成果也难以维持。

——熊光慈:《庆历新政与王安石变法得失管窥》,载《史学月刊》2006年第10期

**材料十七** 这又正如吕本中的《杂说》所载:"王安石再相,上意颇厌之,事多不从。安石对所厚叹曰:'只从得五分时也得也!'"事到如此地步,王安石只有一走了之。

——邓广铭:《宋史十讲》,北京:中华书局,2008年,第72页

**教师设问**:阅读上述三则材料,谈谈你对王安石变法失败原因的认识。(参考答案:理论与实践相背离;改革派内部分裂;经济改革与政治改革脱节;遭到大地主、大官僚、大商人和高利贷者集团的坚决反对;宋神宗的动摇)

**教师引导学生分析**:导致王安石变法失败的原因是多元的。总的来说,过于理想化、理论和实践相脱节、改革派内部分裂以及推行过程中出现害民现象是其失败的主观原因。客观原因主要是新法遭到了守旧派官僚、大地主、大商人和高利贷者集团的坚决反对。以司马光为首的守旧派极力攻击新法的推行,新法虽得以推行,但变法派与守旧派之间的斗争始终未停止。守旧派不仅在朝廷内反对新法,在地方也有不少人利用自己所掌握的权力阻挠新法的贯彻。从熙宁六年(1073)起,久旱不雨,后来天上又有彗星出现,守旧派乘机以此作为攻击变法的借口。再加上变法措施在执行过程中确曾出现一些弊端,神宗日益不安,最终"疑新法不便",逐渐放弃对变法的支持,最终导致王安石罢相,变法失败。

王安石变法的失败,使得北宋丧失了一次自我调整的大好机会,各种社会矛盾日益激化,国势日衰。而北方女真人建立的金王朝却迅速壮大,终于在1127年酿成"靖康之变",北宋灭亡。

**(设计意图)**通过学生阅读"庆历新政"和王安石变法的具体内容,在加深对两次新政了解的同时,也对其失败原因有了深入的认识。问题指向的是:(1)史料实证素养水平1——能够从所获得的材料中提取有关的信息。(2)历史解释素养水平2——能够选择、组织和运用相关材料并使用相关历史术语,对个别或系列史事提出自己的解释。

### (四)南宋的偏安

#### 1. 南宋的建立(1127)

**教师设问**:阅读教材第53页《金、南宋、西夏形势图(1142年)》,指出南宋政权空间的分布特点。(参考答案:偏安东南;与北面的金国、西夏政权并存)

**教师引导学生分析**:赵构是徽宗的第九子、钦宗之弟。由于侥幸逃过靖康之祸。在宋廷旧臣的拥戴下,1127年五月,赵构在南京应天府(今河南商丘)正式即位,重建宋王朝,史称南宋,改元建炎,赵构便是宋高宗。1138年,正式定临安府(今杭州)为都城。

## 2. 南宋的抗金斗争和岳飞之死

**材料十八** 怒发冲冠！凭栏处，潇潇雨歇。抬望眼，仰天长啸，壮怀激烈。三十功名尘与土，八千里路云和月。莫等闲，白了少年头，空悲切！靖康耻，犹未雪；臣子恨，何时灭？驾长车，踏破贺兰山缺！壮志饥餐胡虏肉，笑谈渴饮匈奴血。待从头，收拾旧山河，朝天阙！

——白寿彝主编：《中国通史》第七卷《中古时代·五代辽宋夏金时期（下）》，上海：上海人民出版社，2004年，第1747—1748页

**教师设问：** 这首词反映了岳飞怎样的情怀？（参考答案：大无畏的英雄气概，强烈的爱国主义激情）

**教师引导学生分析：** 这首《满江红》①写于1139年，岳飞上表反对议和之后，凭栏远眺，不禁心生感慨，遂作此词。宋高宗赵构即位之初，起用主战派李纲为相。这时河北、河东地区都有忠义民兵抗击入侵的金军。岳飞于北宋末年投军，追随宗泽投身于抗金斗争。由于他作战勇敢，富于谋略，屡立战功。绍兴十年（1140），完颜兀术毁盟攻宋，岳飞挥师北伐，先后收复郑州、洛阳等地，又于郾城、颍昌大败金军，进军朱仙镇。赵构、秦桧却一意求和，以十二道"金字牌"下令岳飞班师，岳飞旋即遭秦桧等人的诬陷入狱。1141年，岳飞以"莫须有"的罪名，与长子岳云和部将张宪同被杀害。

**材料十九** 他（宋高宗）曾一度到金国的兵营中做过人质，亲眼看到过女真兵马的野蛮残暴，因而已经患有严重的恐金病。他也深知北宋政府的军队都已被金人打垮，而他所新建的军队则仅仅能够充当他的禁卫之用，他绝不肯把它放在抗击女真南侵军的斗争上去。

——邓广铭：《宋史十讲》，北京：中华书局，2008年，第131页

**材料二十** 与逃跑、求和的政策密切相关的是宋高宗在朝内猜忌诸将，重用奸佞，而这种政策有其深刻的历史渊源和现实原因。……

之所以要限制诸将，还有一个重要的现实原因，就是宋高宗对主战派将领们恢复中原，迎回徽、钦二帝的主张极其反感，他怕钦宗回来夺了他的帝位。个中原委当然高宗不便明言，但他的实际行动却很能说明问题。还在建炎元年时，太学生陈东、欧阳澈因上书请求高宗亲征北伐，迎回徽、钦二帝，就被高宗斩首。高宗即位后，虽然口头上也说要迎回"二圣"，但实际上经过"和议"的反复交涉，最后只是迎回徽宗的梓宫和韦后，而让钦宗客死异国。在抗击金兵的战争中，高宗更是对将帅严加控制，生怕他们"张皇事势"，"却致引惹"，而甘愿放弃胜利成果，与金议和。

——白寿彝主编：《中国通史》第七卷《中古时代·五代辽宋夏金时期（下）》，上海：上海人民出版社，2004年，第1692—1693页

**教师设问：** 依据材料概括岳飞被杀的因素有哪些？（参考答案：宋高宗一贯的投降政策；宋代防范武将的传统；对迎回徽、钦二帝主张的反感）

**教师引导学生分析：** 宋高宗和秦桧一意与金讲和，在制造岳飞冤狱的过程中，宋、金之间的和议也开始紧张地进行。在解除岳飞兵权之后，他们清除了与金讲和的最大障碍。1141年11月，南宋和金订立了屈辱的和议，此即绍兴议和。

---

① 《满江红》词为岳飞所作，系根据邓广铭先生的意见，参见《再论岳飞的〈满江红〉词不是伪作》，《文史哲》1982年第1期。

3. 绍兴议和

**教师设问:** 阅读教材第 52 页相关内容,概括绍兴议和的内容。(参考答案:宋金两国,以东起淮水、西至大散关为界,南北分治;南宋向金称臣;南宋每年向金缴纳"岁币")

**教师引导学生分析:** "绍兴和议"之后,南宋与金南北对峙的局面正式形成,宋金之间的战争也基本告以结束,客观上为中国赢得了一段较长时间的和平,南宋也得以偏安东南较长时间。

**(设计意图)** 通过学生阅读史料并对信息进行处理整合,认识岳飞之死的真正原因。本环节指向的是:(1)时空观念素养水平 3——能够把握相关史事的时间、空间联系,并用特定的时间和空间术语对较长时段的史事加以概括和说明。(2)历史解释素养水平 1——能够对所学内容中的历史结论加以分析。(3)家国情怀素养水平 1——具有对祖国和人民的深情大爱;家国情怀素养水平 4——形成正确的世界观、人生观、价值观和历史观。

【课堂小结】

**教师引导学生小结:** 宋初的政治、军事制度建设出现了与前代不同的一些新变化。一方面对宋代的专制主义中央集权产生了深远的影响,结束了唐末五代以来藩镇割据混战不休的局面,对此后元明清三代大一统局面的实现和巩固产生积极影响,有利于多民族国家的稳定和发展;另一方面,也对宋代中期以后的社会发展产生了一些消极影响,这种影响贯穿整个两宋的发展过程,包括此后变法的失败和边疆危机的加深都与之有着深刻的联系。

# 教 学 设 计 2

浙江省杭州学军中学　钱玉亭

## 一、教材分析

本课是部编本《中外历史纲要(上)》第三单元《辽宋夏金多民族政权的并立与元朝的统一》第 9 课,包含"宋初专制集权的加强""边疆压力与财政危机""王安石变法""南宋的偏安"四个子目的内容,主要讲述了北宋和南宋政权的政治和军事发展概况。从纵向看,两宋是中国延续了自秦代以来的帝制时代政治特征并有了进一步加强的时期。宋初统治者在解决唐末五代以来藩镇割据的基础上,强化了中央集权和君主专制,并形成"祖宗之法",将一系列国家管理方法和制度延之后世,对两宋及后世政治、军事发展产生了深远影响。从横向看,两宋政权并未实现国家统一,处于辽宋夏金元多民族政权并立的政治格局之下,始终面临周边民族政权的军事威胁,这也影响了两宋的政治、军事、民族制度及其政权的历史走向。同时,各民族在战争、经济、政治交往中加速了北方地区的发展进程,促进了民族交融,并不同程度地推动了我国统一多民族国家的发展和中华民族多元一体格局的形成。

《普通高中历史课程标准(2017 年版)》对本课的要求是:通过了解两宋的政治和军事,认识这一时期在政治方面的新变化。本课内容跨度大,相关的政治、军事制度建设中专有名词多,民族政权建立的顺序和重大事件较为繁杂,要注意利用文字、图片史料、大事年表等帮助学生理解并加强记忆。

## 二、学情分析

学生通过初中的历史学习和课外涉猎,对北宋建立、杯酒释兵权、宋与辽夏金的战争、王安石其人、岳飞英雄事迹等基本历史知识和历史故事均有一定的了解。但对北宋政治制度、统治危机、王安石变法内容及评价、岳飞之死的深刻根源等内容缺乏理性、客观的分析和认识。同时,刚上高一的学生史料实证的意识、对史料的理解和信息的提取能力总体还比较弱。教学中应注意精选史料,巧设问题,适度拓展,适当拔高。

## 三、教学目标

1. 了解两宋的基本时间和空间概念、政治和军事制度内容、王安石变法、南宋灭亡等基本史实。

2. 通过对北宋制度相关史料的分析,提高阅读分析史料的能力。通过辩证看待两宋与周边民族的战争、评价王安石变法,养成用唯物史观分析历史问题的思维方法。

3. 通过对两宋时期与少数民族政权议和推动民族和平交往的学习,理解这一时期民族间交流和融合加强的历史趋势,增强对于中华民族的认同感、归属感、责任感和使命感。

## 四、教学重难点

重点:了解两宋为加强君主专制和中央集权推行的政治、军事制度。

难点:理解宋初政治、军事制度的变化对两宋历史的深刻影响。

## 五、教学过程

【导入新课】

图 1　岳飞墓

在美丽的杭州西子湖畔，有一处建于 1221 年的墓葬，历经近千年，仍然保存较为完好，并为世人瞻仰，这就是岳飞墓。岳飞因精忠报国而流芳千古，却被宋高宗和秦桧以"莫须有"的罪名杀害。"青山有幸埋忠骨，白铁无辜铸佞臣。"这忠奸背后又透露着怎样的政治利益的抉择呢？关于岳飞的死因说法很多，但大多认为，岳飞作为拥有强有力武装且有强大民意基础的武将，引起宋高宗的猜忌而招致杀身之祸。纵观两宋政治发展史我们会发现，岳飞之死是宋代政治发展的必然结果。自宋太祖 960 年建宋代周，逐步确立了以"重文轻武"为代表的一系列祖宗之法，深刻影响了两宋的政治、军事发展走向。

**【学习新课】**

### （一）立祖宗之法——宋朝专制集权的加强

#### 1. 分地方、宰相之权

教师讲述并设问：宋太祖代周建宋之时，中国正处于剧烈的社会动荡时期。北宋建立后，鉴于唐末五代以来藩镇割据、武人跋扈、君弱臣强、专制主义中央集权统治被极大削弱的局面，宋太祖、宋太宗在统一的过程中，相继采取了哪些加强中央集权的措施呢？带着这个问题，我们来看一组材料。

**材料一**　唐末五代以来，节度使盘踞一方，往往兼管数郡。宋太祖从即位开始，就把节度使驻地以外领辖的支郡裁除，直属中央。由中央政府派遣的文臣出任知州、知县。到宋太宗时，全国地方州郡都换上了文官。宋太祖又怕知州的权力过大难以控制，一方面规定三年一换的办法，使州县长官频频调动；另一方面又在各州府设置通判，以分知州之权。

————张岂之：《中国历史（隋唐辽宋金卷·下编：辽宋夏金）》，北京：高等教育出版社，2001 年，第 200 页

**材料二**　宋太祖下令取消节度使收税的权力，根据各州情况留一部分作为地方必要的开支，称为"应在"，其余州内的一切税收由通判掌握送往京师。之后，于临近数州设"路"，各路设转运使，将一路所属州县财赋，除"诸州度支经费"外，全部运往京师，一律收归中央。

唐末以来，节度使反抗中央的主要手段是拥有重兵。建隆二年（961），宋太祖派使臣到各地，在藩镇所辖的军队中选拔禁军，这样就使"诸镇皆自知兵力精锐非京师之敌，莫敢有异心者"。开宝元年（969），解除了王彦超、武行德、郭从义、白重赞、杨廷璋等节度使的兵权。藩镇的兵权逐渐被剥夺干净。

————张岂之：《中国历史（隋唐辽宋金卷·下编：辽宋夏金）》，北京：高等教育出版社，2001 年，第 201 页

**材料三**　五代时期藩镇跋扈，刑部等于虚设。宋在各路设提点刑狱司掌管一路的司法、刑狱，并规定凡死刑，如大辟（杀头）等刑，需报中央，由刑部复审执行，有时皇帝还派人到各地处理案件。这样司法也归中央。

————张岂之：《中国历史（隋唐辽宋金卷·下编：辽宋夏金）》，北京：高等教育出版社，2001 年，第 201 页

**教师设问**：综合上述材料并结合教材知识，概括宋太祖和宋太宗是怎样逐步解决藩镇军阀割据问题的。（参考答案：政治——解除节度使行政权，文官任知州，并设通判监督知

州。经济——解除节度使财政权,在地方设转运使将大部分赋税收归中央。军事——削弱藩镇军事实力,地方精兵强将编入中央禁军,解除主要节度使兵权。司法——设提点刑狱司解除节度使司法权)

**(过渡)**唐朝的宰相"事无不统",权力很大。在用分权方式成功解决地方藩镇割据问题的同时,宋朝开国者也积极致力于分化相权。

**材料四** 一是在三省首长以外,增设同中书门下平章事为宰相,参知政事为副宰相,分散其权力;二是以枢密院(首长为枢密使)分割宰相的军权,使得宰相与枢密使文武分立,宰相的政事堂与枢密使的枢密院并称为"二府";三是分割宰相的财权,财权由"三司"(盐铁、度支、户部合称为三司)掌握,因而三司就号称"计相"(意为主管财政的宰相)。……与此同时,又提高御史台、谏院等监察机关的权力和地位,可以纠察、弹劾各级官员,迫使宰相不得不屈从于作为皇帝耳目的台谏官。

——樊树志:《国史十六讲》,北京:中华书局,2006年,第134—135页

**教师设问:**宋太祖为何积极谋划分割宰相之权?结合材料,指出宋太祖是如何削弱相权的。由此宋朝中央官制呈现怎样的特点?(参考答案:根本目的——加强皇权。措施——设同中书门下平章事为宰相,后增设参知政事为副宰相,分割宰相的行政权;设枢密院分割宰相的军权;设"三司"分割宰相的财权。特点——行政、军权、财权三权分离,各不相知,一切都要通过皇帝)

**教师讲述并引导学生分析:**如此一来,宰相的权力比先前大为缩小,军权、财权被分割,形成中书门下主管政治、枢密院主管军事、三司主管财政的局面,三权分离,各不相知,一切都要通过皇帝。这样,国家权力集中到中央,中央权力集中到君主,君主专制大大加强。在削弱节度使权力过程中形成的"崇文抑武"思想也逐渐渗透到北宋政治的方方面面。

**(设计意图)**北宋分地方和宰相之权、加强中央集权和君主专制的措施,是本课的重点内容。通过对史料的辨析和解读,让学生能准确把握和理解北宋政治、军事制度改革这一重难点内容,深化对历史的理解。本环节指向的是:(1)史料实证素养水平1——在解答某一历史问题时,能够尝试从多种渠道获取与该问题相关的史料;能够从所获得的材料中提取有关的信息。(2)史料实证素养水平2——在对史事与现实问题进行论述的过程中,能够尝试运用史料作为论据论证自己的观点。

## 2. 立崇文抑武之术

**材料五**

表1 历代科举取士数量统计表

| | 年数 | 榜数 | 取士总数 | 年均取士 |
|---|---|---|---|---|
| 唐 | 290 | 266 | 6 603+ | 23(进士) |
| 宋 | 320 | 130 | 正奏名 60 000+ | 340(进士、诸科) |
| | | | 特奏名 50 000 | |
| 元 | 98 | 16 | 1 139(左右榜) | 12(进士) |

续　表

| | 年数 | 榜数 | 取士总数 | 年均取士 |
|---|---|---|---|---|
| 明 | 277 | 93 | 24 624 | 89（进士） |
| 清 | 268 | 114 | 26 888 | 100（进士） |

——邓小南：《王安石与他的时代（二）》，载《文史知识》2006年第2期

**教师设问**：根据材料并结合所学知识概括宋代科举取士的特点。（参考答案：与历代相比较，宋代科举取士人数最多）

**教师引导学生分析并总结**：宋代统治者崇文抑武，大量增加科举取士人数，极大地调动了不同阶层出身的知识分子的读书热情和应试勇气，使社会上具有文化知识的人大量增加，从而也促进了当时教育的空前发展，促进了文化的繁荣，并带动了与此相关的印刷业的发展。整个社会也逐渐形成"重文轻武"的风气。

**（过渡）**总体来看，宋初统治者采取了诸如加强中央对地方控制、分散从中央到地方各级机构权力以相互牵制、崇文抑武等一系列措施，"事为之防，曲为之制"，构成了两宋长期延续的"祖宗之法"。

**材料六**　先皇帝创业垂二十年，事为之防，曲为之制，纪律已定，物有其常，谨当遵承，不敢逾越。咨尔臣庶，宜体朕心。

——李焘：《续资治通鉴长编》卷十七，北京：中华书局，1995年，第382页

**教师设问**：依据材料所示的《宋太宗即位诏书》，谈谈如何理解"事为之防，曲为之制"？（参考答案：宋太宗在诏书中指出，宋太祖无论大事小事都规定制度，防范周密。此后国家大政方针将会依照太祖时的轨道运行）

**教师讲述**：宋朝开国者煞费苦心构建的"祖宗之法"，对两宋的政治军事发展产生了深远影响，褒贬各有说法。

**材料七**　所谓"祖宗之法"，研究者通常认为，包括一些可以举述出来的固定内容。就其通常被赞誉肯定的方面而言，例如限制宗室、外戚、宦官权力，权力的分立与制衡，与士大夫共治天下，不杀言事官僚，提倡"忠义"气节，后宫皇族谐睦俭约，等等……就其负面内容和影响而言，例如"守内虚外"的内政外交总政策造成的国势不振；中央政府的组织机构间、臣僚间相互牵制带来的效率低下；对于带兵出征的将领，强调"将从中御"，甚至以"阵图"束缚前线统帅手脚；为避免割据局面重演，收缩州郡长官权力；倡导文武臣僚循规蹈矩，防范喜事兴功；不任官而任吏，不任人而任法；在文武关系的处理上，实行以文驭武的方针。

——邓小南：《祖宗之法——北宋前期政治述略》，北京：生活·读书·新知三联书店，2006年，第10页

**教师设问**：阅读材料并结合所学，分析北宋加强中央集权措施的影响。（参考答案：预防了内部动乱，巩固了国家的统一和安定，强化了专制集权；但专制制度束缚过死，权力分割过细，影响了行政效率，助长了保守疲沓的政治风气）

**教师讲述**：西方史学家对宋朝总体给予非常高的评价，如邓小南就曾经提过这样的事例。

材料八 ……在费正清和他的学生一起写的一部著作里面,有一个章节的题目是"中国历史上最伟大的岁月",我想换成任何一个中国学者都不会选宋代作为中国历史上最伟大的岁月,但是在费正清的文章里,写的却正是北宋和南宋。

——邓小南:《王安石与他的时代(一)》,载《文史知识》2006年第1期

**教师讲述:** 在西方学者眼中,宋代的一些文化成果、制度成果能够输送到世界其他地方,对于世界文明的发展构成一种牵动,所以他们认为这样的时期是中国历史上的伟大时期。但我们看中国历史更多带有民族的情感。两宋时期,周边强族林立,宋朝边境一直面临北方民族的入侵威胁,且最终为少数民族所灭。因此,从这个角度来看宋政权,国人通常认为这是一个积贫积弱的政权。

### (二)积弱贫之危——边疆压力与财政危机

**材料九**

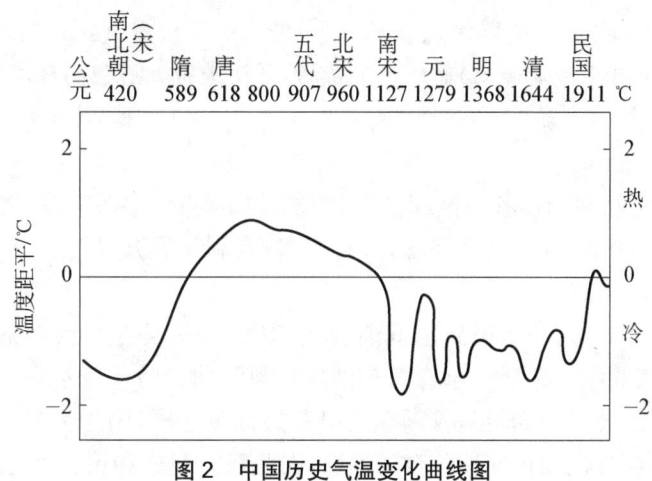

图2 中国历史气温变化曲线图

——邓小南:《王安石与他的时代(一)》,载《文史知识》2006年第1期

**教师设问:** 由材料可以看出什么信息?依据材料和所学,指出这一气候现象对宋朝政权的影响。(参考答案:信息——11世纪初到12世纪末气候转寒。影响——气候转寒和干旱是北方民族南下的重要原因)

**教师讲述:** 对于宋王朝来说,北边的民族基本上都是游牧民族,他们抗拒生态变化的能力并不是那么强,在气候非常寒冷、非常干旱的时候,他们传统生活的地带水草就不够丰茂,就必然会南迁。游牧民族大规模南下,严重的时候就会发生战争。在和少数民族政权发生的战争中,北宋军队经常战败,边疆安全受到严重威胁。

#### 1. 积弱:边疆压力

**教师讲述:** 长期威胁北宋政权的是契丹族建立的辽和党项族建立的西夏。

契丹族原是鲜卑族宇文部的一支,早在十六国时期,就在今内蒙古东部从事游牧。916年,首领耶律阿保机称帝。五代后唐时期,辽统治者耶律德光趁后唐统治集团内部争夺权力而发生内战之际,率军南下,帮助石敬瑭建立后晋。石敬瑭为感谢耶律德光的援立之恩,割

燕云十六州给契丹,每年输帛 30 万匹,并上表自称儿皇帝。从此,辽的疆域兼有长城内外广大地区,西起蒙古高原及新疆以西,向东直至大海。

随着北宋统一战争的顺利进行,宋太宗君臣有了夺取燕云十六州之志,但两次北伐均以失败告终,只得被动防御。1004 年,辽举 20 万大军南下,直趋黄河北岸的澶州(今河南濮阳附近),对宋都城开封形成严重威胁。宰相寇准力请宋真宗亲临前线督师,士气高涨,辽初战不利,因此双方在澶州达成议和约定:宋辽约为兄弟之国,宋尊辽萧太后为叔母;宋每年输辽银 10 万两,绢 20 万匹;双方罢战撤兵,以白沟河为界。由于澶州古称为澶渊郡,因此被称为"澶渊之盟"。

**材料十** "澶渊之盟",宋辽约为"兄弟之国",互称"南朝""北朝",以骨肉亲情关系进行交往,充分反映两国保持和好关系的深切期待。

已经厌恶战争且对契丹产生某种恐惧心理的宋朝君臣,愿意与契丹保持和好……他们都认为"澶渊之盟"为宋人带来了和平生产和生活环境,节省了军费,而"澶渊之盟"所规定的输辽岁币与军费比较起来,则是一个不足百分之一二的很小数目,全面衡量起来,和平给宋人带来的好处更多。因此,他们都愿意与契丹保持和好关系,并与契丹展开广泛的经济文化交流。宋辽"澶渊之盟"签订不久,宋就在雄州(今河北雄县)、霸州(今河北霸县)、安肃军(河北徐水)、广信军(今河北保定西北)等地设置榷场,与辽进行大规模的经济贸易。

——赵永春:《试论"澶渊之盟"对宋辽关系的影响》,载《社会科学辑刊》2008 年第 2 期

**教师设问**:依据材料指出签订澶渊之盟对宋朝的影响。(参考答案:增加了宋王朝财政支出;为宋人带来和平的生产、生活环境;节省军费;有利于展开经济文化交流,并在经济贸易中获利)

**教师讲述**:在西北,另一支民族也逐渐壮大起来,这就是党项族。党项族是羌族的一支,也称党项羌。南北朝时期活动于青海东南部黄河河曲一带。唐玄宗时期大部分迁往甘肃东部和陕西北部。公元 1038 年,首领李元昊正式称帝建国,国号大夏。宋与西夏长期交战,北宋屡战屡败,西夏也因长期战争政局不稳,因此双方达成和议:西夏保持帝号,同时向北宋称臣;北宋每年送给西夏银 72 000 两,绢 153 000 匹,茶 30 000 斤,称为"岁赐"。这些支出使北宋财政承担了极大的压力。

### 2. 积贫:财政危机

**材料十一** 按北宋经济已经达到的生产能力和商品货币经济发展水平,北宋应该是富裕超过前代的王朝,但由于战争(主要责任不在北宋统治者),以及畸形的官吏制度和军队制度,导致社会总劳动时间分配的严重倾斜,大量社会资源消耗于冗兵,冗官,这是导致贫弱的主要原因。

——袁一堂:《论北宋中期的财政危机》,载《史学月刊》1990 年第 3 期

**教师设问**:综上所述,北宋统治危机的主要表现是什么?依据材料,指出导致这些危机的主要原因。(参考答案:表现——三冗,即冗官、冗兵、冗费;二积,即积贫、积弱。原因——与边疆民族的战争、畸形的官吏制度和军队制度)

**教师引导学生分析并小结**:除了每年巨额的"岁币"和"岁赐"支出外,北宋的募兵制度发展为"养兵"之策,导致军费支出直线上升,占国家财政开支一半以上;政府机构分化事权、官员设置重叠繁冗,官僚队伍不断膨胀。"岁币"和"岁赐"、养兵、养官成为宋朝廷的沉重负

担,财政状况不断恶化。

**(设计意图)**北宋军事政治改革对宋朝政权的深远影响是本课的难点内容。教材中可以直接依托的素材较少,因此对这一部分内容的处理既要符合学生认知水平,也要对北宋时期的政策、外部环境的变化有一定的深入分析和了解,以提升学生历史理解和解释的能力。本环节指向的是:历史解释素养水平 2——能够选择、组织和运用相关材料并运用相关历史术语,对个别或系列史事提出自己的解释。

**(过渡)**边疆战事的连连失败,财政状况的不断恶化,使北宋积贫积弱,出现严重的统治危机。面对危机,以王安石为代表的一批政治家力图通过改革弊政挽狂澜于既倒。

### (三) 力图挽狂澜——王安石变法

**教师讲述:**北宋中期,统治者其实早已意识到自身存在的问题。在王安石变法之前,曾经有一次统治阶级的"自救运动",这就是"先天下之忧而忧"的范仲淹主持的"庆历新政"。

#### 1. 政治改革:庆历新政

**材料十二**　这次新政实质上是要求进一步限制贵族和高官享受的各种特殊利益,这些利益原来是中唐以前的门阀士族的专利,如世袭大土地和爵位、封户、免除赋役等。到了宋朝,门阀士族退出了历史舞台,贵族和高官已经不能世袭大土地和父祖的爵位、封户,只能通过"恩荫"取得略低的官位、免除部分赋役,而新政的"明黜陟"和"抑侥幸"措施,矛头直接对准他们,损害到他们的既得利益,因此遭到他们的激烈反对。

　　——朱瑞熙:《新兴的官僚地主阶级的首次全面改革尝试——北宋范仲淹"庆历新政"》,载《浙江学刊》2014 年第 1 期

**教师设问:**范仲淹主持的庆历新政主要侧重在什么方面? 失败的原因是什么? (参考答案:侧重:整顿官僚机构。败因:庆历新政损害了贵族和高官享受的各种特殊利益,遭到激烈反对)

**教师讲述:**庆历新政失败二三十年后,王安石继承了范仲淹的遗志,在宋神宗的支持下再次推行变法,这次代表了中唐以后新兴官僚地主的第二次全面的改革,比庆历新政更深入了一步。

#### 2. 全面改革:王安石变法

**教师讲述:**王安石变法是宋神宗时期,王安石发动的旨在改变北宋建国以来积贫积弱局面的一场社会改革运动。变法自熙宁二年(1069)开始,至元丰八年(1085)宋神宗去世结束,也称熙宁变法、熙丰变法。王安石以"富国强兵"为目的,核心措施是"理财"和"整军",还包括改革科举、整顿学校等方面内容。

**材料十三**　范仲淹是从官僚队伍入手,王安石从解决国家财政问题入手,而解决财政问题是从农业、农村、农民入手。

　　——邓小南:《王安石与他的时代(三)》,载《文史知识》2006 年第 3 期

**教师设问:**王安石变法与庆历新政相比最大的特点是什么? 依据材料并结合所学,指出王安石是如何从农民入手解决财政问题的。(参考答案:特点——涉及经济、军事、政治、教育等各方面的全面改革。从农民入手采取的措施——政府通过向农民提供农业贷款、拨巨资从事商业经营等手段,力图在调控经济的同时开辟财源)

**材料十四** 在发展农业方面,各地兴修的农田水利设施达1万余处,使36万余顷的土地获得灌溉之利……新法的推行还使豪强兼并和高利贷者的活动受到一些限制,皇室、官僚减少了一些特权,农民减少了部分差役和赋税负担,政府的财政收入大大增加……置将法虽在推行,将官仍多是庸才。在元丰四、五年,两次对西夏用兵,宋军仍遭失败,"积弱"局面没有改变。

——张岂之:《中国历史(隋唐辽宋金卷·下编:辽宋夏金)》,北京:高等教育出版社,2001年,第211—212页

**教师设问**:阅读材料并结合王安石变法的内容,谈谈如何看待王安石变法的作用。(参考答案:王安石针对积贫积弱现象进行了比较全面、彻底的改革。改革达到了富国的目的,增加了大笔收入,消除了财政赤字,但强兵效果不明显;一些措施在执行过程中加重人民负担,引起激烈争议)

**教师讲述**:面对朝堂上激烈的反对声浪,1076年,王安石请求罢相,闲居江宁,变法措施在宋神宗主持下继续推行。此后,变法派和守旧派,以及两派内部围绕变法问题产生一系列不可调和的矛盾,北宋统治陷入更深刻的危机。

**(过渡)**北宋末年,宋徽宗统治时期政治腐败,社会动荡。统治者为转移民众视线,意图收复燕云,与北方崛起的女真族建立的金政权相约攻辽。金在相约灭辽的过程中,看到宋政权腐败、将帅无能,灭辽后不断找借口向宋发起军事进攻。1127年,北宋被东北女真族建立的金攻灭,史称"靖康之变"。同年,宋徽宗第九子、宋钦宗之弟赵构在应天府(河南商丘)即帝位,重建宋政权,即为南宋。不久,宋高宗在金兵的追击下一路南逃,最终在杭州站稳了脚跟,并将此地称为行在所(皇帝出行暂住的地方),成为实际上的南宋都城。

### (四)临安只稍安——南宋的偏安

**教师讲述**:在与金的作战中,南宋形成了几支较有战斗力的部队,其中岳飞指挥的军队,纪律严明,英勇善战,被称为"岳家军",战功最为显著。金兀术率军大举南侵,岳家军和各地反金武装奋起反击,金朝主力骑兵连连溃败。岳飞请求宋高宗令各路宋军乘胜进军,收复东京开封,渡黄河收复失地。但是,宋高宗和秦桧却急令各路大军停止进攻,撤回原来驻地;连下金牌迫使岳飞班师,并向金朝求和。岳飞反对投降,成为宋高宗、秦桧投降政策的严重障碍,被诬谋反逮捕下狱。1141年,南宋与金订立绍兴和议:南宋向金称臣;每年向金纳银25万两、绢25万匹;宋金以东起淮水、西至大散关一线划界。和议之后,岳飞父子被以"莫须有"罪名杀害。和议既成,为何岳飞还是被诬杀?

**材料十五** 聪明而务实的高宗可能把岳飞之死当作限制北方军阀们军权的一种方法。这些军阀的私人武装和高度独立的军队对政府的和谈来说是个极大的威胁。高宗可能希望重新建立崇文抑武的秩序,就像太祖皇帝在宋初所做的那样。与金的和约就如同1005年北宋与契丹签订的"澶渊之盟",确保了之后数十年的可靠和平。总的说来,皇帝的权力和地位只能通过与主和派站在一道才能得到加强。

主张与金和平共存的官员中最著名的是秦桧(1090—1155),是他下令毒死了岳飞。在岳飞死后不久,秦桧与金国特使完颜宗弼达成了和议,并与1141年12月25日签订和约。

——[加]卜正民主编、[德]迪特·库恩著:《哈佛中国史——儒家统治的时代:宋的转型》,北京:中信出版社,2016年,第75页

**教师设问**：岳飞死于宋金和议之前还是之后？依据材料并结合所学，指出岳飞被害的主要原因。（参考答案：岳飞死于宋金和议之后。绍兴十一年十二月末除夕夜（1142年1月27日），宋高宗和秦桧以"莫须有"的罪名杀岳飞与其子岳云、部将张宪于今杭州。主要原因——宋高宗为了限制军阀军权、重建崇文抑武秩序；打击主战派，实现与金议和的需要）

**教师讲述**：南宋朝廷自此就安居于杭州行在。此后宋金之间又发生几次战争，南宋地位有所上升，不再向金称臣，而是"世为侄国"，宋帝尊金帝为叔父或伯父，继续维持南北对峙。

【课堂小结】

**教师引导学生小结**：宋王朝的开国者们煞费苦心地建立了一整套从中央到地方的政治、军事集权制度，结合崇文抑武政策的推行，有效解决了唐后期以来的武将割据问题，维护了王朝内部的稳定，巩固了政权。但是也导致积贫积弱，引发严重的统治危机，无法抵御北方少数民族进攻，北宋灭亡。南宋延续祖宗之法，继续崇文抑武，杀害主战派岳飞父子，屈辱地偏安于江南一隅，不免让人扼腕叹息！

# 第 10 课

# 辽夏金元的统治

## 教学设计 1

安徽省六安中学 盛 刚

### 一、教材分析

本课是部编本《中外历史纲要（上）》第三单元《辽宋夏金多民族政权的并立与元朝的统一》第 10 课。《普通高中历史课程标准（2017 年版）》对本课的要求是：通过了解辽夏金元诸政权的建立、发展和相关制度建设，认识北方少数民族政权在统一多民族封建国家发展中的重要作用。本课包括"辽与西夏""金朝入主中原""从蒙古崛起到元朝统一"和"元朝的民族关系"四个子目的内容，主要讲述了辽、西夏、金、元诸政权建立、发展的基本脉络，以及相关制度建设的基本情况。教科书文本共占 6 个版面，除正文外，辅助系统包括插图 5 幅、"学习聚焦" 4 条、"史料阅读" 2 处、"历史纵横""问题探究""学习拓展"各 1 条、"注释" 14 条等，可谓图文并茂，内容丰富，但因记述时间跨度较长，政权交错并立，无明确承袭关系，叙述头绪较乱，不方便展开教学。

辽、西夏、金、元统治时期是我国统一多民族国家历史发展的重要阶段，由"并立"走向"统一"是这一时期的基本特征。我们面临的困惑是：如何在纷繁复杂的历史表象下厘清"并立"的基本状况及政权间的关系？元朝为什么能够实现并巩固对广袤疆域的空前统一，促进并推动民族间的深度交融？北方少数民族政权究竟给我们留下哪些历史遗产？中国古代都城是国家政治中心、文化礼仪活动中心、经济管理中心、军事指挥中心，可以说"古代都城是国家的缩影"，是"国家政治性物化载体的集中体现"，更是我们管窥其政权风貌的最佳突破口。本课内容庞杂，知识繁芜，政权交错对峙，以"都城建设"为观察视角，重构教学内容，将有助于更好地实现教学目标，提升师生历史学科核心素养。

### 二、学情分析

通过对试教过程中学生"预习问题清单"的汇总、整理与分析，结合"课程标准"及自身教学实践，本课学习疑惑主要有：第一，如何理清辽、西夏、金、元诸政权的统治时间、疆域及其相互关系？第二，如何认识辽、西夏、金、元制度建设的"个性"与"共性"？第三，如何看待北方少数民族政权的民族性与交融性？第四，《金、元、明北京城址变迁图》中"明北京"的添加是何寓意？我们该如何解读这些都城间的相互关系？等等。

## 三、教学目标

1. 了解辽、西夏、金、元的政权建立、都城建设、统治时间等基本史实。

2. 理解南北面官制、猛安谋克制、行省制、四等人制等基本政治制度的主要内容、基本特点和历史影响。

3. 通过了解辽夏金元都城的基本特征，探究诸政权都城建设的基本状况及其深刻的历史意蕴，体悟都城作为一种特殊的政治性物化载体所体现的历史价值，思考历史与现实间的关系，初步培育学生的史料实证和家国情怀素养。

## 四、教学重难点

重点：理解北方少数民族制度建设的基本内涵。

难点：理解都城建设的基本特征，体悟诸政权间的关系及其对后世的影响。

## 五、教学过程

【导入新课】

屏幕显示《辽、北宋、西夏形势图（1111 年）》《金、南宋、西夏形势图（1142 年）》《元朝形势图（1330 年）》。

教师设问：请仔细观察教科书第 51 页、53 页、57 页的三幅地图并结合所学知识，填充表 1。（学生查阅教科书、《现代汉语词典》等资料，自主填写表格中"起止时间""都城"栏）

表 1　辽夏金元的统治概况表

| 政权名称 | 起止时间 | 都城/今地名 | 对峙中原王朝 |
|---|---|---|---|
| 辽 | | | 北宋 |
| 西夏 | | | 北宋/南宋 |
| 金 | | | 南宋 |
| 元 | | | |

教师引导学生分析：纵观这三幅历史地图，我们可以清晰地发现：公元 10 至 14 世纪是我国历史上统一多民族国家的重要发展阶段，这一时期的基本特征是从政权"并立"即"辽、西夏与北宋""金、西夏与南宋"，走向空前"统一"即元朝建立。在这由"乱"而"治"的历史表象背后，"都城"作为一道靓丽的风景线也正悄然趋"稳"，即元、明、清三朝均定都于今北京。

**(设计意图)** 联系旧知,结合地图,填充表格,导入新课。在有效链接"旧知"与"新知"的基础上,初步培育学生的时空观念素养。

**(过渡)** 我们不禁要问:辽夏金元时期诸政权的"都城"建设有何特点?它们之间又有哪些承袭关系?到底是什么力量促使作为"国家缩影"的都城在元朝定于"北京"呢?

【学习新课】

### (一)辽都上京及辽的制度建设

屏幕显示《辽、北宋、西夏形势图(1111年)》,闪烁"上京"。

**材料一** 中古时代晚期,中国古代都城完成了由西向东、由南向北的转移。辽上京是这一都城转移历史的里程碑。这是"北狄"文化全面与华夏文化融合的开始,也是华夏文化完整、成熟的历史性标志。从辽上京到元大都、再到明清北京,这里作为这一阶段中国古代历史的中心,它有着深厚的历史、文化积淀。

——刘庆柱:《古代都城研究重要性与辽上京在中国古都的地位——在中国古都学会2001年年会暨赤峰辽王朝故都历史文化研讨会开幕式上的讲话》,载《中国古都研究》(第十八辑上册)

**教师设问:** 阅读材料,指出辽都上京的历史地位及主要依据。(参考答案:历史地位——中国中古时代都城转移的里程碑。依据——辽都上京到元、明、清三朝定都于北京)

**教师引导学生分析:** 辽都上京位于内蒙古赤峰市巴林左旗。今内蒙古东南部和辽宁西部,是中国古代文化的重要发祥地之一。这里有许多重大考古发现,如距今8000年的敖汉旗兴隆洼文化聚落遗址、赵宝沟文化、小河沿文化、红山文化、夏家店下层文化、夏家店上层文化等,这里出土了所谓"华夏第一龙"。辽都上京处于环渤海文化区的后院,北京成为元、明、清王朝的都城,与环渤海文化区的历史文化背景不无关系。中古时代晚期,辽上京的建立是环渤海文化区成为中国古代文化中心的前奏,是大一统国家都城——北京走向中国政治舞台的第一步。

**材料二** 辽上京有鲜明的契丹民族特色。其一是都城形态,上京城虽也具有类似唐长安城的三重格局,但皇城与汉城南北二城平行设置,整体呈"日"字形格局。南北城并列,体现了南、北分治的特点,皇城为皇帝和契丹贵族的居住区,汉城是汉族和回鹘等族居民的居住区,与契丹所实行的"南北分治"的南面官和北面官制度是一致的。

——郝红暖、吴宏岐:《辽、西夏、金都城建设对中原制度的模仿与创新——兼论唐、宋都城制度对少数民族都城之影响途径》,载《中南民族大学学报(人文社会科学版)》2009年第3期

**教师设问:** 阅读材料并结合所学知识,指出辽都上京的形态特点是什么?该形态在政治制度上有何体现?为什么?(参考答案:形态特点——南北城并列。制度体现——南、北面官制度。原因——都城是国家的缩影,是国家政治性物化载体的集中体现)

**教师引导学生分析:** 辽都上京的南北分治在政治制度上体现为南、北面官制度,这一制度是契丹民族因俗而治的产物。

**材料三** 北面官和南面官都是因其办事处所设在契丹皇帝的牙帐之北或南而得名。两

者的最上层组织叫南枢密院和北枢密院,都设有宰相和枢密等官。

北面官皆契丹贵族充任,掌管"宫、帐、部族、属国之政",掌管"兵机、武铨、群牧之政",总之是"凡契丹军马皆属焉"。

南面官在宰相和枢密之下,更设有"六部、台、院、寺、监、诸卫、东宫之官",大部分是由汉人充任,而也有一部分是契丹人。他们掌管"汉人州县租赋军马之事"和"文铨部族定赋之政",总之是凡契丹国的人民"皆属焉"。

——邓广铭:《辽宋夏金史讲义》,北京:中华书局,2013 年,第 8 页

**教师设问**:从材料辽政权南、北面官的官员设置中,你能看出该政权的哪些特点。(参考答案:因俗而治,汉化倾向,契丹贵族掌控政权)

**教师引导学生分析**:都城是国家的缩影。南、北面官制度是辽都上京"南北城并列"的形态在政治制度上的体现。这一制度是契丹文化与中原文化深度交融的产物,是契丹贵族在施政过程中"因俗而治"的必然结果。

**(设计意图)** 从辽都上京作为"中国中古时代都城转移的里程碑"的解释中,初步培育学生的史料实证素养。本环节指向的是:史料实证素养水平 2——能够认识不同类型的史料所具有的不同价值;能够在对史事与现实问题进行论述的过程中,尝试运用史料作为证据论证自己的观点。

**(过渡)** 这也是北方少数民族政权汉化的集中体现。

### (二) 西夏兴庆府及西夏的历史地位

屏幕显示《辽、北宋、西夏形势图(1111 年)》,闪烁"兴庆府"。

**材料四** 兴庆府的营建上可资参考的当有北魏洛阳城,当然更直接一点的就是唐时进一步扩建的东都洛阳城,此外,同时期宋的东京开封府和辽的上京临潢府等也值得考量。

——许伟伟:《西夏都城兴庆府建制小考》,载《西夏学》2011 年第 7 辑

**教师设问**:阅读材料,指出西夏兴庆府的营建有何特征。(参考答案:博采众长,是民族交融的结果)

**教师引导学生分析**:西夏兴庆府位于今宁夏回族自治区首府银川市。兴庆府的营建参考了北魏洛阳城、唐东都洛阳城、北宋东京开封府和辽都上京临潢府等,可谓"博采众家之长"。这种营建理念集中体现了西夏统治者积极的学习精神,这一精神也体现在政治制度建设上。

**材料五** (元昊)新建置包括:

仿唐、宋制,建立官制,强化中央政权,以巩固统治。

吸取汉族先进文化,繁荣西夏文学艺术。

学习汉族先进农业生产技术,使农业逐步成为西夏社会的重要经济部门,改变原先单一的游牧经济状况。

——吴光耀:《赵元昊》,载《历史教学》1983 年第 4 期

**教师设问**:阅读材料并结合所学知识,指出元昊制度建设的主要特色及形成原因。(参考答案:特色——全面汉化。原因——汉族政权先进文化的吸引)

**教师引导学生分析**:元昊积极仿唐、宋官制,加强中央集权,主动学习汉族先进文化,繁

荣西夏文学艺术并创造了西夏文字,变单一游牧经济为游牧、农耕齐头并进的经济发展模式,大大加快了西夏政权的封建化进程,在加强民族交融的进程中迈开了坚实的步伐。

**材料六**  西夏王朝在西北地区的出现,是党项族自身发展的需要,也是各民族间经济文化相互作用和影响的结果。西夏王朝所实现的西北局部地区的统一和在经济文化上同中原的日趋一致,不仅为西北地区的开发起了巨大作用,也为继西夏之后接踵而来的元、明、清时期中华民族的大统一创造了条件。

——陈育宁:《评李元昊在西夏建立过程中的作用》,载《宁夏社会科学》1988 年第 2 期

**教师设问:**阅读材料,概括西夏王朝的历史功绩。(参考答案:开发了西北边疆,促进了民族交融,为元、明、清时期中华民族的大统一奠定了基础)

**教师讲述:**西夏王朝统治历时 189 年,在同时代的诸政权中国祚最长,在缔造中华文明的历史上留下了不可磨灭的印记。

**(设计意图)**从西夏兴庆府的营建特征和元昊施政举措中分析西夏王朝的统治特点,进而总结西夏的历史地位。本问指向的是:历史解释素养水平 1、2——能够有条理地讲述历史上的事情,概述历史发展的基本进程;能够在叙述历史时把握历史发展的各种联系。

**(过渡)**12 世纪初期,崛起于祖国东北部的金王朝,也为统一多民族国家历史的发展谱写了辉煌的篇章。

### (三)金上京、中都及金朝的制度建设

屏幕显示《金、南宋、西夏形势图(1142 年)》,闪烁"上京""中都"。

**材料七**  金上京在具体规划上也根据本民族特点和实际情况作了调整。其一是汉城和皇城的方位,辽上京皇城在北,汉城在南,金上京却与此相反。其二是皇城中宫殿的位置,传统中原都城制度和辽上京宫室都居中或偏北,但金上京宫殿位于全城的居西偏南,宫城内居于西北,这当与女真人以西为尊的传统习俗有关。

——郝红暖、吴宏岐:《辽、西夏、金都城建设对中原制度的模仿与创新——兼论唐、宋都城制度对少数民族都城之影响途径》,载《中南民族大学学报(人文社会科学版)》2009 年第 3 期

**教师设问:**阅读材料并结合所学知识,指出金"传统习俗"在政治制度上的具体表现是什么?原因何在?(参考答案:表现——猛安谋克制。原因——历史继承性;笼络女真贵族及保持独特文化的需要)

**教师引导学生分析:**金都上京在借鉴中原王朝都城建制的基础上,较多地保留了本民族的文化特征,在政治制度上表现为女真传统旧制"猛安谋克制"。

**材料八**  二、说猛安谋克制

1. 猛安谋克释义
2. 猛安谋克制的建立及其沿革
3. 军事制度中的猛安谋克
4. 行政组织中的猛安谋克

——邓广铭:《辽宋夏金史讲义》,北京:中华书局,2013 年,第 114—117 页

**教师设问:**阅读有关"猛安谋克制"的标题,指出其性质。(参考答案:既是军事组织,又

是行政组织)

**教师引导学生分析：**猛安谋克制为女真民族的传统管理制度,兼具军事和行政双重性质,是一种典型的军政合一化制度。随着金朝统治范围的扩大,这一制度也因时而变。

**材料九**　金中都与金上京是金朝不同时期的都城,通过对二者都城形制的比较,可以揭示出女真人建立的金朝对中华民族历史文化的传承与发展。金王朝统治者从黑龙江金上京南下,力图取代宋朝建立大一统金王朝,他们徙都北京,修建了金中都。金中都遗址的考古发现证实,它已经具备了中华民族统一王朝都城的基本要素,正如范成大指出的,金朝"国之制度,强慕华风,往往不遗余力"。

——刘庆柱:《中国古代都城发展史与国家认同——关于"统一多民族国家"历史文化认同的考古学解读》,载《群言》2016 年第 1 期

**教师设问：**阅读材料并结合所学知识,分析金的中都建设有何特点,对政治制度建设有何影响及为什么。(参考答案:特点——汉化倾向。影响——在传承汉族政治制度的基础上进一步发展。原因——中原先进文化的吸引;民族交融的结果)

**教师引导学生分析：**金中都位于今北京市宣武区一带,其形制较多地体现了金政权的汉化倾向,已具备中华民族统一王朝都城的基本要素。与都城汉化相配套的政治制度改革,促进了金朝社会经济文化的高速发展,在金世宗时期甚至出现了"大定之治"的盛世局面。

**材料十**　金世宗采取的主要措施有:

1. 裁汰兵役,发展经济。

2. 整顿吏治,唯才是举。

首先,任人唯贤、唯才,不重资历。

其次,注重政绩实效,反对因循苟且。

第三就是依法治吏,惩治贪官,约束皇室宗亲。

3. 改革旧律,颁布新法。

4. 以德治国,崇尚中庸。

——李兴武:《从"顺昌之战"到"大定之治"——金世宗的人生嬗变与金代顺昌府(颍州)的恢复与重建》,载《阜阳师范学院学报(社会科学版)》2017 年第 2 期

**教师设问：**阅读材料,概括金世宗改革的基本特征。(参考答案:措施全面,与时俱进,汉化倾向)

**教师引导学生分析：**金世宗"裁汰兵役,发展经济""整顿吏治,唯才是举""改革旧律,颁布新法""以德治国,崇尚中庸",改革措施全面彻底,与时俱进,具有鲜明的汉化倾向。这些在全面学习汉族政治制度基础上的创造性举措造就了政治清明、经济发展、文化昌明、社会稳定的盛世景象,被后世称为"大定之治"。

**(设计意图)**从对金朝都城的变迁、制度建设和"大定之治"的分析中,初步培育学生的唯物史观和历史解释素养。本环节指向的是:(1)唯物史观素养水平 1——知道经济基础与上层建筑之间的辩证关系,了解人类社会形态从低级到高级发展的规律;能够理解唯物史观是科学的历史观。(2)历史解释素养水平 2——能够选择、组织和运用相关材料并使用相关历史术语,对具体史事作出解释。

**(过渡)**辽、西夏、金等北方少数民族政权在与两宋政权的并立过程中,相互取长补短,在

开发祖国边疆的同时发展了民族经济与自身文化,在加强自身建设的同时,为走向空前"统一"奠定了坚实的基础。

### (四) 元大都及元的制度建设

屏幕显示《元朝形势图(1330年)》,闪烁"大都"。

**材料十一** 元大都是蒙古人取代女真金王朝之后建立的元朝都城,几代元朝皇帝主持之下建成的元大都是一座比汉唐更为"中华民族化"的都城。元大都的宫城、皇城偏于都城南部,市场在皇城北部,都城的宗庙、社稷分列宫城东西两侧,大朝正殿在寝宫之南(即寝宫前面)。这些充分体现了元大都布局形制上对《周礼·考工记》规划理念的遵从,即古代都城的"前朝后寝""前朝后市""左祖右社"等特点,因此可以说,元大都在中国古代都城发展史上是最接近《周礼》的。在都城规划和营建中对中华民族历代都城建设的政治文化理念的坚守,凸显出其王朝政治的正统与合法,也说明了其对中华民族的国家认同。

　　——刘庆柱:《中国古代都城发展史与国家认同——关于"统一多民族国家"历史文化认同的考古学解读》,载《群言》2016年第1期

**材料十二** 3.2 大都的规划建设从设计之初就存在矛盾

大量的规划建筑书籍指出大都的建造者为汉人刘秉忠,而忽略了另一位重要的规划者——同样来自游牧民族的也黑迭尔。重前者是元朝对中原文明的承认与妥协,重后者则是对自身传统思想、理念的维护。大都城就是这种冲突的折中产物。

　　——杨秋生、阮仪三、苏金龙:《唐、宋、元时期都城规划的文学体现》,载《规划师》2010年第3期

**教师设问:** 阅读材料并结合所学知识,请选择一个更合适的词替换材料十二标题中的"矛盾"一词,并结合元朝相关史实说明你的理由。(参考答案:改为"交融"。理由——都城建设体现了民族交融的特点,在一定程度上折射了元朝民族交融的空前发展)

**教师引导学生分析:** 元大都是一座比汉唐更为"中华民族化"的都城,它承前启后,继往开来,在中华民族"国家认同"的历史上写下了光辉的篇章。这一民族间、历史与现实间的深度交融,也体现在其独特的制度建设及其影响上。

**材料十三** 元朝统治者完全从政治需要出发把全国人民分成从高到低、从贵到贱的四种人,即蒙古人、色目人(西夏、回回、西域人)、汉人(原金统治下的汉人、契丹人、女真人)、南人(南宋统治下的汉人和西南地区的各族人民)。蒙古人和色目人成为统治阶级,南人和汉人成了被统治阶级。

　　——张腾:《浅析元代民族政策对回族形成初期的促进作用》,载《宁夏师范学院学报(社会科学)》2012年第2期

**教师设问:** 阅读材料并结合所学知识,概括元朝的"四等人制"的主要特征。(参考答案:政治性、区域性、民族性、阶级性)

**教师引导学生分析:** 面对空前广袤的疆域,元朝统治者从民族、地域和统治进程推进入手,强制推行带有民族歧视色彩的"四等人制",这种基于阶级统治立场的民族政策在客观上加速了各族下层民众间的交流。

**材料十四** 元代四等人的地位和待遇很不平等,首先表现在官吏任用上。第二,反映在

法律上的不平等。第三,表现在对汉人、南人进行严密的军事防制上。

——丁国范:《元代的"四等人制"》,载《文史知识》1985 年第 3 期

**材料十五** 总的来说,在大一统局面下的"四等人制"为各民族的相互交流融合创造了条件,不仅在初期对于维护元朝的统一及强大起了积极作用,而且客观上有利于中华民族的形成。

——麻翠梅:《浅析元朝"四等人制度"政策的形成原因及影响》,载《现代交际》2018 年第 9 期

**教师设问:**概括元朝的"四等人制"不平等性的主要表现及历史影响。(参考答案:表现——选官制度、法律地位、军事监管。影响——客观上促进了民族交融)

**教师引导学生分析:**空前大一统局面下的"四等人制"在某种程度上为民族间的深度交融提供了契机,也成为回族形成的重要条件之一。

**材料十六** 较高的社会地位,也使广大回回人的居住和发展有了法定的保障,也有利于他们彼此的进一步聚合、融合,以至最终形成一个共同体。

蒙古西征时,中亚、西亚的穆斯林大力抵抗,但成吉思汗在统治之后并没有排斥伊斯兰教,没有强迫其改变信仰。这种宽松的宗教管理政策,给予了伊斯兰教传播的广泛空间,也给回族的成长提供了有利的社会空间。

——张腾:《浅析元代民族政策对回族形成初期的促进作用》,载《宁夏师范学院学报(社会科学)》2012 年第 2 期

**材料十七** 回族,就是元代西域人大规模东来的聚合物,即元朝及以前东来的西域人等,以伊斯兰教为纽带且操汉语而汇聚成的特殊民族共同体。

——李治安:《元史十八讲》,北京:中华书局,2014 年,第 3 页

**教师设问:**阅读材料并结合所学知识,指出回族的基本特征及形成原因。(参考答案:基本特征——多民族交融、信仰伊斯兰教、操汉语。形成原因——四等人制度、宗教宽容政策)

**教师讲述:**元朝是回族形成的关键性时期,它如同一面镜子,让我们得以反观中华民族发展的诸多细节,如民族分布格局等。

**材料十八** 元朝奠定了回族"大分散,小集中"并主要与汉族广泛交错的民族居住格局。

——张腾:《浅析元代民族政策对回族形成初期的促进作用》,载《宁夏师范学院学报(社会科学)》2012 年第 2 期

**教师设问:**阅读材料,指出回族的分布特征。(参考答案:大分散,小集中,与汉族广泛交错)

**教师引导学生分析:**"大分散,小集中"的回族分布格局与现今"大杂居,小聚居""你中有我,我中有你"的民族分布现状有着深度的耦合性。如何有效统治民族众多且空前辽阔的疆域,是摆在元朝统治者面前的全新课题。

**材料十九** 元行省最早可以上溯到魏晋隋唐的行台。就名称和在外代朝廷行事而言,元行省与魏晋隋唐的行尚书台(省)有许多相似之处。

——李治安:《元代行省起源与演化述论》,载《南开学报》1997 年第 2 期

**教师设问:**依据材料,指出元朝行省制度的历史渊源并说明依据。(参考答案:历史渊

源——魏晋隋唐的行尚书省。依据——它们都是掌控地方行政大权的中央派出机构)

**教师引导学生分析:** 在地方管理上,元朝统治者汲取历史养分,创造性地实行了行省制度。

**材料二十** 行省虽有大权,但是重大民政军务必须呈报中央,没有中央的旨意也无权更改赋役制度和调兵,而且还规定定期觐见皇帝述职。既能发挥地方的主动性,又加强了中央集权,使得统一的多民族国家更加巩固,在历史中共同创造文明。元代创立的行省制度是中国省制的开端,其影响历经明朝、清朝以及近代,直到今天我们国家的最高一级行政区划依然是省。另一方面,元代的行省制度带有浓厚的民族政治统治的色彩,是蒙古族统治者为了控扼天下而设立的,尽管在某些行省的设置上确实适应了稳定政局的需要。一味地以犬牙交错划分行省而不顾同一地理单元内的区域经济联系、文化风俗差异等因素也给人们的生产生活带来了一定程度的负面影响。

——李俊刚、韩冰:《元朝行省制度及其渊源略论》,载《兰台世界》2015年第21期

**教师设问:** 阅读材料并结合所学知识,简要评价元朝的行省制度。(参考答案:加强了中央集权;巩固了统一多民族国家的发展;是中国省制的开端;一定程度上阻碍了地域经济和文化的交流与发展)

**教师引导学生分析:** 行省制度集中体现了元朝统治者的政治智慧,它有效地加强了中央集权,并巩固了统一多民族国家的发展,影响历明、清至今,是我国省制的开端。

**(设计意图)**从元朝的都城建设、制度创新和民族关系发展中,分析大一统特色,认识北方少数民族政权在推动统一多民族国家发展中的重要作用,初步培育学生的家国情怀素养。本环节指向的是:家国情怀素养水平3——能够把握中华民族多元一体的发展趋势,形成正确的世界观、人生观、价值观和历史观。

**(过渡)**都城是国家政治性物化载体的集中体现。北方少数民族政权辽、夏、金、元的都城既保留了"个性",又彰显了"共性",个性体现在民族性上,共性则暗含了"国家认同"的历史意蕴。

### (五)感悟都城文化

**材料二十一** 都城中轴线文化内涵的核心体现的是大朝正殿居中、居前的理念,并以大朝正殿为基点,形成都城中轴线。都城中轴线实质上反映了"中"的政治思想、政治文化,"中"是国家的体现。

古都北京中轴线延续了秦汉以来都城中轴线的做法,并进一步使之规范化,这条中轴线南自永定门,向北依次经正阳门、天安门、午门、太和殿、中和殿、保和殿、神武门、地安门……其基点是大朝正殿太和殿。都城是国家的缩影,这条由历代王朝都城发展而来的古都北京中轴线体现了统一多民族国家的至高无上,这个国家的世代相承不因古代中国不同族属的统治者而改变,不但没有改变,而且还在不断强化,古都北京的中轴线就再清楚不过地证明了这一点。

——刘庆柱:《中国古代都城发展史与国家认同——关于"统一多民族国家"历史文化认同的考古学解读》,载《群言》2016年第1期

**教师设问:** 材料中的"历代王朝都城"具体指哪些古都?它们之间是什么关系?试举例说明之。(参考答案:都城——辽上京、西夏兴庆府、金上京及中都、元大都。关系——相互

借鉴,继承发展。说明——辽上京兼具唐都长安、渤海龙泉府、蓟州城和宋都汴京之特色;金上京则参照辽上京,并仿汴京建制等)

**教师引导学生分析:** 我国北方少数民族政权以多个中原都城为学习对象,使其都城制度的模仿具有混合性。如辽上京建设初期学习唐都长安制度,以渤海龙泉府为参照对象,并混合蓟州的城市规划,后随着辽、宋关系的改善,也吸收了宋都汴京的内容。金上京最初以辽上京为参照对象,后又"仿汴京"进行过改造。金中都在唐代幽州旧城基础上学习汴京制度,不可避免地带有唐宋城市规划的混合特点。西夏兴庆府对唐文化和唐都长安较为推崇,但其规划设计又与宋都汴京有很多渊源。

(**设计意图**)综述辽夏金元都城的基本特征,认识都城间相互借鉴的关系,体味都城文化中的政治文化认同理念,升华爱国情感。本环节指向的是:家国情怀素养水平 4——能够表现出对历史的反思,从历史中汲取经验教训,更全面、客观地认识历史和现实社会问题。

### 【课堂小结】

**教师引导学生小结:** 通过对这些古代都城及相关制度的学习,我们发现不同民族所建立的都城布局形制的一致性,其中蕴含着古代中国各民族对"统一多民族国家"的政治文化认同。古代都城遗址考古发现,自统一多民族国家形成之始就形成了大朝正殿居中、居前、居高的理念,以大朝正殿为中心形成"左祖右社"的都城格局,礼制建筑折射出"天""地"及儒家思想、宗法理念、重农意识的历史文化特色。这种根植于民族政权制度建设中的文化基因,通过都城形制凸显出来,集中体现了中华民族"多元一体"的基本特征。

# 教 学 设 计 2

安徽省濉溪中学　谭玲玲

## 一、教材分析

本课是部编本《中外历史纲要(上)》第三单元《辽宋夏金多民族政权的并立与元朝的统一》第 10 课。《普通高中历史课程标准(2017 年版)》对本课的要求是:通过了解辽夏金元诸政权的建立、发展和相关制度建设,认识北方少数民族政权在统一多民族封建国家发展中的重要作用。本课教材分为"辽与西夏""金朝入主中原""从蒙古崛起到元朝统一""元朝的民族关系"四个子目,教材对辽夏金元诸政权的建立、发展及主要制度做了较为详细的介绍,但是由于篇幅局限,对这些北方少数民族在统一多民族国家发展中的作用却没有明确阐述。对照课标,本课将以此作为着力点,引导学生在夯实基础的同时,通过阅读史料,从不同的角度认识北方少数民族政权在统一多民族国家发展的作用:政治上拓展了中国的版图,丰富了中国的制度,促进了中国政治中心北定;经济上推动中国经济重心的南移;思想上促进了大中国观念的形成。

## 二、学情分析

本课内容学生平时涉猎较少,虽然在部编本《义务教科书·中国历史(七年级下册)》第二单元《辽宋夏金元时期:民族关系发展和社会变化》有所涉及,由于时隔三年,学生大多印象不深。但高一学生已具备一定的史料阅读与分析能力,可通过自主学习教材,对这些政权的基本史实做大致了解,教师可在此基础上补充相关史料,引导学生逐步达成课标要求。

## 三、教学目标

1. 通过对辽夏金元不同时期疆域图的比较,初步认识北方少数民族政权对中华大一统版图所作的贡献。

2. 通过分析辽夏金元的“因俗而治”及其地方行政制度,初步感受北方少数民族的政治智慧,并认识其在多元一体国家制度建设上所作的贡献。

3. 通过阅读相关史料,认识辽夏金元对中国政治中心北定和经济重心南移的影响。

4. 通过阅读相关史料,认识到辽夏金元时期虽然存在民族歧视,但超越地区和民族的大中国观在逐渐形成。

## 四、教学重难点

重点:北方少数民族政权对中华大一统版图和多元一体国家制度形成的贡献;北方少数民族政权对政治中心北定和经济重心南移的影响。

难点:理解北方少数民族政权对统一多民族国家的贡献;理清天下一家与四等人制之间的关系。

## 五、教学过程

**【导入新课】**

**材料一** 元朝以前的中国历史,包括汉唐在内,本质上属于“小中国”。到了元朝,加上此前辽金等北方民族政权的影响,中国才变成了“大中国”。

——张帆:《元朝开启了“大中国”时代》,载《东方早报·上海书评》2015 年 6 月 15 日

**教师设问:**根据材料一找出“小中国”和“大中国”分别对应的朝代。(参考答案:小中国:汉、唐等元以前的朝代。大中国:元朝等)

为什么说唐代的中国还是“小中国”,元代却变成了“大中国”? 从唐到元,中国如何实现由小到大的转变? 在此过程中,辽金等北方少数民族又发挥了怎样的作用呢?

【学习新课】

**（一）开拓与经略**

**1. 北方少数民族对中华大一统版图的贡献**

**教师讲述：**想要解答上述问题，我们首先必须了解"中国"二字在历史上的内涵。葛剑雄在《到底什么是"中国"？》一文中写到，从政治上来说"中国"往往等同于中原王朝或中央王朝。请根据该观点在本教材第 6 课《唐朝前期疆域和边疆各族分布图》(669 年)和本课《元朝形势图》(1330 年)中圈出这两个朝代中央王朝的统治范围。

**(过渡)**通过对比可直观感受到唐的小和元的大，那么从唐到元，中国的疆域是如何由小变大的呢？

**教师设问：**依据上节所学知识，参照第 9 课教材中的《辽、北宋、西夏形势图(1111 年)》和《金、南宋、西夏形势图(1142 年)》，再结合本课第 3 子目的相关内容，思考有哪些少数民族为祖国疆域的拓展作出了贡献？你能用简要的语言说明所选这些民族的依据吗？你从中得出了什么认识？（参考答案：少数民族——契丹、党项、女真、蒙古等。依据——契丹等实现了局部地区的小统一，蒙古在此基础上实现了大统一。认识——祖国的疆域是由多民族共同缔造的，北方少数民族对中华大一统的版图作出了重要贡献）

**(过渡)**有学者认为只有像蒙古这样的北方草原民族才能将此前分裂的各个地区整合起来，缔造大一统的多民族国家。他为什么会有此结论呢？请结合材料二进行分析。

**材料二**　虽然中原王朝在西周时期已形成"四海之内莫非王土"的大一统政治观，但在地理意义上"四海"仍是狭小的空间概念。由于缺少经济利益的驱动，中原王朝对周边民族地区的经略，更多的是以政治上的"绥服""安边"即以稳定边境为主，或修筑长城抵御异族入侵。……与之相反，北方游牧或狩猎民族由于经济的单一性，迫切需要与中原建立稳定的经济交往关系。但是，在正常交换无法得到满足时，战争掠夺便成为一种非常手段，从而激化了民族矛盾。

　　　　——乌恩：《草原民族对中华民族多元一体格局形成的历史贡献》，载《内蒙古社会科学（汉文版）》2013 年第 6 期

**教师设问：**根据材料二，概括作者认为北方游牧民族比中原汉族更可能建立大一统中国的原因。（参考答案：北方游牧民族由于经济的单一性，比中原汉族更有建立大一统中国的动力）

**(设计意图)**通过上述材料，引导学生认识到经济上的需求是北方游牧民族不断对外扩张并建立大一统国家的动力。本环节指向的是唯物史观素养水平 1、2——能够知道人类物质生活资料的生产是社会生活的基础。

**教师讲述：**经济的互补性需求促成了政治一体化的紧迫性，并使其成为草原民族与中原地区交往的原动力，从而使草原民族成为古代中华民族多元一体格局形成的现实推动力之一，发挥着催化剂和粘合剂的作用，这也是草原民族建立的王朝往往成为中国古代版图最大、大一统格局最完整的内在原因。在此动力下，草原民族建立了一系列政权，并在统一多

民族国家的形成发展史上发挥了重大作用。

**材料三**　草原民族在历史上虽然曾经建立过一些地方性的政权,如西夏国、渤海国、"五胡十六国"时期的一些地域性国家等,但是主流是建立四海归一的统一国家。出身西戎的秦始皇结束了春秋战国的分裂局面,实现了中华民族进入封建社会的第一次大统一。从大兴安岭走出来的拓跋鲜卑人统一了中国北方,结束了晋朝以后北方地区的分裂局面,为隋、唐二朝实现中华民族的第二次大统一奠定了基础。一代天骄成吉思汗创立的蒙古帝国,至元朝实现了中华民族的第三次大统一,将西藏正式纳入中央王朝统治之下,并且奠定了今天中国版图的基础。满族人建立的清朝,在康熙时期平定三藩之乱,平定噶尔丹之乱,收复台湾,抗击沙俄东侵,维护了祖国的大统一。

——杜刚:《论中国北方民族及草原文化对中华文明的贡献》,载《文化学刊》2009年第6期

**(过渡)**北方民族不仅为统一多民族国家的缔造作出了重要贡献,而且在统一多民族国家的巩固中发挥了重要作用。

### 2. 北方少数民族对多元一体国家制度的贡献

**材料四**　在政治制度方面,草原民族根据多民族国家的实际,最早推行了"因俗而治"的政策,这种尝试始于"五胡十六国"时期,完善于唐、辽,定型于元朝。

——乌恩:《草原民族对中华民族多元一体格局形成的历史贡献》,载《内蒙古社会科学(汉文版)》2013年第6期

**材料五**　契丹族建立的辽朝、党项族建立的西夏以及女真族建立的金朝都采用了"二元制"。辽朝在中央政权机构内实行南面官和北面官制,北面官负责管理宫帐、部族、属国之政,南面官负责管理汉人州县、租赋、军马之事,所谓"以国制治契丹,以汉制待汉人",实行"分而治之";在地方行政上实行州县制与部族制并行。金朝灭辽后,在政治制度上兼采辽、宋制度,推行猛安谋克制与州县制。以猛安谋克制管理游牧部族,以州县制管理汉人。党项族建立的西夏同样实行蕃汉并行、分而治之的办法。

——申友良:《历史上中国北方游牧民族及其政权初探》,载《社会科学辑刊》2000年第1期

**教师设问:**结合材料四思考,草原民族在政治制度上推行了什么政策?依据材料五思考,辽、西夏和金的政治制度是如何体现该政策的?(参考答案:政策——"因俗而治"。体现——辽为南北面官制,部族制与州县制并行;西夏为蕃汉并行、分而治之;金为游牧地区实行猛安谋克制,汉人地区实行州县制)

**(过渡)**元朝建立以后继续实行该政策,并将其推行到全国。

**材料六**　元朝根据大一统国家的统治需要,在全国推行"因其俗揉其人"的政策。吐蕃诸部在归附元朝后,西藏地区正式成为中央政府直接管辖的地方行政区。结合当地的实际,元朝设立了宣政院,统辖西藏世俗事务和宗教事务,推行政教合一制度。云南是一个多民族生活区域,虽然汉朝曾设郡县加以管辖,但在三国之后逐渐失去控制,在此后的1 000余年里,唐代在当地建立了南诏国(738—902),其后又形成了大理国(937—1524),中央政权对云南的控制力逐渐弱化,1253年,忽必烈奉大蒙古国蒙哥汗之命灭大理。1270年,元政府设云南行省,中央政权在云南的地位得到重新稳固,根据当地多民族的复杂状况,元政府推行了

土司制度,承认各族首领的传统地位,同时兼任政府官吏,该项制度一直延续到 1956 年云南省的民主改革。

　　　　——乌恩:《草原民族对中华民族多元一体格局形成的历史贡献》,载《内蒙古社会科学(汉文版)》2013 年第 6 期

　　**教师设问:** 阅读材料六,指出元朝因俗而治的具体表现。(参考答案:结合西藏地区的实际,设置宣政院来专门管辖,推行政教合一。依据云南的实际,设置行省的同时,实行土司制度)

　　**教师讲述:** "因俗而治"是草原民族对古代封建政治制度的一大创举,为中华民族多元一体格局的形成提供了制度保障,该制度不仅有利于缓解民族矛盾,增强凝聚力,而且在稳定边疆地区、维护统一方面发挥了重要作用。

　　**(过渡)** 面对如此广阔的疆域,元朝除了对西藏和云南"因俗而治"外,还采取了哪些管理制度呢?

　　**材料七**　效法中原王朝传统的政治体制,是另一个方面。元朝的中央政府由中书省、枢密院、御史台组成,中书省总理全国政务,枢密院掌管全国军事,御史台负责监察事宜。这与秦汉至唐宋的政治体制是相衔接的。元朝的行政区划大体由三部分组成:一是中书省(都省)直辖区,大体上是以大都为中心的华北地区(今河北、山西,以及河南、山东、内蒙古的一部分);二是宣政院辖地吐蕃(西藏),使西藏正式成为中国行政区的一部分;三是十一个行中书省:陕西行省、甘肃行省、辽阳行省、河南江北行省、四川行省、云南行省、湖广行省、江浙行省、江西行省、岭北行省、征东行省。前面的九个行省从它的名称大体可以判定地域范围,只有后面两个需要略加说明:岭北行省的地域包括今内蒙古、新疆一部分,以及今蒙古国全境、俄罗斯的西伯利亚;征东行省设置于高丽,行省的丞相由高丽国王兼任。行中书省简称行省或省,是元朝的创制,一直沿用至今。

　　　　——樊树志:《国史十六讲》,北京:中华书局,2006 年,第 180 页

　　**教师设问:** 依据材料七并结合所学找出元的行政区划并指出元朝政治体制特点。[参考答案:行政区划——元行政区划大体由三部分组成,即一是中书省直辖区;二是宣政院辖地吐蕃(西藏);三是十一个行中书省。特点——元朝在继承辽夏金政治智慧的同时又效仿了中原王朝的政治体制,继承了北族政权和中原王朝的双重遗产]

　　**材料八**　元代行省制度消除地方分裂割据的地理因素。秦汉唐宋以来,中国政区都以"山川形便"为惯例划分,常以大山、大河作为政区的边界。尽管这样利于地方的行政管理、赋税征收和经济联系,但是当中央政府式微时地方容易割据称雄对抗中央,汉代的地方豪强称霸一方、唐中后期的藩镇割据就是例子,元朝行省的置划打破了自然地理疆界,以犬牙交错的形式划分行省疆域,消除了地方割据分裂的地理基础。

　　　　——李俊刚、韩冰:《元代行省制度及其渊源略论》,载《兰台世界》2015 年第 21 期

　　**教师设问:** 请结合材料八,分析行省制度在统一多民族国家发展中所起的作用。(参考答案:行省制度打破了山川形便为惯例的划分,加强了中央集权,巩固了国家统一)

　　**(过渡)** 行省制度不仅加强了中原地区的管理,而且加大了对边疆地区的治理力度。

　　**材料九**　行省制度的确立,无疑将中央政府的行政管辖范围进一步扩展到了边远地区,加强了中央和地方、中原和边疆的联系。……元朝通过行省制度,在唐宋设置羁縻府州的民

族地区设置了与内地相同的路、府、州、县等行政统治机构,并在这些地区驻军、屯田、征收赋税,从而加强了对边疆民族地区的经济开发,增进了各民族之间的交往,对边疆民族地区的政治、经济和文化发展起到了积极促进作用。

  ——段红云:《略论元朝的统治政策对中国民族发展的意义》,载《贵州文史丛刊》2012 年第 4 期

  **教师设问:**阅读材料九,为什么说行省制度加强了中央对边疆地区的治理的力度?(参考答案:元朝通过行省制度,在唐宋设置羁縻州的边疆少数民族地区设置了与内地相同的行政统治机构,并在这些地区驻军、屯田、征收赋税,加强了中央和边疆的联系)

  **教师讲述:**行省制度较好地处理了中央与地方的关系,是古代多民族统一国家发展壮大过程中中央与地方权力结构不断调整、完善的产物。该制度避免了两汉刺史、魏晋都督、唐节度使制度的弊端,从而最大限度地抑制了分裂割据局面的产生,为多元一体格局的稳定提供了制度保障。行省制度被明清两朝所沿袭,对我国当代行政区划的设置也产生了深远影响。

  综上所述,这些北方少数民族对统一多民族国家的贡献,不仅在于拓展了统治的广度,而且还加深了统治的深度,加强了统治的有效性和稳定性。

  **(过渡)**这些北方少数民族政权对统一多民族国家政治的影响还体现在其促进了中国的政治中心的北定。

## (二)北定与南移

  **材料十** 北京作为都城,始于辽朝,是辽五京之一——南京。1153 年,金朝将北京确定为国都,称中都。1267 年,忽必烈汗将燕京定为两都之一,1271 年改称为大都,北京第一次成为统一国家的国都。中国政治中心的北移是中华民族多元一体国家建设的需要,是多民族统一国家历史发展的必然结果,在地缘上,北京地接华北、东北和蒙古高原,忽必烈汗的大将霸突鲁对北京战略地位的评判一语切中要害。霸突鲁指出:"幽燕之地,龙蟠虎踞,形势雄伟,南控江淮,北连漠朔,且天子必居中以受四方朝觐……欲经营天下,驻跸之所,非燕不可。"北京的政治中心地位由此确立,并被明清两朝沿袭。

  ——乌恩:《草原民族对中华民族多元一体格局形成的历史贡献》,载《内蒙古社会科学(汉文版)》2013 年第 6 期

  **教师设问:**根据材料十,找出北京作为都城在辽金元时期的名称,思考元定都北京的意义。(参考答案:名称——辽为南京,金为中都,元为大都;意义——确立北京作为政治中心的地位,满足了中华民族多元一体建设的需要)

  **(过渡)**北方游牧民族不仅推动了中国的政治中心北移,而且加速了中国经济重心的南移。

  **材料十一** 在北方,由于各民族政权间的长期对峙和冲突,一方面大量汉族因逃避战乱或被俘获而大量迁居契丹、女真故地,从而出现了汉族与契丹、党项、女真等少数民族混居的局面。……另一方面,伴随着北方游牧民族对两宋政权的军事征伐,大批女真人、契丹人、奚人、渤海人由北方和东北一带进入中原地区。

  在南方,原居中原的汉族在北方强大的游牧民族的军事压迫下,为逃避战乱,纷纷南

迁。……由于汉族人口大量移居江南,不仅实现了中国人口重心的彻底南移,而且随着大量汉族人口的南迁,为南方农业生产的发展带来了必需的劳动力和生产技术。随着南方汉族移民的增加,大量荒地得到开垦,推动了手工业、商业的发展,最终完成了经济重心的南移,甚至出现"国家根本,仰给东南"的状况。

> ——段红云:《略论辽宋夏金对峙时期中国民族的一体化进程》,载《广西民族大学学报(哲学社会科学版)》2012 年第 4 期

**教师设问**:根据材料十一,概括北方游牧民族与中国经济重心南移之间的关系。(参考答案:由于北方游牧民族的军事压迫,大量汉族南迁,促进江南地区的开发)

**(过渡)**民族迁徙除了促进经济重心南移之外,还带来了什么影响呢?

**材料十二**　这一时期(辽夏金等民族政权并立时期),北方游牧文化区的各民族不断南下进入中原汉族农耕文化区,促进了各游牧民族的经济发展与社会文化转型,并通过与汉族在分布上的交错杂居、经济上的互通有无、政治上的相互借鉴、文化上的相互交融,推动了中国各民族经济、政治、文化的一体化进程,对元明清时期统一多民族国家的形成和发展产生了积极的影响。

> ——摘编自段红云:《略论辽宋夏金对峙时期中国民族的一体化进程》,载《广西民族大学学报(哲学社会科学版)》2012 年第 4 期

**教师设问**:依据材料十二,思考辽宋夏金时期民族迁徙对于北方游牧民族以及中华民族的形成与发展分别带来什么影响?(参考答案:对于北方游牧民族——加速了其封建化进程;对于中华民族——推动了中华民族经济、政治、文化的一体化进程)

**(过渡)**经过长期的政治、经济、文化的交流,中华各民族之间逐渐产生了强大的凝聚力,超越民族、地区的统一国家观也逐渐形成。

### (三) 一家与四等

**材料十三**　辽人在自称"中国"的同时,并不反对宋人称"中国"……辽人自称"北朝",称北宋为"南朝",认为"南朝""北朝"是一家,具有"南朝"和"北朝"都是"中国"的思想意识……作为分立对峙政权,金人承认金、宋分别是各自独立的不同政权,各有自己的国号,互为外国。但作为"中国",他们又认为金、宋都是"中国"。

> ——赵永春:《中国"多元一体"与辽金史研究》,载《中央民族大学学报(哲学社会科学版)》2011 年第 3 期

**教师设问**:根据材料十三,概括辽人与金人的国家观。(参考答案:认为辽、金都属于中国,与宋都是中国境内并立的政权)

**教师讲述**:这种多元一体与天下一家的意识被元继承与发扬。

**材料十四**　经郝经的阐发,元人的"中国观"完备形成,其要点是:"中国"的疆域是元统治地区加上南宋统治的江南,"中国"的人民是:汉人和少数民族两大部分;"中国"的文化是农耕文化和草原文化两大系统。

> ——何志虎:《中国观在元代的转换》,载《内蒙古师范大学学报(哲学社会科学版)》2002 年第 5 期

**材料十五**　人为的文化屏蔽现象在蒙元时期被打破,中华文化多样性的现实得到社会的

普遍认可,"四海为家""天下一家"的观念深入人心,多元一体格局在统一的环境里变为事实。

　　　　——乌恩:《蒙元王朝在中国文化史上的地位与影响》,载《内蒙古日报(汉)》2006 年 8
月 10 日

**(过渡)**看到材料十五以后,可能有同学会质疑元代"天下一家"的观念深入人心了吗?
元代不是实行民族歧视政策吗?

　　**材料十六**　元朝统治者为了维护蒙古贵族的特权,对各民族实行民族分化,让先征服地
区的人比后被征服地区的人地位高一些,人为地制造民族等级。元世祖时,把全国人分为四
等,第一等是蒙古人;第二等是色目人;第三等是汉人;第四等是南人。这四等人在政治待
遇、法律地位、经济负担以及其他的权利义务上都有种种不平等的规定。如在法律上规定,
蒙古、色目和汉人犯罪后分属不同的机构审理,蒙古人殴打汉人,汉人不得还手,只可向司法
部门申诉。蒙古人打死汉人,只需打五十七下,赔付烧埋钱。

　　　　——摘编自朱绍侯、张海鹏、齐涛:《中国古代史》下册,福州:福建人民出版社,
2004 年,第 134 页

　　**教师设问:**根据材料十六,概括元实行四等人制的原因、划分依据及民族区分的表现。
(参考答案:原因——维护蒙古贵族特权,巩固自身统治。划分依据——按照征服的先后。
表现——政治待遇、法律地位、经济负担等各方面的不平等)

　　**教师讲述:**通过材料十六可以看出元代确实实行民族歧视政策,不仅元朝实行民族歧
视政策,此前的辽金等政权也同样如此,这是否就意味着天下不是一家呢? 民族歧视与天下
一家的理念之间是什么关系呢?

　　**材料十七**　辽金元三朝存在着民族区分和民族不平等是不容置疑的客观事实,然而各
族上层政权联合执政也是形势的需要,各族民众杂居共处,休戚与共更是当时历史的实际,
所以民族区分观念和各民族共同发展的观念构成了这个时代民族观的主题,从民族观的发
展趋势看,进步的民族思想,各民族平等和天下一家的观念在增长。

　　　　——高福顺:《北方民族政权历史文化认同的典型案例评价——〈辽金元史学研
究〉》,载《辽宁工程技术大学学报(社会科学版)》2001 年第 1 期

　　**教师设问:**根据材料十七,思考辽金元三朝民族区分观念与天下一家观念的关系。(参
考答案:二者并存,但天下一家的观念在增强)

　　**材料十八**　从民族类型和结构看,元朝把过去分中外的两个地区变成统一的中国,出现
了不分华夷,皆是中华的新民族结构。元朝的华夏已不单指汉族,而是各民族的统一称谓。
在统一的华夏中,存在着不同的民族,虽有蒙古、色目、汉人和南人之别,但这是从统一出发,
根据民族政治地位不同来划分的,是在把各民族共视为华夏的基础上来划分的。

　　　　——蒋维忠:《辽、宋、金、元时期各民族的中华意识评析》,载《中央民族大学学报》
1996 年第 2 期

　　**教师设问:**根据材料十八,思考民族区分与天下一家的关系。(参考答案:民族区分以
天下一家为前提)

　　**教师讲述:**辽夏金元时期尽管存在着民族歧视和民族区分,但是,多元一体的大中国观
和天下一家的理念在逐渐形成。

【课堂小结】

　　教师引导学生小结：综上所述，我们可以看出辽夏金元等北方少数民族政权不仅在政治上拓展了祖国的疆域，加强了中央集权，促使了政治中心北定，而且从经济层面上推动经济重心南移，加速了中国经济的一体化进程；另外，就思想文化而言，这些少数民族政权也推动了中华文化多元一体性发展进程和统一国家观的形成。

# 第 11 课

# 辽宋夏金元的经济与社会

## 教学设计 1

河南省永城市第三高级中学　魏云凤

### 一、教材分析

本课是部编本《中外历史纲要（上）》第三单元《辽宋夏金多民族政权的并立与元朝的统一》第 11 课。本课包括"农业和手工业的发展""商业和城市的繁荣""经济重心南移""社会的变化"四个子目的内容。教材主要讲述了辽宋夏金元经济与社会方面的发展以及和以前相比所发生的新变化，这种新发展和新变化为后来国家的统一奠定了基础，北方少数民族政权在统一多民族封建国家的发展过程中起到了至关重要的作用。

《普通高中历史课程标准（2017 年版）》对本课的要求是：认识这一时期在经济与社会等方面的新变化；认识北方少数民族政权在统一多民族封建国家发展中的重要作用。学习辽宋夏金元的经济与社会方面的新变化是本课的重点，也是理清这个阶段历史发展脉络的基础。通过纵向对比，可以发现辽宋夏金元经济与社会方面的变化是整体性的，也是全方位的，而且达到了前所未有的高度。为什么在这个历史发展阶段会出现这些新的变化？值得我们深入探究。另外，北方少数民族政权的历史也是贯穿整个中国古代史的一条重要线索，北方少数民族在这一时期经济与社会等方面的新变化中也起到不可或缺的作用，促进了统一多民族封建国家的发展。本课教材容量较大且相对庞杂，有一定的理论深度，因此，教师对教学内容要进行适当取舍，重新构建逻辑关系，以便于学生理解，更好地完成教学目标。

### 二、学情分析

经过初中阶段的学习，高一学生对辽宋夏金元政权的对峙、宋代的经济与社会文化、宋元时期的都市等史实有了一定的了解，历史思维能力也有了显著的提高，已经能够较好地运用历史思维方法分析、探究历史问题，并能够初步结合所学知识来分析现实问题。但对本课内容仍然存在几大困惑：第一，如何分别整理辽宋夏金元的经济与社会方面的新变化？如何理解经济变化与社会变化之间的关系？第二，为什么在这个历史发展阶段会出现这些新的变化？第三，北方民族政权引导下经济和社会的新变化对元朝国家统一所起的历史作用是什么？教学时，需要通过适当补充史料，构建具体生动的历史情境，引导学生在唯物史观指导下，探寻历史发展的内在线索，并进一步培养家国情怀。

## 三、教学目标

1. 通过自主学习和材料阅读，了解辽宋夏金元农业、手工业和商业方面的新变化、新发展的表现，了解宋元典型城市的发展，经济重心的南移和社会生活的变化等具体史实。

2. 通过史料研读与合作探究，理解辽宋夏金元时期虽大多处于社会分裂，但经济仍然取得较快发展的原因，以及对中国历史发展的重大意义，尝试运用时空观念架构知识体系，用唯物史观分析经济社会现象。

3. 通过辽宋夏金元经济和社会发展的相关史实，感知各民族在完成国家统一过程中的作用，涵养家国情怀。

## 四、教学重难点

重点：农业和手工业的发展，经济重心南移。
难点：分析经济和社会变化产生的原因。

## 五、教学过程

【导入新课】

**材料一** 马可·波罗在忽必烈汗国所见到的富庶景象令他瞠目。他说，那里人户"繁多"，乡村"景色宜人"，城市"广大庄严"，土地"精耕细作"，"百物输入之众，有如川流不息"。当他的驳船在大运河上航行时，只见"沿河城市、村庄甚众，到处皆有民居，要说人家尽枕河大概也不为过。沿途物资——米、面、肉、鱼、水果、时蔬、葡萄美酒之属，供给一应充足，且价格极廉"。城市居民"恃工商为活，商货繁盛，人民赖之收入甚丰，舟船往来不绝"。

　　——［加］卜正民主编，［加］卜正民著，潘玮琳译：《挣扎的帝国：元与明》，北京：中信出版社，2016年，第103页

**教师设问**：马可·波罗这段话描述的是哪个朝代的繁盛景象？繁盛体现在何处？（参考答案：朝代——元朝。体现——人口众多，城市繁荣，农业发达，物资丰盈，交通航运业繁荣）

**教师讲述**：马可·波罗行走在元帝国的土地上，漂流在元帝国的河流上，他被眼前的景象所震惊，如此盛景奇迹，不似在人间，令他恍若置身于唐代诗歌中的宫殿华厦，其繁荣程度已大大刷新了欧洲人的认知，极大地超出了他们的想象力。今天的人们无数次地质疑马可·波罗对元朝的描述过分夸大，当时的元朝经济和社会发展的表现到底是怎样的？带着这些问题，让我们一起来学习第11课《辽宋夏金元的经济与社会》。

**（设计意图）**从《马可·波罗游记》中的描述入手，有利于提升学生的学习兴趣，并能够以小见大，从细节变化来折射元朝社会经济的发展变化，有利于培养学生恰当地运用史料探究

问题的能力,形成对该问题更全面、丰富的解释。

**(过渡)** 元大都的繁荣是元帝国繁荣的集中体现,元帝国的繁荣是之前一个时代或者多个朝代的积累和投射,在这些起到奠基作用的朝代中,要从宋朝开始说起。北宋结束了五代十国分立割据的局面,为社会经济的发展创造了有利条件。从北宋开始,农业、手工业以及商业,都有显著发展,社会经济呈现出新的繁荣。

【学习新课】

### (一)建构大厦的基石——发展中的农业手工业

1. 农业

**教师讲述:** 宋朝的农业发展首先表现在传统粮食作物水稻的广泛种植上。

**材料二** 中国种植的稻米几乎都是水稻。水稻的种植必须要挖渠灌溉,种植水稻也需要有相当的经验、知识以及较多的劳力。农民要静心照看稻苗和苗床,在幼苗移栽前田地还要进行锄草、耕耙,收割之前还要对稻子进行不断的看护,不时地灌溉田地。稻作农业导致了许多农具的发明,如翻转犁和专门的耙、镰刀;稻作农业也需要有专门的耕种技术。

——[加]卜正民主编,[德]迪特·库恩著,李文峰译,邵君安校:《儒家统治的时代:宋的转型》,北京:中信出版社,2016年,第212页

**教师设问:** 水稻的广泛种植说明了什么?(参考答案:农业耕作技术、灌溉、农具都有很大的进步)

**教师总结并过渡:** 宋朝农业耕作技术、灌溉、农具的进步促进了传统农业的发展,而传统农业发展带来的最直接的结果是粮食产量和人口数量的大幅增加。除此之外,农业发展还出现了一些新的变化,促进宋朝商品经济发展的同时,对传统自然经济结构有了一定的冲击和突破。

**材料三** 全国垦地面积从太宗至道二年(996年)的3 125 251顷增加到神宗元丰年间(1078—1085年)的4 116 556顷,这中间还不包括数量甚多的隐漏和不纳税的土地。随着垦田面积扩大,户口数也大幅度增加,至道三年全国共有主客户4 132 576户,到徽宗崇宁元年(1102年)增加到20 019 050户,若每户以五口计算,人口当在一亿以上。

——朱绍侯、齐涛、王育济:《中国古代史(第5版)》下册,福州:福建人民出版社,2010年,第47页

**材料四** 同时,水稻早熟品种的引进,使作物在过去只能一季一熟的地方达到一季两熟,从而促进了农业。此外,宋朝兴修的水利工程,大大扩大了水利灌溉面积。据估计,11至12世纪,水稻产量增加了一倍。

——[美]斯塔夫里阿诺斯著,吴象婴、梁赤民、董书慧、王昶译,吴象婴校:《全球通史:从史前史到21世纪》(上),北京:北京大学出版社,2006年,第260页

**教师设问:** 阅读材料并结合教材,列举除了传统农作物水稻的广泛种植外宋朝农业的新变化,并分析原因。(参考答案:新变化——课税农地达到新高;农业人口增加;农业耕地大幅度增加;粮食产量提高;经济作物大量种植。原因——政府对土地进行大规模的行政整治;水稻早熟品种的引进;水利工程的兴修;广大农民的辛勤劳动;复种制在南方的普及;固定种植经济作物的农户的出现等)

**教师引导学生分析**:农业的发展是经济发展最直观的体现,也是统治者调整经济政策时首先关注的方面。通过前后时空及发展状况的对比,我们可以感知宋朝农业的新变化,这些发展变化对于当时统治秩序的巩固和以后国家的统一起到奠基作用。

(过渡)在辽夏金元统治之下,边疆地区获得了进一步的开发,边疆地区的农业也有了显著进步。农业的发展带动了手工业的发展,各种手工业作坊的规模和内部分工的细密,都超越前代。生产技术发展显著,产品的种类和数量大为增加,像制瓷业和冶金业都有了长足的发展。

### 2. 手工业

**自主学习**:根据教材内容,归纳宋朝制瓷业和矿冶业发展的表现。(参考答案:制瓷技术改进,出现五大名窑为代表的瓷器,瓷器大量出口,成为中华文明的象征。矿冶业的发展表现在煤的大量开采,并成为东京居民的燃料,金属冶炼的产量和质量大大提高)

**教师讲述**:自宋以来,制瓷技术有了长足的改进,大量优质的瓷器通过海上丝绸之路远销海外,大大增加了政府的税收来源,瓷器也成为中华文明新的象征。瓷器的热销和矿冶业金属冶炼的产量和质量的提高也告诉今天的我们要时刻不忘工艺的传承和技术的更新,唯有时刻保持这样的初心,才能拥有持久的经济效益和文明发展鲜活的原动力。

(过渡)农业和手工业生产的发展,推动了城市和商业的繁荣。

### (二)巨大变革的前奏——繁荣的商业和城市

### 1. 商业和城市

**教师讲述**:城市是商业发展的载体,城市的繁荣是商业发展的直观体现。城市充斥着的活力与繁荣、消费与贸易、奢华与时尚、娱乐与颓废,延续了若干年之后,最终淹没在历史长河中,都是商业发展的印记。北宋的汴京、南宋的临安和元朝的大都都是人口过百万的商业大都会,我们就透过它们来追寻商业发展的足迹吧。

**材料五** 很显然,以前那种森严的坊市界限已荡然无存,商业机构和商业活动已完全深入居民区,从而成为城市经济生活的一个重要组成部分。从交易时间上看,交易可以从早到晚,甚至"通晓不绝",有所谓"夜市""早市"之称,商业交易也不再受时间限制。

——薛平拴:《五代宋元时期古都长安商业的兴衰演变》,载《中国历史地理论丛》2004 年第 1 期

**材料六** 北宋中晚期以降,各地城市广泛出现的"瓦子""瓦肆"等商业性文化娱乐场所,其中所表演的说唱、歌舞、杂技、杂剧等百伎艺术,大多来自于民间文艺。

——陈国灿:《转型与调整:宋代都市文明的演变》,载《探索与争鸣》2010 年第 3 期

**教师设问**:和前朝相比,宋朝商业出现了哪些新的变化?(参考答案:宋朝商业活动已完全深入居民区,坊市制度崩溃;商业交易也不再受时间和空间的限制;出现了配套的服务设施"瓦子")

**教师引导学生分析**:商业的发展是以农业和手工业的发展作为基础的,宋朝商业在前代的基础上有了长足的发展,宋朝商业的发展和唐朝相比,打破了坊市的界限,夜市大量出现,商业活动的时间、地点都发生了前所未有的变化,政府也取消了对商业的直接监管,这些是商品经济发展的体现,也是社会经济发展到一定程度的产物。

**材料七** 但是,城市对所有人都充满了吸引力,它给人们带来了谋生的希望。餐饮业、

娱乐业、生活服务设施和商业活动等繁荣起来,充满活力的男男女女都能挣到大把的钱,经济上获益的希望极大地弥补了城市生活所带来的拥挤问题。

——[加]卜正民主编,[德]迪特·库恩著,李文峰译,邵君安校:《儒家统治的时代:宋的转型》,北京:中信出版社,2016年,第192页

**材料八** 杭州(临安)在隋朝已负盛名。南北大运河开创后,它是南端终点。它与开封不同,后者大体上是一座消费城市,购买力操在政府官员及其家属和随从手里。南宋的国都——杭州,则是制造业中心。造船业、丝织业、瓷器与纸张的制造在南宋尤其突飞猛进。

——黄仁宇:《中国大历史》,北京:生活·读书·新知三联书店,2007年,第162页

**材料九** 吴自牧1275年断言,在京城(杭州)什么需求都有,什么需求都能满足。他书中罗列了大量家庭经营的店铺和比较高级的手工作坊和商行,这些为他的论断提供了充分的证据。人们对商品的需求正逐渐超越生存和温饱的需要,与其同步发展的城市风尚也在急剧变化,二者使京城的消费市场大大地扩大,远远超出官府所能控制的范围。城市轨道空间的扩展以及其向贸易中心的转型改变了这个南方京城的居民生活。杭州作为一个商业中心在中国历史上的地位是非常独特的。

——[加]卜正民主编,[德]迪特·库恩著,李文峰译,邵君安校:《儒家统治的时代:宋的转型》,北京:中信出版社,2016年,第206页

**教师设问:** 北宋的汴京被称为是"新型都城",南宋的临安被誉为"世界之舟",宋朝城市的商业活动体现了商业发展的什么特点?(参考答案:商业异常繁荣;都市布局和生活方式不同;给民众带来谋生的希望;人们的消费需求和城市风尚发生了巨大的改变)

**教师引导学生分析:** 宋朝商业的发展有个明显的特点,就是随着商品经济的发展,市民阶层的壮大,为大众服务的趋势增强,这是宋朝商业发展的突出特点。基层市场蓬勃发展,给普通民众带去了新的生存希望。

**(过渡)** 商业的发展不仅仅体现在时间和地点的变化上,还体现在新的商品交换媒介——纸币的出现上。

### 2. 货币发展

材料十

**图1 印制纸钞的凸版**
(宋代,12世纪。10枚铜钱的图画下方的文字:"除四川外,许于诸路州县公私从便主管,并同见钱七百七十陌流转行使。")

——[加]卜正民主编,[德]迪特·库恩著,李文峰译,邵君安校:《儒家统治的时代:宋的转型》,北京:中信出版社,2016年,第234页

**材料十一**　　纸币在宋代的使用是因为有几个先决条件:首先,宋代经济的繁荣使许多行业的产品生产对铜和铁产生了巨大的需求。其次,纸币的印制技术已经很成熟,使得货币可以印制的很精良(制作伪钞很难),而且在纸币上能印制出面值较大的数字。第三,宋代关注货币制度的学者很清楚货币具有支付和交换的功能,他们知道,货币不是按照自己本身的价值,而是根据金或者银的价值来确定自身价值的。如叶适(1150—1223)所说:"然钱货至神之物,无留藏急需之道,惟通融流转,方见其功用。"据他的看法,货币的功能就是便捷地流通,而纸币比硬币更好地履行这个功能。

　　——[加]卜正民主编,[德]迪特·库恩著,李文峰译,邵君安校:《儒家统治的时代:宋的转型》,北京:中信出版社,2016 年,第 230 页

**教师设问**:结合材料思考,纸币在宋朝出现并使用的条件有哪些?(参考答案:宋代经济的繁荣使许多行业的产品生产对铜和铁的需求量增大,纸币的印制技术已经很成熟,宋代学者很清楚货币便捷流通的功能)

**教师引导学生分析**:北宋时期出现了世界上最早的纸币交子,后来又相继出现了会子等纸币。纸币的出现是商品经济发展的产物,又反过来促进商品经济的进一步发展。元朝在全国范围内将纸币作为主币发行,加上国家统一、政局稳定、交通发展,推动了元朝商业的进一步发展。

**教师设问**:从北宋开始,中国出现了世界上最早的纸币交子,南宋发行纸币会子,元朝由于其商品经济的进一步发展使得纸币的流通量大大超过了前代,但是明代白银却取代纸币成为日常主要流通的货币,原因何在?(参考答案:纸币发行要以国家经济实力为前提有计划印发,宋元时期政府为解决财政困难,滥发纸币使纸币信用低;政府缺乏相关法律和制度对纸币的使用进行有力的约束;纸币防伪技术差,容易伪造;新航路开辟大量白银涌入中国市场,使白银成为日常流通的货币有了可能性等)

**(过渡)**海外贸易也是商业发展的重要表现,通过丝绸之路,宋元把海外贸易开拓得更远,发展得更好。

### 3. 海外贸易

**教师提问**:阅读教材内容,概括宋元海外贸易发展的表现。(参考答案:外贸税成为宋元国库的重要收入来源;手工业品大量出口;广州、泉州等外贸港口城市发达)

**教师总结**:综上,我们可以清晰地认识到辽宋夏金元时期经济有了快速发展,这种新发展和新变化为后来国家统一做了重要的奠基,是国家统一、社会巨大变革的重要前奏。

**(设计意图)**教学的主体是学生,如何调动学生探究历史问题的积极性才是关键。对于商品经济发展的表现,通过学生关注的汴京、临安等城市相关的文字史料展开,引导学生一步步追根溯源,探寻商业发展的表现和原因。本环节指向的是:(1)史料实证素养水平 1、3——能够从获得的史料中提取有关的信息,能够利用不同类型史料,对所探究的问题进行互证,形成对该问题更全面、丰富的解释。(2)历史解释素养水平 2——能够选择、组织和运用相关材料并使用相关历史术语,对个别或系列史事提出自己的解释;能够在历史叙述中将史实描述与历史解释结合起来。

**(过渡)**经济的发展不仅仅体现在农业、手工业的发展和商业城市的繁荣上,还体现在经济重心的转移上,经济重心的南移既是经济发展的结果,更是经济发展的标志。

### （三）由北向南的认同——变迁中的经济重心

**材料十二** 宋朝经济重心的南移不是个偶然现象，而是一个由量变到质变的过程。北人南迁从秦时就已开始，在这个漫长的历史发展中，由于北人南移，不仅增加了江南的劳动力，更重要的是带去了北方先进的生产技术和生产工具，加速了南方的开发。……自从十世纪后，由于少数民族的崛起，辽、西夏、金不断南侵，北方屡次遭到践踏，生产受到极大破坏，而宋王朝却实施妥协退让的政策，直到最后，北宋南渡，促使了历史上第五次北方人的大迁徙。它标志着南方经济文化的空前发展，随着政治中心南移，我国经济中心也完成了南移这一过渡。……高宗即位初年，南宋就开始采用"免耕牛税"的办法，来奖励农民归田，同时还进行了军屯、民屯以及水利工程的修建，由于这些措施的实施，南方农业获得了很大发展。

——王松苗：《关于宋朝经济中心的南移》，载《青海师范大学学报（社会科学版）》1990年第4期

**教师设问**：阅读材料并结合教材，总结南宋完成经济中心南移的重要因素。（参考答案：历代的开发，为宋朝经济重心的南移打下基础；北方经济凋敝，水旱灾害严重；不同朝代北人南迁给南方带去充足的劳动力和先进的技术；南宋统治者提倡发展生产，奖励农耕等）

**教师引导学生分析**："苏湖熟，天下足"的谚语说明南宋时已经完成了经济重心的南移，到元朝时期南北经济差距继续扩大，南方成了全国重要的产粮区，南北的航运交通也因为运输的需要有了长足的发展，经济重心的南移，是长期经济发展的必然结果。同时，南方经济的发展带动了文化的进步。北宋时，南方人在科举考试中的优势明显，南宋以后，江浙士子人才辈出，迫使统治者被迫采取分卷考试、分配名额录取的政策。这种方式和今天的高考制度之下的分卷考试、各省分配录取名额一样，都体现了国家政策的灵活性。

**（过渡）**农业和手工业生产的发展，推动了城市和商业的繁荣。经济发展的同时，社会生活和文化也在发生着深刻的变化。

### （四）阶层构成的巨变——变化中的社会生活

**材料十三** 早期儒家传统中，士的形象往往与"贫"分不开。但到宋代，中国的社会结构发生了变化，魏晋至隋唐时期的豪门阶层渐次衰落，代之而起的是新兴的布衣阶层，宋人郑樵总结道："自五季以来，取士不问家世，婚姻不问阀阅。"这种不问家世而取士的姿态，随着科举制度的严密化，无疑会加速社会阶层的流动。相应地，宋代商业经济繁荣，社会中也出现了都市贫民阶层，为应对这一新的社会变化，宋代政府开始有专门针对救济贫弱老者的政策出台。

——张文涛：《宋代救济制度与当代扶贫》，载《文化创新比较研究》2018年第23期

**教师设问**：根据材料，可以看出宋代的社会结构出现什么样的变化？原因有哪些？为了解决新的社会问题，政府采取了什么举措？（参考答案：变化——豪门阶层衰落，平民阶层兴起，都市贫民阶层出现。原因——商业经济的繁荣，使社会上出现了贫民阶层；科举考试和婚姻不问家世，加速社会阶层的流动。举措——开始有专门针对救济贫弱老者的政策

出台）

**材料十四**　由于商品经济是一种富于分化的经济形式,唐宋社会商品经济的迅速发展,必然引起财富的两极分化,……随着富贵贫贱的不断转化及其分离,旧有的等级制度便再也不能维持下去了。旧有的门阀士族和士农工商等级制也再不能维持,整个社会呈现出流动和分层。在社会流动和分层的过程中,兴起了一个新的社会阶层——富民。……从某种程度上而言,富人阶层就是财富力量的集中表现。

　　　　——林文勋：《商品经济：唐宋社会变革的根本力量》,载《文史哲》2005年第1期

**教师设问**：从唐到宋,随着商品经济的发展,出现了哪种新的社会力量?(参考答案：富民)

**材料十五**　纵观中国的法制史,从商鞅变法开始,就规定商人及其子孙不得入仕,又将社会化为士、农、工、商四等,商人处于社会的最底层,在社会上处处受到歧视。一直到宋代,这种局面才发生了转变,商人的社会地位得到了巨大的提高,商人不再是低位的"杂类",商业也不再是君子不齿的"贱业"。宋仁宗景祐元年(1034年)商人被编入坊廓户,成为国家编户齐民,具有民事主体地位。两宋法律赋予了商人很多的权利,如：参与国家政策的制定。……子孙可以入朝做官,并且其人身财产受到国家法律的保护等等。

　　　　——杨军、刘金：《试析两宋经济立法的专门化对两宋社会及后世的影响》,载《西昌学院学报(社会科学版)》2015年第2期

**教师设问**：两宋商人的社会地位发生了什么变化?(参考答案：从处于社会的底层、受到歧视到宋朝商人的社会地位得到巨大的提高,商人成为国家编户齐民,具有民事主体地位,两宋法律赋予了商人很多的权利)

**问题探究**：以小组为单位,结合以下材料进行合作探究：为什么政治、军事上积贫积弱的宋朝经济却飞速发展?

**材料十六**　总的来说,有几个原因导致了宋代经济表现优异。首先是提供赋税且登记在册的耕地面积大幅增加——从959年占国家领土面积的2.5%增加到1021年的13%——这对宋代的繁荣起到了保障作用。土地登记和同步进行的税制改革使自耕农(占1078年农户总数的66%)成为宋代农业的支柱。农业经济的兴盛对技术进步特别是新工具产生了需求。而技术进步和新工具的使用需要有高效的采矿方法,这就促进了铜、铁产量的提高。当这些金属的产量迅速提高时,就会被大规模地铸造成钱币——钱币是快速发展的全国性市场进行交换的重要媒介。

　　　　——[加]卜正民主编,[德]迪特·库恩著,李文峰译,邵君安校：《儒家统治的时代：宋的转型》,北京：中信出版社,2016年,第227页

**材料十七**　此外,宋朝统治者对经济法制也较为重视,宋太祖、太宗对法律作用的高度重视直接影响了后世各代皇帝,仁宗即指出"法制立,然后万事有经,而治道可必",神宗也认为"法出于道,人能体道,则立法足以尽事"。上述经济思想和法律思想对宋朝经济立法具有重要影响和指导作用。

　　　　——金亮新：《宋朝经济立法探析》,载《北方经济》2008年第9期

**教师提问**：从材料可知,影响宋代经济发展的因素有哪些?(参考答案：登记在册的耕地面积大幅增加；土地登记和税制改革使自耕农成为宋代农业的支柱；经济的兴盛对技术进步特别是新工具产生了需求；钱币是快速发展的全国性市场进行交换的重要媒介；宋朝活跃

的经济思想和较为完备的经济立法）

**教师引导学生分析并总结：**宋朝在中国封建社会中承前启后，经济发展进入了比较繁荣的时期，商品经济长足发展，大规模市场得以形成，宋朝商业出现重大变化，农业商业化和各种手工业的组织规模、生产技术都比前代有较大进步。同时，我们也注意到教材中提到了，金元时期，受女真、蒙古族自身社会发展进度的影响，上述变化出现了一定程度的逆转，这说明了历史的发展是曲折前进的。

**（设计意图）**通过引用大量材料，使学生对辽宋夏金元时期的经济发展和社会变化有大致的了解，从而引发进一步的思考，深入探究两宋这个并不统一的阶段经济飞速发展的原因，体会辽宋夏金元时期经济的发展在国家统一进程中的奠基作用。本环节指向的是：(1)史料实证素养水平2、3——能够认识不同类型的史料所具有不同价值，能够尝试运用史料作为证据论证自己的观点，对所探究的问题进行互证，形成对该问题更全面、丰富的解释。(2)家国情怀素养水平3、4——能够把握中华民族多元一体的发展趋势，能够表现出对历史的反思，从历史中汲取经验教训，更全面、客观地认识历史问题。

**【课堂小结】**

**教师引导学生小结：**辽宋夏金元时期经济的快速发展，为后来国家统一做了重要的奠基。在国家统一的过程中，很多人想当然地认为国家统一大业本应由两宋王朝来实现，夏辽金元被看作是起阻断、破坏作用的。实际上，夏辽金元这些民族政权不是个别狭隘民族主义者所认为的是出现在音乐正剧里几段充满异族特色的变奏或插曲，而是都担当起积极和正面的主演角色，由他们和宋王朝一起来贯穿从唐到元这一时段的中国史进程，也正是因为如此，才刻画出一段很不一样的中国历史，中国也实现了从"小中国"变型为"大中国"的一次漂亮的转身。

# 教学设计2

湖北省襄阳市第四中学　　陈伟法　　肖利军

## 一、教材分析

本课是部编本《中外历史纲要（上）》第三单元《辽宋夏金多民族政权的并立与元朝的统一》第11课，包含"农业与手工业的发展""商业和城市的繁荣""经济重心南移"和"社会的变化"四个子目的内容。教材主要讲述了辽宋夏金元时期经济发展和社会发生的重要变化。这一时期物质文明所达到的高度，在中国整个封建社会是空前绝后的。农业是宋元经济发展的基石，农业和手工业的进步促进了宋元商品经济的繁荣和城市的兴盛。无论经济重心的南移还是宋元社会的变化都是长时期的历史过程，都是各种因素综合作用的结果。辽宋夏金元时期，少数民族政权开发建设边疆地区，为中华民族多元一体格局的发展作出突出贡献。

《普通高中历史课程标准(2017 年版)》对本课的要求是：认识辽宋夏金元这一时期在经济与社会方面的新变化；认识北方少数民族政权在统一多民族封建国家发展中的重要作用。教材只介绍了这一时期经济和社会发展的一些具体表现，且涉及面广、纷繁庞杂；对新变化出现的原因，以及如何认识这些新变化，教材限于篇幅并未展开，因此，在课堂教学中需要梳理线索并相应地进行拓展和补充，从而构建起完整的知识逻辑体系。

## 二、学情分析

本课相关知识学生在义务教育阶段有所涉及。部编本《中国历史(七年级下册)》第二单元《辽宋夏金元时期：民族关系发展和社会变化》第 9、12 课对"宋元经济"和"都市生活的繁华"所述较为详细，对经济重心南移和社会的变化涉及较少。鉴于学生对宋元经济已有基本认知和掌握，一些影视艺术、文学作品也使学生对本课内容有直观印象，对"宋元经济发展"等内容可在学生自主学习的基础上，教师引导归纳其变化。宋元时期的变化是整体性的、全方位的、各方面互动的，但学生对宋元时期经济、社会、政治、文化各领域之间关系的认识是孤立的、割裂的、缺少联系的，需要以唯物史观为指导，以问题为中心进行史料研习，引导学生深入探究，辩证认识历史现象，把握历史发展的走向和趋势，进而提升学生的史料实证、历史解释、家国情怀等学科素养。

## 三、教学目标

1. 通过自主学习、小组合作等形式梳理辽宋夏金时期的农业手工业发展、商业和城市繁荣的基本史实，培养合作意识、归纳概括知识的能力、语言表达能力。通过综合探究，理解人口增长与农业、工商业发展及城市繁荣的关系，理解纸币与商品经济发展之间的关系，进一步认识唯物史观在解释历史问题中的功能。

2. 了解辽宋夏金元时期边疆地区农业发展的概况，认识少数民族为统一多民族国家的发展作出的贡献，提高对多元一体民族格局的认同，涵养家国情怀。

3. 结合史实，用特定的时间和空间术语概括我国经济重心南移的过程；结合材料探究宋朝经济重心南移完成的原因和影响，形成合理的历史解释。

4. 通过史料研读和合作探究，辨别"宋元社会新变化"的多种历史解释，并能选择和运用相关史料，提出自己的解释。

## 四、教学重难点

重点：宋朝经济的新变化；经济重心南移。

难点：宋朝社会与前代相比出现的新变化。

## 五、教学过程

【导入新课】

**教师设问：**黄仁宇在《中国大历史》中说，"现在的书籍每说到宋朝，总离不了提及公元1021年的国家收入总数为一亿五千万，每一单位代表铜钱一千文……根据当时折换率，以上总值黄金一千五百万两至一千八百万两之间，粗略地以今日美金四百元值黄金一两计算，则上数相当于美金六十亿至七十亿。当时全世界没有其他场所，国富曾如此大数量地流通"。为什么宋朝财政、军事方面"积贫积弱"而经济上却如此富庶？宋元经济和社会发展有哪些新变化？

【学习新课】

### （一）农业和手工业的发展

#### 1. 农业的发展

**自主学习：**阅读教材第60页农业发展相关内容并结合初中所学，完成表1。

表 1　宋代农业发展状况表

| 表现 | 复种技术的普及 | 经济作物种植的专业化 | 边疆地区农业得到进一步开发 |
|---|---|---|---|
| 影响 | 提高了粮食产量 | 促进宋朝商品经济的发展，对传统自然经济结构有一定突破 | 开发建设边疆地区，有利于统一多民族国家的发展 |

**教师引导学生分析：**在宋代，复种技术得到推广，使耕地的利用率提高，大大增加了粮食产量。宋朝政府还实行轻赋薄敛的政策，重视农田水利建设，招流垦荒，与山争地，向水要地，扩大了耕地面积。一些高效农具如龙骨翻车、筒车、踏犁、秧马等得到推广使用，还引种高产耐旱的"占城稻"，租佃制度也进一步完善……这一切使宋朝粮食产量大幅度提升。

宋朝粮食产量大增不仅带来人口的不断增长，还能腾出更多田地来种植经济作物。宋代除桑、麻、棉三大经济作物外，江南经济作物还有油菜、茶、桐、染料植物、甘蔗、水果、花卉、药用植物等，种类繁多，产量大增。棉花在内地种植始于宋朝，在元朝得到大力推广，南方植棉逐渐普遍，带动了棉织业的发展。有些地区固定种植某种经济作物，出现了专业化的趋势。这种趋势进一步增加经济作物的产量，也为市场提供了更多商品和手工业原料，促进宋朝商品经济的发展，对传统自然经济结构有一定突破。

在中原、江南农业发展的同时，在辽夏金元统治之下，漠北、东北、西北、西南的农业都有显著进步。少数民族开发建设边疆地区，为统一多民族国家的发展作出了重要贡献。

**问题设计 1：**从"北宋人口增长"的视角看社会的变迁。

**教师设问：**阅读教材第60页"历史纵横"可知，北宋人口过亿，是中国古代人口史上划时代的标志,但相较于汉唐,北宋直接控制的疆域已大大缩小,且民族政权并立、民族战争频繁,为什么北宋人口反而逆势增长呢?(参考答案:农业发展,粮食产量稳步增长;加强中央集权,政局相对稳定)

**教师讲述:**北宋人口大幅增长,但传统小农经济所能承载的劳动力是有限的,人多地少的矛盾也随之更加突出。

**材料一**　宋代租佃关系的第一个特征是,土地出租者与租佃者之间广泛采取了一种契约形式。宋太宗太平兴国七年(982)"闰十二月诏:诸路州民户……分给旷土,召集余夫,明立要契,举借粮种,及时种莳,俟收成依契约分,无致争讼"。

——袁行霈:《中华文明史(第三卷)》,北京:北京大学出版社,2006 年,第 96 页

**材料二**　宋仁宗嘉祐二年(1057 年),朝廷诏令:"诏京东西、陕西、河北、河东、淮南六路转运使检察州县,毋得举户鬻产徙京师以避徭役,其分遣族人徙他处者,仍留旧籍等第,即贫下户听之。"

——李晓:《宋代城市功能新见》,载《思想战线》2005 年第 3 期

**教师设问:**根据材料一、二并结合所学知识,分析北宋人口的增长带来了哪些影响?(参考答案:增加了政府的财赋收入;为农业生产提供了更多的劳动力;人地矛盾突出,垦田面积增加;农业租佃关系发展;农村剩余劳动力转移,对工商业发展和城市经济繁荣起了推动作用)

**(设计意图)**通过阅读教材史料,从中提取"北宋人口增长"的信息。通过引导学生思考回答北宋人口增长的原因,提高学生的时空观念水平 4,即能够把握相关史事的时间、空间联系,并用特定的时间和空间术语对较长时段的史事加以概括和说明。通过阅读材料一、二,引导学生从多角度分析北宋人口增长的影响,提高学生的历史解释素养水平 2,即能够选择、组织和运用相关材料并使用相关历史术语,对个别或系列史事提出自己的解释。

**(过渡)**宋朝的制瓷业、矿冶业、印刷业等手工业也有较大发展。

**2. 手工业的发展**

**自主学习与小组合作学习:**阅读教材第 60—61 页制瓷业、矿冶业、印刷业的相关内容,完成表 2 中对应部分。

表 2　宋代手工业发展状况表

| 部门 | 制瓷业 | 矿冶业 | 印刷业 |
|---|---|---|---|
| 发展表现 | 技术重要改进;瓷窑遍布全国,产量巨大;国内外市场广阔 | 煤炭规模开采并作为生活和手工业燃料 | 宋元时期发展迅速 |
| 影响 | 大量出口海外,成为丝绸之后中华文明新的物质象征 | 促进制瓷业发展,提高了金属冶炼的产量和质量,满足了当时生产生活的需要 | 推动了文化的普及,进一步带动了造纸业的发展 |

**问题设计 2:**技术创新与社会进步——以宋元制瓷业为例。

**自主学习:**阅读教材第 61 页《宋朝五大名窑的瓷器》图片下方的文字,了解陶和瓷的区别以及宋朝之前制瓷业的发展情况。

**教师设问**：结合手中的地图册和课外知识，尝试对五大名窑的地理分布、产品特点予以介绍。

**教师引导学生分析**：宋朝制瓷业出现了欣欣向荣的局面。当时瓷窑遍布全国，形成了许多著名的瓷器产地，其中最著名的是"五大名窑"：汝窑、官窑、定窑、哥窑、钧窑，江西景德镇后来发展为著名的瓷都。宋朝制瓷技术有重要改进，各窑风格迥异，色彩多变，质感浑厚。以钧窑为例，就充分利用铁、铜不同的呈色特点，通过"窑变"烧制出红、青、紫等多种色彩，其中以海棠红、玫瑰紫等色彩最为珍贵。钧窑烧制瓷器时，由于窑中温度的变化，瓷器表面往往会出现一些自然形成的细线，被称为"蚯蚓走泥纹"，这也是钧窑瓷器的著名特色。元朝瓷器的特色是青花瓷和釉里红。这种技法制造特点是釉下彩绘，先在胎坯上画好花纹图案，然后上釉烧制。青花瓷的青蓝色和釉里红的红色来自釉药中的化学成分（引导学生欣赏教材第61页"元朝青花瓷"）。青花瓷和釉里红的出现，结束了元朝以前瓷器以青、白为主，仿玉类银的局面，为明清制瓷工艺的高度发展奠定了基础。宋元时期，优质的瓷器行销国外，为政府带来巨额利润；而海外市场的需求，又进一步促进了制瓷业的发展。

**教师设问**：（1）结合本课所学内容，概括宋元制瓷业的新变化。（参考答案：技术高超；制瓷技术突破青、白两大体系，向"窑变"和彩绘方向发展；瓷窑遍布全国，官窑民窑都有，产量巨大；国内外市场广阔；瓷器逐渐取代漆器成为居民的主要生活器皿，并行销海外）

（2）宋元制瓷业的发展产生了怎样的影响？（参考答案：丰富人民生活；促进商品经济发展；成为中华文明新的物质象征；为明清制瓷工艺的高度发展奠定了基础）

（3）以制瓷业为例，分析技术创新与社会进步的关系。（参考答案：技术继承与创新，促进了文明发展和社会进步，是一个民族发展的不竭动力）

**（过渡）**宋朝农业和手工业的发展促进了商业和城市的繁荣，宋朝是中国古代商品经济发展的一个高峰。

### （二）商业和城市的繁荣

#### 1. 市的活跃
**教师设问**：阅读教材第61页并结合初中所学，概括"市"活跃的表现。（参考答案：草市城镇化；民族政权间的榷场互市和民间贸易活跃；城市商业突破时空限制）

#### 2. 纸币出现
由于商品流通规模的扩大，使得货币需要求量剧增。北宋钱币年铸造量最多时高出唐朝十多倍，并发行了世界上最早的纸币。至南宋，纸币的品种又有所增加，主要有东南会子、川引、淮交、湖会四种，且有不同的面额。除币种有所增加外，发行数额也大大增多。元朝在全国范围内将纸币作为主币发行。

**问题设计3**：世界最早纸币的出现与"早夭"——经济运行中的法制与科学规律。

**材料三** （宋朝）先时蜀人患铁钱太重，自行发行一种纸币，谓之"交子"。每一交计钱一缗，三年而一换，谓之一界。以富民十六户主之。后来富民穷了，渐渐的付不出钱来，以致时有争讼。转运使薛田，乃请于益州设立交子务，而禁其私造。……熙宁时，曾以此法推行于河东、陕西，旋即停罢。蔡京当国，才推广其行用的区域……当时除闽、浙、湖、广外，全国通行。然滥造滥发，并没兑现的预备。以致一缗只值钱十余文。……南渡以后，初时行用的，仍名交子。后来又有"会子"同"关子",亦系分界行使。但(一)既不能兑现;(二)而每界又不能按时收回。往往两界或两界以上同时行使。其价格也就不能维持。

——吕思勉:《中国通史》,北京:新世界出版社,2008年,第355页

**教师设问**:根据材料,概括宋代纸币的特点。(参考答案:处在纸币使用的早期,具有临时性和不成熟的色彩;纸币从私制到官办,从商业信用凭证到官方法定货币;未在全国范围内统一使用;政府对纸币的发行和流通进行监管以维持其币值和信用;政府破坏金融法制滥用信用导致纸币贬值与信用丧失)

**材料四** 元朝纸币具有鲜明的排他性……元政府具体规定:"禁止金银、铜钱在市面流通","只准官收作价",把收集的金银集中于国库,作为纸币发行的本(准备金)。……元朝纸币具有的划时代意义在于其严密的钞法——制度性。元政府于至元十九年(1282年),由中书省颁发了《整治钞法条划》,对元朝纸币的发行流通等作了基本规定……后又颁行了《至元宝钞通行条划》14款……也正是依靠这个条例,元朝纸币流通才真正成为"纯纸币"流通。……它开世界纯纸币流通之先河,凭借元朝辽阔版图,流通范围空前广大,其影响远达欧洲,亚洲的日本、朝鲜、印度都曾仿效元朝发行纸币,并一度和元朝宝钞建立了兑换比率关系,这对于开发荒凉的北方沙漠地区的社会经济和沟通中国同西方的经济文化交流都有着积极的影响。

——吴建军:《浅谈元朝纸币的产生原因及流通特点》,载《内蒙古金融研究》钱币文集(第四辑),2003年第53期

**教师设问**:(1)元朝纸币的特点是什么?有何影响?(参考答案:特点——元朝纸币具有排他性,即唯一合法流通的货币;制度性,即有严密的钞法。影响——它开世界纯纸币流通之先河;影响远达欧洲和亚洲的日本、朝鲜、印度;对北方地区的社会经济和沟通中外经济文化交流都有着积极的影响)

(2)从宋到元,纸币发行日趋严密且影响深远,为什么都没有延续下去?(参考答案:中央集权政府权力不受监督,把纸币当作财政手段,滥发纸币造成信用丧失;缺乏金融理论,不遵循客观经济规律)

**教师讲述**:北宋到元朝灭亡的三百余年,是中国古代纸币发行最兴盛的时期。宋元有关纸币发行的实践和思想观念,给当今研究货币留下了宝贵遗产,即必须通过法律和制度对行政权力进行约束;遵循客观经济规律,才能保证经济的健康运行。

**(设计意图)**引导学生观察宋元时期纸币图片,阅读相关史料,分析宋元纸币各自特点,理解纸币的出现是宋元商品经济发展的产物,同时也极大地推动了商业的发展。本环节指向的是:(1)史料实证素养水平2——明了史料在历史叙述中的基础作用;在对史事与现实问题进行论述的过程中,能够尝试用史料作为证据论证自己的观点。(2)历史解释素养水平2——能够选择、组织和运用相关材料并使用相关历史术语,对个别或系列史事提出自己的解释;能够在历史叙述中将史实描述与历史解释结合起来。

**(过渡)**早在西汉我国就已开通了海上、陆上丝绸之路,唐代海陆并举,宋元时期海外贸易繁荣。外贸税收成为宋元两朝国库的重要财源。

**3. 海外贸易繁荣**

**教师设问**:阅读教材并结合所学知识,分析两宋时期对外贸易以哪条线路为主?原因

何在?(参考答案:海路为主。原因:民族战争频繁、经济重心南移、海路运输的优势、造船航海技术进步、政府重视等)

元朝的海外贸易也很发达,当时同中国进行海路贸易的有亚非50多个国家和地区,主要外贸港口有广州、泉州、明州等。

**(过渡)**在农业、手工业、商业发展的基础上,宋元城市出现兴盛局面。

### 4. 城市的兴盛

**教师设问:**结合教材中的北宋张择端《清明上河图》(局部),描述北宋东京街市的繁华景象。(参考答案:街道两旁商店、旅舍、货摊林立,交易频繁;街市各色行人,川流不息;交通运载工具多样;城市服务业发达,有酒肆和茶楼等)

**教师讲述:**两宋时期,城市规模大,北宋东京和南宋临安人口多时均超出百万;商品种类繁多,市场上的商品既有来自国内各地的百货,也有来自国外的各种商品;坊市制度被打破,营业时间不受限制,除白天营业外,还有夜市和晓市,除临街店铺外,另有固定市场和定期集市;娱乐活动丰富多彩,市内还出现了"瓦舍"(或称"瓦肆"),里面有"勾栏"(歌舞场所)、酒肆和茶楼,还有说书、演戏的,成为娱乐的中心。元朝恢复临安的旧称杭州,它被外国旅行家称为"世界最富丽名贵之城"。元大都不仅是全国的政治中心,还是当时北方最大的经济中心和商品集散地,也是闻名于世界的商业大都市。

**(过渡)**宋元时期不仅农业和手工业、商业和城市有了新变化,经济格局也发生了重大变化。

### (三)经济重心南移

**问题设计4:**从北到南——对古代经济重心南移的现实思考

### 1. 经济重心南移的过程

**教师设问:**结合所学概括我国古代经济重心南移的过程。(参考答案:东晋南朝:趋向平衡→隋唐五代:开始南移→两宋时期:完成南移→元朝:南北经济差距继续扩大)

**学生回答后,教师点拨、小结:**经济重心南移是中国古代经济格局的重大转型。从远古到西晋时期,北方经济的发展远远超过南方,经济重心始终在北方。直到三国时期,孙吴地区的农业虽得到一定程度开发,但曹魏所在的黄河流域地区经济的发展仍然是超过吴和蜀两国的。东晋南朝时期江南经济的开发使南北经济差距缩小、趋向平衡,为以后我国经济重心的逐渐南移打下了基础。隋唐统一,南北经济得到较大发展,但唐朝"安史之乱"前,经济重心还是一直在北方。安史之乱后,北方出现了藩镇割据的局面,北方经济再次受到严重破坏,至唐朝后期,已经出现了"赋之所出,江淮居多"的现象,经济重心才开始南移。五代十国时期,北方战乱频繁,而南方战祸较少,相对安定。从五代起,南方经济才开始逐渐超过北方,我国的经济重心继续南移。南方日益成为全国经济的先进地区,人口数量超过了北方。两宋时期,北方同样战乱频繁,"国家根本,仰给东南"。北宋灭亡以后,南宋政权偏安于东南一隅,使南方经济进一步发展。当时太湖流域流传着"苏湖熟,天下足"的谚语,表明江南的农业生产已经超过北方,完全取代了北方经济重心的地位。可见,南宋是中国古代经济重心南移最终完成的阶段。此后,历经元、明、清三代,经济上南重于北的形势始终没有改变,南方经济更加繁荣。经济重心始终在南方。

**教师讲述:**元朝的南北经济差距继续扩大,全国大部分人口和税收集中在江南。为将南方财赋顺利北运,元朝重新开通了大运河,改变隋唐时迂回曲折的航线,缩短了航程。元朝还创造性地开辟了长途海运航线,主要任务也是运输江南的粮食。(指导学生阅读教材第 63 页《元朝运河、海运路线图》)

**(过渡)**那么,经济重心南移的原因是什么呢?

**2. 经济重心南移的原因**

**教师引导学生分析并小结:**一是北方长期战乱,南方相对安定,为南方经济发展提供了有利的社会环境。例如隋唐时期社会经济比较繁荣,但后来由于安史之乱和藩镇割据的影响,北方的社会安定受到了破坏;五代十国期间,北方几乎平均每十年就要爆发一次大规模战争;两宋期间,与少数民族政权对峙,战争更是接连不断。二是北方大量劳动人民为了躲避战乱而南迁。例如从西晋末年到南朝开始,北方南迁的农民达九十万之多,占北方总人数的八分之一。这就为南方经济的发展提供了充足的劳动力。南迁的北方人民还给南方带来了中原先进的生产工具和技术,改变了南方地区火耕水耨的原始耕作方法。三是政治中心的南移或者东移,也推动了南方的开发。四是南方统治者为了维护统治,采取了一系列有利于经济发展的措施;例如五代十国时期,南唐统治者在楚州"筑白水塘以溉田";吴越兴修了许多水利设施,例如著名的捍海石塘等。另外还有南方自然条件优越,南方对外贸易条件比北方有利等。

**3. 经济重心南移的启示**

**教师设问:**经济重心南移促进了南方的开发与建设、加速了南方人口增长与民族交融,也带动了南方文化的进步。古代经济重心南移给我们今天的经济建设以哪些启示?

**学生回答,教师小结:**经济重心南移是当地所在的自然环境与整个社会生产力之间辩证发展的必然结果。给我们今天的经济建设以不少启示:政局的稳定是经济发展的必要条件;统治者对经济发展的重视程度是其经济发展的重要因素;及时引进、运用最先进的科学技术于经济建设中是促进经济快速发展的重要保证。

**(设计意图)**引导学生综合分析经济重心南移的过程、原因和启示。本环节指向的是:(1)时空观念素养水平 4——在对历史和现实问题进行独立探究的过程中,能将其置于具体的时空框架下;能够选择恰当的时空尺度对其进行分析、综合、比较,在此基础上作出合理的论述。(2)历史解释素养水平 4——在独立探究历史问题时,能够在尽可能占有史料的基础上,尝试验证以往的假说或提出新的解释。

**(四)社会的变化**

**问题设计 5:**从宋元社会新变化透视社会变化的整体性、全方位。

**1. 社会变化的表现**

(1)士的转型

**材料五**　宋代兴起,政治粗安,朝廷乃知极端以养士尊士为务。然就中国历史言,传统的士阶层之正式复兴,则已在宋兴六七十年后。教育界有胡瑗,政治界有范仲淹,必待此两人出,乃重见有中国传统之所谓士。然其时社会已不再有门第,政府以考试取士,而进士皆出自白衣。此一形势,直至清末,余特为定名"白衣社会"。

——钱穆:《国史新论》(第 2 版),北京:生活·读书·新知三联书店,2007 年,第 43—44 页

材料六

表3　士的转型表

|  | 唐代 | 北宋 | 南宋 |
|---|---|---|---|
| 精英的身份属性 | 门阀（出身） | 学者——官员（政事） | 文人（文化） |
| 社会成分 | 世家大族 | 文官家族 | 地方精英 |

——李华瑞：《"唐宋变革"论的由来与发展（下）》，载《河北学刊》2010 年第 5 期

**教师设问**：材料反映两宋社会发生了怎样的变化？这一变化体现出怎样的本质特征？变化的原因是什么？（参考答案：变化——士阶层的转型。本质特征——社会阶层的流动。原因——门阀世族的衰退、科举考试的作用、统治者对世家大族的抑制以及后来宋统治者的重文轻武政策、印刷业的发展与知识的普及等）

**教师引导学生分析**：一个社会是否开放的标志就是社会阶层流动。士的身份随时代而变化。在 7 世纪，士是家世显赫的高门大族所左右的精英群体；在 10 和 11 世纪，士是官僚。非身份性的官僚地主成为主体，他们是唐五代以来庶族地主发展而来的，但由于不存在士族门阀，所以不称庶族，他们凭科举做官而称为官僚家族。唐宋时期，那些自称士、士人或士大夫的人逐渐支配了中国的政治与社会。宋代统治者"与士大夫共治天下"（士大夫参政群体的扩大），统治阶层不杀"士大夫及上书言事人"，社会风气相对自由，广泛吸纳知识分子进入统治阶层。南宋时，士为数更多而家世却不太显赫的地方精英家族，这些家族输送了科举考试的应试者和官僚。

（2）婚姻习俗的演变

**材料七**　南宋初年，史学大师郑樵有段人所熟知的名言："自隋唐而上……家之婚姻必由于谱系。""自五季以来，取士不问家世，婚姻不问阀阅。"

——张邦炜：《试论宋代"婚姻不问阀阅"》，载《历史研究》1985 年第 6 期

**材料八**　"择过省人氏，不问阴阳吉凶及其家世，谓之'榜下捉婿'，亦有缗钱，谓之'系捉钱'，盖与婿为京索之费"。此风至北宋末，越加蔓延，以至"富商庸俗与厚藏者嫁女，亦于榜下捉婿，厚捉钱，以饵士人，使之俯就，一婿至千余缗。"

——方建新：《宋代婚姻论财》，载《历史研究》1986 年第 3 期

**材料九**　宋代"风俗侈靡，日甚一日"，财婚风气愈演愈烈，上自宗室高官，下至村氓凡夫，嫁娶无不言财为先，婚姻聘财、嫁妆较之前代，数额更大。

——宋军风：《唐宋商人婚姻变迁探析》，载《石油大学学报》2005 年第 6 期

**教师设问**：材料反映两宋社会婚姻习俗发生了怎样的变化？（参考答案："榜下捉婿"，婚姻不问门第，而重视科举及第者；民间"以财论婚"，财婚成为一种社会风尚）

**教师引导学生分析**：郑樵的这段话，揭示了随着门阀制度的衰落，门第观念逐渐淡薄的历史过程。宋人说，"国家用人之法，非进士及第者不得美官"。宋朝"士人政府"发达，"满朝朱紫贵，尽是读书人"，科举及第者除授以官职，还给予很多特权及优待。进士未来前程远大，成为最佳女婿人选。"榜下捉婿"的风气是社会政治使然，而"财婚"则是商品经济发展的产物。货币流通的加快，加之土地买卖比之前代更加盛行，金钱、土地、资产也就成了世人朝

思暮想所追求获取的东西，而通过婚姻达到这一目的，则是一条轻易获取金银财物、骤富天下的捷径。商品经济的发展、门阀制度的衰落，导致人们婚姻择偶观念的变化。

（3）人身依附的松弛

宋以前，社会上长期存在人身不完全自由并且受到歧视的贱民阶层。到宋朝，他们的数量显著减少。前代的家内服役大都用世袭奴婢承担，宋朝更多地来自雇佣。宋朝无地农民通常与地主签订契约，租种土地，也较少受到契约关系以外的人身束缚。

（4）国家控制的松解

**材料十**　由于世族制度瓦解，良贱制度也随之废除。部曲、佃客等都进入国家户籍管理，皆转变成为"良人"进入齐民队伍；债务奴婢不再属于贱籍，不能转卖，官奴婢劳作达到规定年限后准许从良；宋仁宗时赋予了私人奴婢编户齐民的法律地位，南宋高宗建炎三年（1129 年）后官奴婢制度也废除了。

　　——高德步：《唐宋变革：齐民地主经济与齐民社会的兴起》，载《学术研究》2015年第 7 期

**教师设问**：材料反映什么社会现象？（参考答案：广大劳动者人身依附关系大大减弱，社会地位有了提高，获得了一定程度的自由权，成为编户齐民）

**材料十一**　宋朝开历史之先河，采取"田制不立""不抑兼并"的土地政策（《宋史·食货志》），顺应了土地私有制的发展要求。所谓"田制不立""不抑兼并"，从本质上来说，就是授田制基本被废弃，承认并保护土地私有产权的合法性及土地的商品化，允许其按经济规律进行流转买卖，国家不再加以干预，甚至国家也参与其中。

　　——郑辉：《宋朝"不抑兼并"的土地政策》，载《中国市场》2010 年第 24 期

**材料十二**　宋代的土地关系和土地经营方式主要是地主的土地私有制及租佃关系，而且租佃关系较之唐代又有了更大的发展。

……宋仁宗天圣五年（1027）十一月诏江淮、两浙、荆湖、福建、广南州军："旧条：私下分田客，非时不得起移，如主人发遣，给与凭由，方许别住，多被主人抑勒，不放起移。自今后客户起移，更不取主人凭由，须每年收田毕日，商量去住，各取稳便。即不得非时衷私起移，如是主人非理拦占，许经州县论详。"

　　——袁行霈：《中华文明史（第三卷）》，北京：北京大学出版社，2006 年，第 96—97 页

**教师设问**：宋朝实行怎样的土地政策？材料反映了怎样的社会现象？（参考答案：政策——"田制不立""不抑兼并"的土地政策。现象——反映授田制基本被废弃，国家不仅对社会的控制较明显松解，而且还加强了对租佃契约的保护；租佃关系有较大的发展）

**教师引导学生分析**：在宋代，由于士族制度瓦解，广大劳动者人身依附关系大大减弱，社会地位有了提高，获得了一定程度的自由权。国家土地政策的调整，带来社会生产关系的变化，地主的主要经营方式是租佃制，即将他所有的土地租给佃农耕种，从佃农身上榨取实物地租。租佃制普遍确立，契约关系广泛发展，租佃关系是一种法律关系。有关租佃关系的契约，也是法律文书，对缔约双方当事人是有约束力的，也受到法律的保障。同时体现宋朝社会无地农民较少受到契约关系以外的人身束缚，有较大的人身自由。租佃制下农民的生产热情大为提高，成为宋朝农业经济繁荣的重要条件。

**（过渡）**士的转型，婚姻习俗的变化，劳动人民人身依附关系的松弛，为适应社会经济的

变化,宋朝政府适当放松了对社会的控制,大量农村剩余劳动力向城市流动,从事工商业活动的人数大为增长,市民阶层扩大……宋元社会的这些新变化是全方位的。宋元社会为什么能发生如此巨大的变化?

**2. 社会变化的原因**

**教师设问:** 综合上面所学,总结宋元时期出现一系列社会变化的原因。(参考答案:商品经济的发展,宋朝"不抑兼并"的土地政策,政府适当放松了对社会的控制,士族门阀的衰退,科举考试的作用等)

**学生回答,教师小结:** 总之,宋元时期社会变化是政治、经济、文化等多方面互动的产物。尤其是商品经济发展所引起的社会要素的流动及其重新组合。商品经济是一种具有流动性和分化性的经济形式。它的发展,既引起了各种社会要素的流动及其组合,又冲击了原有的经济关系和社会关系,还产生了新的社会力量。所有这些,促成了宋朝社会的变化,使整个社会向近世转型的趋势明显。

金元时期,受女真、蒙古族自身社会发展进度的影响,上述变化出现了一定程度的逆转。但从长时段来看,发展趋势没有大的改变。

**(设计意图)** 学生在归纳概括宋元社会新变化的基础上,深入认识各方面变化之间的相互关系。本环节指向的是:历史解释素养水平3、4——能够对史事的前因后果进行合理的说明;能够分辨不同的历史解释,说明导致其中差异的原因;能够根据有关的历史材料说明对史事为何有不同的解释;认识到对史实的解释是对历史的建构;能够以史料为证据对历史进行正确的解释;能够全面、客观地论述历史的问题,运用正确的史观对史事进行正确的解释,全面、清晰地论述自己对历史的看法,论从史出,史论结合。

**(过渡)** 除经济和社会生活方面外,宋元时期在国家制度、思想文化等方面也发生了广泛而深刻的变化。

【课堂小结】

**问题设计6:** 宋元社会的"变"与"不变"。

**教师设问:** 日本学者内藤湖南在20世纪初提出"唐宋变革说",认为唐代是"中世"的结束,而宋代则是近世的开始。这一学说激发了中国史学界对唐宋社会发展的极大兴趣,引起了广泛共鸣,也有学者对这一学说提出质疑。请结合所学知识,谈谈你的观点和认识。

**(设计意图)** 问题能力要求较高,要求在唯物史观的指导下对宋代政治、经济、社会有一个全方位的认识与评判。是课堂教学向课外延伸的综合探究活动。本问题指向的是:(1)唯物史观素养水平3、4——能够将唯物史观运用于历史学习、探究中,并将其作为认识和解决现实问题的指导思想。(2)历史解释素养水平3、4——能够分辨不同的历史解释;在独立探究历史问题时,能够在尽可能占有史料的基础上,尝试验证以往的假说或提出新的解释。

# 第 12 课

# 辽宋夏金元的文化

## 教 学 设 计 1

湖北省襄阳市第四中学　肖利军　陈伟法

### 一、教材分析

本课是部编本《中外历史纲要（上）》第三单元《辽宋夏金多民族政权的并立与元朝的统一》第 12 课，包含"辽宋夏金元时期儒学的复兴""文学艺术""科技""少数民族文字"四个子目的内容。教材主要讲述了宋元时期的文化：突破重围得到复兴的儒学——程朱理学；宋词、宋代话本、元曲等文学形式；宋代凸显个性的书法艺术、文人画与风俗画等雅俗共存的艺术形式；印刷术、火药、指南针三大发明在宋朝基本成熟；沈括与郭守敬两位大科学家多方面的科技成就；辽夏金民族文字的创立。

《普通高中历史课程标准（2017 年版）》对本课的要求是：认识辽宋夏金元这一时期在文化方面的新变化；认识北方少数民族政权在统一多民族封建国家发展中的重要作用。本课以 9、10、11 课为基础，在这一时期政治、经济与社会等方面新变化的基础上围绕宋元文化展开介绍。宋代精神文明所达到的高度，在中国整个封建社会历史时期，可以说是空前绝后的。宋代文化呈现出新现象，譬如儒学回归，有了新的生命力；内省、精致、细腻的士大夫文化（宋词与文人画），市民文化的勃兴，还有极盛的科技等；这一时期汉族与少数民族文化相互交融，少数民族为祖国文化繁荣发展作出了重大贡献。本课内容丰富、庞杂，涉及领域广，需要对教学内容进行一些拓展，以便更好地认识辽宋夏金元时期文化领域的新变化。譬如在学习两宋儒学复兴时，通过增加材料，引导学生在特定背景中理解理学的产生是时代的产物，探究理学的历史价值和社会影响；在学习宋词和元曲时，引导学生分析思想文化与政治、经济的关系；在学习宋元科技时，引导学生分析科技繁盛的原因和文化继承的关系；最后归纳总结这一时期文化繁荣的特征、地位。

### 二、学情分析

思想文化史较政治史、经济史相对要抽象些，学生理解起来有一定的难度。学生此前已经学习了两宋的政治和军事,了解了辽夏金元诸政权的建立、发展和相关制度的建设,认识了辽宋夏金元这一时期在政治、经济与社会等方面的新变化,为本课的学习提供了一定基础。在本课的学习中要注意引导学生运用社会存在决定社会意识的唯物史观,理解宋元文化成就。辩证地看待传统文化,了解文化的继承性,注意传统文化与现实的联系。

## 三、教学目标

1. 了解两宋理学完成理论化和思辨化的进程,学生能认识到这是中国儒学的一大进步。运用唯物史观"社会存在决定社会意识,社会意识反作用于社会存在"的理论,探究程朱理学产生的时代背景及其历史价值与社会影响,培养运用辩证的方法评价历史现象的能力。

2. 了解宋词、元曲、文人画等是具有时代特色的文艺形式,培养将其置于具体的时空框架下进行考察的时空观念素养。

3. 了解三大发明的发展和成熟过程,辨析中韩活字印刷术发明权之争,培养史料实证素养;认识三大发明对世界文明发展的贡献,培养民族自豪感。

4. 了解北方少数民族政权对本民族文字创制所做的努力,认识北方少数民族政权为统一多民族封建国家文化发展所作的贡献,认识中华民族多元一体的历史发展趋势,培养对中华民族的认同感和正确的民族观。

## 四、教学重难点

重点:儒学的复兴;宋代科技的高度繁荣。
难点:儒学的复兴。

## 五、教学过程

【导入新课】

英国著名科学史专家李约瑟博士在《中国科学技术史》中曾经感叹:"谈到中国的十一世纪,我们犹如来到最伟大的时期。"陈寅恪为《宋史职官志考证》一书作序时说:"华夏民族之文化,历数千载之演进,造极于赵宋之世。"

**教师设问:**他们都对宋朝的文化给予了很高的评价。那么,哪些史料可证实宋朝文化高度繁荣以至达到中国封建社会的顶峰?辽宋夏金元文化又呈现出怎样特征?今天就让我们带着这些问题来学习第 12 课《辽宋夏金元的文化》。

**(过渡)**同学们都读过宋代朱熹的《观书有感》:"半亩方塘一鉴开,天光云影共徘徊。问渠那得清如许?为有源头活水来。"朱熹,南宋理学集大成者,我们一起来了解"北宋五子"和朱熹是如何源源不断为儒学输送"活水"的。

## （一）突破重围的儒学

教师引导学生回忆：儒学自春秋战国以来的发展演进历程。

**1. 突破重围的背景**

**材料一** 汉朝独尊儒术后，儒学一直在思想界占有统治地位。可是，儒家思想以社会、家庭的道德规范为主体，理论性不强。另外，古代研究儒学的学者，也只注重对儒家经典作咬文嚼字式的考证和注解，结果儒学渐渐变得僵化和流于琐碎。到了魏晋南北朝，玄学和佛教盛行。玄、佛都提倡心灵的解脱，对人性的探究，也比烦琐的儒学更深入和更理论化。不少知识分子因而研究玄学、佛学，儒学在思想界的地位日渐下降。……宋朝理学的变革，正是在儒学备受挑战的背景下出现的。

　　——刘炜主编，杭侃著：《中华文明传真（两宋）》，上海：上海辞书出版社，2001年，第110页

**材料二** 前日五代之乱，可谓极矣。五十三年之间，易五姓十三君，而亡国被弑者八，长者不过十余岁，甚至三、四岁而亡。

　　——陆费逵：《四部备要（第七十四册卷）·欧阳文忠公集》，北京：中华书局，1989年，第295页

**教师设问：**阅读材料，分析自魏晋以来儒学面临怎样的社会现实挑战？结合所学，总结宋代理学兴起的背景。（参考答案：挑战——儒学自身局限性，即思辨性和理论性不强，儒者只研究章句训诂，日渐僵化；儒学又面临来自佛学、道教的冲击；纲常松弛，社会危机。背景——儒道释"三教合一"潮流；商品经济发展，儒学信仰危机；理学家们复兴儒学；宋统治者重文轻武政策；私人讲学之风盛行，推动理学传播；印刷术的发展）

**教师引导学生分析：**儒学传统中，有一个最薄弱的地方特别容易受到挑战，就是他们未能探讨宇宙与人的本原，而过多地关注处理现世实际问题的伦理、道德与政治的思路。儒学本身在思辨性和理论性方面存在着严重的不足。儒家劝导世人遵守礼制秩序和伦理纲常，孔子凭借的是宗法关系下的血缘亲情，虽然真切朴实，却过于具体简单，一旦社会关系出现重大变化，情感的纽带就会日渐脆弱。董仲舒依据的"天"是神圣的有意志的万物主宰，虽可令人因敬畏而顺从，但一旦信仰基础发生动摇，其约束力也会骤然下降。伴随着社会动荡不安，王朝更迭，"君臣等级观念"受到质疑，传统的道德规范遭到极大的破坏，不利于政治的稳定。魏晋南北朝，佛教和道教迅速传播，佛、道既有理论深度又关注心灵的解脱，冲击了儒学的统治地位；隋唐时期，三教并行到三教合一。佛、道兴盛一方面给儒学带来了危机，另一方面也给儒学的新生提供了动力和借鉴。唐宋调和之风兴盛，三教相互吸纳渗透；儒学家革除时弊、重建儒学道德的目的，适应了唐末以来重建伦理纲常的需要；有宋以来，宋代君主大力提倡重视气节及重文轻武的文化政策，理学中的修身思想正合于时势；理学家们大力倡导复兴儒学；加上私人教学之风盛行，推动理学传播；印刷术的发展，使得书籍流行更广，理学传播更易、更广。在这样的背景下，比较注重抽象思维，集宇宙观、人生观、认识论、方法论的理学理论体系建构起来。

（设计意图）本问设计是基于学生在学习第 9、10、11 三课内容的基础上，将历史解释素养水平 2，即能够在历史叙述中将儒学面临的困境与历史解释结合起来；并培养学生史料实证素养 2，尝试用史料作为证据论证自己的观点，在叙述中将史实描述与历史解释结合起来。

（过渡）究竟何为理学呢？

## 2. 理学的建构

**教师讲述**：理学的实际完成者是北宋五子，即指北宋中期以前五个著名的理学思想家：周敦颐、张载、邵雍及程颢、程颐兄弟。

**材料三** 天理云者……不为尧存，不为桀亡，人得之者，故大行不加，穷居不损，这上头来，更怎生说得存亡加减？是它元无少欠，百理具备。

——汤一介、张耀南、方铭主编：《中国儒学文化大观》，北京：北京大学出版社，2001 年，第 114 页

**材料四** 宇宙之间，一理而已。天得之而为天，地得之而为地，而凡生于天地之间者，又各得之以为性。其张之为三纲，其纪之为五常，盖皆此理之流行，无所适而不在。

——冯天瑜：《"民本"与"尊君"（论纲）》，载《吉林大学社会科学学报》2013 年第 1 期

**教师设问**：依据材料并结合所学，概括程朱是如何定义"理"的？体现出理学什么特征？（参考答案：定义——世界本原，永恒的宇宙和社会法则，天理具体来说即"三纲五常"，就是儒家的道德伦理和等级秩序。特征——融合佛道思想，使儒学哲学化、思辨化）

**教师引导学生分析**："北宋五子"在唐末以来排斥佛老、倡导儒学的风气影响下，探索儒学发展的新形势，同时又出入佛老，吸取其理论营养，使这个时期的儒学呈现出重视天道与人道的统一，探索世界的本原，形成哲学化和思辨化的特征。理学带有客观唯心主义倾向。

**材料五** 上而无极、太极，下而至于一草一木、一昆虫之微，亦各有理，一书不读，则阙了一书道理；一事不穷，则阙了一事道理；一物不格，则阙了一物道理。须着逐一件与它理会过。

——葛兆光：《中国思想史》，上海：复旦大学出版社，2004 年，第 237 页

**材料六** 不是天理，便是人欲。……无人欲即皆天理。

——汤一介、张耀南、方铭主编：《中国儒学文化大观》，北京：北京大学出版社，2001 年，第 154 页

**材料七** 人之一心，天理存则人欲亡，人欲胜则天理灭，未有天理人欲夹杂者。

——〔宋〕黎靖德编：《朱子语类》卷十三，北京：中华书局，1986 年，第 224 页

**教师设问**：如何才能获取"理"？朱熹认为"天理"与"人欲"什么关系？他所表达的"人欲"指的是？（参考答案：方式——只有深刻探究万物，即格物致知才能真正得到其中的"理"，达到对普遍天理的认识。关系——二者是对立的关系。"人欲"——违反了社会规范的不正当要求）

**教师引导学生分析**：南宋朱熹在北宋五子的基础上，建立了庞大严密的理学体系，是理学集大成者。朱熹认为："天理"有时是自然之理，有时是道德之理，他强调后者，即伦理道德之理，论证儒家伦常的永恒、合理、至善。格物致知是认识论，即探究万事万物本原，扩充知识，掌握普遍天理。其终极目的是明道德之善。认为这才是真正的"天理"，自然之理只是它的一种表现。儒家哲学的核心就是探讨怎样才能做一个理想完善的人，人与人相处应该遵

循什么准则,人生怎样生活才有价值? 因为人的欲望带有许多恶,所以要用"三纲五常"儒家道德伦理和等级秩序来遏制它。把天理与人欲视为对立不可并存的两极,认为天理存则人欲亡,人欲胜则天理灭。将纲常伦理作为天理",高度强调人们对"天理"的自觉意识。

### 3. 理学的地位与影响

**材料八**　由于理学家将"天理""人欲"对立起来,进而以天理遏制人欲,带有自我色彩、个人色彩的情感欲求受到强大的约束。理学专求"内圣"的经世路线以及"尚礼仪不尚权谋"的致思趋向,则将传统儒学的先义后利发展成为片面的重义轻利观念。但与此同时,理学强调通过道德自觉达到理想人格的建树,也强化了中华民族注重气节和德操,注重社会责任与历史使命的文化性格。张载庄严宣告:"为天地立心,为生民立命,为往圣继绝学,为万世开太平";顾炎武在明清易代之际发出"天下兴亡,匹夫有责"的慷慨呼号;文天祥、东林党人在异族强权或腐朽统治势力面前,正气浩然,风骨铮铮,无不浸润了理学的精神价值与道德理想。

　　——张岱年、方克立:《中国文化概论》,北京:北京师范大学出版社,2004 年,第77 页

**教师设问**:结合材料和所学分析理学的影响。(参考答案:积极——重建儒学信仰体系;重视主观意志的力量,注重气节、品德,有利于构建理想人格;强调人的社会责任和历史使命,利于塑造中华民族精神;有利于社会和谐。消极——用三纲五常维系封建专制;扼杀人们的自然欲求;不利于自然科学的发展)

**(设计意图)**本问考查学生运用唯物史观对程朱理学进行综合分析与价值判断的能力。本环节指向的是:学生能够自觉地将唯物史观运用于对理学影响的分析与判断中;能够在充分占有史料的基础上,对理学影响进行合理解释。

**教师引导学生分析:**(结合教材第 67 页"学思之窗"设问讲解)朱熹还对儒学教育进行了深入探索。他从早期儒家典籍《礼记》中抽出《大学》《中庸》两篇文章,加上分别记录孔子、孟子言论的《论语》《孟子》二书,合编为"四书",并且加以注释,作为先于"五经"的儒学基础读物。1313 年,元朝宣布将儒家经书作为科举考试的基本内容,答题标准以程朱理学的解释为主。

　　宋元重建信仰体系,使儒学有了新的生命力。儒学重视主观意志的力量,注重气节、品德,有利于构建理想人格和塑造中华民族精神。但程朱理学提倡的"存天理,灭人欲",用三纲五常维系封建专制,从南宋后期起,程朱理学受到官方尊崇,在历史上产生了深远影响。

**(过渡)**宋代理学讲究由心而发,格物致知,理学的兴起使文人更加注意内心的修养,在文学艺术方面也产生了深远影响。

### (二) 雅俗共存的文学艺术

#### 1. 精致的士大夫文化

**材料九**　与理学着意于知性反省、造微于心性之际的趋向相一致,两宋的士大夫文化也表现出精致、内趋的性格。词起源于市井歌谣,因文人介入而趋于雅化。与含义阔大、形象众生的诗不同,词小而狭,巧而新。它侧重音律和语言的契合,造境摇曳空灵,取径幽约怨悱,寄托要眇怅惘,极为细腻,极为精致。尽管宋代词坛还有别一番风貌的歌唱,这就是由苏

轼开创的,以辛弃疾为代表人物的豪放词风,但词坛的主流始终是"婉约""阴柔",集中反映出两宋文人士大夫与唐人大不相同的心境和意绪。

——张岱年、方克立:《中国文化概论》,北京:北京师范大学出版社,2004年,第78页

**教师设问:**结合材料归纳两宋士大夫文化的发展趋势。(参考答案:精致、细腻、内省)

**教师讲述:**两宋士大夫精致、细腻、内省的文化趋势集中体现在宋词和文人画中。宋代是词高度繁荣的时期,词为宋代文学的标志。从文化史的角度而言,词是中国文人的特殊形态的歌,是民间流行的长短句歌词发展而来的一种新诗体,按特定的乐调曲谱填制歌词。

**材料十** 中国士人的地位,至宋有一个显著的改变。以世俗地主经济为基础建立起来的赵宋政权明确昭示"(本朝)与士大夫治天下"。这一治国方针的推行,使宋代文官多、官俸高、大臣傲、赏赐重。宋太祖又"勒不杀士大夫之誓以诏子孙",以至"终宋之世,文臣无欧刀之辟"。如此时代文化氛围,自然培育出一个规模庞大的士大夫阶层,他们与前代文人相比,文人意识更为自觉,他们的文化创造活动,也因此渗透着更为强烈的文人气质。

——冯天瑜:《中华文化史(下)》,上海:上海人民出版社,2005年,第530页

**教师设问:**根据材料并结合所学知识,分析宋朝文化发达的政策因素。(参考答案:"与士大夫治天下""勒不杀士大夫之誓以诏子孙"的统治思想和政策,造成了士阶层的壮大,他们是宋代文化繁荣的主力军)

**教师设问:**综合第三单元所学内容,分析宋词繁荣的原因。(参考答案:城市经济的发展,是宋词兴盛的物质基础;市民阶层的扩大,要求丰富的文化娱乐生活;两宋社会矛盾、民族矛盾尖锐,用词更能表达思想情感;科举制度的影响;宋代重文轻武的统治思想和政策等)

**(设计意图)**本问引导学生自觉运用社会存在决定社会意识的唯物史观解释相关论题和探究宋词繁荣的原因。本环节指向的是:将宋词繁荣的原因放在特定时空框架下,进行分析、综合、探究,以培养学生的时空观念素养水平4。

**(过渡)**宋词雅,书画也雅。宋元两朝,书法名家辈出,与唐朝相比更加追求个性,不拘法度。苏轼在《跋宋汉杰画山》一文中提出"士人画"这一观念,强调融诗歌、书法于绘画之中,以绘画来表现文人意趣。以此文化心理为总背景,两宋绘画富于潇洒高迈之气与优雅细密、温柔恬静之美。

(2)文人画

**材料十一** 苏轼在诗、书、画同体方面有大量议论。苏轼认为,诗、画之所以相通,在于它们都是从作者胸臆中流出。他在诗中一再吟唱道:"神机巧思无所发,化为烟霏沦石中。古来画师非俗士,摹写物象略与诗人同。"……"诗不能尽,溢而为书,变而为画。"总之,诗、书、画皆是世人心迹的表现。……他还说:"以诗为有声画,画为无声诗。盖诗者心声,画者心画,二者同体也。"

——冯天瑜:《中华文化史(下)》,上海:上海人民出版社,2005年,第538页

**教师设问:**归纳总结宋代文人画的特征。(参考答案:诗、书、画一体;格调高雅;神韵超然)

**教师讲述:**文人画是文人士大夫理想品格的外在表现,不强调写实。有言:"高雅之情一寄于画,人品既高矣,气韵不得不高,气韵既高矣,生动不得不至。"正是着眼于表现文人士

大夫的理想人格,宋人偏爱画竹、画梅、画菊。士大夫对"气韵"高度推崇,他们认为"神韵是绘画成为艺术珍品的关键条件"。花鸟画、人物画水平也很高。

**(过渡)**宋词、宋画、宋文以及宋代理学构筑成一个精致辽阔的上层文化世界,而在这一世界之外,别有一种文化形态崛起,这就是在熙熙攘攘的市井生活以及人头攒动的瓦肆勾栏中成长起来的野俗而生动的市民文化。

**2. 勃兴的市民文化**

(1) 话本、风俗画

**材料十二**　史学家们估计,北宋东京大约有一百三十六万人口,人口密度每平方公里三万八千人左右。……《清明上河图》显示的市场交易相当繁荣,汴京街道两旁并列着各种牌号的店铺、作坊,其中有酒楼饭店,也有金银铺、质库和医铺,街上的小商小贩,更不可计数。……到南宋末年,临安人口已逾百万……临安城居民中,从事工商业的居民也数量可观,他们总数量达二十万,约占城区居民的三分之一左右。

——冯天瑜:《中华文化史(下)》,上海:上海人民出版社,2005 年,第 548—551 页

**教师设问:**材料反映出怎样的历史现象?(参考答案:宋代都市经济的发展;市民人数多;风俗画展示市民文化)

**教师讲述:**宋代城市的扩大和市镇的兴起,使宋朝的城市人口大量增加,形成了庞大的市民阶层。随着市民阶层的扩大,适应市民文化需要的文化形式应运而生,如瓦舍、勾栏等场所,话本、杂剧、风俗画等文学艺术形式。市民是一个文化素养比贵族文人低,社会见识比山野农民广的社会阶层,市民们无意于追求典雅的意境、浓郁而迷茫的诗情,无心于细细品味那种空灵、含蓄、主观性强烈的美学形态和艺术形式。他们所醉心的是具有容量、具有情节的绵密的故事。因此宋元城市中,说书演出非常盛行。说书底本称为话本,实际上就是早期的白话小说。著名的《清明上河图》也反映了当时繁盛都市生活的一个侧面。

**(过渡)**宋代市民文化的代表是话本和风俗画,元代则是元杂剧。

(2) 元曲及元杂剧兴盛的原因

**教师讲述:**元朝文学的主要成就是曲,包括散曲和杂剧。散曲是一种比词更灵活、更通俗的长短句配乐诗歌体裁,更加适合市井演唱的需要。最著名的当属马致远的《天净沙·秋思》。"枯藤老树昏鸦,小桥流水人家,古道西风瘦马。夕阳西下,断肠人在天涯。"王国维《人间词话》曰:"文章之妙,亦一言蔽之,有境界而已。精品,不可不读;美文,不可不品。一曲《秋思》,心中隐隐作痛,悲泪欲出。"

演员将成套的散曲连缀在一起歌唱,辅以音乐、舞蹈、表演、道白,安排不同的角色,来表达一个完整的故事情节,形成了杂剧。元杂剧标志着我国古代戏曲艺术的成熟,代表作家有关汉卿、王实甫等。

**材料十三**　余秋雨在《中国戏剧文化史》中指出,元杂剧在精神上有两大主调:第一主调是倾吐整体性的郁闷和愤怒;第二主调是讴歌非正统的美好追求。

在关汉卿的名作《窦娥冤》中……窦娥发出惊天动地的呼喊:"地也,你不分好歹何为地?天也,你错勘贤愚枉做天!"这是 13 世纪中国人民整体性的郁闷和愤怒之情……

元杂剧艺术家对自由和爱情的歌颂也自有其代表作品,这就是"天下夺魁"的《西厢记》……它高呼出瑰丽而奇峭的理想宣言:"愿天下有情的都成了眷属。"

　　　　　　　　——冯天瑜:《中华文化史(下)》,上海:上海人民出版社,2005年,第584—586页

　　**教师设问**:结合时代背景,分析关汉卿的《窦娥冤》反映了当时知识分子为何郁闷和愤怒? 王实甫的《西厢记》又如何体现出鞭挞社会现实和对非正统的美好追求? (参考答案:原因——蒙古统治者的民族歧视、文化辖制与思想禁锢。体现——鞭挞宗法专制社会正统观念和正统文化;对自由和爱情的美好追求)

　　**教师引导学生分析**:元杂剧繁荣的原因可从当时的时代背景分析:元代城市经济的复苏和繁荣,市民阶层对文化的强烈需求;元代科举长期停止,知识分子地位低下,了解民间疾苦,创作热情洒入杂剧;关汉卿等戏曲艺术家对戏曲艺术的热爱和贡献;元杂剧本身形式活泼、语言通俗,容易为人们所接受。

　　**(过渡)**美国历史学教授、汉学家伊佩霞在《剑桥插图中国史》一书中说:"11、12、13世纪的中国是当时世界上首屈一指的国家。"[1]在中国文化趋向成熟、精密化的背景下,古代科技在宋代亦发展至极盛,是我国古代科技史发展的高潮和黄金时期。

### (三)极盛一时的科技

#### 1.影响人类文明进程的三大发明

　　**教师讲述**:指南针、印刷术、火药武器三大发明被后人视为宋朝科技最为突出的成果。

　　**材料十四**　宋代开国以来,实行更为严厉的中央集权措施,虽然产生不少弊端,但相关的政策也在一定时期内营造了相当稳定的政治环境,而这种政治环境对于科学的发展是必要的条件。

　　而且,宋代的地租变革放宽了土地买卖的自由度,刺激了庶族地主和一般自耕农的生产积极性;商品市场的发展,也促进了财富的流动和增值。在经济因素的支持下,科学研究和技术开发的活动便得以投放更多的资源。

　　自隋唐开始实行的科举制度,至宋代趋向成熟,取士不问门第,"工商杂类人内有奇才异行、卓然不群者",都有机会借此进入仕途,提升社会地位,发挥个人的才能。相应地,处于较低社会地位的科技人才,更容易循着科举之途进入官僚体系,凭借官方的资源以从事科学研究。

　　　　——施仲谋、杜若鸿主编:《中华文化撷英(下)》,北京:北京大学出版社,2010年,第55页

　　**教师设问**:根据材料结合所学知识,概括宋代科技发展的社会条件。(参考答案:稳定的政治环境;社会生产力进步;商品市场的发展;科举制的发展;对前代文化成果的继承等)

　　**材料十五**　2001年6月,联合国教科文组织终于认定,在韩国清州发现的《白云和尚抄录佛祖直指心体要节》(印刷于1377年)为世界最古老的金属活字印刷品。2005年9月,由韩国政府资助,联合国教科文组织在清州为《白云和尚抄录佛祖直指心体要节》举行了大型纪念活动。

　　　　　　　　——江晓原:《技术与发明》,上海:复旦大学出版社,2010年,第128页

　　**教师设问**:在中韩活字印刷术发明权之争中,怎样证明活字印刷术的发明权仍属中国?(参考答案:宋代著名科学家沈括的《梦溪笔谈》记载:在宋仁宗庆历年间(即公元1041—1048

---

[1] 〔美〕伊佩霞:《剑桥插图中国史》,济南:山东画报出版社,2002年,第117页。

年,毕昇)制成了胶泥活字,实行排版印刷,早于《白云和尚抄录佛祖直指心体要节》300 余年)

**教师引导学生分析:**即使朝鲜首先使用了金属活字,那也只是在毕昇活字印刷术的基础上所做的技术性改进或发展,这与"发明活字印刷术"不可同日而语。中国人在雕版印刷术和活字印刷术上的发明权都是不可动摇的,韩国充其量只是夺得"铜活字印刷术"的发明权而已!

**材料十六**　火药和指南针这两项中国的伟大发明,在宋朝得到了重要发展。……到了宋朝,火药开始在战场上广泛应用。北宋兵书《武经总要》,记载了毒药烟球、蒺藜火球和火炮火药三种火药配方,这是世界上最早的火药配方。……三种火药,仍属于延烧性、纵火性兵器。南宋时,火药的硝石、木炭含量进一步增加,发展成为爆炸性火药。同时,又使用了引信和铁质火药罐,大大增强了火药的威力。

　　——刘炜主编,杭侃著:《中华文明传真(两宋)》,上海:上海辞书出版社,2001 年,第 70 页

**教师设问:**据材料并结合所学回答,宋朝火药武器有什么变化? 结合所学分析宋朝火药武器发展迅速的原因。(参考答案:变化——燃烧性火器发展成为爆炸性火器和管形射击火器。原因——宋朝战事频繁;政府重视)

**材料十七**　中国早期制造指南针的方法,是"以磁石磨针锋,则能指南"。北宋则开始利用地磁感应来制作指南针。方法是将薄铁片剪裁成鱼形,以炭火烧红,然后取出铁片,让鱼尾对准子位,蘸在水盆之中,在地球磁场作用下,铁片便会被磁化,成为指南针。……当时较多使用漂浮式和缕悬式指南针,它们后来分别演变成"水罗盘"和"旱罗盘"。……磁针贯穿灯心草,放入盛水的瓷碗内,借助浮力,使磁针浮于水面,指示南北。这种指南针实用性强,最先应用于航海导航。

　　——刘炜主编,杭侃著:《中华文明传真(两宋)》,上海:上海辞书出版社,2001 年,第 71 页

**教师设问:**指南针在宋朝通过改良取得怎样的突出成就? (参考答案:人工磁化的方法造出指南针和制作漂浮式指南针,发展为"水罗盘",实用性强,最先应用于航海导航)

**教师讲述:**这三大发明和造纸术对世界文明的进程起了极大的推动作用,正如马克思所说"火药、指南针、印刷术——这是预告资产阶级社会到来的三大发明。火药把骑士阶层炸得粉碎,指南针打开了世界市场并建立了殖民地,而印刷术则变成新教的工具,总的说来变成科学复兴的手段,变成对精神发展创造必要前提的最强大的杠杆"。四大发明传入欧洲以后,成为欧洲由封建社会向资本主义社会过渡的强大力量,推动了欧洲社会的发展,给欧洲乃至世界历史进程带来了深远影响。

**(过渡)**宋元三大发明的成熟及外传,极大地促进了人类文明进程。无独有偶,北宋还出现了"中国科学史上的里程碑"——沈括,再次光耀千古。

**2. 杰出的科学家和农学家**

**教师讲述:**沈括,北宋政治家、科学家,被誉为"中国整部科学史中最卓越的人物"。其代表作《梦溪笔谈》,内容丰富,集前代科学成就之大成,在世界文化史上有着重要的地位,被誉为"中国科学史上的里程碑"。

郭守敬,著名的天文学家、数学家、水利工程专家。其最突出的成就是设计和监制多种

天文观测仪器,主持全国范围的天文测量,编定新的历法《授时历》,其中测定的数据在当时世界上处于领先地位。

元朝农学家王祯编撰的《农书》,集北方和南方的农业技术于一体,其中关于农业工具的记载尤为丰富。

**(过渡)**辽宋夏金元时期,是文化的大发展时期,也是民族之间战争、交往频繁时期。正如基辛格所言:"当两个民族发生沟通时,我们倾向于把它视为两种文化的互动。"

### (四)交汇融合的文化

**教师讲述:**辽夏金元统治者,在与汉族交往时,特别注重本民族文化的建设,譬如辽、夏、金都模仿汉字字形,创造了本民族文字。金科举中开设女真进士科,用女真文字答题。辽夏金元统治者都学习儒家经典,学习汉族典章制度等先进文化。当然,文化的互动是由人的互动来完成的。

**材料十八** 辽太宗于会同三年(940)宣布:"契丹人授汉官者,从汉仪,听与汉人婚姻。"契丹族民谣:"垂杨寄语山丹,你到江南艰难,你那里讨个南婆,我这里嫁个契丹"。

　　——徐杰舜:《宋辽西夏金民族互动过程述论》,载《黑龙江民族丛刊》2005 年第 6 期

**教师设问:**材料反映什么历史现象?(参考答案:在民族交融的互动之中,契丹族与汉族之间结为秦晋之好已成普遍现象)

**材料十九** 契丹文字,契丹建国之初,就着手创造自己的文字。神册五年(公元 920 年)创制契丹大字,后来又创制契丹小字。……

西夏文字是仿照汉字而创立的词符文字,保留了方块字的字形,乍看好像可以辨识,细看则无一字与汉字相同。……

女真文字在立国不久就创立了,它是仿照契丹文和汉文加以改进后的音节拼音文字,也有大字、小字之分,字体有些像简化汉字。……

蒙古文字。成吉思汗任用畏兀儿人塔塔统阿,以畏兀字母书写蒙古语,创制了畏兀儿体蒙古文。忽必烈继位后,命八思巴创制蒙古新字……习惯称蒙古新字为八思巴文。八思巴文属于脱胎于藏文的拼音文字,在字体上参照了蒙古畏兀字和汉字的书写及构字方式。

　　——刘炜主编,杭侃著:《中华文明传真(辽夏金元)》,上海:上海辞书出版社,2001年,第 68—69 页

**教师设问:**北方少数民族创立文字有何意义?(参考答案:文字是衡量民族文化发展水平的标志,北方少数民族创立文字,是其文化进步的表现;中华文明是多民族共同创造的)

**(设计意图)**本问考查学生理解宋元时期北方少数民族创立文字的意义,形成民族认同感。本环节指向的是:通过了解少数民族创立文字的意义,引导学生理解中华民族优秀传统文化;认识中华民族多元一体的历史发展趋势,培养学生对民族、国家的认同感。

**教师讲述:**辽宋夏金元时期是中华民族和中国社会发展变化的重要阶段。宋朝结束了中原地区长期的藩镇割据局面,重建了中央集权的封建王朝;辽、西夏、金朝也在北部边疆地区实现了空前的统一,促进了边疆的开发。辽宋夏金元时期,民族大迁徙,各民族之间广泛深入的经济文化交流促进了少数民族的进步,也使辽夏金元政权迅速接受了中原王朝的统治制度。民族交融使中华民族得到空前的发展。

**【课堂小结】**

**教师引导学生小结：**辽宋夏金元时期文化高度繁荣，是我国封建文化的高峰。如三大发明的成熟，理学是中国后期封建社会最为精致、完备的理论体系，宋词、元曲、世俗文学、绘画颇有成就等。其次，雅俗共存的文学艺术、精致细腻的士大夫文化和市民文化并存。再次，科技发展处于世界领先地位，大大推动了世界文明的进程。第四，汉族和少数民族文化相互交融，少数民族为祖国文化繁荣发展作出了重大贡献。

# 教学设计2

安徽省淮北市实验高级中学　梁　松

## 一、教材分析

本课是部编本《中外历史纲要（上）》第三单元《辽宋夏金多民族政权的并立与元朝的统一》第12课，包括"儒学的复兴""文学艺术""科技""少数民族文字"四个子目的内容。本课内容是在对辽宋夏金元政治、经济等内容学习的基础上，探讨社会文化方面的变化。在思想上，这一时期最为突出的表现是儒学的复兴并出现了理学，同时，儒学也在向少数民族地区扩展；文学艺术方面，词和曲的发展最为突出，这与宋元时期商品经济的发展、市民阶层力量壮大有着很大的联系；科技方面，这一时期是中国古代科技发展的定型时期，取得了辉煌的成就；同时，少数民族地区的文化也有了很大的发展。辽宋夏金元时期，中国从分裂最终走向了统一，文化方面也在不断发展和融合，促进了统一多民族国家的发展。

《普通高中历史课程标准（2017年版）》对本单元的要求是：通过了解两宋的政治和军事，认识这一时期在政治、经济、文化与社会等方面的新变化；通过了解辽夏金元诸政权的建立、发展和相关制度建设，认识北方少数民族政权在统一多民族封建国家发展中的重要作用。课标中涉及本课内容的主要是这一时期文化的新变化，最后落脚到北方少数民族政权在统一多民族国家发展中的重要作用。因此，本课的教学设计以儒学的发展、儒学对文学艺术和科学的影响、儒学向周边少数民族地区的扩展来诠释这一时期文化的变化与发展。最后，通过这一时期文化发展历程的学习，使学生认识到中华文明的发展是各民族共同努力的结果。

## 二、学情分析

学生通过对本单元前三课的学习，对辽宋夏金元的政治制度、军事建设、经济发展以及民族关系方面的知识已经有所了解，为本课的学习打下了良好的基础。但是，由于本课课程内容较多，线索复杂，时间跨度又特别大，同时历史课的课时量又相对有限，不利于学生的学习。本课涉及思想文化的内容，本身对学生来说相对抽象和枯燥，比如对理学这一概念的理解就比较困难。同时,学生也很难准确地把握政治、经济与思想文化之间的辩证关系,往往陷入机械的记忆。因此在教学过程中,教师需要通过精选史料创设生动的历史情境,激发学生的学习兴趣,也要讲解清楚概念,从逻辑上理清政治、经济与思想文化三者之间的关系。

## 三、教学目标

1. 通过自主学习,了解辽宋夏金元时期文化领域新变化的主要表现。

2. 通过史料研习与合作探究,了解这一时期文化出现新变化的时代背景,理解政治、经济的发展与文化发展之间的辩证关系,提升用唯物史观分析问题的能力。

3. 通过史料研习,理解中原文化与少数民族地区文化交流的重要作用,认识到中华民族多元一体的历史发展趋势,学会正确评价各民族文化,涵养家国情怀。

## 四、教学重难点

重点:辽宋夏金元时期文化发展的表现与趋势;儒学的复兴。

难点:儒学的复兴;辽宋夏金元文化繁荣的原因。

## 五、教学过程

【导入新课】

材料一

图 1　元朝孔子墓碑

**教师讲述:**图1展示的是孔子的墓碑,墓碑上的文字为"大成至圣文宣王",这是在元朝大德十一年(1307),由新即位的元武宗所加封。元朝作为蒙古族建立的政权,为什么会如此尊崇孔子呢? 今天就让我们共同学习《辽宋夏金元的文化》,来寻找这一时期文化发展的历史轨迹。

**(设计意图)**用图片导入,有利于吸引学生的注意力,提升学生学习兴趣,同时也点出本课的主题,以儒学为基础,探讨儒学与文学、科学以及边疆少数民族地区文化发展的脉络关系。

**(过渡)**孔子在历史上不断被统治者加封,实际上反映了政府对儒学的重视。在宋明时期,儒学的发展首先体现在理论的创新上。

【学习新课】

### (一)儒学,在创新中发展

#### 1. 儒学复兴运动

**教师设问:**阅读教材第 66 页,分析儒学地位下降的原因有哪些。

**教师引导学生阅读教材并分析:**儒学地位下降主要来自两个方面的原因,其一是儒家学说自身发展的僵化,其二为佛教、道教的传播冲击了儒学的发展。面对这种状况,从唐朝后期开始,儒学家掀起了儒学复兴运动。

**材料二** 儒学复兴运动自唐末韩愈、李翱肇其端以来,自始便有一明确的方向,即归向孔孟之原教,而排斥佛老异端及超越汉唐经学传统。但除此以外,正如余英时所正确指出的那样,宋初的古文运动、政治改革运动和道学的兴起都"贯穿着一条主线,即儒家要求重建一个合理的人间秩序"[①]。

——郑臣:《宋代儒学复兴运动中的二程》,载《长春理工学院学报》2012 年第 8 期

**教师设问:**根据材料,指出儒学复兴运动的方向与最终目的分别是什么。(参考答案:方向——排斥佛教、道教和汉唐经学传统,回到先秦儒学。最终目的——重建政治文化秩序)

**教师讲述:**面对佛道的冲击和儒学自身发展的困境,一些儒学家借鉴和吸收佛道思想,形成了一种新的思想体系,提出了"理"的概念。

#### 2. 理学的兴起

**材料三** 二程不但共同在哲学本体论上提出"天理"论,而且在政治上也同样强调以天理作为治理国家的准则和依据。在他们看来,天地之道的另一个名称就是"理",它是事物和谐运作的基本原则。一切事物都是天地的产物,因此都具备理,同时在内部也都是协调一致的。[②] 因而"天理"作为天下万物的根本准则,同时也是治世的根本准则,圣人必须遵循天理而治天下。[③]

——郑臣:《宋代儒学复兴运动中的二程》,载《长春理工学院学报》2012 年第 8 期

---

① 余英时:《朱熹的历史世界》,北京:生活·读书·新知三联书店,2004 年,第 45 页。

② [美]包弼德:《历史上的理学》,杭州:浙江大学出版社,2010 年,第 61 页。

③ 曹德本:《宋元明清政治思想研究》,沈阳:辽宁大学出版社,1987 年,第 51 页。

**教师设问**：理学是如何发展孔孟的"仁政""王道"思想的？（参考答案：将王道理想建立在"天理"的基础之上）

**教师讲述**：二程认为天理是宇宙万物的本原，也是治理国家的准则和依据。这样二程就把社会发展与宇宙运行贯通起来，将政治上升到天理的高度，实际上就是在强调伦理道德的重要作用。因此，理学特别强调道德修养。

**材料四**　李从之问："'壹是皆以修身为本'，何故只言修身？"曰："修身是对天下国家说。修身是本，天下国家是末。"

——〔宋〕黎靖德编，王星贤点校：《朱子语类》卷十五《大学二·经下》，北京：中华书局，1986年，第307页

**教师设问**：朱熹是如何看待修身与治国平天下之间的关系的？（参考答案：修身先于治国）

**教师讲述**：由此可以看出，程朱理学特别强调对个人道德修养的重视，后来朱熹编订《四书章句集注》，将《礼记》中关于学习和修身的《大学》《中庸》两篇文章单独拿出编入四书，实际上看重的就是其关于修身的价值。理学家认为，人人都要通过修身，提高自己的道德修养，进而达到"圣人"的精神境界。

到了南宋宋理宗时期，理学得到官方的认可和推崇，淳祐元年（1241），理宗分别追封周敦颐、程颢、程颐、张载为汝南伯、河南伯、伊阳伯、郿伯，与原先所封的信国公朱熹同为儒学嫡传正宗，令学官列入孔庙祭祀，理学终成为儒学正统，在历史上产生了深远影响。

**（设计意图）**本环节主要培养学生自主学习和阅读史料获取信息的能力，通过自主学习和史料研习，了解儒学遭受冲击的原因和儒学复兴的主要表现。本环节指向的是：（1）时空观念素养水平3——能够把握相关史事的时间、空间联系，并用特定的时间和空间术语对较长时段的史事加以概括和说明。（2）史料实证素养水平3——在探究特定历史问题时，能够对史料进行整理和辨析；能够利用不同类型史料，对所探究的问题进行互证，形成对该问题更全面、丰富的解释。（3）历史解释素养水平2——能够选择、组织和运用相关材料并使用相关历史术语，对个别或系列史事提出自己的解释。

**（过渡）**理学的兴起，标志着儒学得到了全面的复兴。这种复兴影响了社会生活的方方面面，其中也包括对文学的影响，而两宋时期最具有代表性的文学形式莫过于词。

### （二）文学，在开放中繁荣

#### 1. 宋词

**（教师讲述）**词出现于唐朝后期，它的句子长短不等，可以用来配乐演唱，迎合了市民阶层的文化欣赏需求。词刚兴起的时候，文人士大夫阶层对词的态度并不十分积极。

**材料五**　从词的传播可估测宋初的词学价值观：第一，词作为南方小国的亡国之音，是人人望而生畏的文化腐朽物。除为南方颓废文风和士风的载体外，充其量只能起鉴戒作用。第二，词是宣扬秽德、恶意中伤别人的政治工具。如陶穀使江南狎娼作〔风光好〕，据考即政敌中伤他的伪作。第三，词是伶人之事，乃伤风教、损士德、亡国破家、损寿伤身之物，为词谶不祥之音。

——张春义：《宋代士大夫之词与儒学复兴》，载《中国文化研究》2009年第3期

**教师设问：**材料反映宋初士大夫如何看待词的价值？（参考答案：亡国之音、宣扬秽德、恶意中伤别人的政治工具、伶人之事）

**教师讲述：**由此可见，宋初的士大夫们是看不起词的创作的，因此，宋初几十年词的创作量很少。这种状况随着文人士大夫态度的变化而发生了改变，其中又与儒学的复兴有着很大的联系。

**材料六** 在思想转型期词学领域的诸多变化中，士本特征和人本特征是儒学复兴影响于词学的两个亮点。宋代士大夫之词固然表现出"士大夫化"的新形态，但处于儒学复兴期的新词学，新审美趋型中仍有低层位文化残余。

——张春义：《宋代士大夫之词与儒学复兴》，载《中国文化研究》2009年第3期

**教师设问：**儒学复兴对宋词的发展有何影响？（参考答案：表现出"士大夫化"的新形态；具有士本特征和人本特征）

**教师讲述：**大量文人士大夫认可并参与了词的创作，这推动了词创作水平的快速提高以及传播范围的扩大。不仅如此，随着理学的兴起，词的思想内涵也越来越受到理学的影响。

**材料七** 理学对词创作的影响在于，以理入词，拓展了词的表现内容，丰富了词的思想内涵，强化了词的哲理色彩。宋词中有一些具有哲理意味的词篇，其创作主体既有理学家，也有文士词客，不同的是，理学家词人主要表现理学义理，文士词客则表达包括佛禅理道、客观规律及人生法则在内的宽泛的哲理。

——张文利：《论宋代理学家的词及理学对宋词的影响》，载《文学遗产》2008年第5期

**教师设问：**宋代理学对词的创作产生了怎样的影响？（参考答案：拓展了词的表现内容，丰富了词的思想内涵，强化了词的哲理色彩）

**教师讲述：**宋初的时候，词作为南方小国的亡国之音，是人人望而生畏的文化腐朽物，体现着南方颓废文风和士风。词最初也是城市和商品经济发展之后，满足市民阶层需要而兴起的通俗音乐，但是在理学的影响下，词被赋予了更高的思想内涵。比如民族英雄岳飞和爱国诗人辛弃疾等，都写出了很多高亢嘹亮的诗句。

宋朝词的创作空前繁荣，这种繁荣一方面是由于商品经济的发展和城市的繁荣，从而使市民阶层力量壮大，需要更符合其要求的审美形式；另一方面则是因为宋朝文化的繁荣，大量文人士大夫参与了词的创作，改变了其创作风格，特别是随着儒学的复兴以及理学成为官方思想，词的思想内涵发生了巨大的改变。

**（过渡）**词的理学化一方面提升了词的思想内涵，另一方面也拉开了与市民审美之间的差距。于是，一种比词更通俗、更灵活的艺术——元曲发展起来了。

**2. 元曲**

**材料八** 反过来，城市的繁荣，经济的发达，生活的便利，文化生活的丰富，以及首都所独有的个人发展机会的优势，又使得城市吸纳能力急剧增强，吸引了来自世界的目光和人才到此定居。……大都人口的基本构成、文化素养、价值观念和审美取向对文化产品的生产和发展起着至关重要的决定性作用，是观众决定了杂剧的基本面貌。

——傅秋爽：《城市、商业、市民——大都杂剧繁荣的客观条件》，载《泰山学院学报》2011年第4期

**教师设问：** 元曲兴盛的客观原因有哪些？（参考答案：城市的繁荣，经济的发达；文化生活的丰富；市民阶层数量增加）

**教师讲述：** 随着商品经济的进一步发展和城市的进一步繁荣，丰富多彩的城市生活呼唤更加适合市井演唱需要的娱乐形式。元曲能够兴盛，与元朝特殊的政治文化环境有关系。

**材料九** 异质文化撞击下导源的反理学崇人性的潮流的发展，夷狄文化对礼教文化的猛烈冲击，打破了人们传统的思维格局和心理定势，启动了人们对旧传统、旧意识的逆反心理，促进了个体的自我意识的膨胀和情感的解放，促进了冲决宗法秩序羁縻和破除伦理规范束缚的意识的觉醒。作为文化载体的士人阶层也必不可免地历经了时代大潮的冲击，而传统文化知识的承当者——儒士由于权力地位和个人价值的空前失落，更敏感地捕捉和感受到时代潮汛的新信息，诱发了他们对历史的反思，对社会人生和价值观念的新的省悟和新的觉解。不少作家把这些新意识、新觉解揉进了文学作品中。

——吕养正：《宋元之际——异质文化流感与交孕的温床——元曲盛因新探之一》，载《吉首大学学报》1994 年第 3 期

**教师设问：** 材料说明元曲繁荣的原因是什么？（参考答案：异质文化冲击儒家思想）

**教师引导学生分析：** 元朝是一个疆域空前辽阔的大一统民族国家，各民族各地区不同类型的文化有了广阔的交流平台，可以说元曲的兴盛也是统一多民族国家文化交流的重要产物。随着元曲的发展，理学对其的偏见也发生了改变，一些儒学家甚至开始为元曲正名。

**材料十** 胡祇遹立论的根基便指向程朱理学。朱熹曾援引程颐之论曰："天地储精，得五行之秀者为人。其本也真而静，其未发也，五性具焉，曰仁、义、礼、智、信。形既生矣，外物触其形而动于中矣，其中动而七情出焉，曰喜、怒、哀、乐、爱、恶、欲。情既炽而益荡，其性凿矣。"①又称："喜、怒、哀、乐，情也。"②当个体遭遇抑郁之情，就必须寻求宣泄途径，方可使情重返真静之初。于是，宣泄抑郁之情就构成了元曲创兴的根本动力，也为元曲的生存寻找到了理学依据。

——甄洪永：《理学逻辑与元曲正名》，载《戏剧》2012 年第 3 期

**教师设问：** 材料说明胡祇遹为元曲正名的理学依据是什么？（参考答案：理学与元曲性情相通）

**教师引导学生分析并小结：** 元曲作为一种通俗的娱乐形式，反映了商品经济的发展和城市的繁荣，经过一大批作家的努力，元曲不断发展，甚至得到了理学家的认同，影响深远，其中元杂剧更是标志着中国戏曲艺术走向成熟。

**（过渡）** 儒学的复兴不仅影响了文学的创作，甚至影响到了当时的科学。宋元时期，科学有了很大的进步，印刷术、火药和指南针在宋朝基本定型，也出现了许多的科学家。这些科学家的科技思想与儒学也有很大的关系，特别是理学家"格物致知"的思想。

**（设计意图）** 以上几个环节主要培养学生分析、理解问题的能力，通过史料研读，理解宋词和元曲的繁荣与社会经济发展的内在联系，认识到理学对于文化艺术发展的影响。本环节指向的是：(1)唯物史观素养水平 3——能够将唯物史观运用于历史学习、探究中，并将其

---

① 〔南宋〕朱熹：《晦庵先生朱文公文集》，上海：上海古籍出版社、合肥：安徽教育出版社，2002 年，第 1899 页。

② 朱熹：《四书章句集注》，北京：中华书局，1983 年，第 18 页。

作为认识和解决现实问题的指导思想。(2)时空观念素养水平3——能够将某一史事定位在特定的时间和空间框架下;能够利用历史年表、历史地图等方式对相关史事加以描述;能够认识事物发生的来龙去脉,理解空间和环境因素对认识历史与现实的重要性。(3)史料实证素养水平3——在探究特定历史问题时,能够对史料进行整理和辨析;能够利用不同类型史料,对所探究的问题进行互证,形成对该问题更全面、丰富的解释。(4)历史解释素养水平2——能够选择、组织和运用相关材料并使用相关历史术语,对个别或系列史事提出自己的解释。

### (三)科学,在实践中进步

**材料十一** 格物致知是寻求理的最根本的方法,以二程为代表的思想家由此提出了复杂的认识论体系,这种认识论体系对指导人们去认识外部世界是相当重要的。……可以断定二程把"格物"直截了当地解释为"穷理"。这里事物包括自然和社会中一切物质现象和精神现象。

　　——周远全、赵世庆:《宋儒学对宋朝科技发展的影响》,载《延安大学学报(社会科学版)》2010年第4期

**教师设问:** 如何评价理学家提出的"格物致知"?(参考答案:在方法上具有科学性,有利于科学的发展)

**教师引导学生分析:** 虽然理学的最终目的是要寻求"道德之善",但其"格物致知"的认识论却带有很强的科学性。理学家认为"格物致知"就是推究事物,方能获得事物的知识,与西方重视实验探究的近代科学在方法论上具有一定的相似之处。所以,认为儒家思想一定会阻碍科学的发展这种说法具有一定的片面性。

**材料十二** 宋儒学思想中所蕴含的推动科学技术发展的宝贵的思想财富无论是怀疑批判之风、格物致知之法还是经世致用之学,都有力地证明了宋朝科技的发展不仅仅是继承了汉唐以来优秀的科技文化成果,其本身的宋儒文化对科技的发展的贡献也是功不可没的,至于中国近代科技为何落后于西方或者说近代科技为何不在中国产生的问题,如果把主要原因归为宋儒学的话,恐怕几千年的儒学文化都难辞其咎了。

　　——周远全、赵世庆:《宋儒学对宋朝科技发展的影响》,载《延安大学学报(社会科学版)》2010年第4期

**教师设问:** 据材料可知,宋代科学技术发展的原因有哪些?(参考答案:继承汉唐以来优秀的科技文化结果;理学推动科学发展)

**(过渡)** 宋代科技的发展除了与继承前代成果和理学的推动有很大关系之外,当时经济的发展也具有非常重要的作用。

**材料十三**

表1 《宋史》本纪中各学科的科技内容句频统计

| 学科 | 频次 | 学科 | 频次 |
| --- | --- | --- | --- |
| 自然科学理论与方法论 | 0 | 农业科学 | 298 |
| 数学 | 6 | 矿业工程 | 7 |

续　表

| 学科 | 频次 | 学科 | 频次 |
|------|------|------|------|
| 物理学 | 0 | 冶金工业 | 21 |
| 化学 | 9 | 金属工艺 | 105 |
| 天文学 | 958 | 轻工业和手工业 | 102 |
| 测绘学 | 6 | 建筑科学 | 194 |
| 地球物理学 | 117 | 水利工程 | 339 |
| 大气科学 | 507 | 交通运输 | 28 |
| 海洋科学 | 10 | 机械 | 23 |
| 自然地理学 | 16 | 武器 | 122 |
| 生物学 | 76 | 能源 | 16 |
| 医药卫生 | 73 | | |

——潜伟、吕科伟:《宋代科技政策的计量研究——以宋史本纪中记载科技内容为计量对象》,载《科学学研究》2007年第2期

**教师设问:**由表1可知,宋代的科技呈现怎样的特点?(参考答案:学科发展不均衡;理论性较弱,实用性强)

**教师引导学生分析:**宋代科技呈现出不平衡性的特点,重实用而轻理论,生产方面的实用科技占了绝大部分,这也反映了宋代科技的发展主要服务于生产的需要。元代的科技依然在不断向前发展。

**材料十四**　其次是交流的内容丰富。交流内容几乎是无所不包。由国外传入中国的主要有天文学、数学、医药学、地理学、炮术、动植物、香料、纺织品、建筑技术和建筑形式、机械工具等。由中国传到国外的主要有火药、印刷术、药物、中国地理、瓷器、纺织品、历法等。

——李迪、冯立升:《元代中外科技交流的发展与上都的作用》,载《内蒙古师范大学学报(哲学社会科学版)》2000年第2期

**教师设问:**阅读材料并结合教材,指出元代中外科技交流呈现怎样的特点。(参考答案:交流频繁;内容丰富;交流的国家和地区众多)

**(过渡)**宋元的科技发明不断向世界其他地区传播,为人类文明的进步作出了重要贡献,这反映了这一时期文化交流的不断扩大。与科技向外传播的同时,中原地区的文字也在向外不断传播,比如辽、西夏、金和元都创制了自己的文字,推动了边疆地区文化的发展。

**(设计意图)**以上几个环节主要培养学生分析、理解问题的能力,通过史料研读,理解宋元时期科技发展的特点。本环节指向的是:(1)唯物史观素养水平3——能够将唯物史观运用于历史学习、探究中,并将其作为认识和解决现实问题的指导思想。(2)史料实证素养水平3——在探究特定历史问题时,能够对史料进行整理和辨析;能够利用不同类型史料,对所探究的问题进行互证,形成对该问题更全面、丰富的解释。(3)历史解释素养水平2——能够选择、组织和运用相关材料并使用相关历史术语,对个别或系列史事提出自己的解释。

### （四）文化，在交流中传播

#### 1. 契丹、西夏文字的创制

**材料十五** 辽太祖神册五年（920 年），阿保机命令耶律突吕不和耶律鲁不古创制文字，他们在汉族知识分子的帮助下，"以隶书之半增损之，作文字数千，以代刻木之约"①，创制了 3 000 余字，即契丹大字，从此契丹族有了自己的文字。契丹大字和汉字的书写方式类似，每个字代表一个音节，有些大字直接假借汉字，还有一些是将汉字改造字形、增减笔画的仿造字。

———姜艳芳：《浅析辽代契丹族文化》，载《黑河学院学报》2018 年第 7 期

**教师设问：** 契丹文字的创制过程反映了什么问题？（参考答案：汉族文化进一步向边疆传播）

**教师讲述：** 契丹文字是在借鉴汉字的基础上创制的，这体现了汉文化对边疆的影响，不仅是辽国，西夏文字在创制过程中也反映了同样的问题。

**材料十六** 构成西夏文字最核心的原则是一群文字把一群特定的文字作为意符或音符而派生的方法。从这点上讲，可以说是完全模仿汉字的派生方法而产生的。并且，观察各个文字要素，会发现字形本身与汉字部首极为相似。但是，如果考察组合这些文字要素的方法和其组合结果而形成的字形以及文字之间的联合关系的话，汉字与西夏文字之间不并行的情况很少。

———西田龙雄：《西夏文字的分析》，载《西夏研究》2012 年第 2 期

**教师设问：** 根据材料可知，西夏文字与汉字有何联系？（参考答案：构字方法类似；部首类似）

**教师小结并过渡：** 本民族文字的创立，有利于促进民族文化的发展。少数民族政权不仅仅是在文字方面受到汉文化的影响，在制度和思想方面也一样不能例外，比如各国先后都实行了科举制度。

#### 2. 金朝制度的汉化

**材料十七**

表 2 金代科举考试题目出处频次统计表

| 题目出处 | 《尚书》 | 《周易》 | 《春秋》 | 《诗经》 | 《礼记》 | 《论语》 | 《史记》 | 《汉书》 | 《后汉书》 | 其他 |
|---|---|---|---|---|---|---|---|---|---|---|
| 使用次数 | 8 | 2 | 2 | 4 | 4 | 1 | 2 | 13 | 2 | 3 |
| 所占比例 | 24% | 6% | 6% | 12% | 12% | 3% | 6% | 38% | 6% | 9% |

———裴兴荣：《金代科举考试题目出处及内涵考释》，载《中央民族大学学报（哲学社会科学版）》2015 年第 2 期

**教师设问：** 材料反映金代的科举制度有怎样的特点？（参考答案：金代科举程序极为严

---

① 〔北宋〕欧阳修：《新五代史》卷七十二《四夷附录一》，北京：中华书局，1974 年，第 888 页。

格,出题基本限制在"五经三史"的范围;重视《汉书》《尚书》)

**教师讲述:**金朝仿行中原王朝实行科举制度,其考试的内容也都是以儒家经典和前四史为主,这就进一步促进了汉文化在少数民族地区的传播,影响这些地区经济和社会的发展。因为考试内容是儒家经典,必然会促进儒家思想的传播。

### 3. 儒家思想的传播

**材料十八** 西夏人庆三年(1146),仁孝帝十分尊崇孔子,重视儒学,直接诏封孔子为"文宣帝",是为历代对孔子的最高谥号。同时,仁孝下令各州、郡皆立文庙,学官祭祀,庙堂殿庭,宏敞高大,"如同帝制"。

——杨满忠、何晓燕:《从历代孔子谥号看西夏儒学的发展与贡献》,载《西夏研究》2015年第3期

**教师设问:**材料说明什么问题?(参考答案:西夏帝王重视孔子及儒学)

**教师引导学生分析:**各个少数民族国家之所以都重视儒学,是因为汉文化的先进性,各国为了巩固统治纷纷效仿。由于政府的推动,儒家思想在民间逐渐得到推广和认可。

从以上的材料可以看出,这一时期儒家思想广泛传播到少数民族地区,并被广泛地接受。

蒙古族兴起后,儒学并没有得到应有的重视。耶律楚材曾竭力向成吉思汗传授儒家学说,但这个时期蒙古统治者虽看重个别儒生文字算学、方技术数的本领,但没有把儒学本身看成一种十分重要的价值观,直到忽必烈时期,这种现象才得以改变。

**材料十九** 他(忽必烈——编者注)对儒学的重视,更是赢得了北方地区儒士大夫们对其政治统治的认同,得到时人的高度赞誉,如许衡说他"有爱民之誉,好贤之名,闻于天下,天下望之如旱之望雨"[1]。张德辉、元好问等人甚至在1252年尊他为"儒教大宗师"[2],忽必烈认为当之无愧,也欣然接受。可以说,忽必烈正是依靠这些儒士出谋划策,在北方地区推行儒学、以汉法治汉地,从而赢得了中原儒士大夫的政治文化认同,并帮助他在最高权力斗争中获得蒙古汗位。

——姜海军:《辽西夏金元儒学在北方地区的传播及影响》,载《华夏文化论坛》2016年第2期

**教师设问:**忽必烈重儒措施有何影响?(参考答案:赢得中原士大夫的政治认同)

**教师小结:**到了忽必烈时期,儒学在北方地区大规模、广泛地传播。自幼喜好儒学的忽必烈在金朝故地广招汉族人才,任用汉儒管理漠南地区,施展"大有为于天下"的抱负。最终,忽必烈依靠中原地区的支持,取得了权力斗争的胜利。元朝大德十一年(1307)元武宗加封孔子"大成至圣文宣王";1313年元朝宣布将儒家经书作为科举考试的基本内容,答题标准以程朱理学的基本解释为主。

**(设计意图)**本环节主要培养学生分析、理解问题的能力,通过史料研读,了解儒学在边疆地区的扩展,理解少数民族政权对中华文明发展的重要贡献。本环节指向的是:(1)唯物史观素养水平3——能够将唯物史观运用于历史学习、探究中,并将其作为认识和解决现实

---

[1] 〔元〕许衡:《鲁斋遗书》卷七《慎微》,台北:台湾商务印书馆,1986年,第401页。

[2] 〔明〕宋濂等:《元史》卷一百六十三《张德辉传》,北京:中华书局,1997年,第3825页。

问题的指导思想。(2)史料实证素养水平 3——在探究特定历史问题时,能够对史料进行整理和辨析;能够利用不同类型史料,对所探究的问题进行互证,形成对该问题更全面、丰富的解释。(3)历史解释素养水平 2——能够选择、组织和运用相关材料并使用相关历史术语,对个别或系列史事提出自己的解释。(4)家国情怀水平 3——能够把握中华民族多元一体的发展趋势,以及世界历史发展的进步历程,形成正确的世界观、人生观、价值观和历史观。

**【课堂小结】**

**教师引导学生小结:** 辽宋夏金元时期是中国历史上一个大分裂时期,但也是一个文化交流的重要时期。在这一时期,儒家思想实现了复兴,其影响扩散到了社会各领域,并传播到边疆少数民族地区;文学方面也呈现出繁荣昌盛的局面,以词、曲为代表的市民文学进一步发展;在各政权分裂对立过程中,汉文化进一步传播到各少数民族地区,这为元朝的统一奠定了基础,最终促进了统一多民族国家文化的发展。

第四单元

明清中国版图的奠定
与面临的挑战

# 第 13 课

# 从明朝建立到清军入关

## 教学设计 1

安徽省濉溪中学　李广元

### 一、教材分析

本课是部编本《中外历史纲要(上)》第四单元《明清中国版图的奠定与面临的挑战》第 13 课。本课介绍了明朝自太祖朱元璋立国到清军入关取而代之的历史。《普通高中历史课程标准(2017 年版)》对本单元的要求是：通过了解明清时期统一全国和经略边疆的相关举措，知道南海诸岛、台湾及其包括钓鱼岛在内的附属岛屿是中国版图一部分，认识这一时期统一多民族国家版图奠定的重要意义；了解明清时期社会经济、思想文化的重要变化；通过了解明清封建专制的发展、世界的变化对中国的影响，认识中国社会面临的危机。朱元璋建立明朝后，废除了千余年的宰相制度，建立了特务政治并实行严刑峻法，其后继者设立了内阁制度，明代的君主专制得以强化。但是君权强化的同时，也带来政治的乱局，以致明清之际的大儒黄宗羲在反思明灭亡的原因时指出"有明之无善治，自高皇帝(明太祖)罢丞相始也"。君主专制加强的同时，封建制度也开始走向了衰落。明太祖还确立了海禁的基本国策，以官方的海外贸易挤压民间贸易的空间，其子成祖为了宣扬国威，委派郑和下西洋，在加强与亚非等国联系的同时，也通过朝贡贸易获取了利益。但是这种航海活动无法长期持久进行，郑和之后再无"郑和"，在大航海时代即将来临之际，中国人开创了世界航海史上的壮举，但是又戛然而止，令人扼腕。明后期，随着政治腐败，阶级矛盾日渐尖锐，即使有明万历初期的张居正改革带来的新气象，但是随着万历皇帝在张居正死后的清算，万历新政也销声匿迹。最终，明王朝在明末农民起义的打击下灭亡。而李自成领导的农民起义军又被入关的清军打败，清朝得以建立。

本课涉及内容比较庞杂，主线并不明晰。为了提高教学的有效性，在教学设计时，将其整合为"航海时代的进与退""专制时代的荣与辱""变革时代的兴与亡"三部分，以探究明王朝的兴衰。

### 二、学情分析

经过初中阶段的学习，高一学生已经有了一定的知识储备；另一方面，部分学生通过阅读《明朝那些事儿》等通俗读物，对明朝的历史有了一定的认识。但是学生尚未建立起完整的知识体系,历史学科思维能力尚有很大的提升空间。如何在教学中调动他们的积极性,在引导他们认识历史本来面目的同时提升其核心素养,成为教学的关键。因此,在教学时,选用贴近学情的材料,创设契合学生认知特点的情境和问题,引导学生在掌握知识的同时提升学科思维能力。

## 三、教学目标

1. 通过阅读教材、自主学习,知道明朝废丞相、设内阁加强君主专制,郑和下西洋、戚继光抗倭,明末农民起义和清军入关、明清易代等史实。

2. 通过研读史料、合作探究,理解明朝加强皇权带来的影响,理解郑和下西洋在加强中国和亚非等地人民友好交往的同时,也带来了财政压力巨大等负面影响,最终明朝退出了历史舞台。

3. 认识明末农民起义的原因是专制制度加强和阶级矛盾激化的结果,明朝灭亡的主要原因在于自身的政治腐败。

4. 通过史料研读、合作探究,认识郑和下西洋为海上丝路的开拓、为中国和亚非人民的友好交往做出了巨大的贡献;民族英雄戚继光的抗倭行动彰显了中华民族好儿女的爱国精神,以增强民族自信心,加强对中华民族的认同。

5. 通过明清易代,认识中国封建社会发展的规律,加深对中国封建专制制度的认识,认清只有改革才能解决社会矛盾。

## 四、教学重难点

重点:明朝君主专制的加强;郑和下西洋和戚继光抗倭。
难点:全面认识郑和下西洋,理解明朝灭亡的原因。

## 五、教学过程

【导入新课】

材料一

图1　瑞应麒麟图(沈度序本)

——赵秀玲:《明沈度序本〈瑞应麒麟图〉研究》,载《西北美术》2017年第2期

**教师设问**：画作中的动物是什么？这种动物在明代被国人称为什么？它又是怎么来到中国的？（参考答案：长颈鹿；麒麟；随郑和船队进贡而来）

**教师引导学生分析**：画作中的动物是长颈鹿，明人称之为麒麟，原产于非洲大陆。明成祖永乐十二年（1414），榜葛剌的使臣随第四次下西洋的郑和船队运送一只长颈鹿来到京师，这是国人首次目睹作为吉祥象征的神兽——麒麟的风采。当年 8 月，明成祖刚刚取得第二次亲征漠北的胜利，麒麟这种稀世珍兽的出现，恰逢其时，被视为天下太平的象征，衬托出朱棣这一并非名正言顺的皇帝已获得"真龙天子"的身份。一时间，歌功颂德者多如牛毛，上至天子下至平民对此"麒麟"莫不欢欣雀跃。

**（设计意图）**以长颈鹿（麒麟）作为切入点，激发学生的思维，引导学生去探寻长颈鹿成为麒麟背后隐藏的历史真相。

**（过渡）**长颈鹿在明王朝的登台与消失折射了大海航时代初起时中国的进与退。

**【学习新课】**

**（一）航海时代的进与退**

**1. 进——郑和下西洋**
材料二

表 1　明朝"麒麟外交"汇总表

| 时间 | 与郑和下西洋的关系 | 长颈鹿输出国或地区 | 今所在位置 | 贡品来源的形式 | 备注 |
|---|---|---|---|---|---|
| 永乐十二年（1414） | 第四次下西洋期间 | 榜葛剌国 | 孟加拉 | 贡品 | 新国王赛勿丁遣使进贡 |
| 永乐十三年（1415） | 第四次下西洋期间 | 麻林国 | 肯尼亚的马林迪 | 贡品 | |
| 永乐十五年（1417） | 第五次下西洋期间 | 阿丹国 | 阿拉伯半岛，也门首都亚丁（Aden）一带 | 贡品 | |
| 永乐十九年（1431） | 第六次下西洋期间 | 阿丹国 | 同上 | 非贡品 | 郑和派周姓太监购买 |
| 宣德六年（1431） | 第七次下西洋期间 | 天方国 | 今红海东岸，指沙特阿拉伯境内的麦加 | 非贡品 | 郑和分派使者购买 |
| 宣德八年（1433） | | 苏门答腊 | | 贡品 | 郑和下西洋三使其国影响的结果 |
| 英宗正统三年（1438） | | 榜葛剌国 | 孟加拉 | 贡品 | 再次献贡，系明朝最后一次麒麟贡 |

——邹振环：《郑和下西洋与明朝的"麒麟外交"》，载《华东师范大学学报（哲学社会科学版）》2018 年第 2 期

**教师设问**：根据材料，说一说长颈鹿首次来华与什么活动有关？指出该活动的影响。

（参考答案：活动——郑和下西洋。影响——加强了中国与亚非国家的经济文化交往等）

**教师讲述：** 随着明王朝社会经济的恢复和发展，明朝积累了大量的物质财富，迫切需要官方控制的对外贸易通道。明成祖朱棣当政后，积极开展外交活动。永乐三年（1405）郑和受成祖的委托第一次下西洋，船队共 27 800 多人，船 208 艘，自江苏太仓刘家港出发。宣德五年（1431）第七次下西洋，由于操劳过度，在从东非返航到印度古里时，郑和与世长辞。郑和下西洋，前后共七次，历时二十余年，先后到达了亚非三十多个国家和地区，成为世界航海史上的一大壮举。

郑和的远航，促进了中国同亚非等地国家的友好往来，很多国家的使臣随着郑和船队来到中国，与中国建立了邦交和贸易往来。麒麟贡就是伴随着郑和下西洋实现的。

**材料三** 随着郑和去世，明政府内部也大力反对再进行大规模的航海行动，中国船队逐渐退出海上丝路，沿途诸国来华进贡也日益减少，明英宗正统三年（1438），榜葛剌再贡麒麟，这是明代最后一只莅临中国的长颈鹿，也不再见有什么轰动全国的大反应了。

——许秀娟：《麒麟形象的变迁与中外文化交流的发展》，载《海交史研究》2002 年第 1 期

**材料四** 据方豪统计，郑和下西洋期间，计"进口"五金类 15 种、香类 29 种、珍宝类 23 种、动物类 21 种、布类 51 种、用品类（不含金属品）8 种、药品类（不含香类）22 种、颜料 8 种、食品 3 种、木料 3 种。搜求这些物品，主要是为了充供内廷，并不是为了经贸，故《明史·郑和传》评曰："和经事三朝，先后七奉使，所历占城、爪哇等三十余国。所取无名宝物，不可胜计，而中国耗费亦不赀。"

——张之杰：《郑和下西洋与麒麟贡》，载《自然科学史研究》2006 年第 4 期

**教师设问：** 根据材料，指出郑和下西洋的目的，说一说这一目的又带来了哪些消极影响？（参考答案：目的——宣扬国威，满足统治者对奇珍异宝的追求等。消极影响——加重了明王朝的财政负担，不利于航海活动的继续开展等）

**教师讲述：** 我们在钦佩郑和下西洋伟大历史功绩的同时，也应认识到明成祖派遣郑和下西洋的目的在于"宣教化于海外诸国"，带有明显的政治目的，即在海外各国扩大政治影响，宣示天朝大国的强盛。

除了这一政治目的，郑和下西洋还有经济目的，即通过发展官方贸易，来满足统治集团对异域珍宝的需求。通过垄断中国和海外各国的贸易，统治阶层获得了很大的经济回报，但是这种"朝贡贸易"是建立在明王朝国力强大的基础之上的。随着明成祖的死去，郑和失去了强有力的支持，加上当时的国库空虚再也无力进行"厚往薄来"，朝贡贸易再也无法维持下去。

郑和死后，明朝的海上远航活动也宣告结束，郑和的航海日志被销毁，宝船被拆解，人员被遣散。随着时间的推移，明朝也逐渐失去了能够制造大型远洋舰船所需的技术、熟练工人、原材料供应渠道等，使得明政府在以后即便有心重建远洋舰队，也因失去了装备制造能力而不得不放弃，当然也就更谈不上向海外投送军事力量。

**（设计意图）** 通过分析麒麟贡的登台与退场，反映郑和下西洋的功过得失，引导学生全面认识郑和下西洋。本环节指向的是：（1）唯物史观素养水平 3、4——能够将唯物史观运用于历史学习、探究中，并将其作为认识和解决现实问题的指导思想。（2）时空观念素养水平 4——在对

历史和现实问题进行独立探究的过程中,能将其置于具体的时空框架下;能够选择恰当的时空尺度对其进行分析、综合、比较,在此基础上作出合理的论述。(3)历史解释素养水平 2——能够选择、组织和运用相关材料并使用相关历史术语,对个别或系列史事提出自己的解释;能够在历史叙述中将史实描述与历史解释结合起来。(4)家国情怀素养水平 3、4——能够表现出对历史的反思,从历史中汲取经验教训,更全面、客观地认识历史和现实社会问题。

**(过渡)**郑和之后再无"郑和",明朝在海洋时代来临之际的"进"不过是暂时的,而"退"却是"祖宗之法",成为多数明朝国君固守的国策。

### 2. 退——海禁与倭患

**材料五**　朱元璋以一己私念,凭借国家的行政权力来实施海禁,阻止民间发展海外贸易,应该说是一种逆历史潮流而动的行为。不幸的是,这种基于个人好恶而产生的海禁思想却被后来的统治者视为"祖宗成法",不可更改,使得个人意志逐渐变成国家意志,加剧了沿海居民与中央政府的对立情绪,刺激了海盗、倭寇、私商的违禁行为。

　　　　——王日根、何锋:《明初海权扩张与朝贡体制重建》,载《人民论坛·学术前沿》2012 年第 6 期

**材料六**　明成祖一方面大规模进行朝贡贸易,一方面尽全力打击海上私商贸易和中国海上游民。相比朱元璋,明成祖对中国海商的打击力度更大。他继位伊始,马上下令有关海禁的规定"一遵洪武事例"。永乐二年(1404),又下令"禁民间海船,原有海船者悉改为平头船。所在有司防其出入"。

　　　　——庄国土:《论郑和下西洋对中国海外开拓事业的破坏——兼论朝贡制度的虚假性》,载《厦门大学学报(哲学社会科学版)》2005 年第 3 期

**教师设问:**根据材料并结合教材,指出明太祖推行海禁政策的原因有哪些? 分析海禁政策带来了哪些影响?(参考答案:原因——抵御倭患、打击政治对手、维护小农社会的稳定等。影响——一定程度上维护了国防,刺激了海盗、倭寇的发展,阻碍了正常的民间海外贸易的发展等)

**教师引导学生分析:**明太祖推行的海禁政策带有明显的私人目的。倭患起于元代,朱元璋立国后,为了打击政治敌人,更是限于对海外贸易的狭隘认识,认为经商会动摇小农社会的国本,不利于社会稳定,才厉行海禁,打击海上的民间贸易。而且这种政策成了祖宗之法,为后世的子孙所效仿。明成祖委派郑和下西洋,其实也是海禁政策的另一种表现,其垄断了与海外诸国进行的贸易,严重打击了民间贸易的发展。

这种严禁海上民间贸易的海禁政策非但没有清除倭患,反而加剧了沿海人民的生计困难。在这种压力下,沿海的部分民众开始铤而走险,成为私商,来往于沿海进行走私。部分私商还和日本人勾结在一起,倭患愈演愈烈。

**(过渡)**到了明朝后期嘉靖和隆庆年间,倭寇问题才得以解决,才实现"海波之平"。

**材料七**　正当倭患长期不得平定的时候,明朝军队中出了个抗倭名将戚继光。他和另外一些抗倭将领精心组织抗倭斗争,在广大军民的支持下,终于将猖獗的倭寇彻底平定。

　　　　——南炳文、汤纲:《明史》,上海:上海人民出版社,2003 年,第 450—451 页

**材料八**　随着平倭战争的胜利,开放海禁便成为最高当局的唯一选择。嘉靖四十五年(1566)明世宗去世,成为一个契机,先后即位的明穆宗、明神宗及其辅政大臣都主张实行比

较开放灵活的政策。由于海禁的开放,刺激了海上贸易的发展,私人海上贸易进入了一个新阶段,呈现出一片繁荣景象,所谓"倭患"也就烟消云散。

——樊树志:《国史概要》,上海:复旦大学出版社,2010 年,第 308—309 页

**教师设问**:根据材料,说一说明代的倭患得以解决的原因有哪些?(参考答案:戚继光等人的抗倭军事行动沉重打击了倭寇;放开海禁,刺激海上贸易,清除了原本是私商的"倭寇"等)

**教师引导学生分析**:明朝中后期,倭患严重影响到明王朝的统治。嘉靖年间,戚继光、俞大猷先后率军平定了浙江、广东和福建的倭患,平倭战争宣告结束。但是倭患的根源在于海禁,随着海禁的开放,民间的海上贸易得以合法化,倭患也随之结束。

戚继光在东南沿海的胜利获得了朝廷的首肯,尤其是引起了当时尚未担任内阁首辅的张居正的注意。随着张居正在万历朝位居内阁首辅,权倾一时,戚继光也深受重用,被明廷委派镇守蓟州,以缓解北方的压力。万历十一年(1583),戚继光因与张居正的关系遭言官弹劾,被调往广东;万历十二年(1584)再遭弹劾,被罢广东总兵;万历十五年(1587),一代抗倭名将在贫困交加中去世。

**(过渡)**戚继光后期的命运与张居正有着极其密切的关系,而张居正的命运更加令人唏嘘哀叹。

### (二)专制时代的荣与辱

#### 1. 由荣到辱

**材料九** 对于张居正之死,神宗给予最为崇高的待遇。给他谥号文忠,赠上柱国衔,荫一子为尚宝司丞,并遣官造葬。特命四品京卿、锦衣卫堂上官、司礼监太监等护丧,归葬江陵。

——樊树志:《晚明史(上卷)》,上海:复旦大学出版社,2003 年,第 377—378 页

**材料十** 明神宗在万历十二年八月终于尽削张居正之官秩,下令将其罪状榜示天下,谓"当剖棺戮尸而姑免之",其弟都指挥居易,子编修、嗣修,俱发戍烟瘴地。

——南炳文、汤纲:《明史》,上海:上海人民出版社,2003 年,第 637 页

**教师设问**:根据材料,说一说张居正死后的际遇发生了怎样的变化。(参考答案:由哀荣备至到被清算,祸及家人等)

**教师讲述**:张居正受明穆宗遗诏和高拱、高仪一起成为辅政大臣。万历皇帝继位后,张居正联合太监冯保,在皇太后的支持下,通过政治斗争成功把当时的首辅高拱赶下台,张居正得以成为内阁首辅。之后,高仪也因病去世,张居正一时间权倾天下,风光无量。但是其死后不久,就遭到言官弹劾,明神宗万历皇帝也对其进行严厉的清算,家人也受到连累,下场十分悲惨。

**(过渡)**生前风光无量,深得皇太后信任,权倾一时,死后不久就遭到严厉的清算,为什么会发生这种变故?

#### 2. 祸起专权

**材料十一** 一个内阁辅臣,公然提出要归政,表明是他在"摄政",这在皇帝成年之后,是绝对难以容忍的。居正死后不久即遭惨祸,关键问题就在这里。还是于慎行说得对,他说:

"居正凭借太后,携持人主,束缚铃制,不得伸缩。主上圣明,虽在冲龄,心已默忌,故祸机一发,遂不可救。江陵之所以败,惟操弄之权,铃制太过耳。"

——王其榘:《明朝内阁制度史》,北京:中华书局,1989 年,第 260—261 页

**教师设问:**根据材料指出,张居正被清算的原因有哪些?(参考答案:张居正个人的因素;主要在于权力过大,侵犯了皇权)

**教师讲述:**在皇太后和皇帝的支持下,张居正引司礼监太监冯保为外援,以内阁首辅掌握朝政,决议推行"尊主权,课吏职,信赏罚,一号令"的主张,大力推行改革。在财政上,推行"一条鞭法";军事上,任用戚继光等,镇北疆,定西南叛乱;吏治上,加强对官吏的考核。通过这些措施,张居正开创了卓有成效的万历新政,不仅改变了过去财政连年赤字、入不敷出的局面,而且使万历时期成为明朝最为富庶的阶段。但是,再大的功劳也抵不过侵犯皇权这一条,毕竟内阁首辅只是皇帝的顾问而已。

**(过渡)**有明一代,担任首辅有"入阁拜相"之说,但是首辅毕竟不是宰相,这从明太祖废丞相时就已经决定了。

**材料十二**　十三年(1380)正月,罢中书省,废丞相等官,政归六部;以尚书任天下事,侍郎二之,而殿阁大学士只备顾问;帝方自操威柄,学士鲜所参决。

——周谷城:《中国政治史》,北京:中华书局,1982 年,第 207 页

**材料十三**　以明代的内阁大学士比拟宰相,是当时和后世的习惯说法,某人出任大学士,即有"入阁拜相"之称。而黄宗羲指出,内阁只相当于皇帝的秘书,不能与宰相等同,真正掌握行政大权的是宦官,而作为皇帝家奴的宦官之所以能执掌政权,是绝对皇权不信任外臣(丞相为外廷之臣的首脑)所至,"故使宫奴有宰相之实者,则罢丞相之过也"。

——冯天瑜:《试论〈明夷待访录〉政治理念的"现代性"》,载《中国文化》第 19,20 期

**教师设问:**为什么不能把内阁首辅当做宰相?(参考答案:内阁只是皇帝的顾问侍从机构,并没有法定的行政和决策权力,内阁大学士的权力和地位完全依附于皇帝)

**教师讲述:**明清之际的大儒黄宗羲对明太祖废丞相颇有微词,认为"有明之无善治,自高皇帝(明太祖)罢丞相始也"。宰相的重要性在于可以通过"选举"有才能的人担任,以弥补世袭的皇帝带来的能力递减。但是明太祖为了加强皇权,身兼自己的宰相,其子成祖正式建立了内阁制度。之后,内阁不过是加强皇权的工具,即使权力大如张居正者,一旦侵犯皇权,其必然以悲剧而收场。

**(设计意图)**本环节通过分析首辅张居正际遇的变迁,探究变迁背后的因素,引导学生认识到专制皇权运行的逻辑。本环节指向的是:(1)唯物史观素养水平 3、4——能够将唯物史观运用于历史学习、探究中,并将其作为认识和解决现实问题的指导思想。(2)史料实证素养水平 3——在探究特定历史问题时,能够对史料进行整理和辨析;能够利用不同类型史料,对所探究的问题进行互证,形成对该问题更全面、丰富的解释。(3)历史解释素养水平 3——能够分辨不同的历史解释;尝试从来源、性质和目的等多方面,说明导致这些不同解释的原因并加以评析。

**(过渡)**专制君权加强的明朝,面临着天崩地解的大时代即将到来时注定无法及时转身,只能重复中国封建社会王朝兴亡更替的怪圈。

### （三）变革时代的兴与亡

#### 1. 兴——四方来朝荣耀显

**材料十四**　永乐十八年(1420)在明朝宫廷宴请各国使节的宴会上,响起了这样的歌声:

> 四夷率土归王命,都来朝大明。
>
> 万邦千国皆归正,现帝廷,朝仁圣。
>
> 天陛班列众公卿,齐声歌太平。

在这种得意洋洋的歌声里,我们仿佛可以感到,朝廷上下对于下西洋以后出现的"四夷来朝"的局面,充满了欢欣鼓舞。

——樊树志:《国史十六讲》,北京:中华书局,2006 年,第 231 页

**材料十五**　明代中期,西方海外扩张热潮开始向东方袭来,古老的中华帝国与欧洲国家正面遭遇的历史时刻随之而至。明武宗正德年间(1506—1521 年),来自西方的葡萄牙首先将触角伸向东方,中葡两国的交往由此拉开了帷幕。……然而,明朝在对外交往中,是以朝贡体制为核心,视外国皆为朝贡国,因此中国史料中有葡萄牙使节第一次来华"以进贡为名"的记载。而葡使来华的目的却是贸易,与以往明朝所接触的与中国具有传统联系的朝贡国是完全不同的。

——万明:《明代中葡两国的第一次正式交往》,载《中国史研究》1997 年第 2 期

**教师讲述:** 本课开始时,我们看到:一只麒麟,举朝欢腾,寓意着天降英主,太平盛世;四夷来朝,歌舞升平,象征着天朝上国的强大。但是,当西方大航海时代来临之际,明王朝注定跟不上这个时代,并且随着内忧和北方边患的加剧,最终走向了灭亡。

#### 2. 亡——明亡并非因红颜

**材料十六**

##### 《圆圆曲》部分

> 鼎湖当日弃人间,破敌收京下玉关。
>
> 恸哭六军俱缟素,冲冠一怒为红颜。

——王炎平:《明清易代与〈圆圆曲〉》,载《北京大学学报(哲学社会科学版)》2007
年第 1 期

**材料十七**　由于权力层层集中到中央,最后集中到皇帝手中,因此各级官僚只对上级负责。尽管有法有制度,基本上是人治,人在位即有权,权大于法,权超过法,缺少监督的机制。……因此,封建社会的危机往往由于专制主义中央集权政权的强大而又腐败,不仅不能自我调节改革,反而加剧扩大,引起社会的破坏崩溃。

——宁可:《中国封建社会的专制主义中央集权制度》,载《文史哲》2009 年第 1 期

**教师设问:** 根据材料并结合所学知识,说一说明朝的灭亡是因为吴三桂冲冠一怒吗?如果不是,请说出明朝灭亡的原因有哪些?(参考答案:不是。原因:政治腐败,阶级矛盾尖锐等)

**教师引导学生分析:** 万历十一年(1583),在万历皇帝忙着清算首辅张居正时,东北的苦寒之地,努尔哈赤以十三副铠甲起兵。1644 年,清军入关。

明末,崇祯皇帝相比较于封建王朝的昏君、庸君,可称得上有为之君,但是明王朝整体上的溃败,靠一己之力难以挽狂澜于既倒。何况,崇祯皇帝本人存在着刚愎自用等缺点。李自

成的农民起义不过是灭亡的助推剂罢了。屠龙英雄最后变成了恶龙,李自成的起义军在天下未定之时就醉生梦死,由吴三桂引入关内的清兵才得以势如破竹,很快建立了中国最后一个封建王朝——清朝。明亡于专制权力没有制约,政治腐败。自古红颜何曾是祸水?

**(设计意图)**通过明朝兴亡的对比,引导分析明清易代的原因,认识到专制制度是王朝灭亡的最主要原因。本环节指向的是:(1)唯物史观素养水平 3、4——能够将唯物史观运用于历史学习、探究中,并将其作为认识和解决现实问题的指导思想。(2)时空观念素养水平 4——在对历史和现实问题进行独立探究的过程中,能将其置于具体的时空框架下;能够选择恰当的时空尺度对其进行分析、综合、比较,在此基础上作出合理的论述。(3)历史解释素养水平 3——能够分辨不同的历史解释;尝试从来源、性质和目的等多方面,说明导致这些不同解释的原因并加以评析。

**【课堂小结】**

**教师引导学生小结:**明太祖立国后,为加强皇权,裁中书省废丞相,其子成祖设内阁,皇权得以进一步强化。在专制皇权的逻辑下,对外贸易可以进行,但是要由官府控制,由官府垄断其利,由此才有了厉行海禁和郑和下西洋。但是这种行为却带来了严重的倭患,直到明中后期才得以解决。另一方面,专制皇权下,任何威胁到皇权的行为都有可能受到打击,以致政治腐败现象愈演愈烈,阶级矛盾日益激化,逃不脱王朝兴亡更替的循环。

# 教 学 设 计 2

安徽省濉溪中学　李后龙

## 一、教材分析

本课是部编本《中外历史纲要(上)》第四单元《明清中国版图的奠定与面临的挑战》第 13 课,《普通高中历史课程标准(2017 年版)》对本单元的要求是:通过了解明清时期统一全国和经略边疆的相关举措,知道南海诸岛、台湾及其包括钓鱼岛在内的附属岛屿是中国版图一部分,认识这一时期统一多民族国家版图奠定的重要意义;通过了解明清封建专制的发展、世界的变化对中国的影响,认识中国社会面临的危机。本课介绍了明朝实行一系列加强专制主义中央集权的措施,君主专制空前强化,统一多民族国家更加强大稳固,为对外贸易和稳定内外形势提供了有力的政治保障。同时也为以后清朝对疆域的管理提供了借鉴和参考,尤其对维护统一多民族国家的统一和疆域的奠定具有重大意义。然而,由于对皇权缺乏有效的制约机制,为明朝后期的腐败埋下了隐患,从而加速了明朝的灭亡。

## 二、学情分析

经过前三个单元内容的学习,学生对中国古代史有了一定的了解与认识,尤其是对王朝的兴衰有了一定的认识,为本课学习做了一定的知识储备。高一学生感性认识比较强,对明太祖废宰相、明成祖设立内阁等基本史实的掌握是没有问题的,但是,在由感性认识上升到一定的理性认识方面,还存在一定的障碍。例如,如何认识明朝在加强专制的同时,由于对皇权缺乏有效的制约,也为后期的腐败、动荡埋下了隐患。课本中只列举了一些史实,要解决这些问题,教师有必要充分地挖掘一些资源作为对教材的有效补充,从而帮助学生透过现象看到事物的本质,达到认识的升华。

## 三、教学目标

1. 通过自主学习,了解"明朝政治体制的变化""海上交通与沿海形势""内陆边疆与明清易代"等基本史实。

2. 通过补充相关材料,理解明朝政治体制的变化使专制主义中央集权不断地强化,巩固了国家的统一,为对外交往和维护沿海与内陆边疆的稳定奠定了坚实的基础。

3. 通过学习明朝对边疆的管理和实施的相关措施,认识这些措施与清朝前期对疆域的治理具有一定连续性,明清时期统一多民族国家版图的奠定与明清两朝的统治密切相关。

4. 理解明朝君主专制的强化,有利于多民族国家的巩固,也使中央集权进一步巩固。

5. 认识中国皇权的高度集中是地主阶级政治发展的必然产物,也是封建社会步入晚期最后"辉煌"的折射。

## 四、教学重难点

重点:明朝政治体制的变化、沿海形势与内陆边疆。

难点:认识明朝实行的相关措施对统一多民族国家版图奠定的重要意义。

## 五、教学过程

【导入新课】

图 1　朱元璋画像

——夏玉润:《漫谈朱元璋画像之谜》,载《紫禁城》2008 年第 4 期

**教师设问**：同学们知道上面两幅图片中的人物是谁么？（学生各抒己见，教师追问）图片中的人是朱元璋，为什么同样一个人却有两幅差距如此明显的样貌呢？

**教师讲述**：第一幅朱元璋像曾藏于宫中，今多见于正史之中，代表着朱元璋圣君明主的形象；而后一幅朱元璋像多流传于民间，代表着民间对其专制暴戾的想象。朱元璋作为明朝的开国皇帝，在收拾元朝统治者积重难返的腐朽、战争对生产力的巨大破坏上，有足够的气魄与精力；对民间疾苦知之甚深，较为体恤农民，这是明君的表现。他撤中书省、罢宰相，施行特务政治，大小事一人独断；杀功臣、诛文人，实行残暴的文化专制，自塑了极端专制主义的暴君形象。流传至今的朱元璋的两类画像，如同戏曲中正、反两种角色的脸谱：正角的俊像象征着明君，反角的丑像代表着暴君。朱元璋的两具脸谱，似乎代表着他一生的功与过。今天就让我们一起走进朱元璋，了解一下他所开创的大明王朝对统一多民族国家版图奠定的重要意义以及在中国历史发展中的地位。

**（过渡）**如果说"圣君明主"是朱元璋的自我期许，那么在其任上，朱元璋废除中国封建社会沿袭千余年的宰相制度，在专权方面可以称得上"大有作为"。

### （一）君主专制

#### 1. 废宰相

**材料一**　据几乎所有的明朝正史和野史来看，胡都是一个有野心、专横跋扈、结党营私之人。"帝以惟庸为才，宠任之。……独相数岁，生杀黜陟，或不奏径行。内外诸司上封事，必先取阅，害己者辄匿不以闻。四方躁进之徒，及功臣武夫失职者争走其门，馈遗金帛名马玩好，不可胜数。"

——张增江：《朱元璋杀戮元勋宿将原因之我见》，载《安徽史学》1986年第1期

**材料二**　胡惟庸的本身品格，据明人诸书所记是一个枭滑阴险专权树党的人。以明太祖这样一个十足地自私惨刻的怪杰自然是不能相处在一起。一方面深虑身后子懦孙弱，生怕和他自己并肩起事的一般功臣宿将不受制驭，因示意廷臣，有主张地施行一系列的大屠杀，胡案先起，继以李案，晚年太子死复继以蓝案。胡惟庸的被诛，不过是这一大屠杀的开端。

——樊树志：《国史概要》（第三版），上海：复旦大学出版社，2004年，第328页

**教师设问**：根据材料一、二，说一说朱元璋诛杀胡惟庸的原因有哪些。（参考答案：胡惟庸个人专权跋扈；朱元璋个人性格的自私惨刻；为了子孙统治的安全等）

**教师引导学生分析**：朱元璋立国后，曾以李善长、徐达为左右丞相，李善长掌实权。李善长罢相后，把自己的亲信胡惟庸推荐给了朱元璋，朱元璋也认为胡惟庸是个人才，而胡惟庸又善于逢迎，深得朱元璋的宠信。一时间，胡惟庸权倾一时，飞扬跋扈，最终被杀可谓咎由自取。但是，朱元璋借胡惟庸案株连他人，前后达数万人，其自私残酷可谓登峰造极。

**（过渡）**除了个人性格等因素，朱元璋诛杀胡惟庸还有更深层的原因。

**材料三**　1380年，即洪武十三年，丞相胡惟庸和他的党羽陈宁和涂节以及几千名忠实的追随者都一起被处死。中书省被废除，同时被废除的还有御史台和大都督府。

——[美]牟复礼、[英]崔瑞德：《剑桥中国明代史》，北京：中国社会科学出版社，1992年，第153页

**材料四** 朱元璋的理想是,公卿互相牵制,大权集于皇帝。但明初的中书丞相,实际上是居于一人之下、万人之上的地位,这一制度与朱元璋的理念有很大反差,所以,明初主持中书省省务的大臣无一善终。洪武十三年朱元璋杀丞相胡惟庸,废除了中书省和丞相,后来,还把不许设相的规定写进了《祖训》。

——肖立军:《明代内阁的设立、职掌及地位》,载《历史教学》2005年第9期

**教师设问:** 根据材料,指出朱元璋诛杀胡惟庸废中书省的深层次原因。(参考答案:中书省一省制下,相权过大,威胁到专制皇权)

**教师引导学生分析:** 宰相是泛称,包括权力、地位相当于丞相但称谓不同的其他官员,而丞相是正式的官称。秦始皇设丞相,丞相居一人之下万人之上,总揽全国政务,为分割相权,秦始皇设御史大夫、太尉(据考证,秦时此官虚设,并未有人担任此职,说明皇帝牢牢地掌握着军权)以分割相权。汉武帝时以"内朝"侵夺以宰相为首的外朝官员的决策权。魏晋南北朝,内朝先后外朝化,尚书、中书、门下三省逐渐形成。隋唐时,以三省六部制为规制,中枢权力运行渐趋制度化,安史之乱后,三省制遭到破坏。元代一反前代王朝分化相权之举,以中书省总揽行政大权,以致相权有扩张的趋向。朱元璋立国后,承继元代政制,相权很大,严重威胁到专制皇权,胡惟庸案不过是朱元璋加强专制皇权的"借口"。诛杀胡惟庸后,朱元璋又对中枢权力机构大动干戈,裁撤了中书省并不许后世子孙再行设立,自此,中国封建社会再无宰相,一切只为皇权计!

**(过渡)** 宰相的职能在于辅佐皇帝处理政务,朱元璋裁中书省废宰相制之后,皇帝身兼宰相,带来了一系列的问题。

## 2. 设内阁

**材料五** 农业生产、小手工业、商业,以及屯田、练军、冶铁、煮盐、织造、漕运等等,以皇帝一人统御这偌大的天下,没有得力的辅佐,能办得到吗?

——王其榘:《明朝内阁制度史》,北京:中华书局,1989年,第10页

**材料六** 罢省,乃升六部秩,尚书正二品,侍郎正三品。始犹设四辅官,位列公、侯、都督之次。未几,即罢。十五年置大学士,秩正五品,特侍左右备顾问而已。

——孟森:《明史讲义》,上海:上海古籍出版社,2002年,第62页

**教师设问:** 朱元璋废除宰相之后,在统治方面面临着哪些问题?他又是如何解决的呢?(参考答案:问题——统治事务繁多,缺乏得力的帮手等。解决措施——分相权于六部;置大学士充作顾问等)

**教师引导学生分析:** 朱元璋裁中书省废宰相制度后,将中书省和宰相的权力分散于六部,六部的地位和职权有所提高,六部尚书直接对皇帝负责。至此,皇帝身兼宰相,首先面临的就是繁多的行政事务,加之缺乏得力的辅佐,使得朱元璋心力交瘁,他希望找到一个妥善的方法,既能推行政令,又不使大臣弄权,可谓煞费苦心。后来,朱元璋设置正五品的大学士用作顾问,问题看似得以解决。

**自主学习:** 浏览教材,梳理明朝内阁的发展过程。

(1)奠基——明太祖设立殿阁大学士。

(2)确立——明成祖确立内阁制。

(3)发展——明宣宗内阁地位日益提高。

① 明宣宗时,大学士有了替皇帝起草批答大臣奏章的票拟权(建议权)。

② 明神宗时,阁权一度压倒部权。

**材料七**　1380 年,明朝建立者朱元璋废除宰相制度。不过,他的继承者则将实际上的宰相权力,赋予了内阁大学士。然而,大学士们的地位最终还是取决于皇帝的个人选择,即便 16 世纪 70 年代权重一时的大学士张居正也不例外。因此,他们也无法对皇权形成有效的监督。

　　　　——[美]魏斐德:《中华帝国的衰落》,北京:民主与建设出版社,2017 年,第 64 页

**教师设问**:根据材料并结合教材,说一说内阁的职能并指出其影响。(参考答案:职能——皇帝的顾问。影响——加强了皇帝的专制权力等)

**教师引导学生分析**:朱元璋设立的殿阁大学士开内阁制度之先河,成祖朱棣当政时,正式设内阁,内阁制度得以确立。其后,内阁制度有所发展。但是究其本质,内阁自始至终都不可与宰相同日而语。宰相具有法定的议政和行政权力,而内阁大臣不过是皇帝的侍从顾问,其地位的高低、权力的大小完全依伏于皇帝。明中后期,出现了权倾一时的内阁首辅,但下场无一不以悲剧告终,如张居正在死后遭到万历皇帝的清算。内阁的发展也从另一个侧面反映了中国封建社会专制皇权不断加强的特点。

**(设计意图)** 通过对明朝政治体制变化的梳理,使学生认识到明朝皇权在不断加强。本环节指向的是:(1)史料实证素养水平 1——能够从所获得的材料中提取有关的信息。(2)历史解释素养水平 2——能够选择、组织和运用相关材料并使用相关历史术语,对个别或系列史事提出自己的解释。

**(过渡)** 明代专制皇权不断加强的同时,对外交往也深受其影响。

### (二)国威彰显

#### 1. 恩泽海外

**材料八**　明朝建立后,由于太祖采取了怀柔远人的政策,在贡船免税的情形下,诸蕃国也纷纷摆脱周围强国的束缚,独自遣使入明,改向明朝朝贡。太祖而后成祖诸帝均采取了积极的方式,因而从永乐以迄宣德年间,南海诸蕃国入贡的情形,呈现爆炸性的风貌,形成朝贡贸易的新局面。

　　　　——张英聘:《中外关系史研究的新成果——〈明帝国与南海诸蕃国关系的演变〉评价》,载《史学集刊》1997 年第 3 期

**材料九**　“共享太平之福”,就是“和为贵”在大明天子处理对外关系中的基本理念,也就是郑和及其追随者伟大远航活动的基本理念。当大明帝国崛起于雄强之际,它拥有的是世界上最强大的武力——郑和远航船队,追求的乃是一种文明的理想,是止戈为武,是和平,是“共享太平之福”。

　　　　——何芳川:《文明视角下的郑和远航》,载《北京大学学报(哲学社会科学版)》2004 年第 5 期

**教师设问**:根据上述材料,说一说明朝对外交往采取了什么政策及其主要表现?并归纳这一政策的基本特征。(参考答案:政策——怀柔远人。特征——以和为贵,奉行和平外交等,如洪武二十八年(1395)刊布于世的《皇明祖训》首章中,明确朝鲜、日本和大、小琉球国

等15国为"不征"之国）

**教师引导学生分析：** 中华民族以农耕立世，受制于农业生产的特点，中华民族只求稳守家园，在精神层面上凝聚出"以和为贵"的理念。在对外方面，强调"共享太平之福"。最能体现明朝对外"和为贵"理念的就是郑和七下西洋。作为当时世界上最强大的舰队，随员多是军人，而郑和本人更是武将出身。有学者指出，如果当时的郑和船队或者说舰队，如果以战为业的话，当时的印度洋绝不可能"风平浪静"。

**材料十** 在永乐二十一年(一四二三)九月，从东南亚、南亚、西亚和东非来访的印度洋十六个国家使臣多达一千二百人。同时，郑和船队通过向印度洋地区国家大量输出纺织品、瓷器等产品，推动了此类手工业在国内的发展，并为这些产品开拓了海外市场。

　　　　　　　——陈忠平：《郑和下西洋：走向全球性网络革命》，载《读书》2016年第2期

**材料十一** 郑和第4次下西洋访问过的莫桑比克沿海，已到达南纬33度以南接近好望角之地，没有郑和所开拓的太平洋和印度洋的航路，欧洲人无法这么快到达中国。正是郑和下西洋为16世纪—17世纪数以千计的西方传教士的直接来华做了交通上的准备。传教士所带来的海外世界的新内容，也为明清中国人重新理解世界、认识海洋奠定了基础。

　　　　　　　——邹振环：《郑和下西洋是"大航海时代"前奏》，载《中国海洋报》2014年9月15日

**教师设问：** 根据材料并结合教材，说一说郑和下西洋的影响有哪些？（参考答案：开拓海外市场，推动国内手工业发展；开辟新的航路，为大航海时代奠定了基础；有利于中外文化的交流；加深中国对海洋和世界的认识等）

**教师讲述：** 15世纪前期，明成祖派郑和率领船队先后七次远航海外，访问了亚非三十多个国家和地区，最远到达非洲东海岸，是世界历史上规模空前的远洋航行。这支船队带着强烈的使命感，不惧艰难险阻驰骋于大洋大海之上，加强了中华文明与亚非大陆各民族之间的了解和友谊，弘扬了中华文明。从这个意义上说，郑和下西洋不仅仅是一次经济交往之旅，更是一次文明交流之旅。

**(过渡)** 综上所述，这场伟大的航行具有重要的历史意义，但也给中国的海洋事业带来一定的负面影响。

**材料十二** 总而言之，郑和下西洋是项前无古人的伟大事业，不是基于一个或两个单纯的目的而进行的。由于连续七次大规模下西洋，"中国耗费亦不赀"，使得政府财政难以为继，郑和下西洋便成了历史上的绝唱。

　　　　　　　——郭琳、池子华：《郑和下西洋目的辨析》，载《社会科学家》1998年第S2期

**材料十三** 综上所述，郑和下西洋，既表明朝廷对外关系政策的愚昧，更是对民间海外开拓的反动，也埋葬了宋元以来中国朝野的开放趋势。郑和之后，虽然明朝无力进行类似郑和下西洋的朝贡贸易，但仍继续明初的海禁政策，直至无力贯彻海禁政策而在隆庆元年(1567)部分开放海禁。

　　　　　　　——庄国土：《论郑和下西洋对中国海外开拓事业的破坏——兼论朝贡制度的虚假性》，载《厦门大学学报(哲学社会科学版)》2005年第3期

**教师设问：** 根据材料并结合所学知识，指出郑和下西洋的负面影响并分析造成这些负面影响的原因。（参考答案：影响——造成严重的财政困难；打击了民间贸易；阻碍了中国的海洋事业等。原因——自给自足的自然经济占统治地位；明代推行"海禁政策"，严厉打击

民间海上贸易;郑和下西洋的目的在于宣扬国威等)

**教师引导学生分析：**明成祖派郑和下西洋的动机是需要我们认真考量的。有学者认为,成祖朱棣的目的除了寻找建文帝以消除统治隐患外,还有希望万国来朝宣扬国威的动机。但是,所谓的"天朝"的威名却是以"厚往薄来"为条件的。这种带有明显政治动机的航海活动盛极一时,却不能长久。沉重的财政负担,使得明政府国库空虚,难以为继。

更为关键的是,明太祖曾立有"海禁"的国策,明朝皇帝借下西洋推行官方贸易,意图打击当时风头正劲的民间海商。这使得沿海的部分民众不得不铤而走险,走上了走私之路,甚至有不法之徒勾结倭人,一时间倭患频仍。直到明后期,在戚继光等抗倭将领主导的军事打击下,才基本清剿成功,明王朝最后实行有条件的"开关"才有效地解决了倭患问题。

**(过渡)**郑和下西洋代表着明王朝对海洋的态度,彰显国威的同时又逐渐落伍于即将到来的大航海时代。在明朝广阔的陆地疆域内,明朝统治者又是采取什么样的政策来管理境内的少数民族的?

## 2. 怀柔四边

**材料十四** 明朝建立后,为尽快稳定东北边疆,曾广设羁縻卫所,以推行对外夷而言颇具诱惑力的羁縻政策——只要对明称臣并"以时朝贡",便可高度自治。……"在客观上促进了腹地与东北边疆经济、文化的联系,和民族之间的接触与融合,从而推动了女真少数民族经济与社会的进步,特别是促进了满族社会的发展与历史的飞跃","羁縻政策在女真地区的推行,达到了稳定边防、巩固统治的目的",等等。

——孙明材:《重评明朝在东北实施的羁縻政策》,载《甘肃社会科学》2018年第1期

**教师设问：**根据材料,为了稳定东北边疆,明朝采取了什么政策,有何作用?(参考答案：政策——羁縻政策。作用——促进了与东北少数民族的交流,稳定了边疆,巩固了统治)

**教师引导学生分析：**明王朝立国之后,在北方仍面临着蒙古族等游牧民族的侵扰,如何处理与东北边地少数民族的关系直接关系到北疆的安全。明王朝除了广设卫所外,还延续之前汉族王朝的羁縻政策,以怀柔为主,加强了中央与东北边疆的联系,巩固了中央对东北的统治,为统一多民族国家的巩固和发展作出了贡献。

**(过渡)**除了在东北边疆外,明王朝在西南地区还因地制宜加强了统治。

**材料十五** 明朝平定云南后,为适应云南边疆外弧地带复杂的国际地缘政治、地理环境和多样民族性特征,在西南边疆逐渐建立起一套"内边区"与"外边区"差异化的边疆行政区划和管理模式,并对云南外边政区实行军管性和羁縻性的统治。这是明朝边疆控制和政区建置的创新性制度,体现了明朝疆域观在行政管理上的灵活性,保障了西南边疆较长时间的稳定,为中国现代国家领土的确立奠定了重要的基础。

——陆韧、彭洪俊:《论明朝西南边疆的军管羁縻政区》,载《中国边疆史地研究》2013年第1期

**教师设问：**根据材料并结合教材内容,思考明朝统治者在管理西南民族问题上呈现出怎样的特点,有何影响?(参考答案：特点——因地制宜,具有一定的灵活性。影响——保障了西南边疆较长时间的稳定,为中国现代国家领土的确立奠定了重要的基础)

**教师讲述：**明王朝在西南边疆的统治上,因地制宜,在加强对西南边疆政治统治的基础

上,还通过经济和文化交流,加强了内地与西南的联系,为祖国的统一和安定作出了贡献,并为后世提供了有益经验。

(过渡)到了明朝后期,政治腐败现象日益严重,国力也出现了衰减,明王朝的统治面临着内忧外患的严峻形势。

(设计意图)通过对明朝海外贸易和边疆少数民族实行灵活政策的了解,学生认识到明朝国力的强盛和统一多民族国家版图的逐步奠定。本环节指向的是:(1)唯物史观素养水平3、4——能够将唯物史观运用于历史学习、探究中,并将其作为认识和解决现实问题的指导思想。(2)家国情怀素养水平1、2——能够具有对家乡、民族、国家的认同感,理解并认同社会主义核心价值观和中华优秀传统文化,具有对祖国和人民的深情大爱。

### (三)江山易主

#### 1. 外患

**材料十六** 明朝中后期,封建统治全面走向腐朽,国力彻底衰微,危机四伏,民族矛盾和阶级矛盾日益尖锐并不断激化,社会动荡,边患严重。既有北方民族的不断南下,又有南方民族此伏彼起的起义,同时还有来自海上的倭寇和西方殖民者的外来侵略威胁。

——刘祥学:《从明朝中后期的民族政策看葡萄牙殖民者窃占澳门得逞的原因》,载《中国边疆史地研究》2000年第2期

**材料十七** 随着新航路的开辟,西方殖民者不断向东方扩张,本已走向衰落的明王朝面临着对内要处理好民族问题,对外要巩固海防,抵御西方殖民侵略的双重任务。但是以何者作为重心,完全取决于明朝统治者对这些边患性质的认识。……很显然在明朝中后期,被统治者视为"腹心之患"的是周边民族问题。

——刘祥学:《从明朝中后期的民族政策看葡萄牙殖民者窃占澳门得逞的原因》,载《中国边疆史地研究》2000年第2期

**教师设问**:根据材料十六、十七,说一说明朝中后期面临着哪些外患?这些外患出现的原因有哪些?(参考答案:外患——海上的倭寇和西方殖民者的外来侵略威胁。原因——明王朝国力衰减,疲于应对;缺乏对世界形势的认识等)

**教师引导学生分析**:郑和之后,明王朝再无大规模的远航,甚至将郑和下西洋留下的航海图销毁,缺少了技术和人员的中国,再也无力在海洋时代来临时驰骋于海洋。另一方面,明王朝固守太祖朱元璋定下的"海禁"政策,使得倭患问题更加的严重。

郑和下西洋之后不久,伊比利亚半岛上的两个小国王室却大力赞助航海事业,开启了大航海时代。一方是积极进取的海上新来者,另一则是退守到陆地上的固执者,当两方在中国南疆澳门相遇时,已经落伍于时代的明王朝注定成为一个失败者。巧取也罢,欺骗也好,都无力改变中国在海洋时代落伍的命运,并最终在19世纪付出了极大的代价。

(过渡)如果说倭患或者葡萄牙等外患尚不能动摇国本,那么内忧则直接葬送了明王朝。

#### 2. 内忧

**材料十八** 崇祯皇帝历来受到人们的同情,然其与明亡推脱不了干系。崇祯太有作为,干涉内阁(政府)的正常运行;荒废厂卫,使国家缺乏有效的监督机制;疑心过重,擅杀朝廷重臣特别是武将……他的有为和无为,以及个人消极的性格,终于导致了严重的毁灭性的后

果,落为亡国之君。

    ——许伟、薛权开:《崇祯皇帝与明朝的灭亡》,载《历史教学问题》2015 年第 2 期

    **材料十九**　从万历四十七年(1619)到崇祯十二年(1639)20 年间,水、旱、蝗、雹等灾害连年不断,遍及全国。陕西、河南、山东等重灾区,"草根木皮皆尽,乃以人为粮"。农民破产失业,流散四方,起义此起彼伏。

    ——刘厚生:《明朝何以亡国》,载《历史教学》1996 年第 6 期

    **教师设问:** 根据材料十八、十九,归纳明朝灭亡的原因。(参考答案:崇祯帝干涉内阁运行、滥杀重臣、国家缺乏监督机制、农民起义的打击、党派斗争激烈等)

    **教师引导学生分析:** 明朝为什么会灭亡? 有人认为明亡于明神宗万历皇帝,有人将责任算到了崇祯皇帝身上,还有人认为是李自成的农民起义终结了明王朝的统治等。

    明王朝只出了一个敢于骂皇帝的清官海瑞,但是一个海瑞绝对没有可能改变整个官僚集团的腐败与无能。唯上不唯下、党争倾轧等,都加速了明王朝的灭亡。而这种种乱象都根源于封建专制制度。李自成的农民起义不过是天灾和人祸交织在一起的必然而已。明不是亡于个人,而是亡于专制制度。

    1644 年,崇祯皇帝自缢,李自成的农民起义军最终成功进入北京城,但成功又是如此短暂。同年,吴三桂引清军入关,李自成起义军战败,明清最终完成了王朝易代。

    **(设计意图)** 引导学生全面客观地认识明朝,不仅有利于学生掌握所学知识,而且也有利于学生知识的升华,提高学生的认知水平。本环节指向的是:(1)唯物史观素养水平 3、4——能够将唯物史观运用于历史学习、探究中,并将其作为认识和解决现实问题的指导思想。(2)史料实证素养水平 3——在探究特定历史问题时,能够对史料进行整理和辨析;能够利用不同类型史料,对所探究的问题进行互证,形成对该问题更全面、丰富的解释。(3)历史解释素养水平 2——能够选择、组织和运用相关材料并使用相关历史术语,对个别或系列史事提出自己的解释。

【课堂小结】

    **教师引导学生小结:** 明朝建立后,在政治上采取了一系列加强皇权的措施,使专制主义中央集权不断强化;在对外贸易方面,以朝贡贸易作为与周边国家交流的主要形式,加强了与周边国家的交流和友好相处;对沿海和内陆少数民族采取了灵活的政策和措施,有利于沿海和内陆的安全和稳定。明朝中后期,封建统治全面走向腐朽,国力衰微,危机四伏,民族矛盾和阶级矛盾日益尖锐并不断激化,社会动荡,边患严重。这一切加速了明朝的灭亡,最终为清朝取而代之。但明朝所采取的这些举措不仅有利于政局的稳定,为清朝统治者提供了借鉴和参考,而且也对多民族国家的统一和疆域的奠定具有重大意义。

# 第 14 课

# 清朝前中期的鼎盛与危机

## 教学设计1

安徽省濉溪中学　吕增根

### 一、教材分析

　　本课是部编本《中外历史纲要(上)》第四单元《明清中国版图的奠定与面临的挑战》第14课,本课以三个子目介绍了清朝君主专制的进一步强化等内容。《普通高中历史课程标准(2017年版)》对本单元的要求是:通过了解明清时期统一全国和经略边疆的相关举措,知道南海诸岛、台湾及其包括钓鱼岛在内的附属岛屿是中国版图一部分,认识这一时期统一多民族国家版图奠定的重要意义;了解明清时期社会经济、思想文化的重要变化;通过了解明清封建专制的发展、世界的变化对中国的影响,认识中国社会面临的危机。在康熙、雍正和乾隆三朝皇帝当政时期,中国的封建王朝出现了最后一个盛世,史称"康乾盛世"。康熙等皇帝一改汉族王朝最高统治者的疆域观念,建构了不同于传统儒家"夷夏之辨"的大一统观,开疆拓土反击不同的分裂势力,通过经略四方,巩固了统一多民族国家的发展,也奠定了中国的疆域版图。与此同时,康雍乾时期,通过设立南书房和军机处、建立密折制度和大兴文字狱等手段,君主专制达到了空前的高度。但是,康雍乾所处的17、18世纪,西方资本主义国家开启了近代化的潮流,而清王朝正沉浸在"盛世"之中,闭关锁国,丧失了与世界潮流接轨的机会。另一方面,随着君主专制的强化,政治腐败、人口压力等,所谓的"盛世"已呈现出明显的疲态。到了嘉庆、道光年间,西方列强渐次而来,加上内部的因素,出现了"嘉道中落"。1840年,英国人更是借口中国禁烟,悍然发动了鸦片战争,中国社会由此开始进入半殖民地半封建社会。

　　本课教材的内容比较多,且知识间的逻辑性不强,为实现有效教学,在设计时将教材整合为"经略四方定版图""驭臣织网固皇权"和"落日余晖盛世衰"三部分,以求建构知识的逻辑体系,帮助学生全面认识这部分内容。

### 二、学情分析

　　高一年级的学生,具备了一定的知识储备;另一方面,通过观看影视作品等途径,对本课的知识也比较熟悉。但是如何从古今贯通和中外关联的角度认识清朝前中期的历史,学生尚缺乏相关的学科思维能力和素养。因此,在教学时,宜选用贴近学情的材料,设计符合认知"最近发展区"的问题,调动学生的学习积极性,注重培养学科核心素养,实现教学的有效性。

### 三、教学目标

1. 通过自主学习,知道清朝康雍乾时期经略四方奠定疆域的史实,了解清王朝君主专制进一步加强的措施,知道康乾盛世后期面临的危机。

2. 通过创设问题情境、研读史料、合作探究,理解康雍乾时期经略四方对中国社会发展的影响,理解封建君权空前加强带来的负面影响。

3. 通过研读相关史料,认识到台湾地区、少数民族聚居的广阔边疆地区永远是中国领土不可分割的重要组成部分,中国历史是中国各民族共同创造的,加强对多民族统一国家的认同。

4. 通过中外对比,树立时空观念,认识到只有开放才能与时俱进,保持民族的青春。

### 四、教学重难点

重点:清朝君主专制的强化、疆域奠定的历史意义。
难点:清朝强化君主专制的影响和疆域奠定的历史意义。

### 五、教学过程

【导入新课】

材料一

图 1　乾隆朝服像(轴)

——徐瑾:《清代宫廷绘画中的乾隆形象(之一)"天道昌隆"——最幸运的皇帝》,载《金融博览》2013 年第 13 期

教师设问：图1中的人物是谁？他曾经自称为"十全老人"以彰显自己的"武功"，请结合课前搜集的资料，说一说他取得了哪些成就？（参考答案：人物——乾隆帝。成就——平定准噶尔叛乱等）

教师讲述：乾隆将自己的军事成就评价为"十全武功"，乾隆帝因此自称"十全老人"。乾隆帝的父祖康熙、雍正两朝励精图治，为乾隆帝留下了一个富足安定的国家，其承继父祖的光芒并将其发扬光大，对内叛外侵绝不妥协，中国的疆域在其治下得以巩固。

（过渡）我们就以抗击廓尔喀侵藏为例看看乾隆帝是如何保疆卫土的。

【学习新课】

## （一）经略四方定版图

### 1. 虽远必诛卫国土
材料二

图2　清人画平定廓尔喀战图册攻克擦(察)木之图

——郭晔旻：《世界屋脊之战——乾隆"十全武功"之驱廓保藏》，载《紫禁城》2009年第11期

材料三　在黄河发源之地，"数百里内溪涧交错，泉水甚多，冬令处处凝冰"，"马足倾滑，行走艰难"。过了巴颜哈拉，山势甚高，瘴气袭人，"人行寸步气喘，头目眩晕，肌肤浮肿"。"时青草未茂，马皆瘠疲，粮饷屡绝。"尽管客观条件如此恶劣，福康安仍并站前进，每日寅时（下半夜一至三点）动身，行至戌时（下午七点）始停。虽然他出口后即"冒寒患病"，复"触染瘴疠"，仍与士卒同苦，终于用39天，走完了平时西藏喇嘛须用一百二三十天的路程，于乾隆五十七年正月二十日抵达拉萨，为及时奏报朝廷，调集兵马，驱逐廓军，创造了有利条件。

——韩茹：《略论福康安征剿廓尔喀》，载《历史档案》1994年第3期

材料四　面对强大的中国军队，廓尔喀人请降，归还掠夺的财物，上表纳贡。清军统帅

福康安摩崖纪功后班师回朝,反击廓尔喀入侵的战争胜利结束。……清中央政府领导了这次抗击战争,指挥西藏政府和内地一些省份进行战争保障服务,掌握与廓尔喀的谈判签约,并在战后实施了一系列涉及西藏各个方面的措施,所以战争本身即证明西藏是中国的一部分。

　　　　——骆威:《清代抗击廓尔喀侵藏战争背景及意义新探》,载《民族研究》1998 年第 2 期

　　**教师设问:**根据材料并结合所学知识,分析为什么福康安能够取得第二次抗击廓尔喀战争的胜利? 战争的胜利有什么影响? (参考答案:原因——福康安不计个人安危、指挥得当;乾隆帝的支持;清军的英勇斗争;藏人的支持等。影响——反击了外敌对西藏的侵略,维护了中央对西藏的有效管辖;有利于中尼友好关系的建立等)

　　**教师引导学生分析:**生活在喜马拉雅山南麓的廓尔喀人骁勇善战,逐渐统一了尼泊尔,之后积极对外扩张,曾先后两次入侵西藏。第一次战争由于清政府准备不足等原因,以签订条约而告终;第二次战争,乾隆帝态度坚决,委任福康安为大将军,率兵打击侵藏廓军。福康安不辱使命,不顾行军道路的艰难险阻,仅用 39 天走完了平时百日才能走完的数千里行程,及时行军入藏,争取了时间;在反击敌军的过程中,福康安和手下的将士英勇杀敌,最终取得了战争的胜利。中廓签订了条约,再次证明西藏是中国领土不可分割的一部分,也昭示了犯我国土者,虽远必诛!

　　**材料五**　一七九二年制定,一七九三年颁行的《藏内善后章程》,对西藏地方的政治、经济、军事、宗教、外事、司法等方面,都作了具体的规定,驻藏大臣统摄西藏地方的军政大权。……乾隆对西藏的改革措施,使驻藏大臣的地位空前提高,几乎一切权力都统摄于驻藏大臣之手,比较康熙、雍正两朝,乾隆朝的治藏政策要更加具体、完善。

　　　　——张云侠:《略论清代驻藏大臣的设置、职权及有关问题》,载《社会科学研究》1985 年第 3 期

　　**教师设问:**根据材料,分析中廓战争后,清朝统治西藏的政策有何变化? 这种变化又有哪些作用? (参考答案:变化——加强了驻藏大臣的权力,提高了其地位;政策更加具体和完善等。作用——加强了与西藏的关系,巩固了西藏与中央的联系等)

　　**教师引导学生分析:**乾隆帝在反击廓尔喀入侵胜利后,鉴于当时西藏的情况,及时调整西藏治理的策略,提高了派驻到西藏的驻藏大臣的地位,加强了驻藏大臣的权力,使代表中央政府的驻藏大臣统摄了西藏地区的经济、政治、军事等大权,从而加强了中央政府对西藏的治理。

　　**(过渡)**乾隆帝反击数千里之外的侵藏廓尔喀敌人不过是继承了其父祖对内叛外侵敌人的一贯态度,贯彻了其父祖的"大一统"理念。

　　**(设计意图)**通过分析乾隆朝平定廓尔喀人侵藏,引导学生分析清王朝能够成功平定外侵敌人的原因。本环节指向的是:(1)时空观念素养水平 2——能够将某一史事定位在特定的时间和空间框架下;能够认识事物发生的来龙去脉,理解空间和环境因素对认识历史与现实的重要性。(2)史料实证素养水平 3——在探究特定历史问题时,能够对史料进行整理和辨析;能够利用不同类型史料,对所探究的问题进行互证,形成对该问题更全面、丰富的解释。(3)家国情怀素养水平 1、2——能够具有对家乡、民族、国家的认同感,理解并认同社会主义核心价值观和中华优秀传统文化,具有对祖国和人民的深情大爱。

### 2. 经略四方定版图

**材料六** 清帝所主"大一统",改变"中国"的疆域定位:将历代传统限定在长城以内的"中国"的政治与疆域之版图,扩展到长城以外的"三北"及各边疆地区,即北狄、南蛮、西戎、东夷,皆涵盖在"中国"之内。换言之,它们都是"中国"不可分割的重要组成部分。清帝"大一统"论,是对传统的"华夷之辨"的彻底否定,是民族观念及理论的划时代的创新。随着长城的被废除,主导中国历史千百年的"华夷之辨"也就失去了客观存在的依据。换言之,长城作为"华夷之辨"的民族与政治的分界线,或称界标,当其失效之时,那么,长城内外便形同一体,实现了真正的统一。

——李治亭:《清帝"大一统"论》,载《云南师范大学学报(哲学社会科学版)》2015年第6期

**教师设问:**根据材料,指出清帝的大一统论较之传统观念有什么不同之处?(参考答案:否定了华夷之辨,扩大了中国的范围和疆域)

**教师引导学生分析:**清军入关后,建立了少数民族政权,为了加强自身政权的合法性,清朝的最高统治者发展了中国传统的"大一统"理论,否定了儒家一贯强调的"夷夏之辨"。认为长城内外都是中国的组成部分,这是中国民族观念和理论的革命性的创新,恰因此,中国的内涵更加丰富,中华民族的内涵也更加多彩。

**(过渡)**在新的"大一统"观念的指引下,清帝对疆域的认识和边界的定位也有所发展。

**材料七** 不惟康熙帝如此,其继任者雍、乾、嘉诸帝对疆域与边界的定位,与其父其祖如出一辙。雍正六年(1728),鉴于安南国要求划界,雍正帝敕谕曰:"朕前令守土各官,清立疆界。原属行之于内地,未令清查及于安南也。"乾隆帝给英国国王的敕谕,更是道出清廷君臣的疆域观与边界意识:"天朝疆界严明,从不许外藩人等稍有越境挽杂……天朝尺土俱归版籍,疆址森然,即岛屿沙洲,亦必划界分疆,各有专属。"嘉庆帝时,中朝两国商民曾在黄海的广鹿岛上私自贸易,并起纠纷。对此,嘉庆谕曰:著朝鲜国王"于商民等违禁私贩之事,认真查挐,以清边界"。

——于逢春:《论中国疆域最终奠定的时空坐标》,载《中国边疆史研究》2006年第1期

**教师设问:**根据材料,指出清朝的最高统治者对疆域有何认识,说一说这种认识有何积极意义?(参考答案:认识——认为领土主权不可侵犯。意义——有利于维护祖国疆域的安全等)

**教师引导学生分析:**清朝的皇帝,无论是康雍乾还是后来的嘉庆,对疆域和边界都有着极为清醒的认识,认识到领土疆界不容他人染指。

**(过渡)**在这种观念的指引下,清朝的皇帝才能坚决地打击内部的叛乱分裂势力,打击侵我国土的外敌;才取得了一系列的"武功",最终奠定了中国的版图。

**教师讲述:**经过康雍乾三代皇帝的经略,到了清朝中期,中国的疆域西跨葱岭,西北达巴勒喀什池,北接西伯利亚,东北至外兴安岭和库页岛,东临太平洋,东南到台湾及其附属岛屿钓鱼岛、赤尾屿,南包括南海诸岛,西南抵喜马拉雅山脉。现代中国的版图至此奠定。

**(设计意图)**通过分析清帝的大一统观及其经略四方取得的成就,引导学生分析,认识到清王朝在统一多民族国家的巩固与发展方面取得的成就。本环节指向的是:(1)时空观念素养水平2——能够将某一史事定位在特定的时间和空间框架下;能够利用历史年表、历史

地图等方式对相关史事加以描述;能够认识事物发生的来龙去脉,理解空间和环境因素对认识历史与现实的重要性。(2)史料实证素养水平 3——在探究特定历史问题时,能够对史料进行整理和辨析;能够利用不同类型史料,对所探究的问题进行互证,形成对该问题更全面、丰富的解释。(3)历史解释素养水平 4——在独立探究历史问题时,能够在尽可能占有史料的基础上,尝试验证以往的说法或提出新的解释。(4)家国情怀素养水平 3、4——能够把握中华民族多元一体的发展趋势,形成正确的世界观、人生观、价值观和历史观。

**(过渡)**在经略四方的过程中,清帝的专制权力也得以强化。这一方面促进了军事活动的胜利,另一方面也带来了深远的消极影响。

### (二)驭臣织网固皇权

#### 1. 兴密折驭臣有术

**材料八**　清初官制,多因明法,通政司受内外本章,有敷奏封驳之权。……胤禛以通政司职权太重,扼中外庶政之要,主之者不得其人,或与政府因缘为奸,乃别设奏事处,命内外诸臣,有机密事,改用折奏,直达御前。

　　　　　　　　　　——萧一山:《清代通史·上卷》,北京:中华书局,1986 年,第 867 页

**教师设问:**根据材料并结合所学知识,说一说雍正皇帝设奏折制度的原因有哪些?(参考答案:通政司受理奏章,不利于皇帝掌握信息等)

**教师引导学生分析:**清初沿袭明代制度,设通政司和内阁,通政司负责长官奏章的传达封驳,内阁则掌握票拟,负责日常政务的处理。雍正帝作为历史上少有的"勤政"皇帝,不容许有机构控制其了解下情的通道,因此正式建立了奏折制度,赋予大量的官员以奏事权,其奏折可以直达皇帝那里。

**材料九**

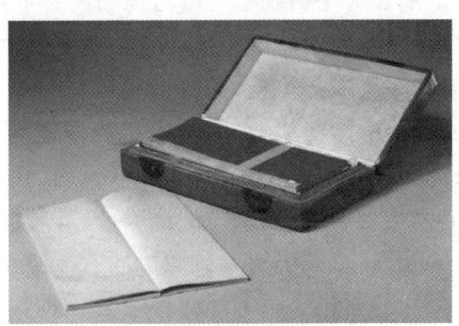

图 3　雍正时期的密折匣

　　　　　　　　　　——晃中辰:《雍正帝与秘密奏折》,载《明清论丛》第 13 辑

**材料十**　康雍两帝施行奏折制度的一个重要目的,是借此对各级官吏进行密查。这种方式,虽然加强了对各级官员的控制,但也招致了相当一批官员的不满与反对。他们认为,通过密折了解官员,实际上是因袭古代告密之举。将会导致"首告者不知主名,被告者无由申诉,上下相忌,君臣相疑"的后果。因而,雍正帝去世之后,利用乾隆帝即位之初对雍正帝政策多所更张之机,他们以"先除开言路之弊"为由,上疏乾隆帝,提出,"请自今除军机处外,

皆用露章,不许密奏"。但是,鉴于奏折在国务处理中的重要作用,乾隆帝不但未予废止,而且还将其全盘加以继承。

　　——白新良:《乾隆朝奏折制度探析》,载《南开学报(哲学社会科学版)》1999 年第 4 期

　　**教师设问**:根据材料并结合所学知识,分析奏折制度有哪些作用?(参考答案:提高了行政效率,加强了皇权;鼓励告密等)

　　**教师讲述**:奏折制度是为皇帝专制服务的,通过奏折制度,清朝的皇帝一定程度上架空了原有的中枢机构,在加强信息沟通、提高行政效率的同时,也使得大臣人人自危,从而加强了皇帝对臣僚的人身控制。

　　**(过渡)**雍正在改革方面颇有创举,为乾隆的盛世奠定了良好的基础。雍正为了处理军机事务创设了军机处,乾隆继位后曾短暂废除,后又复用该机构,专制君权得以强化。

### 2. 设军机独揽大权

　　**材料十一**　从军机处设立的本意看,军机处是中枢机构的一个值班制度。由于宫廷的禁例和大臣理事的规矩,负有直接辅佐皇帝处理机务之责的内阁大臣便不能为皇帝方便地使唤;皇帝也无法随时召唤近在咫尺的内阁大臣,这样势必会出现在皇帝与阁员之间难以随时配合的问题。……雍正帝因为军机紧急,选调内阁学士等官"日值禁廷,以待召见",而形成军机处制度,从而使原本的值班制度演变成一个新的中枢机构。

　　——吴宗国主编:《中国古代官僚政治制度研究》,北京:北京大学出版社,2004 年,第 451 页

　　**材料十二**　乾隆初年的裁设,说明其作用仅限于军事方面。乾隆帝复设军机处,是因为西、北两路的军务尚未全竣,而他当政的时期,又恰恰是军务繁兴的时期。这个被誉为"全盛"的太平之世,是与乾隆帝的"十全武功"相映衬的。从乾隆十九年(1754)用兵准噶尔部开始,到乾隆五十年(1789)撤兵安南,其间军事不断,军国大计在皇帝的"万机"中压倒一切。军机处也就从参与军机,而渐渐成为全面辅佐皇帝治国理民的中枢机构。

　　——袁行霈、严文明、张传玺、楼宇烈主编:《中华文明史·第四卷》,北京:北京大学出版社,2006 年,第 134 页

　　**教师设问**:根据材料并结合所学知识,说一说军机处职能有哪些变化?分析军机处的设立为什么能够加强皇权?(参考答案:变化——从负责军事到辅佐皇帝治国理民。原因——军机大臣多是皇帝的亲信,其职能只是跪受笔录,决策大权完全掌握在皇帝手中)

　　**教师引导学生分析**:从雍正帝始设军机处到乾隆帝扩充其职能,军机处逐渐成为辅佐皇帝治国理民的中枢机构。但是,军机大臣的充任自始至终都牢牢地掌握在皇帝的手中,军机处从制度上讲是一个内侍顾问机构,并没有法定的类似相权的行政大权,因此,军机处的设立强化了专制君权。

　　**(过渡)**清王朝作为少数民族政权,其皇帝在加强君权的同时,暴露了文化上的不自信,大兴文字狱,编织文网来钳制思想,巩固统治,一时间"万马齐喑"。

### 3. 织文网禁锢思想

　　**材料十三**　乾隆五十二年,重校三阁《四库全书》,又发现阎若璩《尚书古文疏证》内引有李清、钱谦益诸说,未经删削,应将承办各员惩处。后纪昀奏,除认罪删改,陆续赔写外,并请将文渊阁所贮明季国初史部、集部及子部之小说、杂记诸书,自认通行校看,凡有违碍,即行

修改。并知令文溯、文津二阁详校官画一办理,赔写抽换。从此修《四库全书》就开了抽换、改写的方便之门,除了经部之外,其余史、子、集三部无一幸免,遍遭踩躏了。这就是鲁迅先生所说满清对中国著作的暗杀。

　　　　　　　　　　　——黄裳:《笔祸史谈丛》,北京:北京出版社,2004 年,第 65 页

　　**材料十四**　高宗发动禁书运动的目的,是想彻底消灭汉人特别是知识分子中的"反清复明"的思想意识。为此目的,不惜望文生义、深文周纳,如徐述夔诗案,仅据"明朝期振翮,一举去清都"两句"逆诗",就作为结案的罪证。中国 18 世纪的知识分子正是在这种文化思想专制的淫威下,不敢议论当代的现实问题,隐身于故纸堆中,窒息了思想,摧残了人才。龚自珍的诗句"避席畏闻文字狱,著书都为稻粱谋",令人余悸尚存。

　　　　　　　　　——李治亭主编:《清史(下)》,上海:上海人民出版社,2008 年,第 1015 页

　　**教师设问:**根据材料,说一说清代大兴文字狱产生了哪些影响?(参考答案:加强了清政府对文人的控制,巩固了自身的统治;但钳制了知识分子的思想,影响了文化的发展等)

　　**教师引导学生分析:**中国的传统文化尤其是儒家文化,秉持修身齐家治国平天下和内圣外王的传统,以儒家道术辅佐政治。清代的文字狱,割断了文化与政治的关系,使得传统儒家的价值观无法深入影响政治伦理,"道"让位于"君",吏治腐败之风愈演愈烈。高压下的士大夫不敢评论时政,生怕触犯朝廷因言获罪,只能躲在书斋里,在故纸堆里考据训诂,读书人的思想被窒息,人才也被摧残。

　　**(过渡)**康乾盛世前后长达 130 余年,但是盛世的背后却隐藏着危机,其中最为严重的是清王朝对这个变动的世界一无所知,仍沉浸在落日的余晖中难以自拔。

### (三)落日余晖盛世衰

　　**材料十五**　……西方却经历着另一场暴风骤雨式的剧变:传统王朝一个个倒台,民族国家纷纷建立。共和国、工业革命、全球殖民、海上霸权……历史的发展突然加速,在中国还完全不了解的情况下,"夷狄"裹挟着血与火突然出现在面前,这样的会面,令中国措手不及。

　　　　　　——卜宪群总撰稿:《中国通史·明清》,北京:华夏出版社,合肥:安徽教育出版
　　社,2016 年,第 340 页

　　**材料十六**　马戛尔尼献给乾隆的最能说明自己国家现代化程度的礼物是一台"天文地理音乐钟"。作为回赠,乾隆让人给了他几件传统工艺品:玉雕、丝荷包、细铜作胎外填珐琅彩釉称为"景泰蓝"的瓶子。地球仪与景泰蓝:多妙的象征呀!

　　　　　　——[法]阿兰·佩雷菲特:《停滞的帝国——两个世界的撞击》,北京:生活·读
　　书·新知三联书店,1993 年,第 618 页

　　**材料十七**　乾隆帝对英国师团的"妄自骄矜""无福承受恩典"十分不悦,当觐见完毕英方提出改善贸易条件、增开通商口岸的诸项要求时,概予严词拒绝。在颁发给英国国王的敕谕中,乾隆帝宣称"天朝物产丰盈,无所不有,原不借外夷货物以通有无……今尔国使臣于定例之外多有陈乞,大乖仰天朝加惠远人、抚育四夷之道","念尔国僻居荒远,间隔重瀛,于天朝体制原未谙悉,是以命大臣等向使臣等详加开导,遣令回国"。

　　　　　　——袁行霈、严文明、张传玺、楼宇烈主编:《中华文明史·第四卷》,北京:北京大
　　学出版社,2006 年,第 125 页

**教师设问**：根据材料，说一说双方的礼物有何不同？这反映了什么？并指出乾隆皇帝为什么不愿意打开国门满足英国的通商要求？（参考答案：不同——传统手工业品，科技含量很高的制成品。反映——中国仍处于传统社会，英国的科技比较发达等。原因——维护专制统治等）

**教师引导学生分析**：两国的礼品折射出两国发展模式已经有了根本区别，清王朝仍在中世纪的"天朝"迷梦中不曾醒来，英国已经开启了"蒸汽时代"，逐渐步入到现代化。对于英国的通商要求，乾隆帝以天朝无所不有打发了事，从某种意义上讲他更担心的是对外交往只会带来未知的危险，给自己的统治带来不安定因素，所以宁愿闭关不开，排拒外来势力于国门之外。

**（设计意图）**通过中英两国礼品的对比，将同一时间段的两个不同的国家进行比较，意在使学生认识到康乾盛世背后隐藏着严重的危机。本环节指向的是：(1)唯物史观素养水平1、2——能够了解和掌握唯物史观的基本观点和方法，理解唯物史观是科学的历史观。(2)时空观念素养水平4——在对历史和现实问题进行独立探究的过程中，能将其置于具体的时空框架下；能够选择恰当的时空尺度对其进行分析、综合、比较，在此基础上作出合理的论述。(3)史料实证素养水平3——在对历史和现实问题进行独立探究的过程中，能将其置于具体的时空框架下；能够选择恰当的时空尺度对其进行分析、综合、比较，在此基础上作出合理的论述。(4)历史解释素养水平3——能够分辨不同的历史解释；尝试从来源、性质和目的等多方面，说明导致这些不同解释的原因并加以评析。

**教师讲述**：有人曾将乾隆帝和其祖父康熙相比，认为如果换成康熙皇帝，中英两国的这次机会一定会被抓住，中国也会抓住世界发展的潮流。其实这是种误解，从本质上看康熙皇帝和乾隆皇帝一样，对西方资本主义的社会制度，对西方科学技术进步的历史意义是一无所知的。

**（过渡）**乾隆后期，相比较于外患，内部的危机可能更加严重。

**材料十八**　朝廷的奢侈铺张、各级官吏的贪腐以及社会财富向官家望族的急剧积聚，导致乾隆朝晚期和嘉道时期社会财富占有上的极度两极分化，从而破坏了清初市场经济在传统中国社会内部的专制政制下进一步成长的基础：一方面，政府官员和缙绅地主大量购置和兼并土地，过着奢侈淫逸的生活；另一方面，大批农民失地破产成为流民，过着极其悲惨的生活。

——韦森：《清代政制下中国市场经济的周期性兴衰》，载《财经问题研究》2018年第3期

**材料十九**

表1　土地与人口比例变化（单位：亩/人）

| 年代 | 土地面积（顷） | 人口（人） | 每人实得土地 |
| --- | --- | --- | --- |
| 乾隆十八年（1753） | 7 801 142 | 183 678 258 | 4.25 |
| 乾隆三十一年（1766） | 7 807 156 | 208 095 796 | 3.75 |
| 嘉庆十七年（1812） | 7 913 939 | 361 600 000 | 2.19 |
| 道光十三年（1833） | 7 420 000 | 389 942 036 | 1.86 |

——田彤：《清代（1840年前）的人口危机及对近代社会经济的影响》，载《史学月刊》1994年第3期

**问题设计：**根据上述材料，指出清王朝的统治面临着哪些危机？（参考答案：贫富差距扩大、土地兼并严重、人口压力巨大、人地矛盾尖锐等）

**教师引导学生分析：**乾隆在位长达60年，其统治后期，重用和珅等人，政治腐败现象愈演愈烈。另一方面，长达百余年的安定环境，加上废除地丁银和外来高产农作物的推广，中国的人口增长非常迅速。但传统的农业社会没有足够多的资源应对人口的急剧增长，人地矛盾激化，人与生态环境的关系更加紧张。康乾盛世隐藏着巨大的危机。"夕阳无限好，只是近黄昏。"

**【课堂小结】**

**教师引导学生小结：**康雍乾三朝皇帝首先突破了传统"大一统"论的藩篱，强调中国之内，无论地域、血缘和种族都是中国人，建构了全新的"大一统"理论和天下观。在这一理论的指引下，康熙及其继任者对于分裂、侵略祖国的行为进行了强有力的打击，有力地巩固和发展了多民族统一国家，奠定了中国的版图。但是，康雍乾三朝也是君权进一步强化并达到顶峰的时代，在政治稳定、经济发展的同时，厉行文化专制也埋下了"万马齐喑"的隐患。当以英国为代表的西方渐次迈入近代化之际，康雍乾盛世如落日余晖般，逐渐落后于这个急剧变动的时代。

# 教学设计 2

安徽省濉溪县第二中学　　胡春霖

## 一、教材分析

本课是部编本《中外历史纲要（上）》第四单元《明清中国版图的奠定与面临的挑战》第14课。《普通高中历史课程标准（2017年版）》对本课的要求是：通过了解清朝统一全国和经略边疆的相关举措，知道南海诸岛、台湾及其包括钓鱼岛在内的附属岛屿是中国版图的一部分，认识这一时期统一多民族国家版图奠定的重要意义；通过了解清朝封建专制的发展、世界的变化对中国的影响，认识中国社会面临的危机。本课共三个子目，即"康雍乾时期的君主专制""疆域的奠定"和"统治危机的初显"，主要讲述了清朝前期君主专制的强化、经略边疆的举措、统一多民族国家版图的奠定及乾隆后期统治危机的出现。清朝是我国最后一个封建王朝，继元明两朝之后，最终完成了国家大一统，在辽阔的版图内，建立了空前稳固的有效管辖，对中国统一多民族国家的进一步发展以至最后版图奠定作出了历史性贡献。

综合以上分析，在了解清朝统一全国和经略边疆相关举措的基础上，引导学生关注清朝国家疆域奠定的历史意义是本课的重点。这一时期也是中国古代君主专制不断强化并达到顶峰的时期，在了解康雍乾时期加强君主专制的政策、措施之外，要进一步思考：为什么在极端专制的清朝康雍乾时代中国国势竟臻于极盛？对此，我们既要看到极端专制所体现的国家最高权力的高度集中曾发挥过积极的历史作用,又不能因此而无视中国传统政治以及传统文化的内在缺陷和历史局限性。极端专制的政治体制不仅阻碍了中国由传统向近代的转型,也是导致清朝统治危机出现的原因之一。乾隆后期,清朝统治已出现由盛转衰的迹象,嘉庆、道光年间,衰象更为明显。与以往历代王朝的荣枯兴衰不同,嘉道中衰,不仅仅是一个王朝的衰落,而且也蕴含着旧的文明、旧的生产方式走向衰落的意味。因而,将这一时期的统治放到当时世界发展大势中进行分析是非常必要的。

## 二、学情分析

经过初中阶段的历史学习,高一学生不仅具有一定的历史知识储备,而且具备了基本的时空观念、史料实证意识,也初步掌握了在历史理解的基础上进行历史解释的方法,并形成了自己的价值判断。这为本课史料教学和问题探究的开展打下基础。

经过前一课明朝的政治体制、对外关系和边疆问题的学习,学生已经初步掌握了学习此类问题的方法,这为本课的学习作了一个很好的铺垫。但清朝经营边疆的举措及康乾盛世后期的危机与以往的朝代相比,有一些新的变化和特点,这是学生学习中容易忽视的、也是较难理解的部分。课堂教学时应予以重点关注并设法突破。

## 三、教学目标

1. 通过自主学习,知道康雍乾时期加强君主专制的措施,了解清朝经略边疆的举措和清朝的疆域范围,知道清朝统治危机出现的基本史实。

2. 通过研读教材和史料,理解清朝加强君主专制的作用和影响、清朝疆域奠定的历史意义以及清朝统治危机出现的原因。

3. 通过学习清朝疆域的奠定,认识到台湾地区、少数民族聚居的广阔边疆地区永远是中国领土不可分割的重要组成部分,中国历史是中国各民族共同创造的。

4. 通过学习清朝的统治危机,认识到积极融入世界、与时俱进、顺势改革具有重要的现实意义。

## 四、教学重难点

重点:清朝疆域奠定的历史意义及统治危机出现的原因。
难点:清朝强化君主专制的影响和疆域奠定的历史意义。

## 五、教学过程

【导入新课】

播放纪录片《中国通史·中国古代史》之《末日余晖》片段。

**教师设问**：视频中"这个时代"是哪个朝代？这里的"盛世"指的是什么？（参考答案：清朝，康雍乾盛世）

**（过渡）**这究竟是一个怎样的时代？为什么后人会有那么多的质疑呢？今天，就让我们一起来拨开历史的重重迷雾，了解清朝的鼎盛与危机。

**（设计意图）**跟语言表述相比，视频更加具有冲击力和感染力，可以激发学生的学习兴趣。对于清朝的盛世与危机，史学界历来颇有争议，以此话题为引子，设疑、诱思、激趣，为新课的推进作铺垫。

### 【学习新课】

**教师讲述**：清朝是中国历史上最后一个统一的封建王朝。清朝皇帝康熙、雍正、乾隆在位期间，政局稳定，经济繁荣，疆域开拓并巩固，是清朝的全盛时期，也是中国封建社会发展史上屈指可数的黄金时代之一，被称为"康乾盛世"。它上起康熙二十年（1681）三藩之乱平定之后，下至嘉庆元年（1796）川陕楚白莲教起义爆发，前后持续了100余年，走过了从形成到发展、由极盛转向衰落的历程。接下来我们将以"康乾盛世"为中心，从盛世辉煌、盛世危机和盛世反思三个方面剖析清朝的鼎盛与危机。

### （一）盛世辉煌

**教师讲述**：康乾盛世最重要的一个特征，就是实现了"大一统"。

**1. 疆域奠定与国家统一**

**教师讲述**：由边疆问题而引发的"边患"，自秦以来，一直是历代中央王朝所面临的严重威胁，几无一个王朝无"边患"。清以前，所指边疆地区，就是四面八方少数民族聚居的地区。因而，边疆问题主要就是民族问题。至清代，清王朝所面临的边疆问题，比之前的历代王朝更复杂、更尖锐、更严重，也更难解决。

**教师设问**：结合教材和所学知识思考：清朝的边疆问题跟以往历朝相比有何新特点？（参考答案：在清代中国确定疆界后，边疆问题已经超出了一国之内的民族问题，增加了与异国异民族的矛盾与冲突，构成了新的边疆问题）

**（过渡）**概而言之，清朝的边疆问题既有民族问题，又有统一与割据甚或分裂的问题，更有列强的觊觎与侵略。如何应对或解决这些复杂的边疆问题，不仅关系到清王朝的存亡，也关系到国家的主权统一和领土完整。

**自主学习**：列举清朝处理边疆问题的重要举措。（参考答案：武力征伐、平定叛乱、盟旗制度、军府制度、册封制度、派遣驻藏大臣、设置理藩院等。如在东北、北部和西部边疆，分设若干将军辖区和办事大臣辖区。清朝在台湾设府，隶属福建省）

**教师讲述**：简言之，清朝在进行军事征服的同时，对边疆地区采取因地制宜的政策。这些做法和以往朝代的治边思路是基本一致的。但在总结历朝经验和历史教训的基础上，清朝应对和解决边疆问题的观念和举措均有新的变化。

**材料一**　清以前，历代实行两种国家行政管理体制，一是内地行郡县制，二是边疆少数民族行朝贡制……清朝一改历代王朝的传统做法，把郡县制深入推进到边疆地区，在此设治，一如内地，直接纳入到国家管理，废其世袭制，国家直接派官治理，一句话，一切由皇帝掌控。如：在东北地区，分设盛京将军、吉林将军、黑龙江将军。

——李治亭：《论清代边疆问题与国家"大一统"》，载《云南师范大学学报（哲学社会科学版）》2011年第1期

**教师设问：**清以前，内地和边疆地区实行不同管理体制的做法体现了怎样的民族观念？清代将郡县制推向全国的做法体现了怎样的民族观？有何积极意义？（参考答案：清以前的民族观念——传统的"华夷之辨"。清代民族观——"华夷一家"民族"大一统"观念。积极意义——全国政治管理体制的一体化，改变了朝贡体制下边疆民族实力强大、尾大不掉的局面，加强了对边疆地区的控制与管理，进一步强化了中央集权，促进了真正意义上的国家"大一统"的实现）

**教师补充：**此外，清代在边疆设治，实际上是宣示国家对该地区的主权，奠定了中国的版图。特别是赶在西方列强大规模入侵中国之前完成边疆的行政建置，使捍卫领土主权有了法理依据和可靠保证。

**教师讲述：**中国疆域的历史沿革是几千年来中原汉族和边疆各民族共同劳动、开发、碰撞、融合的结果，反过来说，中国疆域的形成和变迁又对中国各民族的发展产生了深远影响。

**材料二** 清朝在继承历代中央王朝边疆治理和民族、宗教政策的基础上，通过实施武力征伐、平定叛乱……等一系列具有时代特色的制度，既巩固了边疆，又对边疆地区经济社会发展和中华民族演进产生了重要影响。

——段红云：《清代中国疆域的变迁及其对中国民族发展的影响》，载《中国边疆史地研究》2015年第1期

**教师设问：**结合材料指出，清朝对边疆的治理对中华民族的发展有何影响？（参考答案：巩固了边疆，促进了边疆地区经济社会发展，推动了统一多民族国家的发展）

**教师引导学生小结：**清代在继承历朝治边政策的基础上，采取因地制宜的政策，在边界地区设治，由国家直接派官治理，一切由皇帝掌控，使边疆地区真正纳入国家管理体制中，奠定了中国的版图，促进了真正意义上的国家统一的完成，也反映了君主专制制度的进一步加强。

### 2. 制度建设与政局稳定

**教师讲述：**清初，中央政权机构大体采用明朝制度，设内阁，置六部，但由满洲贵族组成的议政王大臣会议的权力凌驾于内阁、六部之上。议政王大臣会议决定的事，连皇帝也难以更改。皇权受到很大限制。康雍乾时期，为了加强皇权，对君主专制制度进行了变革和调整，使君主专制在这一时期发展到新的高度。

**材料三** 在康雍乾时代，权臣、外戚、宦官、朋党、藩镇等传统政治常见的弊端均予消除，尤其是密折的运用，军机处的设立，使皇帝的意志可以不受任何制约地贯彻到全国每一个角落，而教化的推行，文字狱的迭兴，更使意识形态出现前所未有的"一体化"现象。

——高翔：《康乾盛世浅议》，载《清史研究》1993年第1期

**教师设问：**康雍乾时期，统治者是如何强化君主专制的？有何积极作用？（参考答案：措施——密折的运用、军机处的设立、文字狱的兴起和发展。作用——使传统政治常见的权臣、外戚、宦官、朋党、藩镇等弊端得以消除，有利于政局的稳定）

**材料四** 通过奏折制度，康雍乾三帝不仅将议政王大臣会议完全架空，而且将中枢机关

内阁视若闲曹,摒弃了满族早期民主共议制的残存和国家政务决策的正常体制。通过扩大具折言事官员的范围,大批地方官可以与皇帝直接联系,一方面方便了皇帝直接指导和控制地方行政,另一方面也削弱了各省督抚的权势,最终使中央和地方的权力一律向皇帝集中。

——傅礼白:《康雍乾时期的奏折制度》,载《文史哲》2002年第2期

**教师设问**:阅读材料并结合教材思考,为什么说奏折制度强化了皇帝对官僚机构的控制?(参考答案:奏折制度架空了议政王大臣会议,剥夺了内阁的票拟权,摒弃了满族传统的共议制;奏折迅速、机密的联系方式,便利了皇帝直接控制地方行政,提高了决策效率;削弱了地方官员权势,促使中央和地方权力向皇帝集中)

**教师讲述**:雍正时,在皇帝寝宫旁边设立军机处,使清朝中枢秘书机构发生了变化。

**材料五**　每日承旨书谕,须经皇帝审阅同意,方可发出,议奏军政大计须合朕意,督察政务、审讯案件也须秉承皇帝的旨意,就连军机处的印信也收藏在"大内",用时由军机章京亲到内奏事太监处"请印",用完即刻送回。

——刘灵芝:《清朝军机处权限述论》,载《历史教学》2005年第8期

**教师设问**:军机处的设立,从本质上反映了什么?为什么?(参考答案:反映——君主专制的强化。原因——军机处没有决策权,完全秉承皇帝旨意办事)

**教师讲述**:奏折制度的实行和军机处的设立,使皇帝真正做到了乾纲独揽,他们政无巨细、事必躬亲,宰辅之臣不过充当皇帝的秘书。这势必对皇帝的全面素质提出极高的要求,传统立嫡立长的皇位继承制度面临严峻挑战。雍正帝即位之初便创立了秘密立储制。

**材料六**　雍正元年(1723)八月,雍正帝宣召满汉文武大臣至乾清宫西暖阁,当众面谕立储之事,并将立储密旨缄藏于乾清宫最高处的"正大光明"匾之后,另书一道同样的立储密旨随身携带,同时宣告群臣,太子确定,国本已立。至于立哪一位皇子为太子,不惟众人不知,连被立为太子的皇子亦不知……乾隆帝踵行秘密立储制。

——张岂之主编:《中国历史·元明清卷》,北京:高等教育出版社,2001年,第280页

**教师设问**:结合材料,分析清朝秘密立储制的影响。(参考答案:有助于选拔优秀的皇位继承人;有利于国家最高权力的平稳交接,稳定政局;同时也进一步加强了君主专制)

**材料七**　君主专制的不断强化,并非一无是处,在特定情况下也能够提高决策效率。以乾隆帝平定准噶尔叛乱这一事件为例,就凸显出决策者还是应该具备起码的担当意识的。正是乾隆帝紧紧抓住准部内乱这一稍纵即逝的大好机会,痛斥懦臣,力排浮议,乾纲独断,坚持用兵,并在获胜后审时度势,革除回部旧制,驻兵屯田,设官建制,最终开拓疆土二万余里,对稳定西北形势,奠定近代中国版图居功甚伟。

——赵冠峰、马袅:《明清君主专制的加强再探》,载《历史教学》2018年第5期

**教师设问**:材料反映出清朝君主专制的强化带来哪些积极作用?(参考答案:在特定情况下提高了决策效率,一定程度上有利于统一多民族国家的巩固和发展)

**教师引导学生小结**:康雍乾时期制度的变革和皇帝的勤政,使君主专制发展到一个新的高度。不仅在一定程度上提高了行政效率,维护了政局稳定,促进了统一多民族国家的巩固和发展,而且,为经济和文化繁荣发展创造了有利的社会环境,促进了盛世局面的出现。

**教师讲述**:当时的中国是一个以农业经济为主导的封建社会,农业的发展能够养活多

少人口是衡量一个时期盛衰的重要指标。康乾时期中国和世界人口均呈现出快速增长的态势,而中国的人口增长率接近于世界人口增长率的两倍,这从一个侧面反映出当时中国的经济是繁荣的,能够承载人口的快速增长。

### 3. 经济发展与人口增长

**材料八** 自顺治元年至康熙前期,政府不断下达鼓励垦荒和安置流民的法令,取得了明显的成效……广大农民逐渐得到休养生息。清初政府还注重调整某些剥削关系,如废除匠籍制、减免明末以来的部分赋役负担、整顿赋役制度等。

　　　　——姜义华主编:《中国通史教程(第三卷):元明清时期》,上海:复旦大学出版社,2006 年,第 56—57 页

**教师设问:** 结合材料,指出清朝粮食增产和人口激增的主要原因是什么。(参考答案:政府鼓励垦荒、安置流民、注重调整赋役制度、减轻剥削等)

**教师讲述:** 此外,经过各族人民的辛勤劳动,清朝的手工业和商业也获得了较大的发展。

**教师引导学生小结:** 清朝康雍乾三位皇帝前后相继,融合了全国各族人民的智慧和力量,开创了政治稳定、国家统一、经济繁荣、人口激增的辉煌盛世。

**(设计意图)** 通过整合教材和补充史料,使学生易于从宏观上把握康乾盛世的概貌和主要特征。依据课标要求,本环节把重点放在疆域奠定和强化专制两个方面。通过史料分析,使学生了解清朝处理边疆问题的新特点,进而理解清朝疆域奠定的重大意义;深入理解清朝加强君主专制的新举措,尤其是君主专制的强化对盛世局面的出现、对统一多民族国家的巩固所产生的推动作用。而作为盛世重要指标的经济和文化发展状况是下一课的重点内容,因而,本课仅选择了经济发展和人口增长这一角度来引导学生理解康雍乾盛世下的民生情况,未作进一步的拓展和延伸。通过上述设计,可培养学生论从史出、史料实证的能力,并在这一过程中渗透家国情怀,加强对学生情感态度和价值观的教育。本环节指向的是:(1)历史解释素养水平 1——能够辨别教科书和教学中的历史解释;能够发现这些历史解释与以往所知历史解释的异同;能够对所学内容中的历史结论加以分析。(2)史料实证素养水平 1、3——能够从所获得的材料中提取有关的信息;在探究特定历史问题时,能够对史料进行整理和辨析。(3)家国情怀素养水平 3、4——能够把握中华民族多元一体的发展趋势。

**(过渡)** 尽管取得了辉煌成就,但许多学者却认为这只是处于封建社会末期的清王朝的回光返照,是"落日的辉煌",其辉煌背后潜藏着巨大的危机。

### (二)盛世危机

#### 1. 从世界坐标看康乾盛世

**材料九** 当康雍乾三位帝王正在强化封建体制,营造中国最后一个封建盛世时,欧美一些国家已经爆发革命,打破封建桎梏,进入了人类历史发展的新阶段——资本主义社会。"资本主义和封建主义相比,是在'自由''平等''民主''文明'的道路上向前迈进了具有世界历史意义的一步。"它解放了生产力,使社会经济以前所未有的速度向前发展,科学技术突飞猛进。

　　　　——吴伯娅:《康乾盛世与欧风美雨》,载《西南交通大学学报(社会科学版)》2002年第 3 期

**教师设问**：结合材料思考，为什么康乾盛世被称为"落日的辉煌"？（参考答案：康乾盛世尽管成就辉煌，但其本质上是封建盛世。中国在经济、政治和科技等方面逐渐落后于西方资本主义国家，也落后于时代发展趋势和潮流）

**（过渡）**持续一个世纪之久的康乾盛世由盛转衰，其内在的根本原因是什么呢？

### 2. 从内在机制看盛世隐忧

**材料十**　清前期治国者并未顺应工业文明萌动的趋向，积极调动有利资源革新进取；而是立足于承袭两千多年农耕文明运势的惯习"持盈保泰"。为维护满族贵族统治而采取的一系列措施使专制集权体制极度膨胀，厉行文字狱更导致"万马齐喑究可哀"的沉闷局面，使政治层面和思想文化领域的近代化因素难以发育，在遏制资本主义生产关系萌芽成长，阻碍社会变革等方面带来严重恶果……清朝闭关自守的消极防御对策……进一步导致闭塞、停滞、倒退，更加远离世界潮流。

　　——曹大为：《明清农耕文明的鼎盛及其在世界工业文明潮流中的殒落》，载《史学理论研究》2002 年第 4 期

**教师设问**：据材料指出，为什么清朝会由盛世转向衰落？（参考答案：经济上固守农耕经济，遏制了资本主义萌芽成长；政治上进一步强化君主专制；思想上大兴文字狱，压制了思想文化的发展和进步；外交上闭关自守，使中国落后于世界潮流）

**教师引导学生小结**：显然，清朝盛世之中暗藏危机，其政治、经济、思想和外交上的局限极大地束缚了生产力的发展和社会进步。加之人口膨胀带来的资源危机、吏治腐败、自然灾害等，激化了社会矛盾。从乾隆后期起，农民起义此起彼伏，其中川陕楚白莲教起义持续十年之久，成为清朝由盛转衰的转折点。

**（设计意图）**通过补充史料，一方面引导学生将康乾盛世与同一时期的欧美国家发展情况进行对比，理解康乾盛世在世界大局的地位；另一方面引导学生从清朝自身的政治、经济、思想和外交政策出发，理解上述政策在强化封建统治的同时也必然使其走向衰落的命运。同时，引导学生学会知识之间的迁移，培养学生史料实证和历史解释的能力。本环节指向的是：(1)史料实证素养水平 1、2——能够从所获得的材料中提取有关的信息；在对史事与现实问题进行论述的过程中，能够尝试运用史料作为证据论证自己的观点。(2)历史解释素养水平 1——能够对所学内容中的历史结论加以分析。

**（过渡）**回顾清王朝的盛衰转变总是给人留下无尽的思考和启示。

### （三）盛世反思

**教师讲述**：当人们重温这段历史，常常为清王朝丧失良机，造成中国落后而扼腕喟叹，同声斥责清朝和乾隆帝腐败，应负有主要责任。

**材料十一**　的确，乾隆帝在历史转变的关头，表现为夜郎自大、短见、迂腐、坐井观天，根本搞不懂资本主义为何物，抱残守缺，固守旧体制不放，等等。这只是问题的一个方面，更重要的方面，应当看到 18 世纪的中国依然是一个根深蒂固的小农社会，政治上的高度专制，思想上崇尚理学，以及以血缘和亲情关系建立起来的宗法关系，都牢不可破地统治着中国，况且还沉浸于"盛世"的陶醉之中，根本不了解甚至不想了解外部世界天翻地覆的变化。

　　——李治亭：《康乾盛世与西方文明》，载《清史研究》1994 年第 1 期

**教师设问**：材料反映出乾隆帝怎样的思想观念？会产生怎样的影响？（参考答案：观念——虚骄自满、夜郎自大、保守短视。影响——固守封建制度，错失了顺应时代潮流、走向世界、追赶西方的机会，使中国逐渐走向落后）

**小组讨论**：如果乾隆帝顺应世界潮流，进行适当的政策调整和改革，以当时中国的经济实力和人才资源，我们能不能迅速赶超西方？

**教师引导学生分析**：不能。康乾盛世尽管成就辉煌，但并没有突破传统农耕经济、政治体制、社会结构和儒家思想体系的框架，这些因素长期积累、综合作用必将束缚甚至窒息中国社会的进步，因而处在封建社会末期的中国落后于西方是历史发展的必然。可见，中国社会进步需要的不是对现有体制的小修小补，而是根本制度的改革。作为一位封建皇帝，乾隆帝的改革一定不会否定封建制度本身，更不会把清王朝推翻。历史人物可以对自己时代的进步或落后造成影响，但却无法超越当时客观的历史条件，绝不能夸大他们在历史进程中的作用。任何英雄豪杰都无力扭转落后的大趋势。

**教师设问**：综合以上分析，谈谈清朝的盛衰对当今有哪些启示？（参考答案：要以开放的心态对待外来文化，积极吸收和借鉴人类优秀文明成果；反对虚骄自大、墨守成规，要有积极进取、开拓创新的精神；依法治国，加强法制建设；与时俱进，适时改革以适应时代发展趋势和潮流）

**（设计意图）**通过层层设问，引导学生充分理解清朝盛衰转变的根本原因，认识到英雄人物在历史进程中的作用。通过补充史料，培养学生论从史出、利用史料对历史现象和结论进行评价和解释的能力。通过小组讨论和问题探究，培养学生以史为鉴和多角度分析历史问题的能力。本环节指向的是：(1)唯物史观素养水平3、4——能够将唯物史观运用于历史学习、探究中，并将其作为认识和解决现实问题的指导思想。(2)时空观念素养水平4——能够选择恰当的时空尺度对其进行分析、综合、比较，在此基础上作出合理的论述。(3)史料实证素养水平4——在对历史和现实问题进行独立探究的过程中，能够恰当地运用史料对所探究的问题进行论述。(4)历史解释素养水平2——能够尝试从历史的角度解释现实问题。

**【课堂小结】**

**教师引导学生小结**："康乾盛世"为代表的清代历史成就，与康雍乾三位皇帝前后相继的高效统治是密不可分的，也是融合了全国各族人民的智慧和力量结下的硕果。但是，这一时期的多方面成就并没有从根本上突破传统体制，因而"康乾盛世"只能是中国古代最后的辉煌，任何英雄豪杰也无法扭转衰落的大趋势。"以史为鉴，可以知兴替"，当前的中国是开放的中国、奋进的中国，与时俱进，坚定不移地推进改革开放，中国必将迎来新的腾飞！

# 第 15 课

# 明至清中叶的经济与文化

## 教学设计 1

安徽省淮北市实验高级中学　陈朋朋

### 一、教材分析

本课是部编本《中外历史纲要(上)》第四单元《明清中国版图的奠定与面临的挑战》第 15 课。《普通高中历史课程标准(2017 年版)》对本课的要求是：了解明清时期社会经济、思想文化的重要变化；通过了解明清时期封建专制的发展、世界的变化对中国的影响，认识中国社会面临的危机。本课共分为四个子目："社会经济的发展与局限""思想领域的变化""小说与戏曲""科技"。明清之际是继春秋战国之后中国思想史发展的又一高峰，是思想家群体对秦汉以来的传统思想观念进行自觉反省和理性批判的时代。这一时期，中国社会处在由传统社会向近代社会过渡的十字路口，无论是在经济领域还是在思想、文化和科技领域，旧的传统的思想观念与新的先进的价值理念都发生了激烈的碰撞，社会面临着一系列令人瞩目的冲突和转向。本课内容相对庞杂，对教学内容进行重新构建，有助于更好地实现教学目标。

### 二、学情分析

学生在初中历史学习中以及通过电视、互联网等媒介，对本课的部分教学内容已有所了解，如明清小说、利玛窦来华传教等。在教学中对于这些基础知识教师无需过多阐释，重心应放在社会转型时期明清各领域出现的新因素，如新的经济因素的出现，启蒙新思想的出现，小说中出现的人文主义思潮等。学生对于这些知识理解有一定难度，所以教学中要特别注意深入浅出，借助多媒体展示多种形式的史料，将教材上的知识点形象化，创设兼具形象性与思辨性的问题情境，为学生提供探究的平台和机会。教学中应因势利导，不断启发、点拨和矫正。

### 三、教学目标

1. 知道明清时期经济、文化等各个方面出现的新变化，掌握明清时期各领域出现新因素的基本史实。

2. 在探究明清经济、思想以及文化和科技的发展、变化与面临问题时,能够对史料进行整理和辨析,通过对不同类型史料的分析,对所探究的问题进行互证,形成对整个明清经济与文化更全面、丰富的解释。

3. 通过对明清经济与文化出现的新因素进行的探究,学会将其发展变化置于具体的世界历史大背景下去分析。

4. 通过对明清经济与文化发展变化的认识,培养自尊、自信但不固步自封的民族情怀,培养勤于思考、开拓进取的精神,树立为中华民族伟大复兴做出贡献的理念。

## 四、教学重难点

重点:明清时期经济、思想、文学和科技领域出现的新因素。

难点:明清经济与文化在发展变化过程中所体现出的时代特点。

## 五、教学过程

【导入新课】

屏幕显示教材第 87 页《坤舆万国全图》。

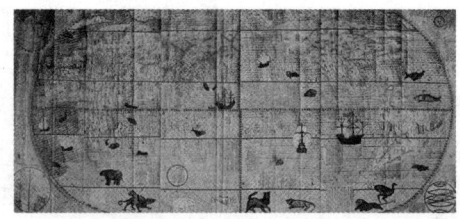

图 1 《坤舆万国全图》

**教师设问:**图 1 是什么时候在中国绘制出来的?(参考答案:明清时期)

**教师引导学生分析:**明清时期,来华的耶稣会士给明清士绅们展示了第一张世界地图——《坤舆万国全图》,士绅们直呼大开眼界,图上标注了世界那么多国家,人们开始立体地认识了各个国家的地理位置,猛烈冲击了几千年来"华夏中心"的传统认识,动摇了中国是世界中心的这一传统观念。从此,西方的自然科学、社会科学等诸多领域的科学知识不断传入中国。在西方思想文化、科技等传入中国的同时,在国内各个领域也都出现了一些新的变化。

**(设计意图)**通过《坤舆万国全图》的展示,学生更直观地了解到明清时期中西之间的科技交往,缩小学生与教学内容之间的心理距离,为进一步理解明清经济、思想、文学和科技的发展与变化做铺垫,创设良好的教学情境。本导入指向的是:时空观念素养水平 1、2——知道认识史事要考虑到历史地理的状况,能够识别历史地图中的相关信息;能够将历史地图中的信息与相关的史事加以联系,知道古今地名的区别。

【学习新课】

**(一) 经济发展与艰难转型——明清的经济**

**1. 经济作物的种植**

**教师讲述：**在明清时期的农业生产中，玉米、甘薯、马铃薯、烟草、甘蔗等外来农作物已经大量引进并推广种植，相应的农作物种植结构发生了较大变化。即便当时小麦、水稻依然为主要的农作物，但经济作物已呈现出大规模种植的发展趋势。

**材料一**　经济作物在总体农作物种植结构中改变了传统经济的发展格局，在很大程度上促进了农业生产变革。传统粮食作物能够满足农民自身的食物需求，额外缴纳赋税所剩无几。而经济作物能够产生的额外经济收入较高，农民可以将剩余农作物带到自由交易的市场中，形成农作物以销售为核心的商品价值。

——叶玲：《古代农作物种植结构的调整对区域经济发展的影响机制研究》，载《农村经济与科技》2018 年第 4 期

**教师设问：**经济作物的种植在当时起到了怎样的作用？（参考答案：促进了农业生产变革；农民获得额外的经济收入；冲击了农民的传统思想）

**教师引导学生分析：**在明清时期，随着大量经济作物的种植，大部分地区的百姓生活水平有了较大改善。明清时期，人口数量呈现出快速上升趋势，土地被大幅度开垦，这样一来也增加了明清的土地利用率和纳税人口数。高产作物的引进、粮食总产量的大幅度提升，对于增加明清朝廷的经济收入十分有利。明清时期各个地区的农业开发，为这两个时期的社会经济的发展做出了一定的贡献，有利于促进国家内部的良性发展，促进明清经济的繁荣。

**(过渡)**大量经济作物的种植，成为农民获取经济收益的重要方式，很多农民开始兼营初级加工业，有的进行家庭手工作坊生产，促进了手工业的进步。

**2. 手工业发展**

**教师讲述：**明清江南工农业的基本生产单位是以个体家庭为基础的小农场和小作坊。这种小农场和小作坊由农民和工匠独立经营，生产具有高度的自主性，同时在整个经济高度商业化的背景下，其经营活动也紧密地与市场联系在一起。因此这些小农场与小作坊中的主要劳动者，同时也兼为经营者、管理者和商人。

对于这种集生产者、商人和经营管理者于一体的小农和小作坊主来说，他们每天都不可避免地要卷入商业活动，例如购买生产资料、出售产品、计算成本与利润、订立合同与契约、换算货币，以及进行雇工、借贷、典当、抵押、交租、纳税乃至商务诉讼等活动。独立经营一个小农场和小作坊甚至扩大规模获取更多效益，并不像我们所想象的那样简单。

**材料二**　在明清江南出现了许多关于各种经济活动知识的实用性读物，如《陶朱公致富奇书》《万宝全书》《四民必用》等商人书，《沈氏农书》《补农书》《耕心农话》等农书，以及《杵白经》《布经》等工艺书。其中的实用知识，对于那些想要扩大生产、追求更高的经济效益的农民和工匠，是必不可少的。

——李伯重：《八股之外：明清江南的教育及其对经济的影响》，载《清史研究》2004年第 1 期

**教师设问**：明清江南经济迅速发展对小手工业主提出了怎样的要求？（参考答案：需要具备一定的知识文化水平）

**教师讲述**：在明朝江南地区，以雇佣劳动进行生产的手工作坊和手工工场开始较多地出现，不仅分布到更多的工业行业之中，而且作坊和工场中雇佣关系也更为普遍。清代手工业中，既有大量以出卖劳动力为生的雇佣工匠，又出现了不少拥有相当资本的手工业主，甚至拥资巨万的大厂商，他们以资本主义简单协作或工场手工业的形式吸收大量的城乡工匠。随着明清时代商品经济的发展，中国的手工业技术出现了重大进步，对开拓中国手工业的国内市场与国际市场，都有重大的贡献。

**材料三** 应当说，明清时期，中国成为世界上出口最多的经济强国，与明清手工业的进步是分不开的。它使明清时代的中国长期处于外贸出超的地位。一直到英国工业革命的发生，西方的手工业生产才全面超过中国。

> ——徐晓望：《论明清时期中国手工业技术的进步》，载《东南学术》2009 年第 4 期

**教师设问**：如何正确认识明清时期中国的手工业技术？（参考答案：中国的手工业技术在西方工业革命发生之前，发展迅速，不亚于西方）

### 3. 白银货币化

**教师讲述**：自明朝中期起，商品经济进入新的繁荣期。直到 19 世纪中期，无论是瓷器还是丝绸，中国的生产和出口在世界经济中都占据领先地位，而长期保持的出口顺差主要通过外国人用白银来偿付。从 16 世纪中期至 18 世纪后期的两个半世纪内，当时主要产银地区——美洲和日本的白银，有将近一半经国际贸易渠道直接或间接流入中国。除贸易途径外，欧洲人在中国、日本和欧洲之间开展的套汇业务也是白银流入中国的一条主要渠道，受利益驱使，日本和欧洲的白银被大量运往中国。据估计，中国获得了世界白银份额的一半左右。

**材料四** 明清两朝，尽管人均收入水平并没有出现显著的增长，人口和经济却是在大幅度地扩张。在低价值的铜钱无法满足经济和人口扩张对货币的需要、纸币发行又免不了通货膨胀的情况下，明清两朝只能寄希望于渐成气候的白银，这却导致在 16 世纪中叶前后，出现了"天下之民皇皇以匮乏为虑者，非布帛五谷不足也，银不足耳"的银荒。但也恰在此时，世界也发生着巨大的变化，美洲银矿的意外发掘解决了当时中国的货币饥渴问题。

> ——汤金旭、张光：《从纸币帝国到白银帝国——近代中国衰落的货币制度成因》，载《华中国学》2016 年第 2 期

**教师设问**：为什么在明清两朝出现了白银货币化现象？（参考答案：经济的大幅度增长；中外贸易发展，白银大量流入；纸币的崩溃；美洲银矿的发掘等）

**教师讲述**：明朝之前，中国的国际贸易基本上依靠陆上丝绸之路，涉及的多是丝绸、香料等量小价高的物品，算不上大宗贸易。明清的国际贸易走的是海上丝绸之路，涉及的则是茶叶、瓷器等大宗贸易商品。

**材料五** 而正是在 17 世纪中叶的明清之际，长江三角洲地区变得高度商业化，农民专门种植棉花和从事棉纺织手工业，从长江中上游地区购买大米。规模如此之大的跨地区粮食贸易，在铜钱时代应是不可能的（漕运可能是唯一的例外）。

> ——汤金旭、张光：《从纸币帝国到白银帝国——近代中国衰落的货币制度成因》，载《华中国学》2016 年第 2 期

**教师设问：**白银货币化对明清经济带来了怎样的影响？（参考答案：为明清时期经济的扩张提供了货币基础）

**教师讲述：**白银货币化推动了明清商业的发展。明清商业在商品结构方面更多地转向日用消费品，商品种类日益丰富，经营范围不断扩大，更多的商业市镇出现，人口不断增加，市场需求不断提高。商人为了迎合这种变化，彼此联结在一起，形成地域性商人群体——商帮。但是无论白银以何种方式在明代确立它的货币地位，不管是经历了民间自发选择，还是政府财政税收政策的官方安排，都脱离不了当时中国和外部世界关系的根本转折。在这种新形势下，不管是元朝的主动，还是明代的被动，终究使得便于发挥世界货币职能的白银在中国确立了稳定的货币地位。但是，这种依赖于自然属性和外部供给的白银货币，在明清社会产生了严重的后果。

**材料六**　在同时代的西方，与金银货币使用相伴随的，是现代信用货币——纸币制度的创立，这就要求建立以法律和监管规则为中心的货币管理制度。在明清的封建专制时代，社会经济制度并没有发生根本变革以使白银发展为信用货币建立的"锚"，而是作为流通货币的主体部分。货币制度对经济发展的抑制就成为必然，经常表现为白银短缺造成的经济萧条。

——何平：《世界货币视野中明代白银货币地位的确立及其意义》，载《中国经济史研究》2016 年第 6 期

**教师设问：**明清时期对白银的过度依赖给当时社会带来了怎样的弊端？（参考答案：明清政府失去了对货币供给量的控制权，导致在对西方的经济贸易关系中处于被动的不利地位）

**教师引导学生分析：**白银货币在中国法定货币地位的确立，标志着中国进入了从传统社会向近代社会转型的全球化时代。但就明清中国而言，仍然是以封建小农社会和专制集权国家的属性存在于全球化的世界格局中，并未实现近代化转型与西方同等地获取世界经济增长和贸易的福利。

**（过渡）**随着手工业和城市商业经济的繁荣，市民阶层的迅速壮大，新的社会经济关系逐渐萌芽，新的社会力量成长起来。在这样的社会背景下，思想文化领域掀起了一场声势浩大、意义深远的早期启蒙思潮。思想家们以鲜明的批判意识、个性意识、自由意识、民主意识等在中国思想史上写下了浓墨重彩的一页。

### （二）理学嬗变与启蒙新声——明清的思想

#### 1. 批判理学，倡导实用

**教师讲述：**理学自北宋中期兴起以后，历经宋、元、明三朝长达六百年的发展演变，先后形成了程朱理学与陆王心学两大理学流派。两派虽问学路径各有侧重，程朱重"格物穷理"，陆王重"发明本心"，但在本质上却是殊途同归，即"同宗孔孟"。到明后期，随着封建制度走向没落，理学已严重脱离实际，弊端逐渐显现。

**材料七**　到明后期，随着封建制度走向没落，理学已沦变为"游谈无根"，"竭而无余华"，完全以抄袭"宋人语录"及"策论"为治学圭臬，严重脱离实际，变成了空疏无用之学，对明清以来的学风造成了极其恶劣的影响，使得一般士人沉湎于空谈心性，不切实际，不谙时务。

——王杰：《反省与启蒙：经世实学思潮与社会批判思潮——以明清之际的思想家群体为例》，载《中共中央党校学报》2008 年第 1 期

**教师设问**：为什么要批判理学？（参考答案：理学的空疏无用，导致明朝社会的日益衰落和吏治的腐败）

**教师引导学生分析**：理学严重脱离实际，对明清以来的学风造成了极其恶劣的影响。随着明后期各种矛盾日益凸显，理学作为政治附庸的特点日益明显，其腐朽性也更加暴露无遗，给社会造成了极其严重的后果。

**教师讲述**：为了矫正理学所带来的社会弊端，自明中叶后，学者遂自立门户，学术朝两个方向展开：一方面表现为王学运动；另一方面表现为经学复兴运动。王阳明以继承陆九渊的思想为己任，试图取理学而代之。一时间，作为一种崛起于民间的思想形态，王学逐渐成为一种被社会上所认可的主流思想观念，而理学则被一般士人所藐视。

随着中国封建制度日益走向没落，无论理学还是心学，越发展越背离初衷，越发展弊端越暴露无遗，完全坠入寻章摘句、支离繁琐之途。在这种情况下，一种对母体的批判意识便应运而生。这就是在批判宋明理学过程中逐渐形成的经世实学思潮和社会批判思潮。经世实学思潮具体表现为两个方面：对理学的空谈心性而言，主张经世致用；对理学的束书不观而言，主张回归儒家原典。经世实学代表人物主要有徐光启、李贽、顾炎武、黄宗羲、王夫之等人。他们大多胸怀救世之心，关心国计民生；读书不尚空谈，重视实用之学。

**2. 批判专制，高扬人性**

**教师讲述**：与明清之际经世实学思潮相并行的是蓬勃兴起的社会批判思潮。

**材料八**　明末清初的社会大变动，使得思想家们不再沉湎于程朱陆王之空谈，而是把关注的目光从"游谈无根"的泥潭中转向社会，转向现实，把学术研究与社会现实紧密联系起来，拓展了学术研究的领域和范围，对影响中国两千年的封建君主专制进行了猛烈揭露和抨击。

　　——王杰：《反省与启蒙：经世实学思潮与社会批判思潮——以明清之际的思想家群体为例》，载《中共中央党校学报》2008 年第 1 期

**教师设问**：明清之际的社会批判思潮侧重于哪个领域？（参考答案：侧重于"制度"的层面）

**教师引导学生分析**：明清之际，各种矛盾错综复杂，沿袭了近两千年的封建专制制度达到了登峰造极的程度，其弊端已暴露无遗。由于清初特定的社会历史环境，思想家们已经把批判的焦点从一家一姓之兴亡转向对整个封建制度的深层反思。

**教师讲述**：明清之际的思想家对封建君主专制制度进行的大胆揭露和深刻批判，包含有两层含义：一是对"封建君主"的揭露和批判；一是对"封建专制制度"的揭露和批判。在对专制制度进行批判的过程中出现了以李贽为代表的早期人文启蒙思想家。他们对两千年来封建君主专制制度的积弊有了更深层的理解，对封建君主专制制度进行了无情的批判，从而开启了明清之际怀疑、揭露、批判封建专制制度的序幕，成为明清之际人文启蒙思潮的一个重要内容。

与明中后期的异端启蒙思潮相比，明清之际的黄宗羲、顾炎武等思想家则把斗争矛头直接转向了对现实政治制度、经济制度的反思和批判。明清之际的思想家显然认识到了君主个人大权独揽对社会所造成的危害，认识到了专制体制所造成的社会弊端，并提出了一系列变革君主制、限制君主权力的主张。

**材料九**　如黄宗羲从"设学校以公是非""置相""分治"的角度提出了变革君主制、限制君主权力的主张，他试图把"学校"作为判断是非的唯一机构，从而在社会中达成一种共识，

即"天子之所是未必是,天子之所非未必非"。

　　——王杰:《反省与启蒙:经世实学思潮与社会批判思潮——以明清之际的思想家群体为例》,载《中共中央党校学报》2008 年第 1 期

　　**教师设问:** 黄宗羲提出限制君主权力的机构是什么? (参考答案:学校)

　　**教师引导学生分析:** 黄宗羲不仅淋漓尽致地揭露封建君主专制的弊端,并且提到了解决的办法,他主张把学校作为判断是非标准的机构,但这个学校与我们今天所理解的学校是否一样呢? 它在当时起到了哪些作用?

　　**材料十**　黄氏认为,通过学校议政,广开言路,君权受到制约,很能促进忠贞执政,耿直抬头,吏治清明,民生安定,草野大得实事求是的好处。换句话说,就是可以端正政风,端正民风,出现政通人和的局面。还有一层,通过讲学议政,"渐摩濡染,莫不有诗书宽大之气",即使那批外来听课的"弟子",即今天的当权者备获教益,得以及时改正其缺失,又使这些在校肄业的学生,即明日的当权者预受训练,得以将后借鉴前人的经验教训。

　　——桂心仪:《黄宗羲论学校》,载《宁波师院学报(社会科学版)》1986 年 S1 期

　　**教师设问:** 学校是如何限制君权的? 起到了怎样的作用? (参考答案:在学校中公开议政。形成良好的社会风气;借鉴前人的经验教训)

　　**教师引导学生分析:** 在讲学中议政的大胆设想,实际上是对传统的封建教育体制甚至涉及到政治体制的一项重大改革。如果它能顺利地实现和发展下去,那封建专制的政治体制就有可能逐渐过渡到民主的政治体制上去。从这个意义上来说,学校的定期议政,已含有君主立宪的某些味道,具有代议制度的某些雏形。

　　**教师讲述:** 在明清时期,中国资本主义因素大体上尚在萌芽状态,黄宗羲的主张,已超越孟子以来"尊君重民"式民本思想的旧范式,切中时弊,深含民主气息,成为明清之际人文启蒙思潮的一个重要组成部分。

　　然而,明清之际这种大规模的思想解放运动虽然有唤起人文觉醒的效应,但它以抨击君主专制为主要内容,最高的社会理想为开明专制,这与倡导人格独立、呼唤主体觉醒、建立民主制的西方启蒙运动有导向之别。明清时期生产方式的滞后造成早期启蒙缺少个性解放和人格独立的社会基础,没有新光的社会力量。不挣脱层层隶属的封建等级关系,个性的张扬很难上升到人格独立和主体性觉醒的高度,没有、也不可能提出民权或民主思想。明清启蒙思想早熟,又不成熟。

　　**(设计意图)** 明清思想领域的变化是本课的重要内容之一,也对后世产生了深远的影响。学生对于李贽、黄宗羲等人的思想内容理解起来有一定难度,对于他们思想中所具有的启蒙观念理解起来更是难上加难,而教材对于这些表述又很简略,因此在教学中要注意通过史料的呈现引导学生分析明清思想家观念中的启蒙观念以及在当时所起到的作用。在这一部分的教学中侧重于用史料展现思想领域的变化,培养学生史料实证的能力。深化对思想家启蒙观念的认识,重点是引导学生思考启蒙观念产生的背后所体现的社会变化,强化对历史的理解,提高对历史的理解能力。本环节指向的是:(1)史料实证素养水平 1、2——能够基本读懂教学中提供的文献史料;掌握获取历史材料的基本方法,能够根据有关的材料对历史进行思考。(2)历史理解素养水平 2——能够较为客观地分析重要历史人物及群体的活动,正确认识他们在历史上的地位,能够较为全面地分析历史事件的性质、特点,认识其历史的作用及意义。

**（过渡）** 明清两代，程朱理学成了王朝的统治思想，随着资本主义萌芽与城市经济中市民阶层的崛起，一批思想家开始对理学、君主专制进行批判。而在文学上一股越礼逾制、从传统儒学内部反叛理学的文化怒潮兴起了。

### （三）人文思潮与市井口味——明清的小说与戏曲

#### 1. 人文思潮下的小说

**教师讲述：** 魏晋时期，出现了《搜神记》等志怪小说。唐朝情节曲折离奇的短篇小说传奇和宋朝供说书人用的话本，把中国小说创作推向了一个新阶段。

**材料十一** 明清时期，一方面专制中央集权进入强化阶段；另一方面经济领域出现了一些新的气象，手工业、商业繁荣，资本主义萌芽出现，市民阶层扩大，为小说创作提供了丰富素材。为适应市民阶层的需要，小说创作进入蓬勃发展的阶段。

——《普通高中课程标准实验教科书·历史（必修三）》，北京：人民教育出版社，2007年，第44页

**教师设问：** 根据材料概括明清小说出现的背景。（参考答案：经济的发展；市民阶层的扩大）

**教师讲述：** 明清时期市民阶层的扩大，促使小说在创作中逐渐走向世俗化、通俗化。明清小说作为一种在民间流传广泛、影响巨大的文学形式，以其通俗属性与传播功能成为儒学世俗化、通俗化的重要媒介。儒学思想观念，通过明清小说向民众阐发，向社会生活渗透；同时，儒家的思想观念也与普通民众的思想观念互相冲突、融合。

**材料十二** 儒学与理学世俗化、实用化的民间化特征的思想核心是"人伦日用"，而世情小说的基本内容正是"人伦日用"；《金瓶梅》的出现，及此后世情小说世情题材大量涌现，是儒学与理学世俗化、实用化关注"人伦日用"、社会现实生活视角下移在小说创作中的反映。

——聂春艳：《论儒学、理学的世俗化、实用化与明清小说》，载《天津师范大学学报（社会科学版）》2015年第3期

**教师设问：** 明清时期儒学的世俗化、实用化对小说创作有何影响？（参考答案：促使小说创作关注社会人生）

**教师讲述：** 明朝时期尤其是晚明时期的小说创作更多地关注普通民众，体现出浓厚的人文思潮，他们在小说里大力歌颂自由、平等，这种思潮在清初不仅没有"断脉"，反而有了更辉煌的发展。

曹雪芹的《红楼梦》在历史深度与广度上，反映了这一时代新潮的人文主题。在《红楼梦》里渗透着对妇女命运的深切关心与同情，曹雪芹把他的全部艺术才能都倾注在聪慧、善良、美丽的少女形象的塑造中，为她们呼吁人的地位、人的尊严、人的权利，他满怀痛楚地描绘了她们在封建礼教摧残下悲惨的命运。

当时给予明清文艺思潮影响最大的，是晚明被封建统治者和正统文人视为"异端"的李贽。李贽也的确是晚明人文思潮的一面旗帜。李贽的思想，在当时确是"惊世骇俗之论"，可见其影响之大。

**材料十三** 明清之际，随着经济发展，城市市民阶层发展壮大，俗文学的创作开始繁荣起来，而李贽更是以其卓越不群的才华对俗文学的推进起了不可低估的作用。李贽"童心

说"中贵真、贵化工①的文学主张一方面从创作上把戏曲小说等俗文学提升到与诗、文同等地位,激发更多的人投身于俗文学的创作;另一方面他奠定的戏曲小说批评模式,又有助于对戏曲小说等俗文学创作起指导作用,使俗文学作品在整体上得到提高。

　　——陈美珍:《李贽"童心说"对俗文学的影响》,载《延安大学学报(社会科学版)》2007 年第 1 期

　　**教师设问:**李贽的思想对明清小说创作带来怎样的影响?(参考答案:提升通俗小说的地位;提高通俗小说的水平)

　　**教师讲述:**李贽之后,社会上关注小说的人数增多,收集、整理、刊行小说也都取得了很大成绩,出现了很多小说集,也出现了真正由文人创作的市井小说《金瓶梅》等作品,从此俗文学大为兴盛,无论在创作还是批评上都繁荣起来。

　　小说在我国文学史上是晚出的文学样式。在中国历代封建统治者看来,小说不登大雅之堂。但明代的通俗小说创作很有成就,著名小说《三国演义》《水浒传》《西游记》《金瓶梅》都产生在明代,正统文人对这些小说是歧视的。李贽不但热情地肯定了小说的地位,而且还对小说进行评点,正是借助对新兴文体的重视,来彰显文学中真挚的情感,呼吁解放人的个性与精神,使社会在理学尚属正统之时,向人性化进化,促进了明清时期小说的繁荣。

　　**(过渡)**在明清小说大量创作的同时,作为一种综合性的艺术门类,中国戏曲在明清时期走向了它的全盛阶段:首先是明清传奇的兴起,接着是清代地方戏的兴盛,然后是以京剧为代表的各大剧种的形成。

　　**2. 走向世俗化的戏曲**

　　**教师讲述:**明清二代,尤其是明中叶至清道光的 300 年间,尽管出现了较大的社会变动,但和平与安定仍是主流,传统社会仍然按照其既定的惯性和轨道运行着,城市和商品经济的规模,市民阶层的人数,营业性的剧场如戏楼、茶园等都在持续扩大和增加。商路的畅通和人口的流动,促进了戏曲文化的跨地域交流。

　　**材料十四**　在戏曲发展的外部社会条件基础上,正是有了这类既来源于实践经验,又出自文化修养的清醒的理论反思卓识,以及由于文人参与剧本创作而保证了自身必要的文化品位,才使得戏曲这一与广大群众是否认可,同各社会阶层的审美趣味是否吻合,能否在文化市场中占有相当份额等等这些因素性命攸关的艺术样式,得以及时矫正其发展过程中形成形式主义、过于雅化或世俗化等等难以事先预见的偏向,保持住明清戏曲始终面向中下层群众的基本价值取向,走向了自身的繁荣。

　　——郝丹立:《论明清戏曲兴盛之成因及基本美学特征》,载《四川教育学院学报》2001 年第 5 期

　　**教师设问:**根据材料概括明清时期中国戏曲繁荣的原因。(参考答案:文人参与创作和进行理论反思;坚持面向中下层群众)

　　**教师引导学生分析:**在戏曲发展的社会条件上,正是有了文人参与剧本创作而保证了自身必要的文化品位。文人士子参与传奇剧本的创作,无疑有利于提高剧本的文学素质和思想内容。特别是《牡丹亭》《长生殿》《桃花扇》这些优秀作品,无论是结构布局和情节安排,

---

① 化工:造化之工。

还是人物刻画和社会关怀，抑或是人性扫描和人文感悟，都达到了很高的水准；还出现了李贽、金圣叹、李渔这样的戏曲理论家，对于戏曲自身的发展起了重要的指导作用。

**材料十五**　从启蒙文学教育时期开始，文人士子就长期受到传统伦理观念与文人文化趣味的滋养和熏陶，形成了一种知识结构的定势，促使他们在讲述戏曲故事时，自觉或不自觉地倾向于"寓义于事"或"借事明义"，以此作为他们的创作动机或创作主旨。

——郭英德：《明清文学教育与戏曲文学的生成》，载《学术研究》2008 年第 3 期

**教师设问：**明清戏曲文学作品创作的主旨是什么？（参考答案："寓义于事"或"借事明义"）

**教师引导学生分析：**明清戏曲文学作品创作时更多地体现出教化功能，而在舞台演出方面，京剧的发展和兴盛，也是在坚持这一基本价值取向的基础之上，博采众长而后来居上的。京剧继承了宋元以来积累起的大批剧本，并注意筛选、加工出为广大观众所喜闻乐见者，所以其剧目的内容十分贴近百姓心理及其审美的一般水准，并注意反映广大群众的心声，在京剧的表演和欣赏中，高台教化和休闲娱乐、知识传授和人文浸润、理想追求和世俗情趣等因素交相辉映，编织成一幅雅俗共赏而又精彩纷呈的民间文化的精神图谱。文化程度、欣赏品位和价值取向各不相同的各阶层人士，都能在这一图谱中找到自己的审美天地。

**（设计意图）**对于明清小说、戏曲产生、繁荣的原因，学生理解起来较为简单，能够根据教材和史料自主归纳，在教学中应补充小说、戏曲在创作时所呈现的人文倾向的史料，方便学生理解伴随着明清经济的加强、市民阶层的扩大，戏曲、文学创作向中下层百姓转移，深化对历史问题的认识。本环节指向的是：(1)家国情怀素养水平 1、2——了解并认同中华优秀传统文化，认识中华文明的历史价值和现实意义。(2)历史理解素养水平 1、2——能够辨识所提供的历史叙述中的内容含义及其要点，能够根据历史叙述对重要的史事进行概括，初步认识史事性质、特点、影响和意义等；能够根据历史叙述和历史材料对历史境况形成合理的想象。

**（过渡）**文学艺术所根植的土壤是广阔的生活，它所关注的根本是人与自然，这与科学技术是一致的。科技在我们如今的生活中无处不在，它能够反映一定历史时期的社会状况、政治面貌和经济水平的发展变化。我国古代的科学技术与文化在世界文明发展的长河中光辉璀璨、博大精深，是古代中国人民智慧的体现。到了明代，科技在某些领域仍属领先，随后的清代科技则逐渐落后于西方国家。

### （四）传统科技与西学东渐——明清的科技

#### 1. 传统科技发展

**教师讲述：**我国自古以农立国，历代劳动人民在长期的生产实践中积累了丰富的农学经验，所形成的理论与技术体系，不断有传承和创新，是宝贵的科技文化遗产。明清更是我国传统农业发展的高峰期，其农书不仅数量丰盈，而且内容丰富，涉及农业生产各个方面，影响极其深远。

一种社会现象的发生，必定是多种因素交相作用的结果，明清农书的勃兴也是与其特殊的社会背景和客观现实紧密关联，究其原因是明清政局稳定和经济发展使人口迅猛增长，从而产生的"食众田寡"问题在刺激农业生产发展的同时，又促进了很多生产经验的积累和普及，为编写农书提供了丰富的素材。出版印刷业发达且刻书技术先进，也为农书的大量刊刻创造了条件。所有这些都促成了明清农书创作高潮期的出现。

**材料十六**　特别是明清两代文字狱肆行，很多文人、学士不敢问政，避世隐居，躬耕自

食,农业生产实践引发了他们传播"经验农学"的欲望与激情,他们身体力行,通过编著农书,履行社会责任,他们是农书创作的直接推动力。

　　——林霞:《明清农书的创作特点及其影响情况研究》,载《农业考古》2015 年第 3 期

　　**教师设问:**明清农书大量涌现除了经济发展和印刷业发达外,还有怎样的背景?(参考答案:文化专制迫使有识之士转向农书编写)

　　**教师讲述:**明朝中晚期,在政府的积极推动下,科技图书编纂呈现出欣欣向荣的景象。当时的科技图书主要是以"明代四大科学巨著"为代表的总结性科技图书。

　　学生阅读教材。填写表 1。

表 1　明清科技图书汇总表

| 徐光启 | 《农政全书》 | 分门别类摘录了明朝以前的所有农业名著并加以研究验证 |
| --- | --- | --- |
| 宋应星 | 《天工开物》 | 全面记述了明代及以前农业、手工业的生产技术和经验 |
| 李时珍 | 《本草纲目》 | 一部带有总结性、创造性、集医药学、植物学、动物学、矿物学于一书的重要著作 |
| 徐宏祖 | 《徐霞客游记》 | 既是一部优秀的地理著作,又是一本很好的文学作品 |

　　**(过渡)**在明朝后期出现了一些科技著作的同时,西方的耶稣会传教士携西学东来,在传教的同时客观上传播了西方先进的科技。

　　**2. 西学东渐**

　　**教师讲述:**在明代万历年之前,中西方科技之间交集很少,属于平行发展的态势,此后西方科学技术开始突然加速,而中国的科学技术虽然依据传统的路径尚在正常运行,也偶有重要成就出现,却显现出发展乏力的态势,出现科技革命的可能性也极其渺茫,只能勉强说是在原有规范和模式束缚下相对缓行了。这种状态,随着耶稣会传教士的携西学东来,对士人和一部分社会上层人士造成巨大冲击,才有了发生彻底变化的某种可能。

　　**材料十七**　在明末清初的一波西学东渐中,传教士扮演了相当重要的角色。西方科技的东传,始作俑者乃是耶稣会传教士。然而,传播西方科技其实并非他们的初衷。耶稣会东来之目的是向东方传播基督教,此属他们西学东渐的本意,但实际的历史进程是传教以科技移植为手段,科技移植却并不以传教为目的,作为传教的副产品,这一波科技移植反倒成为中国历史的大事件。

　　——刘大椿:《明末清初的西学东渐与中国近现代科技转型》,载《中国人民大学学报》2018 年第 6 期

　　**教师设问:**传教士进行西学东渐客观上对当时的中国带来了怎样的影响?(参考答案:向中国传入了西方的科技)

　　**教师讲述:**对于西方传入中国的科技,明清之际大多数科学家抱着学习、吸取并与之融合的积极态度。明清之际的中西科学会通取得了成效,这意味着中国传统科技出现了某种类似西方近代科技的转向。

　　明朝后期兴起了东西"会通精神",也是一种新兴的实学精神。耶稣会士传入的西学,主要包括西方的自然科学知识和人文知识两个方面。在众多的传教士中,以利玛窦的成就最为突出。

**材料十八** 在布道过程中,利玛窦没有强迫本地人接受天主教,即使加入天主教的人,也并不反对他们继续按照中华传统行事,如祭祖尊孔;主张以"天主"称呼天主教的神;他认为中国传统的"天"和"上帝"并无本质上的区别。而祭祀祖先和孔子只属于追忆先人和缅怀哲人的仪式,与信仰不干涉。如果不增加对其他神灵的信仰、祈祷等威胁天主教信仰的内容,就算不上是违背基督教义。

——张永乐:《利玛窦与中西文化交流》,载《文化创新比较研究》2017 年第 19 期

**教师设问:**利玛窦在中国传教成功的原因有哪些?(参考答案:适应当地的文化,以尊重当地文化为基础,适应当地文化信仰的内在需求)

**教师引导学生分析:**利玛窦之前的传教士影响不大,是因为他们的传教活动往往以自身为中心,毫不在意中国人的感受和想法。利玛窦则站在中国人的角度去思考问题,对于利玛窦采取的这种布道策略,当代的学者们称之为"适应政策"。

**(设计意图)**通过史料的呈现,引导学生分析,使学生认识到:明清时期科技尤其是传统科技依然在发展,同时西方科技的传入打开了当时知识分子阶层的眼界,但由于天朝上国观念的影响,整个社会与西方的差距逐渐拉大。本环节指向的是:(1)时空观念素养水平 2——能够将史事置于历史的时空框架下,在具体的时间和地理条件下认识历史。(2)家国情怀素养水平 3、4——能够判明历史叙述中的思想导向和价值取向;形成继承和弘扬中华优秀传统文化的信念;能够反思历史,从历史中汲取经验教训,更全面、客观地认识现实的社会问题。

**【课堂小结】**

**教师引导学生小结:**明清时期的经济、文化和科学技术都有所发展,出现了一些新的因素,甚至在某些领域仍领先于世界。在明清之际,中国经济、科技等并非完全没有产生重大变革的可能,可惜,闪电之后,却没有雷雨。17 世纪中国社会的大变化和西学东渐的到来,在 18 世纪竟然归于沉寂。当统治者正陶醉于"天朝上国"的梦幻之中,同时期的欧洲正在发生科学革命和技术革命,且一发而不可收,直至工业革命后成为真正世界强国的西方各国入侵中国后,他们才开始有所醒悟,面临落后挨打而"师夷长技"、奋起直追。

# 教学设计 2

安徽省淮北市第十二中学　许铁军

## 一、教材分析

本课是部编本《中外历史纲要(上)》第四单元《明清中国版图的奠定与面临的挑战》第 15 课,包含"经济的发展与局限""思想领域的变化""小说与戏曲""科技"四个子目的内容。《普通高中历史课程标准(2017 年版)》对本课的要求是:了解明清时期社会经济、思想文化的重要变化;通过了解明清时期封建专制的发展、世界的变化对中国的影响,认识中国社会面临

的危机。本课主要讲述了明中叶以后中国社会经济与思想文化领域出现的一系列具有转型意义的变化。经济方面的变化有农业生产的商品化、手工业生产部门的资本主义萌芽、商人的群体化（商帮）、白银货币化等；思想文化领域的变化有阳明心学兴起、黄宗羲等人的新思想、小说市民化、西学东渐等。

本课内容相对庞杂且理论性、逻辑性较强，需要教师借助历史人物故事或紧扣一条主线对教学内容进行重新构建和梳理，以便建立知识联系和形成知识脉络，这样有助于更好地实现教学目标。

## 二、学情分析

学生通过初中历史课程的学习已经对本课的部分教学内容有所了解，如资本主义萌芽、利玛窦等相关史实。但本课多数内容涉及近年来的学术研究热点，这就导致绝大多数学生对本课的主干内容，如农业生产商品化、白银货币化、商帮兴起以及阳明心学等问题缺乏系统的学习，难以进行深入的思考和探究。更为关键的是，长期的历史课堂教学或电视电影等媒体，容易使学生对明清历史形成僵化的认识。教学中需要引导学生通过分析材料，掌握社会经济、思想文化等领域变化的史实，并进一步探究导致明清时期诸多领域变化的原因，理解这些变化对传统中国的影响，从而对其固有的历史认识有所"纠偏"和丰富。

## 三、教学目标

1. 通过分析明中叶以后通俗小说代表——"三言""二拍"中的相关描写，了解这一时期思想文化领域及社会观念方面出现的一些变化。

2. 结合徽商黄崇德的个人经历，认识到当时中国在农业、手工业、商业等经济领域出现的变化。

3. 通过研读史料，探究这一时期经济领域的变化与思想文化领域的变化之间的内在联系；深刻理解经济变迁影响社会思想文化观念变迁的基本规律。

## 四、教学重难点

重点：了解明中叶以后的中国在经济、思想文化领域出现的变化；探究这一时期经济领域的变化与思想文化领域的变化之间的内在联系。

难点：理解经济变迁影响社会思想文化观念变迁的基本规律。

## 五、教学过程

【导入新课】

展示电视剧《白蛇传》剧照。

**教师设问**：同学们知道这个故事吗？这个故事中的男主角是什么身份？是书生吗？其实在明代冯梦龙所编的通俗小说《警世通言》中，讲述白蛇故事的《白娘子永镇雷峰塔》①一文对主角许宣是这样描述的：

**材料一** 绍兴年间，杭州临安府过军桥黑珠巷内，有一个宦家，姓李名仁。见做南廊阁子库募事官，又为邵太尉管钱粮。家中妻子，有一个兄弟许宣，排行小乙，他爹曾开生药店，自幼父母双亡，却在表叔李将仕家生药铺做主管，年方二十二岁。

—— 冯天瑜：《明清文化史札记》，上海：上海人民出版社，2006 年，第 45 页

**教师设问**：材料中许宣是什么身份？（参考答案：经营药铺的商人）

**教师讲述**：《白娘子永镇雷峰塔》中关于白蛇的故事，最早见于唐人小说《白蛇记》，南宋时的话本《西湖三塔记》又有了许多改变。明末冯梦龙改编时，不仅内容与唐宋传奇有本质的差异，由恐怖的神怪故事变为反对礼教、追求婚恋自由的故事，而且主人公身份也发生了变化。在唐人小说中，类似《白娘子永镇雷峰塔》中许宣这样角色的李黄是盐铁使之子，南宋话本中的同样角色奚宣赞为南宋奚统制之子。在唐宋传奇、宋元话本里，故事的主人公不是仕宦之子，便是将门之后，而到了明代的市民小说里，主人公却变为"生药铺主管"了。这一变化是一个特例吗？为什么会有这样的变化呢？

**（设计意图）**以学生熟知的白蛇故事中的男主角身份变化问题为切口，激发学生进一步探究的兴趣，便于学生较直观地认识明清社会经济等领域发生的变化，为学生进一步理解经济领域的变化与思想文化领域的变化之间的内在联系做好铺垫。

**（过渡）**明清小说中的"三言""二拍"最能体现当时小说的一些变化。我们就以"三言""二拍"中的部分篇章故事为底片，揭开明清小说演变的特征。

**【学习新课】**

### （一）小说的市民化

#### 1. 小说中的新主角

**材料二** 据粗略统计，在"三言""二拍"近两百篇作品里，以市民为主人公或涉及市民的作品约近七十篇。其中，《喻世明言》十一篇，《警世通言》十三篇，《醒世恒言》九篇，约占四分之一；此类作品在"二拍"中所占比例更大，《初刻拍案惊奇》十六篇，《二刻拍案惊奇》十八篇，几近二分之一。作品以如此铺张的笔墨描写"市井细民"，在中国古典文学中是罕见其匹的。

—— 冯天瑜：《明清文化史札记》，上海：上海人民出版社，2006 年，第 44—45 页

**教师设问**：材料反映了什么历史现象？（参考答案：市民成为明代小说中的新主角）

**教师讲述**：市民成为小说的主角，这俨然成为明清小说中的一个鲜明的特征。此外，明代小说在故事情节中反映的价值观念也与以前有所不同。《警世通言》中的《宋小官团圆破毡笠》②篇就折射了这一历史现象。

---

① 〔明〕冯梦龙编撰，马冰点校：《警世通言》卷二十八，北京：中华书局，2002 年，第 300—321 页。
② 〔明〕冯梦龙编撰，马冰点校：《警世通言》卷二十二，北京：中华书局，2002 年，第 215—229 页。

## 2. 小说中的新观念

**材料三**　这篇小说描写了宋金和他的妻子刘宜春的悲欢离合。商人刘有才最初选择宋金作他的女婿只是贪他是个好劳力，"看他一表人才，又会写，又会算，招得这般女婿，须不辱了门面"①。这种"门面观"已不是看等级，而是看人的使用价值。后来，当宋金一病不起，失去使用价值时，刘有才便在行船途中将他抛弃于荒野，只道扔掉了一个累赘，从此再不相见。谁知宋金后来偶然发财，成为家资万贯的富商，当宋金化名钱员外再来向刘家求婚时，刘有才"求之不得"，殊不知钱员外正是被他抛弃于荒野的宋小官人。发了财的宋金终于和他的妻子团圆了。小说虽然对刘家夫妇的势利眼予以辛辣讽刺，作品的立意是赞扬刘宜春"从一而终"的坚贞，但我们从另一个侧面看到了金钱在市民婚姻关系中的决定性作用。

——冯天瑜：《明清文化史札记》，上海：上海人民出版社，2006 年，第 64—65 页

**教师设问**：这个故事反映当时社会出现了怎样的婚姻观念？（参考答案：重视金钱在婚姻中的作用）

**材料四**　这一时期用超过方言的通俗语言叙述的白话小说数量急剧增加，创作出《水浒传》《西游记》《金瓶梅》等长篇巨著。木氏认为以城市为中心的经济的繁荣孕育了出版文化，知识分子成为小说的作者和读者，这些都是白话小说发展的背景。

——[日]上田信著，高莹莹译：《海与帝国：明清时代》，桂林：广西师范大学出版社，2014 年，第 310 页

**教师设问**：明代小说兴起的原因有哪些？（参考答案：城市经济的繁荣；知识分子的推动；印刷出版业的发展）

**教师引导学生分析**：总的来看，无论是明代市民通俗小说中的主人公身份变化，还是以金钱作为婚姻新砝码等变化，都在一定程度上说明明中叶以后的社会呈现出一种"重商""好货"的社会风气，商人的社会地位得到了相应的提高，市民阶层也得到了壮大。这些变化一定程度上可以作为明代社会悄然孕育社会转型新因素的例证。

**（过渡）**明中期以后的社会为何会形成"重商""好货"的社会风气呢？商人的地位为何会提高呢？或许，我们可以从 16 世纪初期一名徽州商人黄崇德的经历中寻找到一些答案。

## （二）儒学的社会化

### 1. 阳明心学的流行

**材料五**　成化五年（1469），黄崇德出生于徽州盆地的中心城市歙县的一户知识分子家庭。母亲是徽州名门汪氏。……起初他曾致力于学问，但受到父亲"象山之学以治生为先"的教诲后，携资金奔赴山东。

——[日]上田信著，高莹莹译：《海与帝国：明清时代》，桂林：广西师范大学出版社，2014 年，第 182 页

**教师设问**：年轻时期的黄崇德由治学转变为"治生"经商的原因是什么？（参考答案：陆九渊心学的影响）

---

① 〔明〕冯梦龙编撰，马冰点校：《警世通言》卷二十二，北京：中华书局，2002 年，第 221 页。

**教师讲述**：黄崇德从父亲那里学到陆九渊之学，走上商业道路。值得关注的是在宋朝儒学中成为黄崇德人生转折契机的，不是同为徽州人的朱熹的朱子学，而是与其对抗的陆九渊的思想。

**材料六** 朱子学重视沉思默想来修得儒学伦理，而陆九渊的思想与之不同，认为伦理自在心中，观察心的变化就能够得到真理。这种思想孕育出这样一种意识：没有时间做学问的人，只要有心，在每天繁忙的工作中也能够成为儒学所要求的真正的人。

这一意识支撑起商人的伦理。16世纪王守仁在陆九渊的基础上创出阳明学。这一思想能够被商人等广大社会阶层所接受，原因就在此。

——［日］上田信著，高莹莹译：《海与帝国：明清时代》，桂林：广西师范大学出版社，2014年，第186页

**教师设问**：陆王心学中的哪些内涵会对黄崇德这样的明代商人产生影响？有什么影响？（参考答案：内涵——理在心中，反省内心可得天理；致良知等。影响——鼓励人们奋发立志，为明中叶商人提供伦理支撑）

**材料七** 心学由心求理，以心包容万有，对释道皆有包容倾向。释、道皆有直接普世化倾向，而儒学虽有普世关怀，却必须通过精英主义折射体现。故儒学与释、道多一分通路，就使自身多一分普世性。复因以作为人的类本质的"良知"为依据来追求与天理万物的同一和更彻底的自由，心学便突出了儒学自身直接普世化的道路。故心学拓宽了个人完善的道路。

——赵轶峰：《明代中国历史趋势：帝制农商社会》，载《东北师大学报（哲学社会科学版）》2007年第1期

**教师设问**：明代阳明心学的流行对传统儒学有何影响？（参考答案：促进儒学普世化、社会化，适应了当时社会变化的要求）

**教师引导学生分析**：阳明心学使探索圣人之道从高不可及降落下来，正因应了全社会世俗化的变迁。明代儒学虽然没有引领社会的积极变迁，却也有所响应，其最大的变化就在于其普世化的倾向。在这样的回溯中来看明代的中国，就无法不承认中国正走在一种缓慢变化的途中。

**（过渡）**在阳明心学的刺激下，明朝后期兴起了一批具有反传统精神的思想家，他们在正统的程朱理学之外，提出了一系列能够反映社会变迁的新思想。

**2. 新思想的萌发**

**材料八** 明末清初的社会大变动，造就了一批胸怀远大、视野开阔的思想家。明朝中叶，随着资本主义萌芽的滋长和市民阶层的不断成熟和壮大，封建社会的内部格局及利益结构发生了明显变化，中国面临一个走向经世致用、思想解放、个性自由的绝好契机。明末清初王朝鼎革，使中国封建社会出现了"天崩地裂"的动荡。黄宗羲、顾炎武、王夫之、唐甄等一代思想家普遍感到，封建社会已到了穷途末日，必须另找出路。

——李明伟：《综合与凝滞：清前期中华传统文化的集大成发展》，载《新视野》2010年第1期

**教师设问**：明末清初新思想产生的社会背景有哪些？（参考答案：资本主义萌芽的滋长；市民阶层的不断成熟和壮大；王朝鼎革）

**材料九**　宋代的知识分子,包括创立了朱子学的朱熹他们在内,比起通过出版方式让他们自身的思想问世,大部分是通过与知识分子同人之间的书信往来普及思想的。但明朝末期的李贽却是通过出版著作而获得了读者。

　　　　——[日]上田信著,高莹莹译:《海与帝国:明清时代》,桂林:广西师范大学出版社,2014 年,第 310 页

**教师设问**:与宋代朱熹等人相比,明末李贽等人的思想是以什么方式传播的?(参考答案:出版著作)

**教师讲述**:李贽等人的思想是通过出版印刷的方式扩散的,而非"朋友圈"书信的方式,这极大地影响了后世。但这种传播方式是依赖于一个基本的条件的——出版业的发展。

**材料十**　在出版业逐渐确立的过程中,诞生了一批印刷材料的生产地,而且质量也越来越好。纸张产地以福建建宁最为有名。另外,根据位于江西山区上饶的有关史料记载,明朝时候那里的造纸业"一个纸厂有二十多个槽,每个槽上有十到二十人站在那里干活"(康熙《上饶县志》)。

纸的种类也增加了。除高级类的黄麻纸(用麻作原材料)、绵纸(用桑叶纤维作原料)以外,用华中、华南一带盛产的竹笋纤维做成的竹纸产量也非常繁荣。虽然竹纸被称作低级纸,但随着质量的不断提升这一时期已经开始使用于图书出版了。

　　　　——[日]上田信著,高莹莹译:《海与帝国:明清时代》,桂林:广西师范大学出版社,2014 年,第 311 页

**教师设问**:当时出版业得以发展的物质条件是什么?(参考答案:造纸业的发展)

**教师讲述**:明朝时候,不仅《三国志通俗演义》等小说开始销售一些带插图的精装本,像《本草纲目》《农政全书》等实用书籍尽管篇幅巨大,也得以出版问世。这都是因为纸张物美价廉,供应充足,能够保证出版业的形成,才可能有这些大型的出版计划。而新思想的传播也自然得此便利。

**(过渡)**明朝灭亡而代之以满族清朝,这对汉族知识分子来说是一件了不得的事情。这些成为遗民的汉族知识分子不禁产生了这样一种反省:在消灭了元朝这样一个异民族统治政权以后,汉族所建立的明王朝为何会走向灭亡?于是,明朝末期出现了一批试着去深入思考的知识分子。

**材料十一**　有生之初,人各自私也,人各自利也;天下有公利而莫或兴之,有公害而莫或除之。

　　　　——转引自[日]上田信著,高莹莹译:《海与帝国:明清时代》,桂林:广西师范大学出版社,2014 年,第 313 页

**教师设问**:材料反映黄宗羲的真正主张是什么?(参考答案:以公利为先)

**教师讲述**:黄宗羲的思想目的在于阐明明朝灭亡的原因,提出应对的具体办法。他的代表作《明夷待访录》质疑皇权从何而来。他认为皇帝权力是为了担当公利而诞生的,当统治者试图实现自己的利益时,其统治也就丧失了正统性。

**(过渡)**与黄宗羲齐名的顾炎武明确地将"天下"与"国家"区分开来。

**材料十二**　有亡国,有亡天下,亡国与亡天下奚辨,曰:易姓(皇帝的姓)改号(国家的

号），谓之亡国。仁义充塞，而至于率兽食人，人将相食，谓之亡天下。

　　　　——〔清〕顾炎武著，〔清〕黄汝成集释：《日知录集释》卷十三《正始》，上海：上海古籍出版社，2006年，第756页

**教师设问：**顾炎武认为"亡国""亡天下"分别指的是什么？（参考答案："亡国"指改朝换代；"亡天下"指民族沦亡、道德沦丧）

**教师讲述：**对顾炎武而言，天下是文明，国家是政权。将两者区别开来，只要保持天下的秩序，即便政权变化也无妨。他把朱子学里模糊不清的国家体制和文明体系区分开来，由此可以看出他把自己寄身于文明而非政权的态度。

**（过渡）**黄宗羲与顾炎武没有把文明和民族联系起来进行理解，而王夫之的思考却带有民族主义色彩。

**材料十三**　夫人之于物，阴阳均也，食息均也，而不能绝乎物。华夏之于夷狄，骸窍均也，聚析均也，而不能绝乎夷狄。所以然者何也？人不自畛以绝物，则天维裂矣。华夏不自畛以绝夷，则地维绝亦。（大意：华夏民族如果不划清与夷狄的界限，"地维"就会断裂。）

　　　　——〔清〕王夫之：《黄书》，转引自〔日〕上田信著，高莹莹译：《海与帝国：明清时代》，桂林：广西师范大学出版社，2014年，第315页

**教师设问：**关于华夷关系，王夫之的主张是什么？有何特点？（参考答案：主张——明确华夷区别。特点——带有鲜明的民族主义色彩）

**教师讲述：**其实，王夫之的这本书是一本给予黄帝很高评价的政治理论著作，蕴含了极为丰富的民族主义思想，成为清末反抗满洲贵族的革命斗争的酵母。《黄书》之名的由来，就包含有称颂汉民族的始祖黄帝事功的意思。王夫之这样说的时候，华与夷的区分已经固定，而他的意识里已经把黄帝子孙汉族看做是承担这一角色的人。

**材料十四**　当时一些进步报刊，如《江苏》杂志、《国民日日报》《二十世纪之支那》等分别刊登黄帝肖像，并公开使用黄帝纪元。尊黄帝为始祖、为国魂的论述层出不穷。……在尊黄排满思潮的影响下，当时不少革命者纷纷以"黄"字命名，如陈天华笔名思黄，秦力山笔名巩黄，章士钊笔名黄中黄，黄藻名黄帝子孙之一人，等等。

　　　　——王兴国：《王船山〈黄书〉与近代尊黄思潮的兴起》，载《船山学刊》2013年第1期

**教师设问：**王夫之的尊黄思想对近代有何影响？（参考答案：促进近代民族革命思想的传播）

**材料十五**　纵观《明夷待访录》，大多数主张有前人思想痕迹，或幽或显。然而通体揣摩，则灿然为一发明。中国人文思想发达，中古以后，社会组织究竟如何建构，常在治国者如何选择、诠释、发明。黄氏之说，根本上不脱儒家思想理路，却将儒家政治、社会观推演为一更具民本精神之制度化蓝图。其中以制度限制君权、臣为君主师友而非仆妾、以公天下为法而私法非法、宰相执政、使治天下之具皆出于学校、多途取士、君主三妻而止等等，无不振聋发聩，超越古人。

　　　　——赵轶峰：《十七世纪中国政治、社会思想诉求的维度——对〈明夷待访录〉的一种新解读》，载《东北师大学报（哲学社会科学版）》2008年第2期

**教师设问：**黄宗羲的思想有何进步意义？（参考答案：虽然没有脱离传统儒家思想的范畴，但强调民本精神、限制君权等主张已具有制度化的特征）

**教师引导学生分析**：明末新思想虽然没有跳出传统儒家思想的范畴，也不可能跳出时代的局限，但是在某种程度上回应了明末以来历史发展的趋势，在近代中国最终得以绽放其应有的思想光芒。

**（设计意图）**利用徽商黄崇德从读书到经商的人生转变的事例，巧妙设问，循循递进，引导学生从当时思想观念方面去剖析明清时期的社会变化，有利于学生进一步理解经济领域的变化与思想文化领域的变化之间的内在联系。本环节指向的是：历史解释素养水平2——能够选择、组织和运用相关材料并使用相关历史术语，对个别或系列史事提出自己的解释；能够在历史叙述中将史实描述与历史解释结合起来。

**（过渡）**除了思想方面的上述条件，黄崇德经商致富还有哪些时代赋予的条件呢？

### （三）经济的多元化

#### 1. 农业生产的商品化

**材料十六**　首先，江南丝绸业市镇及其四乡，从明中叶以来，逐渐把养蚕缫丝以及丝织业作为主业，作为家庭经济收入的主要来源。……这种情况一直持续到清代。……可见，以出产"濮绸"闻名的濮院镇，四乡农家的经营重心已由农业转移到蚕桑丝织业，也就是说，从农业转移到工业（当然是乡村工业、原始工业），而把农田耕作看作副业，因忙于工业而无暇顾及，不得不雇佣邻近的石门、桐乡农民来种"跨脚田"。

　　　　——樊树志：《明清江南市镇的"早期工业化"》，载《复旦学报（社会科学版）》2005年第 4 期

**教师设问**：明中叶以后，江南地区的农村在经营重心和经营方式上有何变化？（参考答案：重心——以丝织业为主业，以农耕为副业。方式——雇佃农耕地）

**教师引导学生分析**：这种主业与副业倒置的现象，截然不同于传统农村，农民不再把农业作为主业，而把手工业作为主业，这也是江南市镇早期工业化的主要特征。

**材料十七**　江南是全国最大的棉布生产地区，每年向全国各地输出几千万匹棉布。……但由于区域内调剂和向福建等地输出，江南每年要从华北地区输入北花，甚至从湖广地区输入襄花。山东、河南等植棉区，由于不善织布，每年却要从江南大量输入棉布，而向江南等地源源输出棉花。

　　　　——范金民：《明代地域商帮兴起的社会背景》，载《清华大学学报（哲学社会科学版）》2006 年第 5 期

**教师设问**：明代棉布生产有什么特点？这样的特点对商帮产生有何作用？（参考答案：特点——棉花与棉布生产基本脱节。作用——有利于地域商帮在棉花、棉布的大规模长距离贸易中兴起）

**教师引导学生分析**：由于棉布生产集中在江南一隅以及全国棉花和棉布生产的脱节，就形成了北花南运、南布北销的商品花、布流通格局。这样的花、布流通格局，就为徽州商人、洞庭商人、山陕商人、福建商人和广东商人从事大规模、远距离的棉花棉布贸易提供了可能。总之，这种农业生产商品化和棉布生产特点就为黄崇德经商致富提供了很好的物质和商业条件。

**（过渡）**同时，在一些以纺织业为主业的江南市镇中也出现了自由雇佣劳动的资本主义萌芽。但是这种资本主义萌芽并未得到迅速发展。

材料十八　然而,对这种资本主义生产关系的萌芽,不能估计过高,它只是稀疏地出现在商业性农业和手工业等个别部门中,而且先天不足,好景不长。明代江南地区在经历了嘉靖、隆庆、万历年间的繁荣之后,到天启、崇祯年间,全国性的政治、经济危机铺天盖地地袭来,很快便把这种脆弱的"萌芽"摧残了。

——朱子彦:《论明代江南农业与商品经济》,载《文史哲》1994 年第 5 期

**教师设问:**明代江南地区的资本主义萌芽为何难以继续发展?(参考答案:只存在于个别生产部门;先天不足;明末政治经济的摧残)

**(过渡)**从事大买卖需要巨额的投资,若非大商人根本无法进行。黄崇德有什么筹集资金的方法呢?

材料十九　第一,"合伙"。这在史料中有记载,即几个人完全平等,共同出资参与经营。

第二,委托资本。把资金委托给有商业才能并且值得信赖的人,由这个人作为出资者的代理人负责赚钱。

第三,通过各种人际关系所提供的资本。其中既包括从母亲、妻子的娘家那里获得的帮助,也有亲戚去世获得的遗产,还有从朋友、同乡等通过个人关系获得的帮助。有人认为黄崇德是从朋友以及母亲的娘家汪氏姻亲中获得了资金上的援助。

——[日]上田信著,高莹莹译:《海与帝国:明清时代》,桂林:广西师范大学出版社,2014 年,第 184 页

**教师设问:**黄崇德获得资金支持的方法有哪些?(参考答案:与人合伙;替人理财;从家族或姻亲中获得)

**教师讲述:**这些筹集资金的方法其实也从一个侧面反映出当时商人的一个变化,即商人的群体化——商帮的出现。自明代中期起,全国各地陆续兴起一支支地域商帮,成为明清中国社会转型的一个具体标志。

### 2. 商人的群体化

材料二十　所谓商帮,是以地域为中心,以血缘、乡谊为纽带,以相亲相助为宗旨,以会馆、公所为其在异乡的联络、计议之所的一种既亲密而又松散的自发形成的商人团体。明中叶以前,中国的商人活动从未出现过很有特色的商人群体,大都处于有"商"无"帮"的分散经营状态,明中后期商帮的形成,正是当时商人队伍壮大,商人地位提高和商业竞争激烈的典型反映。

——余同元:《明清社会近代转型及转型障碍》,载《江南大学学报(人文社会科学版)》2011 年第 5 期

**教师设问:**商帮有什么特点?(参考答案:地缘与血缘关系相结合;自发形成,商人互助;以会馆、公所为固定联络处所)

**(过渡)**以黄崇德为代表的徽商等商帮的兴起还需要什么条件?

### 3. 白银货币化

材料二十一　明中期开始的这一系列改革,推动了白银货币化的进程,客观上推进了商品流通的进程,为商人大规模开展经营活动创造了有利的前提。民间行用白银货币化的时代,正是各地商帮先后产生的时代。

——范金民:《明代地域商帮兴起的社会背景》,载《清华大学学报(哲学社会科学版)》2006 年第 5 期

**教师设问：**白银的广泛使用对商帮有何作用？（参考答案：推进商品流通，为商人的经营活动创造有利前提）

**教师讲述：**明代的白银货币化具有两种含义：一是白银作为贵金属，成为完全意义的货币，这是在明代完成的；二是明朝初年法令禁止白银在交易中使用，明中期后白银才逐渐成为合法且占据主导地位的货币。

**(过渡)**白银货币化为何会在明代中后期实现？

**材料二十二**　中国的这种全球化贸易，使大量生丝、丝绸、棉布流向各国，由于海外各国始终处在结构性贸易逆差之中，导致白银货币源源不断流入中国。据弗兰克研究，美洲在 17 世纪和 18 世纪分别生产了 37 000 吨和 75 000 吨白银，各有 27 000 吨和 54 000 吨运到欧洲，两个世纪合计 81 000 吨。在欧洲获得的白银中，大约一半（39 000 吨）又转手到亚洲，其中 17 世纪为 13 000 吨，18 世纪为 26 000 吨。这些白银最终主要流入中国。另外，有 3 000 吨到 10 000 吨，甚至高达 25 000 吨白银是从美洲直接通过太平洋运到亚洲，而这些白银大多数也最终流入中国。此外，日本至少生产了 9 000 吨白银，也被中国吸收。因此，在 1800 年以前的两个半世纪里，中国从欧洲和日本获得了将近 48 000 吨白银，通过马尼拉获得 10 000 吨甚至更多的白银。这些加起来，中国获得了大约 60 000 吨白银，大概占世界有记录的白银产量的一半[1]。

　　——樊树志：《明清江南市镇的"早期工业化"》，载《复旦学报(社会科学版)》2005 年第 4 期

**教师设问：**明代白银为何能够成为主要货币？（参考答案：长期对外贸易顺差带来白银大量流入）

**材料二十三**　洪武八年（1375）是宝钞开始推行的时间，以此为限，大致到洪武二十年（1387）的十几年间，是民间使用宝钞相对比较顺畅的时期。事实上，明初日积月累，宝钞在流通中投放多而回笼少，很快就出现了弊病。……官吏利用发行宝钞之机，营私舞弊。……自洪武二十一年（1388），契约中出现了民间以白银为通货的交易，说明宝钞壅滞不行以后，白银在民间交易中迅速抬头。

　　——万明：《明代白银货币化与明朝兴衰》，载《明史研究论丛》2004 年第 6 辑

**教师设问：**明代白银能够成为合法通货的原因还有什么？（参考答案：宝钞通胀、官吏腐败致使宝钞难行）

**(过渡)**白银货币化也给当时的中国带来一些不可忽视的影响。

**材料二十四**　明朝建立之初，推行宝钞货币制度，但是事与愿违，王朝的钞币制度没有能够确立下来，货币制度始终没有确立在王朝的目标上，这对于王朝统治来说具有致命的意义。事实上成、弘以后，代表民间社会发展的白银占据了流通领域的主导地位，因此，明朝国家与社会的关系遂产生了以往朝代前所未有的变化，明朝统治在白银货币化过程中是被削弱而不是被强化了，由此王朝拥有的资源更多地让位给市场，国家作用则更多地让位给社会，市场经济崛起新的契机在此时出现，王朝权力的衰落不可避免。在白银货币化与明朝的

---

[1]　[德]弗兰克著，刘北成译：《白银资本——重视经济全球化中的东方(中译本)》，北京：中央编译出版社，2000 年，第 208 页。

兴衰之间,存在着明显的关联。

——万明:《明代白银货币化与明朝兴衰》,载《明史研究论丛》2004年第6辑

**教师设问:**白银货币化与明朝兴衰有何关系?(参考答案:由民间社会推动的白银货币化导致明朝官府对社会资源的垄断被打破,集权统治被削弱)

**教师引导学生分析:**就经济角度看,白银货币化改变了支付手段,提高了结算效率,推动了商品的大规模流通,有利于商帮群体的产生。随着商品经济的发展,商品流通的发达,社会各阶层对商人观念由"贱商"趋向"重商",也有利于商帮的兴起。但从国家与社会的关系看,白银货币化冲击了明清集权统治,这或许也是当时明清统治者始料未及的吧。

**教师引导学生小结:**徽商黄崇德能够经商致富,离不开当时的社会经济领域和思想文化观念方面的积极变化,而更多商帮的兴起也在一定程度上冲击了传统的四民等级观念,以至于明中后期出现了士商融合的迹象和弃儒经商、弃农经商的社会风气。这些社会变化的痕迹就在市民通俗小说中得以体现,也在明清之际的儒学中得到了呼应。

**(设计意图)**梳理明清经济领域的变化与思想文化方面变化的内在逻辑关系,帮助学生形成一个有意义、可理解的知识结构,并使学生认识到:社会存在(经济领域)的变化会影响到社会意识(思想文化观念)的变化,社会意识一定程度上可以反映出社会存在的变化。本环节指向的是:(1)史料实证素养水平2——在对史事与现实问题进行论述的过程中,能够尝试用史料作为证据论证自己的观点。(2)唯物史观素养水平3、4——能够将唯物史观运用于历史学习、探究中,并将其作为认识和解决现实问题的指导思想。

【课堂小结】

**教师引导学生小结:**多年来,我们的历史教材都是把1840年鸦片战争作为中国近代史的开端,但中国古代社会向近代转型究竟从何时开始?学术界一直有诸多争议,其中15—16世纪(明中后期)和19世纪中叶(1840年左右)这两种说法最具代表性。如果从"转型"的概念出发,即人类社会由一种存在类型向另一种存在类型转变,主要标志是经济、文化与政治制度的结构性转变,那么明中后期的中国就绝不是简单的"落后""闭关锁国"等词语可以概括。恰如赵轶峰教授指出的,君主专制和商品经济繁荣并行,士商融合不断发展,文化多元并存等迹象,似乎在向我们揭示历史的另一种景象:明清中国正在帝制框架下向农商为基础的商业化社会演变。

# 后　记

　　本书是教育部基础教育课程教材发展中心、教育部课程教材研究所何成刚研究员主持编写的"新课标高中历史教学设计丛书"中的一册。

　　何成刚、赵剑峰（广东省深圳外国语学校龙华学校）共同确定了本书的写作思路，参与了全书的修改完善和统稿定稿工作。李广元（安徽省淮北市濉溪中学）、梁松（安徽省淮北市实验高级中学）、黄秋瑾（安徽省淮北市实验高级中学）参与了书稿审读和资料审核工作，何崇宪（西安市第十一中学）参与了书稿审读和修改工作。

　　本书亦是赵剑峰、李广元主持的安徽省教育科学研究项目2017年度重点项目"基于高中历史新课标的历史教学研究"（项目编号：JKZ1795）的部分成果。感谢复旦大学出版社朱建宝、关春巧编辑为本书出版付出的劳动。

**图书在版编目(CIP)数据**

新课标高中历史教学设计. 中国古代史/何成刚总主编;赵剑峰,李广元,梁松本册主编. —上海:复旦大学出版社,2020.4(2022.9重印)
ISBN 978-7-309-14839-8

Ⅰ.①新… Ⅱ.①何… ②赵… ③李… ④梁… Ⅲ.①中国史课-教学设计-高中 Ⅳ.①G633.512

中国版本图书馆 CIP 数据核字(2020)第 013784 号

**新课标高中历史教学设计. 中国古代史**
何成刚　总主编
赵剑峰　李广元　梁　松　本册主编
责任编辑/关春巧

复旦大学出版社有限公司出版发行
上海市国权路 579 号　邮编:200433
网址:fupnet@ fudanpress.com　http://www.fudanpress.com
门市零售: 86-21-65102580　　团体订购: 86-21-65104505
出版部电话: 86-21-65642845
上海华业装潢印刷厂有限公司

开本 787×1092　1/16　印张 20.25　字数 456 千
2020 年 4 月第 1 版
2022 年 9 月第 1 版第 3 次印刷

ISBN 978-7-309-14839-8/G·2073
定价: 54.00 元